MEDICINA LEGAL

Conselho Editorial
André Luís Callegari
Carlos Alberto Molinaro
César Landa Arroyo
Daniel Francisco Mitidiero
Darci Guimarães Ribeiro
Draiton Gonzaga de Souza
Elaine Harzheim Macedo
Eugênio Facchini Neto
Gabrielle Bezerra Sales Sarlet
Giovani Agostini Saavedra
Ingo Wolfgang Sarlet
José Antonio Montilla Martos
Jose Luiz Bolzan de Morais
José Maria Porras Ramirez
José Maria Rosa Tesheiner
Leandro Paulsen
Lenio Luiz Streck
Miguel Àngel Presno Linera
Paulo Antônio Caliendo Velloso da Silveira
Paulo Mota Pinto

Dados Internacionais de Catalogação na Publicação (CIP)

B465m   Benfica, Francisco Silveira

Medicina legal / Francisco Silveira Benfica, Márcia Vaz. – 4. ed. rev. atual. Porto Alegre: Livraria do Advogado Editora, 2019.

326 p.; 23 cm.

ISBN 978-85-9590-058-5

1. Medicina legal. I. Vaz, Márcia. II. Título.

CDU – 340.6

Índice para catálogo sistemático:
Medicina legal   340.5

(Bibliotecária responsável: Marta Roberto, CRB-10/652)

Francisco Silveira Benfica
Márcia Vaz

MEDICINA LEGAL

4ª EDIÇÃO
Revista e Atualizada

livraria
DO ADVOGADO
editora

Porto Alegre, 2019

©
Francisco Silveira Benfica
Márcia Vaz
2019

Fechamento do texto para
publicação em agosto de 2018

Capa, projeto gráfico e diagramação
Livraria do Advogado Editora

Revisão
Rosane Marques Borba

Direitos desta edição reservados por
Livraria do Advogado Editora Ltda.
Rua Riachuelo, 1300
90010-273 Porto Alegre RS
Fone/fax: 0800-51-7522
editora@livrariadoadvogado.com.br
www.doadvogado.com.br

Impresso no Brasil / Printed in Brazil

SUMÁRIO

Apresentação..9
Capítulo 1 – MEDICINA LEGAL: CONCEITO E OBJETIVOS......................11
   1.1. Divisão da Medicina Legal...11
   1.2. Perícias e peritos...12
   1.3. Documentos médico-legais..15
   1.4. Expressões usadas na atividade médico-legal...18
Capítulo 2 – IDENTIDADE E IDENTIFICAÇÃO..21
   2.1. Identificação médico-legal..21
   2.2. Identificação judiciária..26
   2.3. Exame dactiloscópico..27
Capítulo 3 – ASPECTOS MÉDICO-LEGAIS NO ATENDIMENTO DE VÍTIMAS FATAIS EM ACIDENTE DE MASSA.....................33
   3.1. Missão Médico-Legal..34
   3.2. Atividades no local do acidente...36
      3.2.1. Ação inicial no local do acidente..37
      3.2.2. Designação de um comando do local..37
      3.2.3. Organização das atividades do local..38
      3.2.4. Manutenção da segurança do local..38
      3.2.5. Transição entre o resgate dos feridos e o recolhimento dos corpos........39
      3.2.6. Estabelecer a cadeia de custódia e resgate dos corpos.......................40
      3.2.7. Criação de uma área de triagem inicial junto ao local......................41
   3.3. Atividades no necrotério...41
      3.3.1. Atribuições do médico-legista e da equipe médico-legal..................42
      3.3.2. Organizando o trabalho de identificação médico-legal....................42
      3.3.3. Definição do local das atividades de necrotério................................43
      3.3.4. Definição das equipes de identificação..44
      3.3.5. Ações para segurança do necrotério...44
      3.3.6 Ações para recepção de pessoas e liberação de pertences e informações...45
      3.3.7 Exame e documentação dos corpos...45
      3.3.8. Coleta e registro das evidências e pertences pessoais dos cadáveres......46
   3.4. Identificação dos cadáveres..46
      3.4.1. Equipes especializadas na identificação forense................................47
   3.5. Equipes de apoio...52
      3.5.1. Equipe Assistencial...52
      3.5.2. Equipe de Apoio Logístico...53
      3.5.3. Equipe Técnica..54
   3.6. Infraestrutura e serviços imediatos..55

C a p í t u l o 4 – LESÕES CORPORAIS...57
    4.1. Definição..57
    4.2. Quesitos e interpretação...57
    4.3. Grau das lesões...64

C a p í t u l o 5 – TRAUMATOLOGIA FORENSE...67
    5.1. Agentes mecânicos..67
        5.1.1. Instrumento perfurante..67
        5.1.2. Instrumento cortante..68
        5.1.3. Instrumento contundente...69
        5.1.4. Instrumento pérfuro-cortante......................................71
        5.1.5. Instrumento corto-contundente...................................72
        5.1.6. Instrumento pérfuro-contundente................................72
    5.2. Agentes físicos..81
        5.2.1. Calor...81
        5.2.2. Eletricidade...84
        5.2.3. Frio..86
        5.2.4. Pressão..87
        5.2.5. Radioatividade..87
    5.3. Agentes químicos..88
    5.4. Agentes físico-químicos..88
        5.4.1. Asfixias mecânicas..89
    5.5. Agentes biológicos..99
    5.6. Agentes mistos...99

C a p í t u l o 6 – SEXOLOGIA FORENSE..101
    6.1. Erotologia forense...101
        6.1.1. Crimes sexuais..103
        6.1.2. Parafilias e trasntornos parafílicos............................111
    6.2. Obstetrícia forense..123
        6.2.1. Fecundação...123
        6.2.2. Anticoncepção..124
        6.2.3. Gravidez..124
        6.2.4. Parto e puerpério...126
        6.2.5. Abortamento...128
        6.2.6. Infanticídio...133
        6.2.7. Verificação de vínculo genético................................136

C a p í t u l o 7 – EMBRIAGUEZ..141
    7.1. Conceitos...141
    7.2. A Perícia e suas finalidades...144
    7.3. Fases da embriaguez...145
    7.4. Tipos de embriaguez...145
    7.5. Graus de embriaguez..146
    7.6. Aspectos médico-legais..147

C a p í t u l o 8 – TOXICOFILIAS..157
    8.1. Definições...157
    8.2. Padrões de consumo da droga...160
    8.3. Classificação das drogas...161
    8.4. Tipos de drogas...161

8.5. Riscos para transmissão de doenças entre Usuários de Drogas Injetáveis (UDI)..173
8.6. Aspectos epidemiológicos do uso de drogas 175
8.7. Aspectos comportamentais do usuário de drogas.....................................175
8.8. A política de "Redução de Dano" 177
8.9. Perícia..180
Capítulo 9 – TANATOLOGIA...183
9.1. Conceito de morte..183
9.2. Classificação..185
9.3. Perícia..187
9.4. Quesitos...187
9.5. Tanatognose e fenômenos cadavéricos..189
9.6. Cronotanatognose..195
9.7. Lesões *in vitam* e *post-mortem*...199
9.8. Destino dos cadáveres..203
9.9. Exumação..204
9.10. Álcool *post-mortem*...205
9.11. Necropsias em má prática profissional..206
Capítulo 10 – ROTINAS DE FUNCIONAMENTO DO DML..................209
10.1. Solicitação de exames...210
10.2. Exames realizados pelo DML..211
10.3. Rotinas para realização de exames clínicos...214
10.4. Rotinas para realização de exames necroscópicos..................................222
    10.4.1. Orientações técnicas..222
    10.4.2. Admissão de cadáveres..224
    10.4.3. Realização de necropsia...225
    10.4.4. Liberação de cadáveres..226
    10.4.5. Liberação de cadáveres para cremação..227
10.5. Rotinas para realização de exames em ossadas......................................228
10.6. Rotinas para realização de necropsias pós-exumações..........................236
10.7. Identificação, guarda e sepultamento de cadáver desconhecido............237
10.8. Doação de cadáveres para fins de estudo e pesquisa (com base na Lei 8.501, de 30 de novembro de 1992)..238
10.9. Liberação de informações e/ou cópias de laudos periciais.....................240
10.10. Rotina para realização de exame residuográfico..................................240
10.11. Realizações de perícias psíquicas (psiquiátricas e psicológicas)..............242
    10.11.1. Realização de avaliação psíquica em adultos...............................242
    10.11.2. Realização de perícias psíquicas em crianças e adolescentes vítimas de violência...242
    10.11.3. Contribuição da perícia psíquica para o laudo de lesões corporais...243
Capítulo 11 – DECLARAÇÃO DE ÓBITO...245
11.1. Aspectos Jurídicos..246
11.2. A quem fornecer a declaração de óbito...246
    11.2.1. Nascimento vivo...249
    11.2.2. Perdas fetais..249
    11.2.3. Peças anatômicas..250
    11.2.4. Partes de cadáver..250
11.3. Quem fornece a Declaração de Óbito...251
    11.3.1. Mortes violentas..251

11.3.2. Mortes naturais..251
11.3.3. Locais onde não há médicos 253
11.4. Encaminhamento das verificações de óbito......................................253
Capítulo 12 – PERÍCIAS DIVERSAS...257
12.1. Teor alcoólico – manifestações clínicas..257
12.2. Teor alcoólico – tempo de eliminação do álcool (caso 1)...........................259
12.3. Teor alcoólico – tempo de eliminação do álcool (caso 2)...........................260
12.4. Estupro mediante ato libidinoso – caracterização em crianças....................262
12.5. Estupro mediante conjunção carnal – caracterização de conjunção carnal....262
12.6. Projétil de arma de fogo – distância de disparo....................................265
12.7. Eletroplessão – diagnóstico da causa da morte....................................267
12.8. Pesquisa de psicotrópicos – maconha..269
12.9. Morte violenta – nexo causal..270
12.10. Transporte de cocaína no tubo digestivo...271
12.11. Lesões corporais – perigo de vida..272
12.12. Indicação de exumação – diagnóstico de gravidez..............................273
12.13. Maconha/Cocaína – tempo de eliminação 274
12.14. Necropsia pós-exumação – divergência de informações quanto às lesões ..281
12.15. Necropsia pós-exumação – idade fetal I..286
12.16. Necropsia pós-exumação – idade fetal II...288
Capítulo 13 – TEMAS ATUAIS EM MEDICINA LEGAL..........................291
13.1. A violência doméstica contra mulheres..291
13.1.1. Manifestações físicas e psíquicas...294
13.1.2. Aspectos jurídicos: a Lei n° 11.340/06.......................................296
13.1.3. Feminicídio..297
13.2. A violência sexual contra crianças..299
13.2.1. Abuso sexual..301
13.2.2. Incesto...303
13.2.3. Exploração sexual..303
13.2.4. Manifestações físicas e psíquicas...303
13.2.5. A Síndrome do Segredo..305
13.2.6. O Depoimento sem Dano...306
13.3. Formas pouco comuns de suicídio..308
13.3.1. Suicídio por Hara-Kiri...308
13.3.2. Suicídio por arma branca...309
13.3.3. Duplo suicídio..310
13.3.4. Suicídio por asfixia com saco plástico..311
13.4. A violência e maus-tratos contra crianças e adolescentes........................312
13.4.1. Abuso ou maus-tratos 313
13.4.2. "Síndrome do Bebê Sacudido" (Shaken Baby)...............................314
13.4.3. Síndrome da Criança Espancada..314
13.4.4. Síndrome de Munchausen por procuração..................................315
13.4.5. Suicídio em crianças e adolescentes..316
Referências bibliográficas..321

APRESENTAÇÃO

Num período em que atingimos 30 anos de atuação profissional, associando a experiência do trabalho como Perito Médico-Legista junto ao Departamento Médico-Legal de Porto Alegre com a atividade acadêmica nas faculdades de Direito e Medicina, é gratificante chegar à quarta edição deste livro, ainda com fôlego para destacar conceitos básicos, reciclar os antigos e buscar novos conteúdos na área da Medicina Legal.

É evidente a valorização que este ramo do conhecimento vem alcançando nos últimos anos.

Na área do Direito, mantém-se o crescimento no número candidatos que buscam as carreiras policiais como objetivo profissional. Este fato, associado a inexplicável retirada da disciplina de Medicina Legal dos currículos das Escolas de Direito criou um hiato nesta área do conhecimento, que passou a exigir uma nova forma de transmissão de conteúdos. Além disso, a dificuldade de interpretação da linguagem técnica da medicina e a limitação no acompanhamento dos avanços técnico-científicos da investigação criminal são fatores que se apresentam, entre tantos outros, como limitadores no uso adequado dos conteúdos da Medicina Forense para esclarecimento da Justiça.

A Medicina, por sua vez, passa por um processo de transformação, com a valorização do princípio da autonomia dos pacientes, a nova versão do Código de Ética Médica e a crescente judicialização da Medicina. Neste universo, a Medicina Legal cresceu em importância, com novas fontes de consulta sendo exigidas.

Portanto, não nos é mais permitido simplesmente reproduzir o que já foi escrito. Novamente buscamos nessa edição ultrapassar os limites da perícia técnica, mantendo a proposta original desse trabalho de buscar discutir os temas mais atuais e apresentar as novas perspectivas de conhecimentos na área da Medicina Legal. Conceitos foram atualizados, estudos recentes sobre a epidemiologia das diferentes formas de violência foram acrescentados e novos conteúdos de Antropologia

Forense foram incorporados. Dois importantes capítulos, Sexologia Forense e Toxifilias, tiveram seu conteúdo estendido, agregando os conceitos atuais propostos pelo Manual de Diagnóstico e Estatística dos Transtornos Mentais (*Diagnostic and Statistical Manual of Mental Disorders* – DSM-5) da Associação Americana de Psiquiatria. Temas contemporâneos como aborto, usuários de drogas injetáveis, violência doméstica, violência contra a criança e preenchimento de atestado de óbito foram também ampliados.

Num momento em que a Medicina Legal aumenta o seu diálogo com outras áreas do conhecimento e é colocada frente ao desafio de responder a novas formas de questionamentos, esperamos, com este trabalho, colaborar para que os profissionais do Direito e da Medicina tenham um instrumento atualizado para atender a esta demanda.

Os autores

Capítulo 1
MEDICINA LEGAL: CONCEITO E OBJETIVOS

A Medicina Legal caracteriza-se por ser um conjunto de conhecimentos médicos e paramédicos que, no âmbito do direito, concorrem para a elaboração, interpretação e execução das leis existentes e ainda permite, através da pesquisa científica, o seu aperfeiçoamento. É a medicina a serviço das ciências jurídicas e sociais.

Ao jurista é necessário seu estudo a fim de que saiba avaliar os laudos que recebe, bem como suas limitações, quando e como solicitá-los, além de estar capacitado a formular quesitos procedentes em relação aos casos em estudo. É imprescindível que tenha noções sobre como ocorrem as lesões corporais, as consequências delas decorrentes, as alterações relacionadas com a morte e os fenômenos cadavéricos, conceitos diferenciais em embriaguez e uso de drogas, as asfixias mecânicas e suas características, os crimes sexuais e sua análise pericial etc.

1.1. Divisão da Medicina Legal

O estudo da Medicina Legal divide-se em dois segmentos:

a) Parte Geral, que inclui a introdução ao seu estudo, conceitos, importância para o estudante de direito e de medicina, sua divisão, relações com outras ciências, os tipos de perícias e a forma de atuação dos peritos. É a parte que visa ao estudo dos deveres (Deontologia) e direitos (Diciologia) dos médicos, estando aqui incluídos o estudo da Ética Médica, Segredo Profissional, Responsabilidade Médica, Bioética etc.

b) Parte Específica, na qual estão incluídas as suas especialidades mais diretamente relacionadas às ciências jurídicas e sociais, citadas abaixo junto ao objeto de estudo de cada uma delas:

- **Antropologia forense**: Relaciona-se às questões de identidade e aos processos de identificação.

- **Psiquiatria forense**: Dedica-se ao estudo das doenças mentais e suas relações com a responsabilidade civil e criminal.
- **Psicologia judiciária**: Estuda o psiquismo dos envolvidos e seus depoimentos, com o objetivo de detectar alterações emocionais que possam influenciar testemunhos ou confissões.
- **Sexologia forense**: Dedica-se ao estudo da sexualidade humana, normal e anormal, e os crimes sexuais (erotologia e himenologia), além dos processos de reprodução, naturais e artificiais (obstetrícia forense), e suas consequências.
- **Traumatologia forense**: Estuda as lesões corporais e os agentes traumáticos.
- **Asfixiologia**: Trata do estudo das asfixias mecânicas decorrentes de causas externas.
- **Toxicologia**: Estuda a ação das diversas substâncias químicas sobre o organismo, especificamente as que produzem envenenamentos e intoxicações.
- **Tanatologia**: Dedica-se ao estudo da morte e os fenômenos que a acompanham.
- **Infortunística**: Trata dos acidentes do trabalho, enfermidades ocupacionais e moléstias profissionais.

1.2. Perícias e peritos

As infrações penais podem deixar vestígios, e são inúmeras as situações em que a justiça necessitará de exames especializados, as perícias, com intuito de esclarecer hipóteses, e mesmo para servirem de prova, fundamentando uma sentença. A perícia é solicitada por autoridade competente (judiciária, policial ou militar) aos peritos oficiais, os quais são funcionários públicos concursados para exercer esta atividade nas diversas áreas. Quando a perícia envolver matéria médica, o perito deverá ser médico e será denominado médico-legista. Não havendo peritos oficiais, o exame será realizado por duas pessoas idôneas, portadoras de diploma de curso superior, escolhidas, de preferência, entre as que tiverem habilitação técnica. Estes últimos são chamados *peritos leigos* ou *ad hoc*. Devemos diferenciá-los dos *peritos nomeados* ou *louvados,* os quais são nomeados pelo Juiz para atuar em causas cíveis. Existe também a figura dos *assistentes técnicos,* que são profissionais de confiança das partes, designados para acompanhar o exame do perito nomeado pelo Juiz nos processos cíveis, inexistindo esta figura no âmbito penal até 2008. A Lei 11.690/2008 passa a permitir que as partes, o Ministério Público (MP), o assistente do réu e o assistente de acusação, formulem quesitos e indiquem assistente técnico. O assistente técnico, neste caso, somente atuará a partir da sua admissão pelo juiz, e após a conclusão dos exames e elaboração do laudo pelo perito oficial. Assim, os assistentes técnicos só ingressam no processo na fase de instrução, não havendo essa figura na fase do inquérito policial.

O perito médico-legista, médico com especialização em medicina legal, deve, no exercício de suas atribuições, evitar qualquer interferência que possa constrangê-lo em seu trabalho, não admitindo em qualquer hipótese subordinar sua apreciação a qualquer fato ou situação que possa comprometer sua independência intelectual e/ou profissional.

O corpo de delito é o conjunto de elementos (vestígios e provas materiais) deixados pelo fato delituoso. Constituem o corpo de delito a pessoa, coisa ou espaço físico sobre a qual ocorreu a infração; o agente produtor de lesão – instrumentos ou meios; e os demais vestígios, provas, resultados ou manifestações que resultaram do ato delituoso.

As perícias podem ser feitas em pessoas vivas, cadáveres e coisas, sendo que ao perito são solicitados pareceres quanto à determinação de identidade, diagnóstico de lesões corporais, conjunção carnal, gravidez, alterações mentais, determinação de data e *causa mortis*, diferenciação entre lesões *in vivo* e *post mortem* etc. As atividades médico-legais concentram-se no exame clínico médico-legal, na necropsia, na necropsia pós-exumação, nas perícias diversas e nos exames laboratoriais pertinentes.

Estes exames poderão ser feitos em qualquer lugar, a qualquer dia ou hora, dando-se preferência aos Institutos de Medicina Legal ou hospitais públicos, enquanto há luz natural. A perícia pode ser requerida e realizada em qualquer fase, policial ou judiciária, do processo.

Ao perito são formulados quesitos que serão específicos conforme a perícia a ser feita, seja ela sobre lesões corporais, conjunção carnal, ato libidinoso diverso da conjunção carnal, embriaguez, necropsia, exumação etc.

O laudo pericial é composto por:

- **Preâmbulo**: Parte do documento onde consta a data, hora e local da perícia, autoridade solicitante do exame, dados de identificação do periciado, peritos designados e os quesitos formulados.
- **Histórico**: Dados relacionados com o fato, fornecidos pela autoridade solicitante e/ou pelo periciado. Deve ser sucinto e objetivo, pois as cir-

cunstâncias do fato serão analisadas no decorrer do processo. A utilização de expressões como *"história de..."*, *"periciado refere que..."*, *"fomos informados pela autoridade policial que..."* evitam a interpretação de que o perito médico está colaborando na confirmação de eventos falsos ou imaginários.
- **Descrição**: Parte onde é colocada a descrição das lesões encontradas, de forma clara, em linguagem adequada, localizando-as com dimensões e características, valendo-se algumas vezes do auxílio de fotografias e/ou desenhos gráficos. É a parte mais importante do laudo pericial e aquela que deve ser considerada com maior atenção pelos interessados no caso.
- **Discussão**: Nem sempre presente, é a parte onde se realiza a análise criteriosa dos dados encontrados, esclarecendo-se hipóteses e controvérsias, trajeto de instrumentos etc., muitas vezes com auxílio de citações bibliográficas. É o local em que normalmente são colocados os esclarecimentos sobre os termos técnicos e siglas utilizadas no laudo.
- **Conclusão**: Nem sempre presente, é a informação essencial que resulta dos dados descritos e discutidos. Representa o diagnóstico elaborado a partir dos exames realizados.
- **Respostas aos Quesitos**: Estas respostas são específicas para cada perícia e tipo de laudo, devendo ser dadas de forma objetiva. Quando necessitar algum complemento, este dever ser sucinto. Não devem ser deixados quesitos sem resposta, mesmo que esta seja *"indeterminada"* ou *"sem elementos para responder"*.

A perícia deve ser realizada por perito oficial. O artigo 159 do Código de Processo Penal, em sua antiga redação, exigia que a perícia fosse realizada por dois peritos oficiais. No entanto, a Lei 11.690/2008 alterou sua redação, passando a exigir apenas um perito oficial, portador de diploma de curso superior.

É muito comum os pacientes comparecerem para exame pericial fora de época, ou seja, quando as lesões corporais já desapareceram ou encontram-se consolidadas. Nestes casos, o perito poderá basear sua análise em documentos idôneos, como atestados ou boletins assinados por médico no exercício legal da profissão. O perito poderá, em determinadas situações, no entanto, desconsiderar o que foi atestado. Nestes casos, estão incluídos os documentos ilegíveis, aqueles em que não constem o nome e o CRM do médico, e nas situações em que o perito considerar o diagnóstico incompatível com as informações contidas no documento médico. Nestes casos caberá uma "discussão", na qual o perito explicará o motivo pelo qual o documento apresentado foi rejeitado.

Conforme **Resolução CFM nº 1.635/2002**, "é vedado ao médico realizar exames médico-periciais de corpo de delito em seres humanos no interior dos prédios e/ou dependências de delegacias, seccionais ou sucursais de Polícia, unidades militares, casas de detenção e presídios".

Essa resolução, para efeitos éticos, também tem força de lei. No caso de ordem judicial para realização dos exames nestas condições, a Resolução 1.635/2002 tem força para justificar a recusa do perito em se deslocar ao presídio ou cadeia pública, devendo o médico-legista, mediante ofício, encaminhar ao magistrado, com sua justificativa, cópia da citada Resolução. No caso de requisição por parte de delegado de polícia ou autoridade militar, deve o perito justificar-se perante as referidas autoridades do mesmo modo. Cabe salientar que o perito que desobedece a esta Resolução, por pressões ou ameaças, está sujeito a sanções por parte do CFM, por força do disposto no art. 45 do Código de Ética Médica. Esta Resolução define também que "é vedado ao médico realizar exames médico-periciais de corpo de delito em seres humanos contidos através de algemas ou qualquer outro meio, exceto quando o periciado oferecer risco à integridade física do médico perito".

1.3. Documentos médico-legais

Uma informação escrita por um médico, relatando matéria médica de interesse jurídico, caracteriza um documento médico-legal. Este pode ser resultado de pedido da pessoa interessada (atestado ou parecer) ou resultado do cumprimento de uma solicitação da autoridade competente (laudo).

Na prática forense, é reconhecida a existência de cinco tipos de documentos escritos:

a) Atestado médico: É a afirmação por escrito de um fato médico e suas consequências, sem exigência de compromisso legal, implicando providências administrativas, judiciárias ou oficiosas. Resulta de um ato médico realizado e tem fé pública. As principais finalidades deste documento são atestar uma doença e suas repercussões (falta ao trabalho/escola, deficiência física, condições clínicas para viagem aérea, isenção de imposto de renda e outros benefícios), atestar a condição de sanidade ou higidez (atividade esportiva, viagem aérea, saúde ocupacional) e atestar o óbito de um paciente. O médico é o responsável pela emissão do atestado médico, devendo estar devidamente habilitado e inscrito no Conselho Regional de Medicina (CRM) do seu Estado. O atestado médico deve ser confeccionado em receituário próprio, sem rasuras, com letra legível, atendendo ao seu objetivo principal: ser entendido corretamente pelo paciente e pela pessoa e/ou a instituição a qual o documento se destina. O uso do carimbo contendo o nome e o número do registro profissional para identificação da assinatura, só é necessário quando estes dados não constam do receituário, como ocorre em receituários institucionais (hospitais, serviços de saúde). A colocação da Classificação Internacional de Doenças (CID) e/ou diagnóstico no atestado somente deverá ser feita com a autorização expressa do paciente, a qual deve ser consignada no documento.

Colocamos a seguir um modelo de atestado médico, que pode ser adaptado para diferentes situações.

Dr (a).
CREMERS
Endereço:
E-mail:

ATESTADO MÉDICO

Atesto, por solicitação do paciente, Sr(a). _____ , para fins de realização de procedimento cirúrgico eletivo (_nome do procedimento_), que o mesmo encontra-se em acompanhamento médico e tratamento por problema de saúde que não contraindica formalmente a realização do procedimento cirúrgico proposto, embora devam ser tomadas todas as medidas para minimizar potenciais complicações inerentes a sua doença de base e decorrentes da interrupção da medicação de uso crônico prescrita.

Conforme autorização expressa do paciente, informo que a Classificação Internacional de Doenças (CID) referente ao seu quadro clínico é ____

Porto Alegre, ____ de _____ de 2018.

_____ (Assinatura do médico)

_____ (Carimbo do médico)

Eu, __(nome do paciente/responsável)___, autorizo o registro do diagnóstico codificado (CID) ou por extenso neste atestado.

_____ (Assinatura do paciente/responsável)

---

b) Relatório (auto ou laudo): É a narração escrita e minuciosa dos atos de um perito, determinada pela autoridade competente a um perito oficial ou compromissado, cujo objetivo é esclarecer um ou mais fatos de ordem médico-legal. Se for ditado para um escrivão, durante o próprio exame do paciente, chama-se auto; se for redigido posteriormente pelos peritos, denomina-se laudo.

c) Parecer: É um documento solicitado, pela parte ou por seu representante legal, a quem tenha competência especial no assunto, independentemente de qualquer compromisso legal, e que é aceito ou faz fé pelo renome de quem o subscreve. Em tais pareceres, o médico age como profissional liberal, podendo combinar honorários com a parte interessada, aceitar ou negar o encargo. O parecer não tem uma forma fixa, seguindo, aproximadamente, a mesma sequência do relatório.

d) Prontuário médico: É um documento único, de caráter legal, sigiloso e científico, constituído de um conjunto de informações, sinais e imagens registradas, que foram produzidas a partir de fatos, acontecimentos e situações sobre a saúde do paciente e a assistência médica prestada, que possibilita a comunicação entre membros da equipe multiprofissional e a continuidade da assistência prestada ao indivíduo.

O prontuário médico de paciente hospitalizado deve ser constituído, no mínimo, dos seguintes documentos:
- Folha de identificação;
- Nota de baixa ou de internação, com anamnese, avaliação clínica e física e hipóteses diagnósticas;
- Folha de prescrição de cuidados e medicações;
- Folha de evolução médica diária;
- Folha de evolução de enfermagem e de outros profissionais de saúde (nutricionista, fisioterapeutas etc.);
- Folha de controles de enfermagem;
- Folha de descrição de ato cirúrgico;
- Folha de procedimentos invasivos, diagnósticos ou terapêuticos;
- Folha de descrição de ato anestésico;
- Laudos dos exames realizados durante a internação;
- Folha ou termo de consentimento informado;
- Nota de alta hospitalar, com o resumo do atendimento e cuidados após a alta.

e) Consentimento informado: é o documento que formaliza o direito do paciente de participar de toda e qualquer decisão sobre tratamento ou procedimento que possa afetar sua integridade psicofísica, devendo o mesmo ser alertado pelo médico dos riscos, benefícios e alternativas envolvidas. A obtenção do consentimento do paciente para adoção de determinada prática médica é a concordância parcial ou não, revogável, precedida de informação clara, pontual, abrangente, suficiente para real compreensão da situação de saúde. O Código de Ética Médica, no seu artigo 22, consigna ser vedado ao médico "deixar de obter consentimento do paciente ou de seu representante legal após esclarecê-lo sobre o procedimento a ser realizado, salvo em caso de risco iminente de morte". Portanto, para a caracterização de uma infração ética independe se o serviço foi prestado corretamente ou se o paciente veio a sofrer algum dano. Para a consumação da infração basta que o médico deixe de obter o consentimento esclarecido do paciente.

Além destes documentos, existem os esclarecimentos não escritos de interesse dos tribunais, denominados **depoimentos orais**. O juiz pode convocar os peritos a fim de esclarecerem oralmente certos pontos duvidosos de perícias realizadas por eles ou por outrem ou mesmo qualquer assunto de interesse da justiça, o qual será registrado por termo de depoimento.

1.4. Expressões usadas na atividade médico-legal

A multidisciplinaridade da atividade pericial e o tecnicismo utilizado na linguagem dos peritos, aliados à dificuldade de interpretação acerca da perícia pelos profissionais de Direito e à falta de interação entre as partes, contribui para que o conteúdo dos laudos se torne, por vezes, de difícil compreensão, gerando questionamento por parte das autoridades requisitantes e ensejando a necessidade de esclarecimentos adicionais ou de perícias complementares. Apresentamos a seguir um vocabulário de termos técnicos utilizados neste trabalho, com os respectivos conceitos, e que servirão de auxílio para o entendimento adequado das rotinas apresentadas.

- **Aborto**: em Medicina Legal, é a morte fetal secundária à interrupção da gravidez, em qualquer fase da gestação, provocada por uma ação violenta.
- **Cadáver**: O corpo humano após a morte, até estarem terminados os fenômenos de destruição da matéria orgânica. É o nome dado a um corpo, após a sua morte, enquanto este ainda conserva parte de seus tecidos. Após a decomposição de todos os órgãos, músculos e tecidos, o mesmo passa a ser denominado como "ossada".
- **Cadeia de custódia**: sistemática de procedimentos que visa à preservação do valor probatório da prova pericial.
- **Cemitério**: Local onde se guardam cadáveres, restos de corpos humanos e partes amputadas cirurgicamente ou por acidente.
- **Cemitério vertical**: Aquele em que os cadáveres são depositados em nichos sobrepostos, acima do nível do terreno.
- **Craniocaudal**: que vai do mais próximo do sistema nervoso central para o mais distante (de cima para baixo).
- **Cremação**: A redução de cadáver ou ossadas a cinzas.

- **Custodiado**: é a pessoa sob a guarda do Estado.
- **Embriaguez**: Estado anormal psíquico e neurológico produzido por drogas. O conceito de embriaguez não está relacionado somente com o uso do álcool.
- **Exumação**: A abertura de sepultura, local de consumição aeróbia ou caixão onde se encontra inumado o cadáver.
- **Inumação**: A colocação de cadáver em sepultura, jazigo ou local de consumição aeróbia.
- **Lateral**: mais afastado da linha média do corpo.
- **Medial**: mais próximo da linha média do corpo.
- **Mortes de causas *naturais***: compreendem os resultados de fenômenos biológicos quase sempre explicados e comprovados pela medicina.
- **Mortes de causas *violentas***: podem ser imediatas ou tardias, decorrentes de homicídios, suicídios ou acidentes (trânsito, trabalho, doméstico). Estão bem definidas e ordenadas em lei, sendo tutelado pelo Estado o corpo do falecido, até que a perícia médico-legal seja realizada.
- **Mortes de causa *suspeita***: compreendem parte das mortes violentas, até que se prove o contrário. Para que haja a suspeição deve existir o interesse ativo de quem suspeita, que tem a obrigação de comunicá-la a uma Autoridade Policial ou ao Ministério Público, os quais solicitarão a perícia médico-legal.
- **Mortes de causas *desconhecidas***: mesmo que súbitas, diferem das mortes de causa suspeita. É um tipo de morte natural, em que as possibilidades de homicídio, suicídio, acidente ou erro médico não são vislumbrados pelos comemorativos do caso. Neste tipo de morte natural a causa do óbito para ser conhecida necessitará uma avaliação necroscópica clínica e anatomopatológica para a sua verificação e conclusão, porém nunca uma perícia médico-legal.
- **Nexo causal**: quando se verifica o vínculo entre a conduta do agente e o resultado ilícito.
- **Ossada**: O que resta do corpo humano uma vez terminado o processo de mineralização do esqueleto. É constituída pelo conjunto de ossos soltos do cadáver, ou eventualmente, dos ossos ainda parcialmente unidos com escassa quantidade de tecidos moles.
- **Ossário coletivo**: Vala destinada ao depósito comum de ossos retirados da sepultura cuja concessão não foi renovada ou não seja perpétua.
- **Ossário individual**: Compartimento para depósito identificado de ossos retirados de sepulturas, com autorização da pessoa habilitada para tal.
- **PAF**: Sigla usada para designação do projétil de arma de fogo.
- **Perito médico-legista**: É o profissional médico aprovado em concurso público específico para a função e nomeado pelo Estado.
- **Peritos "ad-hoc"**: Profissionais médicos que, em locais onde não haja peritos oficiais, são nomeados pelas autoridades para a realização de determinada perícia, sendo nomeados a cada exame realizado.

- **Peritos emergenciais**: São profissionais médicos nomeados pelo Estado após prova de títulos, com treinamento específico na área de medicina legal e com tempo de contrato limitado.
- **Remoção fúnebre**: atividade de recolhimento de cadáver do local onde ocorreu ou foi verificado o óbito e o seu subsequente transporte, a fim de se proceder a sua perícia. Atua também no transporte do cadáver para inumação e na busca de cadáver para realização de necropsia pós-exumação no DML ou PML.
- **Sepultura**: Local onde se enterram os cadáveres ou restos de corpos humanos (campo, catacumba, sepulcro, tumba, túmulo).
- *Swab* **(ou Suabe)**: dispositivo contendo uma haste cilíndrica que na sua extremidade apresenta algodão enrolado. É utilizado para coleta de material biológico destinado a estudos periciais.
- **Técnicos em perícia**: são os profissionais técnicos que auxiliam os peritos na execução das perícias, aprovados em concurso específico para a função e nomeados pelo Estado.
- **Traslado**: O transporte de cadáver ou de ossadas para local diferente daquele em que se encontram inumados ou depositados, a fim de serem periciados, inumados novamente, cremados ou colocados em ossário.
- **Viatura de remoção fúnebre**: Aquelas em que seja possível proceder ao transporte de cadáveres, ossadas, cinzas, fetos mortos ou recém-nascidos falecidos no período neonatal precoce, em condições de segurança e de respeito pela dignidade humana.

Anotações . . .

Capítulo 2
IDENTIDADE E IDENTIFICAÇÃO

Identidade é o conjunto de elementos que permitem individualizar uma pessoa ou coisa, fazendo-a diferente das demais. No caso de uma pessoa, inclui as características físicas e psicológicas.

Identificação é o processo ou o conjunto de processos destinados a estabelecer a identidade de um indivíduo ou de um objeto. Para se proceder à identificação, é necessário se dispor de um conjunto de registros prévios, os quais possam ser comparados com as características observadas durante a realização da perícia. Só assim será possível estabelecer um juízo de comparação, afirmando ou excluindo a identidade buscada.

O primeiro signo identificador criado para determinar a identidade foi o nome, sendo que o primeiro emprego de nomes compostos data de 2850 a.C, quando o imperador chinês Fushi decretou o uso do nome de família ou sobrenomes.

A identificação pode ser classificada em médico-legal e judiciária ou policial.

2.1. Identificação médico-legal

Este processo, utilizando-se dos conhecimentos médico-legais, procura estabelecer a caracterização individual partindo do geral (espécie) até o particular (indivíduo). Poderá ser feita no indivíduo vivo, no cadáver ou em ossadas. A identificação médico-legal faz parte da Antropologia forense, ramo da medicina legal que tem como principais objetivos estabelecer a identidade e a identificação do ser humano através de um processo técnico científico sistematizado. Inclui:

a) Identificação da espécie, que pode ser feita através do estudo de diferentes elementos, como ossos, dentes, pelos e sangue. Na maioria das vezes, é necessária nas perícias envolvendo cadáveres putrefeitos, partes de cadáveres ou ossadas.

b) Identificação de afinidade racial, estabelecida pelo estudo de elementos como forma do crânio e da face, estatura, envergadura, ângulo facial e índice cefálico, o que leva à caracterização dos tipos fundamentais, inicialmente descritos por Ottolenghi como: caucásico, mongólico, negroide, indiano e australoide. No entanto, cabe lembrar que existem várias classificações de afinidade racial, e alguns autores da antropologia física preferem utilizar a denominação de ancestralidade. Na atividade médico-legal é importante que o perito médico-legista, ou antropologista forense, informe à autoridade policial a cor de pele mais provável da ossada em estudo, dando assim elementos para que a investigação prossiga. É importante salientar-se que as tabelas e fórmulas utilizadas para determinação de afinidade racial (cor de pele) são baseadas nas populações americana e europeia, onde não ocorre miscigenação semelhante à do nosso meio, devendo este fator ser levado em conta na interpretação desta informação nos laudos periciais.

c) Identificação do sexo, que pode ser estabelecida de diferentes maneiras, dependendo se a perícia está sendo realizada no vivo ou em cadáver bem preservado; no cadáver putrefato ou carbonizado; ou em ossadas. Entre as formas de identificação do sexo destacamos:

- Genitália externa:
  - → Masculino: presença de pênis e escroto
  - → Feminino: presença de vulva e vagina.
- Gonadal:
  - → Masculino: presença de testículos
  - → Feminino: presença de útero e ovários.
- Morfológico: feito pelo estudo dos ossos do crânio, ossos longos e, principalmente, pelos ossos e da bacia (pelve).
  - → Masculino: crânio robusto e pesado, glabela e arcos superciliares proeminentes, rebordo superior da órbita rombo, frente inclinada, articulação fronto-nasal em ângulo, processos mastoides e mandíbula robustos
  - → Feminino: crânio delicado e leve, glabela e arcos superciliares pouco visíveis, rebordo superior da órbita afilado, frente elevada, articulação fronto-nasal curva, processos mastoides e mandíbula delicados.
- Genético:
  - → Masculino: constituição cromossômica 46XY e ausência de cromatina sexual
  - → Feminino: constituição cromossômica 46XX com a presença de cromatina sexual.

A determinação do **sexo morfológico** em ossadas de pré-adolescentes e de adolescentes, na maioria dos casos, não deve ser considerada como exata ou confiável. Isso se deve à diferenciação sexual ausente ou incompleta.

d) Determinação da idade, estabelecida pelo aspecto da pele, pelos, dentes e radiografia dos ossos. No estudo de ossadas, a análise dos ossos longos, das suturas cranianas e da sínfise púbica representa papel importante na determinação da idade aproximada do indivíduo. No entanto, outros critérios também têm sido utilizados para estimar a idade de ossadas humanas desconhecidas, como o grau de desenvolvimento dos osteófitos vertebrais.

e) Determinação da estatura, em indivíduos vivos e em cadáveres bem compleiçoados é feita utilizando-se réguas métricas; já em ossadas ou partes de cadáveres pode-se estimar a estatura pelo estudo de elementos ósseos, principalmente ossos longos como úmero, rádio, tíbia e fêmur, cujas medidas são aplicadas a tabelas ou fórmulas específicas.

As características gerais (sexo, estatura e afinidade racial) são feitas pela comparação das medidas obtidas nos ossos examinados com medidas padronizadas registradas em um banco de dados de *softwares* específicos. No nosso meio, é utilizado o programa FORDISC.

f) Identificação de particularidades, na qual se busca o estudo e pesquisa de malformações, cicatrizes, tatuagens, arcada dentária, fraturas consolidadas, sinais profissionais, superposição de fotografias ou radiografias.

No estudo de ossadas e restos cadavéricos, a perícia busca a determinação dos elementos acima descritos. O estabelecimento de uma identidade positiva, no entanto, somente poderá ser alcançado se, aos peritos, forem fornecidos o máximo de elementos possíveis a respeito de um eventual suspeito. Todos os estudos de identidade são baseados em dados comparativos e, portanto, dependem do fornecimento de elementos passíveis de análise, como fotografias, radiografias, fichas dentárias, descrição de particularidades anatômicas etc.

g) Sistema odontológico de Amoendo: Método de identificação baseado no estudo da arcada dentária e no levantamento de cada uma de suas peças. Forma um conjunto individual, muito utilizado para identificação de ossadas e corpos carbonizados, sendo o exame realizado pelo odonto-legista associado com o médico-legista. É capaz, por si só, de identificar determinado indivíduo, desde que se disponha de uma ficha dentária, exames radiográficos odontológicos ou moldes das arcadas dentárias prévios, os quais são fornecidos pelo dentista da suposta vítima.

h) Perfil Genético (DNA): Em medicina legal, a tipagem do material biológico visa a estabelecer os indivíduos que poderiam ou não ser a fonte da amostra biológica coletada. Quando a população sob suspeita é limitada (investigação de paternidade), a utilização dos marcadores genéticos de baixo poder discriminatório (sistemas ABO, MN, HLA, Rh) podem ser efetivos. No entanto, nos casos com populações não limitadas (identificação de desaparecidos), faz-se necessário o uso de técnicas mais discriminatórias (DNA). As amostras adequadas para a realização do perfil genético são: sangue, sêmen, saliva, pelos e cabelos, células da pele ou mucosa, urina, secreções nasais, marcas de mordidas, vísceras, ossos e dentes.

Quando a análise dos fragmentos de DNA verifica que duas amostras diferem em seus perfis genéticos, conclui-se que são provenientes de pessoas diferentes. No entanto, se os perfis genéticos são coincidentes, existem duas possibilidades: a) as duas amostras são provenientes da mesma pessoa ou de gêmeos idênticos, ou b) são provenientes de duas pessoas diferentes cujos perfis genéticos, nos *loci* estudados, são os mesmos. Neste caso, se o perfil genético é comum na população, a amostra poderia ter vindo de qualquer outro indivíduo que não o suposto. Mas se o perfil é incomum ou raro na população, é menos provável que a amostra provenha de outro indivíduo que não o suposto.

Se o indivíduo suposto não é a fonte da amostra, cada novo lócus testado configura-se em uma nova oportunidade de se obter um resultado de exclusão. Se o indivíduo suposto é a fonte da amostra, deverão ser analisados *loci* em número suficiente que comprovem, não apenas, que ele não possa ser excluído, mas que também fique excluída (virtualmente) toda a população mundial.

A estimativa de probabilidade de que o perfil genético de uma pessoa escolhida aleatoriamente seja o mesmo da amostra em estudo exige o conhecimento da frequência deste perfil na população, frequência esta que é obtida em comparação com bancos de dados genéticos.

Nos casos de identificação de cadáveres desconhecidos pelo exame de DNA, nem sempre estão presentes as amostras (amostra-referência) dos supostos mãe e pai, como ocorre nos casos de investigação de paternidade. O mais comum é estar disponível apenas amostra-referência da suposta mãe ou do suposto pai do cadáver.

O DNA mitocondrial vem ganhando um espaço importante entre os exames de DNA na área forense, e seu uso vem se expandindo rapidamente tanto em número de casos realizados, como no número de laboratórios que o realizam.

Ao contrário do DNA nuclear, a mitocôndria e o seu DNA originam-se no citoplasma do óvulo que forma o zigoto e são, portanto, herança materna, representando a ascendência feminina de um indivíduo. Assim, parentes maternos distantes podem fornecer uma amostra de referência para comparação. Enquanto o DNA nuclear, apesar do grande poder de identificação, está presente em apenas duas cópias por célula, o DNA mitocondrial pode estar presente em milhares de cópias em uma determinada célula, o que aumenta a chance de que alguma cópia permaneça viável mesmo em amostras orgânicas altamente degradadas. Estas amostras incluem manchas orgânicas, saliva, unhas, fios de cabelo, dentes e ossos.

O perfil do DNA mitocondrial não fornece uma identificação definitiva. Primeiramente, por coincidir com o perfil dos parentes maternos e, depois, por ser uma molécula única, que não pode multiplicar as probabilidades de polimorfismo individuais na sua sequência. Assim, com o DNA mitocondrial há uma chance apreciável de coincidência aleatória com a população, embora muitos tipos de DNA mitocondrial sejam tão raros que só sejam vistos em grandes bancos de dados genéticos. Para avaliar a importância de uma combinação de DNA mitocondrial, deve-se fazer referência à frequência com que uma determinada sequência de DNA mitocondrial é observada na população de interesse.

Como as moléculas do DNA mitocondrial replicam independentemente umas das outras, ao contrário dos cromossomas nucleares que formam pares antes da replicação, não há mecanismo pelo qual o DNA mitocondrial possa se recombinar. A única fonte de variações no DNA mitocondrial são as mutações, que alteram a sequência dos seus pares de base. O fato de o DNA mitocondrial ser uma herança materna o torna útil na determinação das linhagens maternas em famílias e populações. O DNA mitocondrial é empregado em casos forenses, principalmente para testar amostras insuficientes em termos de quantidade ou qualidade do DNA nuclear, desempenhando um papel importante principalmente para excluir um suposto indivíduo.

Os marcadores do cromossoma Y são marcadores genéticos de herança uniparental, sendo passados dos pais aos filhos homens. O conjunto de dados de *loci* analisados pode caracterizar o indivíduo como pertencente a determinada linhagem paterna, sendo os mesmos alelos encontrados nos irmãos, tios, primos, avô e demais antepassados masculinos.

2.2. Identificação judiciária

Este processo, independente de conhecimentos médicos, objetiva basicamente a identificação de criminosos. Para ser prático e seguro, deve preencher os requisitos de:

- **Unicidade**: O conjunto de características não deve ser repetido em outros indivíduos.
- **Imutabilidade**: O conjunto de características deve ser inalterável por toda a vida do indivíduo.
- **Classificabilidade**: O conjunto de características deve possibilitar a distribuição em grupos e seu desdobramento em pequenas parcelas.
- **Praticidade**: O conjunto de características deve ser simples de obter, registrar e resgatar.

Muitos métodos antigos, ainda usados atualmente, não atendem a estes pré-requisitos. Sua utilização, bem como sua capacidade de estabelecer a identificação de um indivíduo, deve sempre ser avaliada dentro dos critérios anteriormente definidos. Entre os principais métodos de identificação judiciária, destacam-se:

a) Fotografia: Método simples e prático, mas que apresenta inconvenientes como a dificuldade de classificação, além das modificações apresentadas pelos indivíduos, tanto pelo envelhecimento quanto por alterações no corte do cabelo, barba etc., e a própria depreciação química da fotografia.

b) Assinalamento sucinto: Utilizado em documentos, pela anotação de dados como estatura, cor da pele, compleição física, idade, cor dos olhos e cabelos etc.

c) Retrato falado: Recurso baseado na reconstituição de detalhes importantes de uma fisionomia e muito útil em casos de indivíduos não cadastrados.

d) Sistema antropométrico de Bertillon: Baseado na anotação de medidas corpóreas padronizadas. É um método que auxilia na identificação, mas apresenta dificuldades na execução, arquivamento e classificação. Na prática, trata-se de um método de utilização limitada, sendo raramente empregado.

e) Sistema dactiloscópico de Vucetich: Sistema científico, baseado no estudo dos desenhos formados pelas papilas dérmicas, ao nível das polpas digitais, e que atende a todos os requisitos para identificação de um indivíduo. Por ser o melhor método e o mais utilizado no nosso meio, faremos um estudo mais aprofundado sobre seus elementos.

Nos dias atuais, modernos métodos automatizados de Biometria vêm sendo utilizados na identificação de pessoas, com base em suas características físicas. São mensurações anatômicas e fisiológicas, que podem ser utilizadas para verificação de identidade de um indivíduo, incluindo voz, retina, íris, reconhecimento de face, imagem térmica e outras técnicas.

2.3. Exame dactiloscópico

A Papiloscopia é a ciência biomédica que estuda os desenhos observados nos dedos, mãos e pés e suas reproduções.

A datiloscopia tem sido o meio mais empregado na identificação humana, devido a sua praticidade. A extremidade distal dos dedos da mão é a região papilar que oferece maior variabilidade de padrões dos desenhos, permitindo que seja possível arquivá-las de forma sistemática. Soma-se a isso o fato de que impressões digitais são mais fáceis de serem coletadas do que as impressões palmares e plantares.

Este sistema foi desenvolvido em 1891, em Buenos Aires, por Juan Vucetich, e baseia-se no estudo sistematizado das polpas digitais. Dependendo do comportamento de cada sistema, temos a formação de quatro figuras fundamentais diferentes:

a) Figuras fundamentais

Inicialmente, distribuíram-se as linhas papilares em 3 conjuntos: nuclear ou central, basal ou basilar e marginal ou apical. A partir desta distribuição, observou-se com frequência a formação de uma figura em forma de *delta* nos pontos de encontro destes sistemas. (Figura 1).

Figura 1

Dependendo do comportamento de cada sistema, temos a formação de figuras fundamentais diferentes:

- **Arco**: É o dactilograma constituído de linhas mais ou menos paralelas e abauladas, que atravessam o campo, "arqueando" da base para o ápice (Figura 2). O delta está ausente. A esta figura atribuiu-se o símbolo "A" e o algarismo "1".

Figura 2

- **Presilha interna**: É o dactilograma que apresenta um delta à direita do observador e um núcleo constituído de uma ou mais linhas formando laçadas, que partem da esquerda (Figura 3). A esta figura atribuiu-se a letra "I" e o algarismo "2".

Figura 3

- **Presilha externa**: É o dactilograma que apresenta um delta à esquerda do observador e um núcleo constituído de uma ou mais linhas formando laçadas, que partem da direita (Figura 4). A esta figura atribuiu-se a letra "E" e o algarismo "3".

Figura 4

- **Verticilo**: É o dactilograma que apresenta um delta à direita e um à esquerda do observador e um núcleo localizado ao centro, de forma variada (Figura 5). Esta figura é designada pela letra "V" e pelo algarismo "4".

Figura 5

As figuras fundamentais podem ser ordenadas
da seguinte maneira:

Nome	Letra	Algarismo	Característica
Arco	A	1	Delta ausente
Presilha Interna	I	2	Delta à direita
Presilha Externa	E	3	Delta à esquerda
Verticilo	V	4	Dois deltas
Anomalias	X	5	
Cicatrizes	X	6	
Amputação	0	7	

Com esta representação, podemos construir um sistema de classificação que facilite o arquivamento e o resgate das informações, baseado na *fórmula dactiloscópica*.

b) Fórmula dactiloscópica

É a representação resumida, em forma de fração, dos desenhos papilares dos dez dedos das mãos, observando-se as seguintes regras:

- No numerador, colocam-se os dedos da mão direita;
- No denominador, colocam-se os dedos da mão esquerda;
- As letras A, I, E, V designam os polegares;
- Os algarismos de 1 a 7 designam os demais dedos.

Assim, uma fórmula com a seguinte representação:

$$FD = \frac{E4441}{V1112}$$

Significa que este indivíduo apresenta:

- Na mão direita → Polegar → presilha externa
  - Indicador → verticilo
  - Médio → verticilo
  - Anular → verticilo
  - Mínimo → arco
- Na mão esquerda → Polegar → verticilo
  - Indicador → arco
  - Médio → arco
  - Anular → arco
  - Mínimo → presilha interna

c) Pontos característicos

Os desenhos fundamentais e as fórmulas dactiloscópicas servem para classificar as fichas. Para auxiliar na unicidade da impressão digital, o Sistema de Vucetich utiliza-se de "pontos característicos" (Figura 6) denominados de ilhota, cortada, bifurcação, forquilha, encerro etc., sendo estes os identificadores por excelência.

Figura 6

1 - Forquilha (Vucet)
2 - Confluência (Álv. Plac.) forq. (Vucet)
3 - Dupla bifurcação (R. Dambolena)
4 - Ilhota (Vucet)
5 - Encarte (Éboli)
6 - Linha interrompida (Vucet)
7 - Bifurcação (Vucet)
8 - Cortada (Vucet)
9 e 17 - Deltas
10 - Encerro (Vucet)
11 - Emboque (Éboli)
12 - Tridente (Vucet)
13 - Eme (Éboli)
14 - Cicatriz de corte
15 - Laguna (Almandos)
16 - Pontos
18 - Empalme (Vucet)
19 - Arpão (Vucet)
20 - Ponto (Vucet)
21 - Começo de linha
22 - Fim de linha
23 - Desvio (Éboli)
24 - Cicatriz de pústula

A distribuição dos pontos característicos é tão variada nas impressões papilares, que é impossível encontrarem-se impressões com pontos característicos idênticos, ou seja, com a mesma localização no campo digital. A identidade pode ser estabelecida quando se evidenciam **12 pontos** característicos, idênticos e coincidentes em uma mesma localização (Figura 7). Esse número pode cair para até oito pontos caso se tenha pelo menos uma figura característica rara, como marca de nascença ou cicatriz.

Figura 7

Depois de realizada a classificação das impressões digitais, estas são agrupadas em fichários sob duas formas:

- **Fichário decadatilar**: Baseia-se no registro dos dez dedos e no qual a ficha só será localizada conhecendo-se a fórmula datilográfica a que pertence o indivíduo.
- **Fichário monodátila**: Baseia-se no registro dedo a dedo, com fins criminais, pois parte de uma única impressão deixada como vestígio no local de crime e que depois de avaliada remete ao arquivo decadatilar o que permite encontrar o cadastro de um agente criminoso.

Atualmente, já é possível dispor-se do sistema AFIS (*Automated Fingerprint Identification System*), ou seja, Sistema Automático de Identificação de Impressão Digital. Esta tecnologia baseia-se no mapeamento das impressões digitais, cuja coleta da imagem digital é feita através de estações de trabalho que possuem um periférico denominado *live-scan*, ou através de mesas digitalizadoras. O sistema de identificação de impressões digitais automatizado é capaz de processar duzentas mil comparações de impressões digitais por segundo. Depois de coletadas e tratadas, as impressões são classificadas e armazenadas pelo computador junto com outras informações disponíveis, como dados pessoais, fotografias e assinaturas.

Devemos levar em conta que ***desenho digital*** é o desenho formado nas polpas dos dedos e ***impressão digital*** ou ***datilograma*** é a reprodução do desenho digital num determinado suporte. Portanto, devemos sempre levar em consideração que, caso a observação seja feita diretamente nos dedos, as presilhas invertem-se.

Capítulo 3

ASPECTOS MÉDICO-LEGAIS NO ATENDIMENTO DE VÍTIMAS FATAIS EM ACIDENTE DE MASSA

Os aglomerados humanos, uma característica do mundo moderno, expõem cada vez mais populações a situações de risco, nas quais determinados cenários podem produzir um grande número de vítimas. A prevenção e o atendimento a grandes acidentes de massa, sem dúvida, deve ser um dos objetivos dos serviços públicos. Esta prevenção, em eventos naturais (furacões, maremotos, terremotos, ação de vulcões, tempestades) deve ser feita buscando-se informações e conhecimentos meteorológicos e sismográficos. Assim, detectando-se as áreas de risco e a possibilidade e intensidade destes fenômenos, podem ser estabelecidos protocolos de evacuação destas populações de risco.

Em eventos decorrentes do desenvolvimento tecnológico (meios de transportes velozes, grandes edificações, aeroportos, usinas de energia), no entanto, é fundamental a criação de medidas de segurança relativas a cada situação específica, que devem ser seguidas e fiscalizadas rigorosamente.

É necessário que o setor público planeje uma resposta coordenada para atender aos acidentes de massa. E mesmo que se estabeleçam métodos preventivos satisfatórios, devemos estar preparados para a falha nestes mecanismos de prevenção, cujo resultado será um grande número de vítimas graves e/ou fatais. Aos Institutos Médico-Legais compete, nestes casos, a identificação das vítimas e, se possível, a determinação da causa da morte.

A identificação dos cadáveres em desastres de massa é um processo complexo, que envolve, além dos procedimentos técnicos médico-legais, questões afetivas relativas às famílias envolvidas, aos procedimentos legais necessários e à comoção popular. A confirmação da identidade das vítimas é um elemento essencial para auxiliar na resolução das questões da investigação judicial, para a família, para o Estado e para os registros públicos.

A medicina legal desempenha um papel importante neste trabalho, e os especialistas para estes tipos de acidentes devem ter experiência, conhecimento e treinamento nesta área.

Neste sentido, a experiência da equipe de médicos-legistas e odontologistas do Departamento Médico-Legal de Porto Alegre, que integraram a Equipe Brasileira que auxiliou na identificação dos cadáveres do incêndio no supermercado *Ycua Bolaños*, ocorrido em 2004 na cidade de Assunção – Paraguai, mostrou a necessidade de organizar um protocolo de atendimento aos acidentes de massa sob o ponto de vista médico-legal. Associando a experiência adquirida neste desastre aos roteiros internacionais preconizados para atendimentos de desastres de massa (*Interpol Disaster Victim Indentification, Technical Working Group for Mass Fatality* e *Guidance on Dealing with Fatalities in Emergencies*), criou-se um Plano de Atendimento adaptado às condições da nossa realidade, e que pode ser utilizado como referência para eventuais desastres deste tipo.

3.1. Missão Médico-Legal

Em grandes catástrofes, o retardo na identificação das vítimas é, com frequência, entendido como inaceitável pelas autoridades e familiares e resulta em grande comoção social. Assim sendo, é de grande importância uma adequada coordenação das ações de resgate com a Equipe Médico-Legal, bem como a obtenção rápida e completa das informações *ante mortem* das vítimas ou das pessoas desaparecidas. O processo de identificação envolve a confecção de uma lista de pessoas desaparecidas, no caso das catástrofes abertas, ou das vítimas efetivas, no caso das catástrofes fechadas. Junto com estas listas é fundamental a obtenção dos dados e informações *ante mortem* e *post mortem* das vítimas, incluindo a coleta das impressões digitais, se possível, o exame das arcadas dentárias, a coleta de material biológico para exame de DNA e outros dados relevantes. A comparação das informações com as evidências é que possibilitará a efetiva identificação. O ideal é que todas as informações *ante mortem* e *post mortem* sejam armazenados em um programa de computador, por uma equipe qualificada, estando disponíveis e sendo atualizadas durante todo o tempo da operação. Isso permite a rápida comparação dos dados coletados, acelera o processo de análise das informações e permite uma identificação precoce dos corpos. Uma parte importante e subestimada do processo de identificação é o processo de coleta dos dados *ante mortem* das pessoas apresentadas como desaparecidas. Este procedimento eventualmente pode ser problemático quando ocorre o desaparecimento e a morte de famílias inteiras. Esta etapa do trabalho deve ser realizada simultaneamente com o processo pericial *post mortem*, através de contato com familiares das vítimas, solicitando-lhes informações sobre características pessoais, exames radiológicos dentários e médicos, fornecimento de documentos com impressão digital, nome e endereço do odontólogo e qualquer outra informação médica ou legal relevante. Deve ser solicitado o acesso ao banco de dados das impressões digitais da Carteira de Identidade Civil ou Passaporte mantido por serviços de segurança pública. A coleta de material biológico dos familiares poderá ser realizada já nesta fase inicial, caso possa ser difícil a obtenção de amostras posteriormente, ou seja, necessário enviá-las a outro local distante para análise.

O processo completo e preciso de identificação dos corpos e das evidências começa no local do acidente de massa. Na maioria das vezes, o médico-legista tem a responsabilidade final de recolher e identificar os corpos. A equipe pericial deve assumir que qualquer acidente de massa deve ser considerado um "local de crime" e, portanto, este local, independente do seu tamanho, necessita ser protegido em relação ao acesso do público, até que todas as autoridades concordem em liberá-lo. O processo do levantamento do local sempre envolve a destruição física da cena real, e informações adicionais não poderão ser recuperadas depois de o local ter sido periciado e liberado. Documentar todos os aspectos dos corpos e das evidências, através de fotografias e de croquis garantirá a preservação da informação.

Para o processo de identificação é importante dispor do conjunto mais representativo possível de informações relacionado com cada pessoa desaparecida ou vítima (antropométricas, dentárias, médicas, impressões digitais, fotografias, etc.), pois estas informações, na maioria dos casos, se complementam e aceleraram todo o processo. O procedimento de identificação se torna mais difícil e mais lento quanto mais tempo passa após o acidente. Marcas pessoais como tatuagens e o uso de "piercing", brincos anéis, alianças ou DIU são elementos complementares que auxiliam no estabelecimento da identificação.

O objetivo da Equipe Médico-Legal nos acidentes de massa é identificar, pelos diversos métodos científicos disponíveis (análise de impressões digitais, exame odontológico, estudo antropométrico, exame radiológico e perfil genético), os cadáveres carbonizados ou de difícil reconhecimento. Além disso, cabe especificamente ao médico-legista a responsabilidade por estabelecer a "causa" e a "maneira" como o óbito ocorreu, além de emitir as declarações de óbito.

A equipe é responsável ainda pela avaliação e coordenação dos recursos necessários para resgate, conservação e identificação dos corpos. Para isso deverá:

- Preparar um local onde os corpos possam ser mantidos temporariamente na dependência da identificação e necropsia.
- Preparar um local onde os cadáveres possam ser examinados para permitir a identificação e estabelecer a causa da morte.
- Estabelecer condições de segurança na área de exames.
- Coordenar o transporte dos cadáveres da cena do acidente para o necrotério.
- Criar e coordenar as atividades em um Centro de Assistência aos Familiares.
- Estabelecer um sistema de comunicação e gerenciamento de informações.
- Estabelecer as necessidades materiais.
- Identificar os corpos.
- Emitir as Declarações de Óbito.
- Estabelecer a rotina para liberação dos cadáveres.

3.2. Atividades no local do acidente

Quando um acidente de massa ocorre, há dois momentos a serem considerados:

a) A estabilização do local do acidente e o resgate das vítimas.

b) O resgate dos restos humanos e de evidências do local do acidente.

O tipo e a quantidade de recursos necessários podem variar de acordo com as características e dimensões do acidente, sendo estabelecidos por detalhes adicionais do local.

A magnitude do acidente de massa pode algumas vezes exceder as capacidades e recursos humanos e materiais locais. Se isso ocorrer, a autoridade responsável pela coordenação geral do acidente deve informar imediatamente as agências locais, estaduais e federais para suporte adicional, com o objetivo de ampliar a rede de assistência governamental:

- Para resgate dos corpos (unidades de resgate, cães farejadores, transporte público, defesa civil, etc.).
- Para identificação dos corpos (médico-legista, odonto-legista, papiloscopista, laboratório de perícias).

- Obter recursos privados (ONGs, organização de agências funerárias, associação estadual de odontologia, companhias de transporte e alimentação, laboratórios de DNA privados, instituições universitárias).

3.2.1. Ação inicial no local do acidente

A resposta inicial ao acidente de massa consiste na preservação da vida dos feridos, da segurança e isolamento do local. Secundariamente, na preservação das condições do local, na documentação e recolhimento das vítimas fatais e das evidências. Este processo deve ser sistematizado e metódico para minimizar a perda ou contaminação destes elementos. As primeiras autoridades a chegarem ao local (polícia militar, bombeiros, serviço médico de emergência) devem avaliar a cena rapidamente para determinar o curso da ação que será necessário. Estes grupos devem estar capacitados para:

- Verificar o tipo de incidente (transporte, industrial, natural ou criminal) e solicitar a ajuda apropriada.
- Verificar a extensão do acidente sob o ponto de vista de área envolvida, número de feridos e/ou mortos, identificar testemunhas.
- Identificar as zonas de risco (colapso de estruturas ou prédios, risco químico ou biológico, explosivos).
- Iniciar os procedimentos adequados de resgate.
- Estabelecer um perímetro inicial de isolamento para controlar a entrada e saída do local.
- Estabelecer um posto de comando junto ao local do acidente.

Nenhum corpo deve ser removido antes que sua localização tenha sido registrada.

Todos os objetos pessoais que sem sombra de dúvida pertençam a um cadáver devem ser coletados e mantidos com o corpo ou partes de um corpo. Quaisquer outros objetos devem ser registrados como não identificados e mantidos separadamente no primeiro instante.

Um cartão com identificação numérica, resistente a umidade, deve ser fixado em cada corpo ou parte de corpo não identificada, assegurando que esta não se perca.

3.2.2. Designação de um comando do local

O comandante das ações no local do evento é a figura responsável por programar uma rotina unificada e sistematizada que permita a coordenação das diversas equipes envolvidas, a documentação dos fatos, o resgate das vítimas, dos seus pertences pessoais e das evidências. Deve usar este sistema para manter a segurança e isolamento do local, administrar e alocar recursos, e garantir segurança para todas as pessoas envolvidas nas operações de salvamento dos feridos e resgate dos mortos.

3.2.3. Organização das atividades do local

Depois de estabelecidas as ações iniciais, e antes do levantamento do local, deverá ser definido:
- O tamanho e a composição das equipes responsáveis pelo levantamento do local, geralmente constituídas por: perito criminal, fotógrafo forense e auxiliar de perícias.
- Os meios de controle para o acesso ao local.
- A forma de preservar a cadeia de custódia durante o processo de resgate.
- Outras áreas funcionais essenciais:
    → Centro de atendimento médico;
    → Morgue temporário (caminhões frigoríficos, hangar, depósito);
    → Centro de assistência aos familiares (hotel, centro de convenção, auditório);
    → Centro de comunicação;
    → Área de imprensa;
    → Área para instruções e recebimento de informações;
    → Área de apoio emocional.
- Organizar outras ações diretamente relacionadas ao resgate:
    → Áreas de estacionamento;
    → Suprimento de água e energia;
    → Remoção de lixo e material contaminante;
    → Áreas para estoque de equipamentos e materiais;
    → Oferecer áreas para alimentação e descanso para as equipes;
    → Recursos administrativos e operacionais (equipamentos de escritório, de informática, eletroeletrônicos, de segurança, veículos, ferramentas para resgate e identificação).

3.2.4. Manutenção da segurança do local

A segurança é uma das principais preocupações durante as ações de emergência e na investigação subsequente. Para garantir a segurança

de civis e agentes públicos, deve-se identificar, avaliar e minimizar os riscos locais que ainda possam ameaçar as vítimas, circunstantes e equipes de trabalho, bem como estabelecer as zonas de segurança. Imediatamente após a avaliação preliminar, deve-se:
- Estabelecer o isolamento do local.
- Seguir modelos/rotinas de prevenção de riscos nuclear, biológico e químico.
- Marcar claramente o perímetro das áreas de risco e estabelecer as zonas de segurança.
- Comunicar os riscos identificados às equipes profissionais que ingressam no local do acidente.
- Controlar e restringir o acesso ao local do acidente às equipes autorizadas:
    → Estabelecer pontos de entrada e saída para as equipes autorizadas;
    → Restringir o acesso à mídia, curiosos e pessoal não essencial à área isolada, mantendo-os fora do perímetro de segurança;
    → Retirar o pessoal não autorizado da área do acidente.

3.2.5. Transição entre o resgate dos feridos e o recolhimento dos corpos

Ao *Comandante de Local de Desastre* compete coordenar a transição entre os procedimentos iniciais de busca e salvamento dos feridos e os procedimentos de busca e recolhimento das vítimas e das evidências.

Em parceria com os coordenadores das equipes de local, deverá montar *Equipes de Resgate de Corpos,* que serão compostas por um médico-legista ou antropologista forense, um odonto-legista, um fotógrafo e um auxiliar de perícias.

Estas equipes deverão considerar os seguintes procedimentos:
- Criar e manter uma área de triagem para análise inicial dos corpos e evidências, que ficará no próprio local do acidente, permitindo o acondicionamento adequado dos itens coletados e garantindo o transporte seguro dos corpos até o necrotério.
- Implementar um sistema de identificação (numeração) simples, contínuo e expansível para os corpos, pertences pessoais e evidências.
- Documentar a localização, coleta e remoção dos corpos, pertences pessoais e de outras evidências.
- Estabelecer turnos de trabalho para as equipes.
- Monitorar as condições físicas e emocionais das equipes (desidratação, stress, cansaço) e tratá-las se necessário.
- Prever para as equipes de resgate períodos para descanso e alívio do estresse.

3.2.6. Estabelecer a cadeia de custódia e resgate dos corpos

Estabelecer uma "cadeia de custódia" é fundamental para manter a integridade das evidências. Durante a investigação no local, a *Equipe de Resgate de Corpos* será responsável por manter esta cadeia de custódia, registrando a chegada e saída do pessoal da equipe do local, estabelecendo um sistema padrão que relate a localização dos corpos e evidências e montando um procedimento de numeração de acordo com a ordem em que os corpos, evidências e pertences forem sendo localizados.

A *Equipe de Resgate de Corpos* utilizará um sistema de registro dos corpos e das evidências no local. Para isso deverá:
- Utilizar um croqui para dividir o local em setores para mostrar a localização e o contexto das evidências no local.
- Registrar todo o local (vista geral, aérea, 360°) através de fotografias (fotógrafo forense) para relacionar os itens espacialmente com o local e entre si.
- Identificar os limites da área com fitas de isolamento.

A documentação sistemática de todos os corpos, pertences pessoais e evidências deverá utilizar um sistema de numeração sequencial no local. Além de conter informação do local de resgate, esta documentação deverá incluir todas as anotações que possam auxiliar a equipe de identificação ou da reconstituição do fato, além da identificação do responsável pelas informações e coleta (nome, data e hora).

O sistema de *numeração dos corpos e evidências*, utilizado pela *Equipe de Resgate de Corpos*, deverá ser:
- Expansível.
- Simples de interpretar.
- Capaz de indicar onde os corpos, objetos pessoais e evidências foram recuperados.
- Capaz de recuperar informações sobre os corpos, pertences e outras evidências durante a investigação.
- Relacionável aos resultados individuais subsequentes sem erros.
- Integrável em todos os protocolos e relatórios.
- Registrado numa etiqueta, que ficará visível pelo lado de fora do saco de transporte, e em uma etiqueta semelhante no interior do saco de transporte, junto com as outras evidências relacionadas.

A documentação da localização dos corpos, pertences pessoais e outras evidências deverá incluir um sistemático *levantamento fotográfico*:

- Que deve criar um registro permanente do local.
- Fotografando os itens individualmente (média distância e de perto) com um identificador (cartão de identificação e/ou número do item) e uma escala.

3.2.7. Criação de uma área de triagem inicial junto ao local

As *Equipes de Resgate de Corpos*, que processaram os corpos e evidências no local, devem utilizar uma área junto ao local do fato para manter a cadeia de custódia e desenvolver uma função de triagem. Nesta fase, esta equipe tem outras atribuições específicas:

- Criar uma área de reunião próxima ao local do incidente.
- Manter a cadeia de custódia, fechando e lacrando os sacos dos corpos.
- Mandar de volta evidências, que não precisam acompanhar os corpos até o necrotério, para serem custodiadas pelas equipes de investigação adequadas (armas, explosivos, artefatos estranhos, etc.).
- Fazer um registro dos sacos de transporte dos corpos, que irão ser levados para o necrotério.
- Manter equipamentos e suprimentos:
    → Uma tenda grande
    → Sacos para embalar e transportar corpos e evidências
    → Veículos frigoríficos
    → Luzes de emergência
    → Cavaletes e madeira compensada para montar mesas de exame
    → Lonas para criar barreiras visuais
    → Materiais de descontaminação
    → Equipamentos de proteção individual (luvas, máscaras, aventais, botas, etc.)

3.3. Atividades no necrotério

As atividades no necrotério deverão ser planejadas considerando as condições e infraestrutura do necrotério local e a disponibilidade de pessoal para os trabalhos. Além disso, é importante considerar que a atividade pericial de rotina deverá ser mantida, já que a demanda de outras necropsias e os demais exames médico-legais deverão ser realizados paralelamente.

3.3.1. Atribuições do médico-legista e da equipe médico-legal

Além da identificação, o trabalho da *Equipe Médico-Legal* contribui significativamente para determinação da causa e dos efeitos do acidente. Mesmo sendo um acidente de massa, isso não reduz esta responsabilidade. O Instituto Médico-Legal tem a responsabilidade de documentar, examinar, identificar, recolher, dispor (administrar) e certificar (atestar) todos os corpos, bem como é responsável pelas atividades do necrotério. A assistência adicional de outras equipes ou organizações é objeto de escolha e aprovação pela *Equipe Médico-Legal*.

É sua atribuição também a coordenação das ações necessárias para atender as demandas logísticas que visam manter o adequado funcionamento do necrotério.

Se o médico-legista da localidade em que ocorreu o desastre não está equipado e preparado para assumir a responsabilidade pelo controle das atividades do necrotério, uma equipe de resposta operacional a desastres de massa deverá ser acionada. Esta equipe, chefiada por um antropologista forense ou médico-legista, deverá ser capaz de supervisionar todas as atividades do necrotério e funções administrativas.

3.3.2. Organizando o trabalho de identificação médico-legal

Deverá existir um *Supervisor de Necrotério*, que será responsável pelas demandas logísticas e de pessoal, necessárias para o funcionamento do necrotério e um *Supervisor de Operações*, que será responsável pelos processos de coordenação e execução do trabalho pericial propriamente dito, incluindo a realização das necropsias e a identificação dos corpos.

O *Supervisor do Necrotério* é responsável pelas ações administrativas:
- Avaliar a extensão do acidente e determinar a necessidade de ajuda adicional.
- Estabelecer e coordenar as medidas de segurança do necrotério.
- Montar uma estrutura de uso da internet e fax para transferência de registros e documentos *ante mortem*.
- Estabelecer e coordenar atividades de recepção para familiares, jornalistas, autoridades governamentais, etc.
- Organizar um local e uma equipe de apoio para divulgação de boletins com instruções essenciais, informações relevantes sobre o acidente e para entrevistas com a imprensa.

- Manter sob guarda os valores, documentos e pertences pessoais dos cadáveres.
- Organizar as escalas de trabalho para os casos habituais, da rotina do necrotério.
- Estabelecer escalas racionais de trabalho para as equipes periciais.
- Monitorar as condições físicas e o bem-estar emocional do pessoal autorizado a trabalhar no necrotério.
- Fazer um relatório diário das atividades, incluído o registro das identificações, corpos liberados e dos cadáveres restantes.
- Manter um cadastro atualizado dos voluntários solicitados e suas qualificações, bem como dos voluntários não solicitados, mas que poderão ser necessários futuramente.

O *Supervisor de Operações* é responsável pelas ações técnicas e periciais:

- Avaliar a necessidade de ajuda adicional.
- Planejar e avaliar a necessidade futura de especialistas em identificação forense (papiloscopistas, odonto-legistas, antropologistas forenses e especialistas em DNA).
- Criar e manter a disposição um arquivo, com um prontuário para cada caso.
- Manter o controle sobre a qualidade das informações constantes nos prontuários (relatórios precisos, legíveis, completos e assinados).
- Verificar que todas as fotos estejam identificadas e registradas.

Algumas ações são prioritárias nesta fase inicial, e delas dependerá o adequado andamento dos trabalhos. A determinação do local onde serão realizadas as atividades de necrotério e a definição das equipes de trabalho já deve estar estabelecida previamente. O *Supervisor de Necrotério* e o *Supervisor de Operações,* juntamente com as autoridades governamentais envolvidas no processo, neste momento, deverão apenas acionar os mecanismos de comunicação para colocar em andamento as seguintes ações:

3.3.3. Definição do local das atividades de necrotério

O local para realização dos trabalhos periciais deverá ser amplo, com bom perímetro de segurança e possuir áreas que possam ser adaptadas para a realização da identificação dos corpos, estacionamento de caminhões frigoríficos, reconhecimento dos corpos pelos familiares com acesso separado, armazenamento de caixões, recepção e entrevista com familiares, refeição das pessoas envolvidas na identificação dos corpos, entre outras. Dependendo da magnitude do desastre, esta área deverá ser fora do necrotério oficial, que continuará sendo responsável pela realização dos trabalhos diários e de rotina.

Áreas militares (quartéis), com ginásios de esporte dentro dos seus limites, são locais adequados para este tipo de trabalho. Eles oferecem normalmente privacidade, segurança, espaços amplos e boa estrutura de comunicação. A sua disponibilidade em casos de desastre de massa deverá já estar previamente definida, assim como os procedimentos de montagem da infraestrutura necessária para realização dos trabalhos.

3.3.4. Definição das equipes de identificação

As equipes que irão realizar os trabalhos de identificação deverão estar tecnicamente preparadas para este tipo de atividade e ter conhecimento do protocolo de ação em todas as suas fases. O número de equipes de peritos que irão trabalhar diretamente na identificação será determinado pelo *Supervisor de Necrotério* e pelo *Supervisor de Operações*, considerando a disponibilidade de pessoal e a dimensão do desastre. O número de equipes será proporcional ao número estimado de mortos. A solicitação de apoio de pessoal técnico externo deverá ser considerada nesta fase.

Cada *Equipe de Identificação* deverá incluir: um médico-legista ou antropologista forense, um odonto-legista, um fotógrafo e dois auxiliares de perícia.

Dependendo da disponibilidade de pessoal e da magnitude do desastre um mesmo profissional poderá desempenhar mais de uma função, reduzindo assim o número de membros da equipe.

3.3.5. Ações para segurança do necrotério

Compete ao médico-legista *Supervisor de Necrotério* estabelecer as medidas de segurança necessárias para o necrotério, restringindo o acesso nesta área apenas às pessoas autorizadas. A restrição de acesso ao necrotério preserva a integridade da investigação, mantém a dignidade dos cadáveres, limita a exposição a riscos químicos e biológicos, minimiza a quebra da cadeia de custódia, restringe o acesso ao registro de documentos, e previne a contaminação das evidências. Para operacionalização destas medidas de segurança deverão ser criadas algumas ações:
- Limitar o acesso ao necrotério, estabelecendo um sistema de identificação seguro.

- Marcar claramente o perímetro da área de exames dos corpos vindos do local do acidente, separando os casos habituais do necrotério e os do acidente de massa.
- Definir as áreas de atuação das equipes de apoio, evitando a circulação de pessoas estranhas ao serviço nestes locais.
- Proibir e controlar o uso de câmaras fotográficas ou aparelhos celulares, evitando fotografias pessoais ou não autorizadas.

3.3.6 Ações para recepção de pessoas e liberação de pertences e informações

O *Supervisor do Necrotério* e o *Supervisor de Operações* deverão criar uma *Central de Atendimento aos Familiares* (CAF). Para isto estes supervisores deverão:

- Criar uma área para recepção e entrevista com pessoas relacionadas (familiares, dentistas, etc.) que possam fornecer informações adicionais que auxiliem na identificação dos corpos – preenchimento do *Formulário de Dados Ante Mortem (AM)*.
- Montar uma equipe de apoio incluindo profissionais das áreas de serviço social, psicologia, apoio ecumênico, etc.
- Montar uma equipe de apoio administrativo que oriente os familiares quanto aos procedimentos legais e encaminhe as declarações de óbito das vítimas identificadas. Esta equipe também fará o inventário, guarda, proteção e liberação dos pertences pessoais e documentos das vítimas.

3.3.7 Exame e documentação dos corpos

Ao chegar ao necrotério, os corpos devem ser identificados por um sistema de numeração simples, conciso e contínuo. Esta numeração deve ser compatível ou integrada com o sistema de numeração dos corpos e evidências, utilizado pela *Equipe de Resgate* no local do acidente. A manutenção de uma numeração integrada permitirá cruzar e recuperar informações de local com os achados das perícias, bem como relacionar os resultados individuais, para futuros estudos e pesquisas.

O médico-legista é responsável também por manter todos os registros e documentação, incluindo notas, desenhos, fotografias, radiografias, impressões digitais e outras imagens. Um detalhe crítico para a eficiente coleta, análise e documentação dos achados periciais é a utilização de formas reconhecidas e padronizadas de formulários para registro das informações *ante mortem* (*Formulário de Dados Ante Mortem – AM*) e *post mortem* (*Formulário de Dados Post Mortem – PM*).

O prontuário de cada caso deve incluir:

- Registro de onde o cadáver foi encontrado e onde a morte ocorreu.
- Controle e documentação do transporte do local para o necrotério.
- Registro fotográfico do cadáver.
- Registro da presença ou ausência de vestes e pertences pessoais.
- Desenho, fotografia ou descrição das evidências encontradas e suas relações com cada cadáver.
- Registro e documentação das características físicas gerais (sinais específicos, cicatrizes, tatuagens, implantes, próteses internas e externas).
- Radiografias de todo o corpo.
- Registro da presença ou ausência de lesões/traumatismos.
- Documentação das impressões digitais.
- Documentação do exame da arcada dentária.
- Registro das coletas de amostras para DNA e exame toxicológico.
- Registro da necropsia completa.
- Consultorias de antropologista forense, radiologista, ortopedista ou outros especialistas.

3.3.8. Coleta e registro das evidências e pertences pessoais dos cadáveres

Compete ao médico-legista, durante os exames preliminares, coordenar os procedimentos de fotografia do corpo e das evidências, além de coletar e registrar os objetos de valor, documentos e pertences dos cadáveres, garantindo o adequado armazenamento deste material e eventual retorno aos herdeiros legais. Nesta primeira fase a *Equipe de Identificação* deverá:

- Fotografar evidências, incluindo o número de identificação de cada cadáver, suas características físicas (tatuagens, cicatrizes, sinais), feridas, pertences pessoais (roupas, joias). Estas fotografias, quando possível, poderão ser mostradas aos familiares para permitir o reconhecimento.
- Coletar evidências físicas associadas (resíduos de explosivos, traços de outros materiais orgânicos ou inorgânicos)
- Coletar, registrar e manter sob guarda os valores e pertences pessoais (roupas e joias).

3.4. Identificação dos cadáveres

A confirmação da identidade dos cadáveres é fundamental para a investigação das mortes. A adequada identificação é necessária para a emissão das declarações de óbito e para que os herdeiros legais possam resolver casos de herança e litígios criminais/civis.

O médico-legista é responsável por estabelecer a identificação dos cadáveres utilizando-se dos seguintes métodos:

- **Presuntivo**: pela visualização direta ou identificação fotográfica do cadáver se visualmente reconhecível ou através de seus pertences pessoais (roupas, carteiras, joias), características físicas, tatuagens e dados antropométricos.
- **Confirmatório**: através das impressões digitais, exame da arcada dentária, exames radiológicos, exame de DNA e pela antropologia forense (*Formulário de Dados Ante Mortem – AM, Formulário de Dados Post Mortem – PM, Relatório de Comparação/Identificação*).

Espera-se que sejam utilizados todos os métodos disponíveis de identificação para confirmar a identidade dos cadáveres.

3.4.1. Equipes especializadas na identificação forense

Dependendo da extensão do acidente, devem ser considerados os seguintes especialistas em identificação médico-legal para comparar os achados *post mortem* e os registros *ante mortem*:

- Antropologista forense / médico-legista.
- Papiloscopista.
- Analista de DNA.
- Odonto-legista.
- Fotógrafo forense.
- Patologista.
- Radiologista e técnico em radiologia
- Toxicologista.

a) Antropologia Forense: Especificamente em relação à identificação dos corpos, o antropologista forense contribui com informações sobre as características biológicas dos cadáveres, tais como idade, sexo, raça e estatura, além de contribuir na determinação das circunstâncias que envolveram a morte do indivíduo.

O tipo específico de acidente de massa determina o estado relativo de preservação e o grau de fragmentação dos cadáveres. São atribuições do antropologista forense:

- Avaliar e documentar as condições dos corpos.
- Separar os corpos misturados para calcular o número mínimo de indivíduos.

- Analisar os corpos para determinar o sexo, idade, estatura e outras características.
- Determinar a necessidade de exames adicionais.
- Manter o registro dos corpos incompletos.
- Documentar, remover, preservar materiais não humanos e/ou não biológico para o destino adequado.

A análise dos corpos depende das suas condições. Vários métodos poderão ser utilizados para determinar as características biológicas (idade, sexo, raça, estatura e características particulares). Sempre que possível, o antropologista forense determinará: sexo, idade, raça, estatura, condições patológicas *ante mortem* (doenças ou fraturas consolidadas), anomalias ou anormalidades (incluindo material cirúrgico e próteses), e traumas *peri mortem*.

b) Papiloscopia: As impressões digitais são um excelente meio de identificar vítimas desconhecidas e de confirmar a identificação daquelas que são reconhecidas por outros métodos não científicos.

Para que a identificação das vítimas de um acidente de massa possa ser efetiva pela impressão digital, alguns procedimentos devem ser realizados:

- Obter uma lista das vítimas e sua descrição.
- Obter fotos e documentos *ante mortem* com impressões digitais.
- Criar prontuários de documentos *ante mortem* e *post mortem*.
- Estabelecer condutas no local do acidente para a proteção das impressões digitais durante a operação de resgate.
- Estabelecer um sistema de controle dos documentos e manter a cadeia de custodia.
- Estabelecer um protocolo para a coleta das impressões digitais antes do exame dos corpos.

O preparo da impressão digital dos corpos, especialmente daqueles que foram queimados ou sofreram um trauma importante, pode ser um processo longo. Assim, é necessário um local específico no necrotério para o preparo e exame das impressões digitais *post mortem*.

A comparação da impressão digital *ante mortem* com aquelas obtidas diretamente do cadáver pelo papiloscopista pode conduzir à identificação positiva dos corpos. No entanto, as impressões digitais *ante mortem* podem variar em qualidade e nem sempre estarão em condições ideais para um estudo comparativo com aquelas obtidas *post mortem*. Além disso, as impressões digitais muitas vezes não estão informatizadas num sistema no padrão AFIS (*Automated Fingerprint Identification System*), o que obriga os papiloscopistas a executarem uma comparação manual. Quando uma impressão digital é obtida pode-se obter alto índice de identificação por este método.

c) Odontologia Forense: O exame odontológico representa uma atividade essencial na identificação de cadáveres carbonizados ou mutilados, mostrando-se método eficiente e rápido. As informações dentárias *ante mortem*, como um dos três principais métodos científicos de identificação, junto com as impressões digitais e o exame de DNA, devem ser obtidas tão logo seja possível, para maximizar a eficácia do processo de identificação. A identificação odonto-legal é possível comparando-se a documentação *ante mortem* obtida com os registros *post mortem* dos corpos desconhecidos recuperados da cena do acidente. No entanto, devemos ter em mente que a quantidade e a qualidade dos registros dentários *ante mortem* são extremamente variáveis entre os profissionais da odontologia, o que ocasiona, frequentemente, dificuldades na recuperação das informações odontológicas das vítimas. Esta dificuldade na recuperação dos registros odontológicos interfere diretamente na efetividade do processo. A taxa de sucesso da identificação pelo exame da arcada dentária pode variar consideravelmente dependendo da natureza do acidente, da nacionalidade e do país de residência das vítimas, da incidência de tratamentos dentários, da disponibilidade de registros dentários adequados e do grau de lesões traumáticas envolvendo as peças dentárias.

A identificação odonto-legal é um método científico e legalmente aceito na identificação humana. Portanto, a criação da equipe odonto-legal antes de um acidente de massa é crítica para o sucesso da operação no local do acidente.

Em acidentes de massa, os corpos podem estar fragmentados. O odonto-legista, nestes casos, torna-se uma figura valiosa na cena, dando assistência nos reconhecimentos, na documentação e na preservação das evidências dentárias durante o resgate e transporte dos corpos.

A identificação odonto-legal requer a comparação de informações dentárias *ante mortem* (coletada em um único formulário padronizado – *Formulário de Dados Ante Mortem* – AM) com os achados dentários *post mortem* (*Formulário de Dados Post Mortem* – PM).

d) Exame de DNA: Para casos envolvendo acidentes de massa/ou corpos muito fragmentados, o exame de DNA torna-se um componente essencial no processo de identificação. O exame de DNA pode: identificar as vítimas, associar fragmentos de corpos e auxiliar na continuidade da investigação médico-legal.

A disponibilidade e utilização do DNA irão variar com a extensão do acidente. Os supervisores das ações deverão avaliar a disponibilidade de recursos para exame de DNA e estabelecer um acordo formal com laboratórios capazes de suportar o plano de contingência do acidente de massa. Acidentes menores podem não necessitar recursos especiais com relação à coleta das evidências e a realização do exame de DNA. No entanto, a coleta de evidências, a supervisão dos dados e a interpretação dos resultados representam um grande desafio. É essencial que os laboratórios utilizem programas de computador especializados para facilitar a busca, pesquisa e interpretação de um grande número de perfis de DNA.

Coleta das amostras para o exame de DNA: O exame de DNA é um método comparativo, sendo necessária uma ou mais amostras de referências válidas para identificar corpos humanos adequadamente. Três tipos de amostras biológicas são coletados: dos cadáveres, dos familiares adequados e de amostras diretas (amostras biológicas e objetos pessoais). A coleta de amostras deve ser feita de modo a prevenir perdas, contaminação ou alterações prejudiciais que comprometam o início da cadeia de custódia.

Devem ser considerados os seguintes passos para preparação das amostras:

- **Amostras de cadáveres:**
    - → Coletar amostras de tamanhos adequados, colocá-las separadamente em recipientes apropriados, etiquetá-las e armazená-las apropriadamente. Não utilizar conservantes (como formol).
    - → As amostras devem ser manipuladas com precauções adequadas para minimizar o risco de contaminação, prevenir perdas ou deterioração. Utilizar material estéril e descartável para coletar as amostras.
    - → Amostras preferenciais para corpos humanos: sangue, tecidos moles (músculo esquelético profundo, vísceras, pele), ossos e dentes. As amostras serão obtidas de um dos seguintes locais, em ordem de preferência: músculo esquelético profundo, cortical óssea e caninos superior ou inferior ou outro dente intacto, sem restaurações.
- **Amostras de referência de familiares:**
    - → Deve-se iniciar a coleta das amostras de referência dos familiares diretos das vítimas no Centro de Atendimento aos Familiares (CAF).
    - → Deve-se obter o consentimento informado dos familiares.
    - → Deve-se identificar o doador da amostra, confirmando a identidade, estabelecendo claramente a relação biológica de parentesco com a

vítima e uma forma de contato com o doador, através de um formulário padronizado.

→ As amostras preferenciais são o sangue, coletado através de venopunção ou da picada da polpa digital, e dois swabs coletados adequadamente da mucosa oral.

→ O tipo de doador vai depender do tipo de exame de DNA utilizado pelo laboratório, o qual deverá ser consultado. Os doadores preferenciais são:

i) No sequenciamento curto do DNA – um ou ambos os pais da vítima; marido/esposa da vítima e seus filhos biológicos; parentes biológicos da vítima que tenham os mesmos pais;

ii) No DNA mitocondrial – utilizam-se membros da família materna como referência;

iii) Nos marcadores do cromossoma Y - utilizam-se membros da família paterna como referência.

• **Amostras de referência direta:**

→ Informar às famílias que elas podem entregar as amostras de referência diretas no mesmo local onde podem ser coletadas as amostras de referências familiares.

→ Garantir que os itens sejam de uso da vítima e entregues o mais rápido possível.

→ As amostras biológicas diretas adequadas para o exame de DNA são: cartões de tipo sanguíneo (não há no Brasil), *swabs* da mucosa oral (*kits* de identificação doméstica), sangue estocado para cirurgia eletiva, amostras para patologia (biópsias, esfregaços, citopatológicos), dentes extraídos (dentes decíduos ou permanentes), amostras de cabelo.

→ Os itens de uso pessoal incluem: escova de dente, barbeador ou aparelho de barbear, roupas íntimas ainda não lavadas, itens de higiene pessoal usados (absorvente íntimo), outros objetos pessoais usados.

Administração e supervisão da análise de dados do DNA: O processo de armazenar, rever e interpretar os dados é a fase mais desafiadora quando se utiliza a tecnologia do DNA para identificar as vítimas de um acidente de massa. A dificuldade desta tarefa surge, basicamente, quando mais de um laboratório está envolvido em fornecer os resultados. Os laboratórios participantes devem firmar um compromisso mútuo, com um fluxo de trabalho coordenado, utilizando programas de computador (*softwares*) compatíveis para a inclusão e interpretação dos dados. O ideal é que apenas um laboratório fique com a responsabilidade de analisar as amostras coletadas.

Nas circunstâncias em que a dimensão dos exames de DNA exceda a capacidade local, pode ser necessário contratar exames de um ou mais laboratórios forenses. Nestes casos, é necessário garantir que a capacidade e a competência dos laboratórios selecionados sejam suficientes para as necessidades, e estabelecer critérios específicos para avaliar a qualidade dos laboratórios antes de autorizar a realização dos exames. Estes critérios podem incluir a acreditação pela *American Society of Crime Laboratory Directors/Laboratory Accreditation Board* (ASCLD/LAB) ou certificação pela *National Forensic Science Technology Center* (NFSTC) ou por outra organização de acreditação/certificação reconhecida em conformidade com os padrões internacionais de DNA.

3.5. Equipes de apoio

As equipes de apoio serão divididas em Equipes Assistenciais, Equipes de Apoio Logístico e Equipes Técnicas. As Equipes de Apoio Logístico e as Equipes Assistenciais serão coordenadas pelo *Supervisor de Necrotério*, enquanto a Equipe Técnica será coordenada pelo *Supervisor de Operações*.

3.5.1. Equipe Assistencial

- Equipe de Psicólogos: Estabelecem a integração entre a equipe de identificação e os familiares, e auxiliam os peritos durante a comunicação da identificação positiva junto aos familiares.
- Equipe de Assistentes Sociais: Auxiliam aos familiares no registro de declarações de óbito, orientação quanto aos funerais, encaminhamento de documentos, e orientam e auxiliam os familiares ou responsáveis, na busca de documentos no domicílio, consultório dentário/médico, hospital, etc.
- Equipe para Recolhimento de Dados da Família: Esta equipe será responsável pela Central de Atendimento aos Familiares (CAF) e terá, entre outras funções:
  → Coletar os dados fornecidos pelos familiares, preenchendo os questionários padronizados (Formulário de Dados *Ante Mortem – AM*);
  → Receber, protocolar e fornecer recibo das fichas médicas, prontuários hospitalares, radiografias, fichas odontológicas, fotografias e outros documentos de interesse pericial;
  → Identificar e etiquetar o material recebido;
  → Passar para a equipe de informática os questionários com os dados dos desaparecidos/procurados, por um número sequencial que não se alterará mais.

- Equipe de Documentação: Esta equipe será responsável por incluir no sistema integrado de informática as informações recolhidas pela CAF e pelos Peritos. Caberá a esta equipe:

  → Alimentar o sistema com os dados obtidos pelos peritos no exame direto do cadáver (número de identificação, sigla de identificação, dados de roupas, pertences, sinais característicos, exame odontológico, etc.);

  → Alimentar o sistema com os dados coletados pela CAF através dos questionários padrões (número de ordem, sexo, idade, cor, prótese óssea, prótese dental, DIU, marca-passo, ausência parcial de dentes, ausência de dentes total, aparelho ortodôntico, sinais característicos – cicatrizes, tatuagens, etc.). Estas informações farão parte do Prontuário da Vítima (*Formulário de Dados Ante Mortem – AM*);

  → Tabular os dados, imprimir as fichas e distribuí-las, no mínimo, uma cópia para cada equipe de trabalho. Organizar arquivos de fotos do local do acidente, dos corpos, dos objetos, fotos digitalizadas, fornecidas por familiares, exames radiológicos, etc. O arquivo de fotos de objetos deverá estar à disposição para ser exibido aos familiares, em telões por Datashow;

  → Organizar um arquivo por número de registro de todo material fotográfico relacionado com determinada vítima;

  → Organizar o Prontuário da Vítima, com todos os registros levantados, material fotográfico e documentos anexados.

3.5.2. Equipe de Apoio Logístico

- Equipe de Recursos Materiais e Manutenção: Será responsável pelo fornecimento dos materiais de escritório (papel, canetas, grampeadores, réguas, etc.), instrumental técnico (luvas, pinças, lâminas de bisturi, serras, etc.) e outros materiais.
- Equipe de Informática: Será responsável pelo fornecimento, instalação e manutenção dos equipamentos de informática.
- Equipe de Alimentação: Será responsável por fornecer, diariamente, lanche, café e refeições para as equipes de trabalho.
- Equipe de Limpeza: No final de cada dia de trabalho, esta equipe deverá realizar a limpeza do local de trabalho, recolhimento do lixo e reposição dos materiais de higiene e limpeza.
- Equipe de Transporte: Será constituída por motoristas e carros fornecidos por empresa pública/privada para o transporte de pessoas e materiais necessários, durante a execução dos trabalhos. Os veículos deverão ser facilmente identificáveis, o que facilitará o acesso aos diversos locais (local do fato, hospitais, local da perícia, hotéis, etc.).

- Equipe de Segurança: Recomenda-se a utilização dos profissionais que normalmente respondem pela segurança dos serviços periciais, agregando um reforço de pessoal, proporcional à área de atuação. Esta equipe será responsável por:
  → Limitar o acesso ao necrotério;
  → Marcar o perímetro da área de exames dos corpos vindos do local do acidente;
  → Evitar a circulação de pessoas estranhas ao serviço;
  → Controlar o uso de câmaras fotográficas ou aparelhos celulares por pessoas não autorizadas.
- Equipe de comunicação social: Será responsável por coordenar a transferência de informação entre as equipes técnicas e a imprensa e familiares. Esta atividade será feita através de: recepções programadas para familiares, jornalistas e autoridades; divulgação de boletins com informações sobre o andamento das atividades periciais; e organização de entrevistas com a imprensa.
- Equipe de Desmobilização: Ao final dos trabalhos, será responsável por desmontar a área de trabalho e devolver os equipamentos aos seus locais de origem.

3.5.3. Equipe Técnica

Será chefiada pelo *Supervisor de Operações*, responsável por coordenar o trabalho dos grupos de peritos que formam as *Equipes de Identificação*. Estas equipes serão constituídas por um perito médico-legista ou antropologista forense e um perito odonto-legista, que atuarão diretamente na coleta e registro das amostras. Para a realização adequada do trabalho pericial, a *Equipe de Identificação* terá ainda o auxílio de algumas equipes de apoio:
- Equipe de Fotografia: cada *Equipe de Identificação* contará com um fotógrafo. Cada caso fotografado terá suas fotos organizadas em um arquivo numerado, que fará parte do Prontuário da Vítima e o acompanhará até a sua identificação (fotos do cadáver, vestes, pertences, características físicas e dentárias).
- Equipe de Radiologia: os técnicos em radiologia realizarão os exames radiológicos conforme solicitação dos peritos.
- Equipe de Auxiliares de Perícias: cada *Equipe de Identificação* contará com dois auxiliares de perícias: um para auxiliar os peritos (médicos e dentistas) na realização da coleta de dados e materiais do cadáver e preparar as vestes e pertences para fotografias; um segundo para etiquetar o material coletado, as vestes e os pertences e armazená-los em local previamente determinado.

- Equipe de Remoção de Corpos: será responsável por colocar os corpos, embalados individualmente em sacos plásticos, junto com seus pertences, nos caminhões frigoríficos e retirá-los diariamente, colocando-os nas áreas de trabalho determinadas. Poderá ser constituída de bombeiros ou auxiliares de perícias.

3.6. Infraestrutura e serviços imediatos

Para o adequado encaminhamento dos trabalhos, e dependendo da extensão do desastre, deverá ser montada uma infraestrutura de apoio, constituída por empresas públicas ou privadas, que atenderão algumas necessidades que não são supridas rotineiramente pelos Institutos de Medicina Legal.

Para que este atendimento possa ser disponibilizado de forma rápida e coordenada, as empresas envolvidas deverão estar previamente acertadas, dentro de um protocolo de atendimento de desastres de massa. Para cada um dos itens necessários deverão ser indicadas uma ou duas empresas, que manterão atualizados números de telefone e pessoal responsável para um contato imediato e desencadeamento do processo de atendimento. Esta infraestrutura básica deverá contemplar o fornecimento dos seguintes equipamentos e serviços:

- **Caminhões frigoríficos** – são necessários, de forma imediata, 2 a 3 caminhões frigoríficos de grande porte, pelo prazo de tempo necessário para realização das perícias.
- **Sacos plásticos com zíper** – o necrotério deverá dispor de um estoque de aproximadamente 50 sacos plásticos com zíper. Mesmo assim, uma ou duas empresas deverão estar acertadas previamente para o fornecimento imediato de um número igual ou superior a este.
- **Caixões** – as empresas envolvidas deverão ser capazes de disponibilizar imediatamente caixões em número suficiente para o adequado sepultamento, incluindo-se caixões zincados.
- **Serviço de Limpeza** – os funcionários deverão estar disponíveis rapidamente para realizarem a limpeza do local da perícia ao final do primeiro dia, embalar e encaminhar o lixo produzido pelo prazo de tempo necessário para realização dos trabalhos.
- **Serviço de alimentação** – os responsáveis por este serviço deverão disponibilizar lanches e refeições pelo prazo de tempo necessário a realização das perícias, de forma a atender as equipes de trabalho.
- **Serviço de transporte** – os peritos, membros das equipes de apoio e familiares, quando indicado, deverão dispor de um serviço de veículos para

deslocamento durante os trabalhos. Deverá ser previamente definida a responsabilidade pelo abastecimento de combustível destes veículos.
- **Serviço de informática** – as empresas envolvidas deverão fornecer, montar e dar o suporte necessário e de forma ininterrupta aos equipamentos de informática (micros com programas, laptops, impressoras, scanners de mesa, telas de projeção, Datashow) pelo prazo de tempo necessário para realização da perícia. Os equipamentos deverão ser interligados em rede de transmissão rápida de dados.
- **Serviço de telefonia fixa, móvel e Internet** – a empresa responsável deverá disponibilizar imediatamente telefones celulares, convencionais e aparelhos de fax para a equipe administrativa e os peritos manterem contato com familiares, hospitais, profissionais médicos e odontólogos, até a conclusão da perícia.

Anotações . . .

Capítulo 4
LESÕES CORPORAIS

4.1. Definição

Segundo Nelson Hungria, definem-se lesões corporais como "toda e qualquer ofensa ocasionada à normalidade funcional do corpo ou organismo humano, seja do ponto de vista anatômico, seja do ponto de vista fisiológico ou psíquico. Quer como alteração da integridade física, quer como perturbação do equilíbrio funcional do organismo (saúde), a lesão corporal **resulta sempre de uma violência** exercida sobre a pessoa". O objetivo deste conceito é estabelecer uma proteção penal ampla, incluindo não só a lesão do corpo, mas também qualquer alteração à saúde fisiológica e à mente, sempre como consequência de uma violência exercida sobre a pessoa. Desta forma, um ato médico, por exemplo, cujo resultado não foi o esperado ou desejado pelo paciente, mas que pode ter evoluído para uma complicação previsível do referido ato, não deve ser considerado uma lesão corporal, uma vez que falta o pré-requisito violência.

O exame de lesões corporais é feito visando a determinar o tipo, o número, a sede, as causas e as consequências das lesões. Tratando-se de infração que deixa vestígios, haverá necessidade de exame pericial, não só para determinar a materialidade do fato, como também para que se tenha a exata classificação da lesão. Dependendo de sua intensidade ou gravidade, a pena será estabelecida.

4.2. Quesitos e interpretação

A perícia, após constatar a existência da lesão, deverá quantificá-la, criando condições para que, juridicamente, ela possa ser classificada. Esta classificação ocorrerá na medida em que o perito vier a responder aos quesitos, durante a elaboração do laudo.

Os quesitos oficiais utilizados no Estado do Rio Grande do Sul, e que fazem parte do laudo de lesões corporais, são os seguintes:
- **Primeiro**: Se há ofensa à integridade corporal ou à saúde do paciente;
- **Segundo**: Qual o instrumento ou meio que produziu a ofensa;
- **Terceiro:** Se foi produzida por meio de veneno, fogo, explosivo, asfixia ou tortura, ou por outro meio insidioso ou cruel (resposta especificada);
- **Quarto**: Se resultou incapacidade para as ocupações habituais por mais de trinta dias;
- **Quinto**: Se resultou perigo de vida;
- **Sexto**: Se resultou debilidade permanente ou perda ou inutilização de membro, sentido ou função (resposta especificada);
- **Sétimo**: Se resultou incapacidade permanente para o trabalho, ou enfermidade incurável, ou deformidade permanente (resposta especificada);
- **Oitavo**: Se resultou aceleração de parto ou aborto (resposta especificada).

O oitavo quesito faz parte apenas do "Laudo de Lesão Corporal B", utilizado nos casos de mulher grávida que sofreu lesões. Nos demais casos, utiliza-se sempre o "Laudo de Lesão Corporal A", que apresenta apenas sete quesitos.

No segundo quesito, as respostas serão dadas sempre em relação ao "mecanismo do instrumento" que provocou a lesão, e não ao seu "nome". Não podemos confundir "instrumento" com "objeto". No caso de um ferimento produzido por arma branca, por exemplo, que penetrou a cavidade abdominal, a resposta consignará "instrumento pérfuro-cortante", e não a palavra "faca".

Muitas das expressões usadas nos quesitos admitem interpretações, cujo entendimento é extremamente importante para que se possa avaliar corretamente o resultado da perícia. Não são raras as vezes em que há discordância de interpretações e, portanto, expectativas diferentes de resultado, entre o perito e a autoridade judiciária. Eventualmente isso pode ocorrer, inclusive entre os próprios peritos. Somente com conceitos bem estabelecidos poderemos avaliar corretamente uma lesão corporal e responder aos quesitos apresentados, independente do perito que esteja realizando o exame, de forma coerente e semelhante. Nos próximos parágrafos estão colocadas as principais expressões do laudo de lesões corporais geradoras de dúvidas, bem como suas interpretações mais consagradas.

Integridade corporal: caracteriza a estrutura anatômica do indivíduo, sendo que a mais simples alteração, causada, de forma violenta, de maneira culposa ou dolosa, a este conjunto representa uma ofensa a sua integridade e, portanto, uma lesão corporal. Mudanças na estrutura fisiológica ou mesmo psíquica de uma pessoa caracterizam o conceito de ofensa à saúde, ou seja, também uma lesão corporal. Qualquer ação ou omissão que provoque alterações na anatomia do indivíduo caracterizará uma ofensa a sua integridade corporal, da mesma forma que alterações no seu bem-estar físico ou psíquico caracterizarão uma ofensa à saúde.

A *dor* é fenômeno subjetivo e não constitui a materialidade exigida para o reconhecimento de uma lesão corporal. Queixando-se a vítima de dores no local atingido pelo agente, com o exame específico não revelando qualquer lesão ou perturbação da saúde do ofendido, não deve a perícia atestar a existência de ofensa física. O delito do artigo 129 é crime material e de dano; a dor, isoladamente, é de etiologia inteiramente subjetiva e, portanto, não caracteriza lesão punível. A simples "crise nervosa", sem comprometimento funcional, físico ou mental, não configura lesão corporal, assim como a perda momentânea dos sentidos (desmaio), quando não resultar danos ao indivíduo. O mesmo princípio se aplica a outros sintomas clínicos como tonturas ou náuseas. Cortar os cabelos de outrem pode constituir uma lesão corporal, desde que a ação provoque uma alteração desfavorável no aspecto exterior do indivíduo, de acordo com os padrões sociais.

Não há que se confundir a lesão corporal com a contravenção de *vias de fato*, caracterizando-se esta pela ofensa física que não resulta lesão ou incômodo à saúde, nem deixa vestígios. Para que tenhamos "vias de fato", a ação violenta ou a força física empregada pelo agente não devem provocar dano algum na vítima, sendo que nestes casos o exame pericial não demonstrará a existência de lesões.

Meio insidioso, cruel ou tortura: *Insidioso* é aquele meio dissimulado, pérfido, traiçoeiro, carregado de estratagemas e emboscada. Exige-se que seja empregado de forma repetida e sem ser notado pela vítima. *Cruel* é o meio que aumenta o sofrimento da vítima, ou revela uma brutalidade fora do comum, revestindo-se de desumanidade e insensibilidade. O autor busca muito mais provocar o sofrimento e a dor na vítima do que propriamente o ferimento ou a lesão. *Tortura* é o emprego de técnicas engenhosas que valem pela dor, pelo desespero, objetivando prolongar o sofrimento da vítima. A *United Nations Convention Against Torture and Other Cruel, Inhuman or Degrading Treatment or Punishment* (UNCAT) define tortura como "qualquer ato pelo qual a dor ou sofrimento severo, físico ou mental, seja intencionalmente infligido a uma pessoa para fins tais como a obtenção de confissão ou informação da própria pessoa ou de terceira pessoa, puni-lo por um ato cometido por ele ou por uma terceira pessoa ou que haja suspeita de ter cometido, ou intimidá-lo ou coagi-lo ou uma terceira pessoa, ou por qualquer razão baseada em discriminação de qualquer natureza, quando tal dor ou sofrimento é infligido ou por instigação, ou com o consentimento ou aquiescência de um funcionário público ou de outra pessoa agindo na qualidade oficial". Já a *World Medical Association* (WMA) define tortura como "A aplicação deliberada, sistemática ou arbitrária de sofrimento físico ou mental, por uma ou mais pessoas, agindo sozinho ou sob as ordens de qualquer autoridade, para forçar outra pessoa a fornecer informações, fazer uma confissão ou por qualquer outro motivo". Considerando-se os conceitos apresentados percebe-se a dificuldade da perícia técnica em definir tanto a existência de tortura quanto a caracterização do meio insidioso, exclusivamente com o exame da vítima.

Incapacidade para as ocupações habituais por mais de trinta dias: É a falta de condições psicofísicas da vítima para exercer normalmente suas atividades costumeiras. A fim de comprovar o tempo da incapacidade, os peritos, após 30 dias contados da data do evento danoso, reexaminarão a vítima, sendo imprescindível tal exame complementar. Além disso, o conceito é funcional, e não econômico, englobando assim atividades sociais e de lazer, na criança ou no aposentado. Mesmo que o indivíduo esteja capaz para voltar ao seu trabalho, o conceito de incapacidade para ocupações habituais persiste se ele ainda não estiver apto para várias outras atividades habituais, tais como passear, banhar-se, fazer compras, andar de ônibus etc. Não se exige uma incapacidade absoluta. A falta de condições pode cessar sem que a lesão esteja perfeitamente consolidada ou curada, assim como a cura anatômica não é suficiente para desclassificá-la. O objetivo é a cura funcional em relação às atividades desempenhadas pelo ofendido, tornando-o apto a retomá-las inteiramente. Para avaliação do tempo de duração da incapacidade devemos considerar o prazo de trinta dias contados da data do evento, e não em relação ao dia em que foi realizada a perícia.

Perigo de vida: É um quadro de morte iminente, num dado momento, em consequência de lesões corporais. É a probabilidade concreta e presente do resultado letal. O perigo deve ser real, sério, efetivo. Não se trata de uma situação remota ou presumida. Não pode haver confusão em relação ao *risco de vida*, que independe de qualquer lesão para se fazer presente. O objetivo não é saber se determinado tipo de lesão geralmente importa um perigo para vida, mas sim determinar se o ofendido por causa do ferimento esteve em perigo real de morrer. Por isso não basta a simples afirmativa da ocorrência de perigo de vida, ou referência no laudo à lesão. É fundamental a demonstração efetiva da ocorrência deste perigo, com diagnóstico e indicações de sintomas e sinais objetivos que caracterizem e comprovem a sua existência. O perigo de vida pode apresentar-se no momento da lesão ou em qualquer fase da evolução clínica, antes de 30 dias. Neste caso, o perito poderá se basear nas informações constantes em prontuário hospitalar, boletim de atendimento ou outro documento médico-hospitalar. Nos casos de resposta afirmativa, os peritos deverão introduzir uma *discussão,* justificando as razões da afirmativa, através de dados objetivos. Sob o ponto de vista pericial, o perigo de vida decorre sempre da lesão, e não das circunstâncias em que ela ocorreu. As circunstâncias em que ocorreu a lesão, mesmo que gravíssimas, serão avaliadas pelo juiz, em face dos elementos disponíveis nos autos do processo. A maioria dos autores admite o perigo de vida em relação aos ferimentos penetrantes de crânio e cavidade torácica ou abdominal com lesão de vísceras; ao choque, de qualquer natureza; às queimaduras de segundo e terceiro graus em mais de 50% da superfície corporal; em quadros de peritonite, septicemia e coma.

Debilidade permanente de membro, sentido ou função: Podemos caracterizar a debilidade como sendo a redução da capacidade funcional decorrente, de modo residual, de um processo mórbido. *Permanente,* segundo a doutrina, é o estado consecutivo a uma lesão traumática, que duradouramente limite o uso e a plenitude de uma função. O conceito não se liga obrigatoriamente à ideia daquilo que é perpétuo ou impossível de tratamento, sendo "permanente" quando a debilidade ultrapassa um ano, com ou sem tratamento, de acordo com as determinações legais. Quando o perito, por motivos justificados na discussão do laudo, entende que seja necessário um tempo de avaliação maior para caracterizar a lesão como permanente, pode acompanhar a evolução do caso por um período maior, procurando não exceder o prazo de *dois anos. Membros* são as partes do corpo que se prendem ao tronco, com todos os seus segmentos, incluindo, portanto, mesmo isoladamente, as mãos e os pés. *Sentidos* são as faculdades de percepção. Estão incluídos neste conceito a visão, a audição, o paladar, o tato e o olfato. *Função* é a atuação própria de um órgão, aparelho ou sistema. Sete são as principais funções: digestiva, respiratória, circulatória, secretora, reprodutora, sensitiva e locomotora. As funções mastigatória, urinária e hematopoiética eventualmente poderão ser incluídas neste conceito.

Aceleração de parto: É a antecipação do trabalho de um parto que estava previsto para bem mais tarde, decorrente de ofensa à integridade corporal da gestante, levando à expulsão precoce do produto da concepção, mas em tal estado de maturidade que pode continuar a viver fora do útero, apesar da sua prematuridade. Deve o feto nascer vivo e continuar vivo. Caso o feto venha a nascer sem vida, estaremos diante da situação que configura o abortamento. Já nas situações em que o recém-nascido não apresenta qualquer complicação oriunda do trabalho de parto, estando a termo, o quadro estabelecido é o de parto normal, não havendo, portanto, ação punível a ser avaliada. A aceleração de parto deve resultar efetivamente da lesão corporal. A presença de anencéfalos, mola hidatiforme ou outras malformações que sejam incompatíveis com a vida não configuram produtos de concepção para existência de crime.

Incapacidade permanente para o trabalho: Trata-se da falta de condições orgânicas e funcionais, duradoura (permanente não significa perpétua, mas sim que ultrapasse um ano), que provoque a incapacidade para o exercício de todo e qualquer trabalho. O vocábulo *trabalho* é empregado com fim econômico, ou seja, a lesão deve incapacitar para o exercício de qualquer atividade lucrativa, sem se exigir, por outro lado, uma incapacidade definitiva e absoluta. Como exemplo, citamos a amputação ou perda funcional de dois braços, deficiência mental severa e profunda etc.

Enfermidade incurável: Para a lei penal, enfermidade é qualquer estado mórbido de evolução lenta que incomoda o seu portador. Incurável está relacionada à cura dependente de tratamento excepcional, arriscado, ou que dure anos ou que esteja fora das possibilidades da vítima. No sentido médico-legal, a enfermidade acarreta uma debilidade funcional permanente, cuja cura, sendo remota, deixa sequelas, mas permite um relativo estado de saúde. Citamos como exemplo a epilepsia ou cegueira pós-traumatismo cranioencefálico e a paraplegia pós-traumatismo raqui-medular.

Perda ou inutilização de membro, sentido ou função: O conceito de *perda* aplica-se quando da ablação de um membro, completo ou algum segmento, ou órgão, correspondente a um sentido ou função. Pode ocorrer por mutilação (arrancamento no momento da ação criminosa) ou por amputação (em intervenção cirúrgica posterior), como condição necessária à preservação da vida do ofendido. Na *inutilização*, o membro ou órgão não é destacado do corpo, mas fica inapto à sua função, como por exemplo, diante de uma anquilose ou paralisia. Implica, no caso, uma perda funcional, porém, não anatômica. Toda debilidade superior a 80% passa a ser considerada inutilização. Além disso, a perda não envolve a noção de que a lesão venha suprimir totalmente o membro. A mão e o pé não são considerados em anatomia ou fisiologia como membros, mas a sua perda equivale, para efeitos penais, à de todo o membro. O uso de prótese pode desempenhar o papel funcional e estético, mas não descaracteriza a lesão.

Deformidade permanente: Estabelece-se a *deformidade* diante de um dano estético visível, irremediável e de certo vulto. "Visível" é aquele localizado na face ou que provoca defeito perceptível em qualquer outra parte do corpo. Daí a necessidade do perito levar em conta o aspecto (cor, profundidade, retração, afundamento, mutilação), localização e dimensões da lesão. Há controvérsias, no entanto, quanto a considerações sobre a idade, o sexo (por causa da variação das vestes) e a profissão (artistas, manequins etc.). A doutrina, no nosso meio, tem levado em consideração o sexo e a idade, destacando-se que a mulher e a criança não têm, sob esse aspecto, mais direito que o homem, mas considerando o fato de que aquelas estão mais sujeitas a situações constrangedoras oriundas de lesões em locais que, para o homem adulto, não tem o mesmo significado. Salientamos, no entanto, que se trata de tema bastante discutível. "Irremediável" significa que a lesão não pode ser removida pelo emprego de meios terapêuticos ou naturais que estimulam a cicatrização, não estando incluídos neste cenário os procedimentos cirúrgicos para recuperá-la. "De certo vulto" é a lesão que preocupa ou causa vexame ao portador e desagrada a quem vê, sem necessariamente atingir os extremos do horripilante. A deformidade pode ser estática (caolho) ou dinâmica (sorriso puxado na paralisia facial). *Permanente* aplica-se à lesão incurável por evolução natural ou por intervenção médica necessária ao tratamento da lesão. Mesmo que a lesão possa ser dissimulada por meios artificiais ou mesmo reparável por operação plástica, a qual a vítima não é obrigada a submeter-se, persiste o conceito de permanência da lesão. A incurabilidade deve ser entendida no sentido de que a deformidade não seja retificável em si mesma. A permanência não quer dizer perpetuidade, mas não deve ser considerada quando o ferimento, embora inicialmente deformante, possa vir, em futuro não remoto, a resultar em ligeira cicatriz. Nestes casos, é indicado um acompanhamento do paciente pela perícia, durante o período mínimo de um ano para que se possa estabelecer o critério de permanência.

Aborto: É a interrupção da gravidez, em qualquer fase da sua evolução, com a morte do produto da concepção, não sendo necessária a sua expulsão. O agente, para configuração do crime de lesões corporais, não deve ter sua vontade orientada no sentido de provocar a interrupção da gravidez com a morte do feto. Deve atuar, querendo apenas a lesão. Além disso, é indispensável o conhecimento da gravidez da ofendida ou que sua ignorância quanto à mesma tenha sido inescusável. Se eventualmente o agente desejar também o aborto, haverá concurso de crimes e será responsabilizado pelo aborto qualificado. No aspecto pericial, é indispensável à constatação dos sinais de certeza da gravidez e o estabelecimento de nexo causal entre as lesões sofridas pela vítima e o abortamento. A presença de anencéfalos, ou outras malformações que sejam incompatíveis com a vida, e mola hidatiforme não configuram produtos de concepção para existência deste agravante.

4.3. Grau das lesões

As respostas aos quesitos do exame de lesões corporais permitem uma classificação jurídica segundo o critério de gravidade das lesões:

Lesão leve: A caracterização se faz pela presença da ofensa à integridade corporal ou à saúde de outrem e na ausência das consequências mencionadas nos parágrafos do artigo 129 do Código Penal. No aspecto pericial, o laudo apresentará resposta positiva somente ao primeiro quesito e definirá o instrumento ou meio causador da lesão. Na maioria das vezes, correspondem a lesões superficiais e de pequena monta, com rápida consolidação, não trazendo maiores complicações para a vítima. Normalmente correspondem às escoriações, equimoses, hematomas e outros ferimentos superficiais.

Lesão grave: É a lesão que, em consequência da ofensa, incapacita o paciente para suas ocupações habituais por mais de 30 dias, ou põe em perigo sua vida, ou debilita permanentemente qualquer de seus membros, sentidos ou funções, ou acelera o seu parto (caso de mulheres grávidas) ou provoca em conjunto mais de uma destas situações.

Lesão gravíssima: É a lesão que, ofendendo a integridade corporal e a saúde do paciente, o incapacita permanentemente para o trabalho, causa-lhe enfermidade incurável ou a perda ou inutilização de membro, sentido ou função, ou deformidade permanente ou provoca-lhe (se mulher grávida) o aborto.

Seguida de morte: É a lesão corporal que, em decorrência direta da ofensa, leva à morte do paciente sem que este resultado tenha sido desejado, nem assumido o risco de produzi-lo. É da competência exclusiva do julgador reconhecê-la na apreciação do processo, cabendo ao perito elaborar a descrição das lesões, a determinação da causa da morte e o estabelecimento do nexo causal.

Qualificadora agravante: É a lesão corporal produzida por meio de veneno, fogo, explosivo, asfixia ou tortura, ou outro meio insidioso ou cruel.

É comum os pacientes não comparecerem para o exame na época oportuna, muitas vezes submetendo-se à perícia quando as lesões já desapareceram, estando a ocorrência real do fato confirmada por um documento médico idôneo. Em princípio, será dado crédito a todo atestado médico ou boletim hospitalar identificado e assinado por médico no exercício legal da profissão. Estas informações serão utilizadas, então, para elaborar as respostas do laudo de lesões corporais.

Os laudos com quesitos que não puderem ser respondidos no primeiro exame exigirão um *exame complementar* para sua conclusão. Nestes casos, a perícia orientará a realização de um novo exame, ao qual obrigatoriamente o periciado deverá comparecer. Quando o exame complementar é solicitado sem especificação de tempo, automaticamente entende-se que este deverá ser realizado no período de trinta dias, contados a partir da data do evento que gerou o primeiro exame. Este é o caso específico da resposta ao quarto quesito. Nos demais casos, o perito irá determinar o prazo para realização do novo exame, devendo o paciente comparecer para esta perícia com todos os documentos médicos e relatórios hospitalares que eventualmente possam auxiliar na quantificação e na qualificação da lesão apresentada.

Anotações . . .

Capítulo 5
TRAUMATOLOGIA FORENSE

O capítulo da Medicina Legal que trata das lesões corporais e suas múltiplas causas se denomina traumatologia forense. Os agentes causadores de ofensa à integridade física ou à saúde de um paciente podem ser classificados em:
- Agentes mecânicos (instrumentos)
- Agentes físicos
- Agentes químicos
- Agentes físico-químicos
- Agentes biológicos (contágios)
- Agentes mistos

5.1. Agentes mecânicos

São representados pelos *instrumentos*. Denominação dada ao conjunto de objetos que, agindo de uma mesma maneira, produzem lesões semelhantes. A correta interpretação a respeito dos tipos de instrumentos e o seu mecanismo de ação são fundamentais para o entendimento dos eventos que envolvem as ações lesivas sobre o corpo humano. Os instrumentos podem ser divididos em:

5.1.1. Instrumento perfurante

Mecanismo de ação: Agem por pressão, através de sua ponta, empurrados por uma força cujo sentido corresponde ao seu eixo longitudinal. São objetos longos e de pontas afiladas como pregos, alfinetes, agulhas, estiletes etc.

→ Ferimento: Punctório ou puntiforme

→ Características: A ferida apresenta o aspecto da projeção da secção transversa do objeto que a produziu. Há um predomínio marcante da profundidade sobre a superfície externa, que é muito pequena. Se o instrumento atravessa um segmento ou órgão do corpo, o ferimento é chamado de ferimento punctório transfixante.

5.1.2. Instrumento cortante

Mecanismo de ação: Age por pressão e deslizamento sobre seu fio ou gume. A profundidade depende da pressão e do fio, enquanto a extensão da lesão depende do deslizamento do instrumento. A força necessária para vencer a resistência da pele determina um corte mais profundo no início e que vai progressivamente tornando-se superficial. São objetos que apresentam um bordo longo e fino, como navalhas, lâminas de barbear, bisturi, faca etc.

→ Ferimento: *Inciso*

→ Características: São ferimentos de forma linear reta ou curvilínea, com predomínio do comprimento sobre a profundidade. Os bordos são nítidos e regulares, as paredes são lisas, e o fundo apresenta-se liso e regular. As margens são livres de trauma nas porções vizinhas. Esta lesão pode apresentar a chamada *cauda de saída ou de escoriação*. As caudas, elementos típicos da lesão incisa, são escoriações localizadas junto à saída do instrumento ao nível da pele. Sua descrição é fundamental, pois determina a direção e o sentido da ação do instrumento no corpo da vítima. Uma observação cuidadosa da direção do ferimento é de grande importância na determinação das posições do agressor e da vítima. Cabe salientar, no entanto, que a cauda pode estar ausente.

Geralmente os ferimentos incisos abrem, sendo que sua amplitude não corresponde à largura do objeto que o produziu. Num ferimento mais profundo, os músculos podem ser lesados, produzindo uma retração de suas fibras, o que pode fazer com que o ferimento fique mais alargado.

Os instrumentos cortantes, quando atingem a região do pescoço, podem produzir lesões muito características, chamadas de esgorjamento, degolamento e decapitação.

No *esgorjamento*, as lesões incisas, de profundidade variável, situam-se na face anterior ou anterolateral do pescoço, entre a laringe e o osso hioide, ou sobre a laringe, raramente acima ou abaixo desses limites. O ferimento pode ser único ou múltiplo, e a profundidade da lesão é variável, detendo-se, em geral, na laringe, sendo possível, entretanto, dependendo da intensidade de manejo do instrumento, atingir a coluna vertebral.

A direção transversal ou oblíqua do ferimento constitui importante elemento na determinação da causa jurídica da morte. Assim, nos suicídios, muito raros por este método, em que o instrumento cortante é empunhado pela mão direita, predomina a direção transversal ou descendente para a direita e, em direção oposta nos canhotos. Sua profundidade é maior no início da lesão, pois no final da ação a vítima começa a perder forças. Nos casos de homicídio, que são os mais frequentes, aparecem características distintas para identificá-los. O autor do homicídio normalmente se coloca por trás da vítima, provocando um ferimento da esquerda para a direita, se destro, em sentido horizontal, ligeiramente voltado para cima. Também nesta situação a profundidade do ferimento é maior no início da lesão, tornando-se mais superficial em direção ao final.

O *degolamento* é caracterizado por lesões provocadas por instrumento cortante na região posterior do pescoço, na nuca. Na determinação da causa jurídica da morte, o degolamento geralmente é indício de homicídio, principalmente se o ferimento for profundo.

A *decapitação* se traduz pela separação da cabeça do corpo e pode ser oriunda de outras formas de ação além da cortante. Sua etiologia pode ser acidental, suicida ou homicida.

Lesões de defesa não são incomuns entre vítimas de homicídio e tipicamente localizam-se nos antebraços e nas mãos. Há relato de que as lesões de defesa estão presentes em 33% dos casos de homicídios e que, na maioria dos casos (57%), estas lesões foram decorrentes da ação de instrumentos cortantes e pérfuro-cortantes. No entanto, a ausência deste tipo de lesões não exclui um homicídio. Devemos lembrar que a vítima pode estar incapaz de se defender por diferentes motivos, como a presença de um elemento surpresa, encontrar-se inconsciente ou sob a influência do álcool ou de substâncias psicotrópicas.

5.1.3. Instrumento contundente

Mecanismo de ação: Age por pressão e/ou deslizamento sobre uma superfície mais ou menos plana. São objetos rombos como tijolos, pedras, ferro, mãos, pés, cassetetes etc. Estes ferimentos podem ser consequência também de ações por explosão, compressão, descompressão, tração, torção, contragolpe ou formas mistas de atuação.

→ Ferimento: *Contuso.*

→ Características: Os ferimentos contusos apresentam forma irregular, às vezes estrelada, com bordos irregulares, anfractuosos e macerados, fundo irregular, com pontes de tecido unindo uma borda à outra. Os tecidos vizinhos apresentam-se traumatizados, eventualmente esmagados. Podem ser superficiais ou profundos. Denominamos, por sua vez, de contusão ou lesões contusas aquelas lesões fechadas, em que não há um ferimento aberto, comprometendo a pele ou as mucosas. Estas lesões, quando superficiais, ficam restritas à superfície do corpo e recebem denominações especiais, que fazem parte da rotina do vocabulário médico-legal. São elas:

- **Eritema**: É uma área avermelhada no local contundido devido a uma alteração local da circulação sanguínea. Tem um caráter transitório, desaparecendo, normalmente, nas primeiras 24 horas. Pode ser consequente a tapas, empurrões, bofetadas etc.
- **Edema traumático**: É um aumento difuso de volume, por acúmulo de líquido intercelular. Devido a uma modificação traumática da permeabilidade dos vasos capilares, ocorre um extravasamento de líquido nos espaços intersticiais. Em alguns casos, desaparece em menos de 24 horas e deve ser distinguido de vários outros tipos de edemas, que apresentam causas cardíacas, renais, vasculares etc. Do ponto de vista médico-legal, interessa o edema de origem traumática, sendo, portanto, importante a utilização do termo na sua forma correta, ou seja, "edema traumático", estabelecendo a diferença em relação aos edemas relacionados com doenças próprias do indivíduo.
- **Equimose**: Corresponde a um extravasamento de sangue para dentro dos tecidos, em cujas malhas ficam aprisionadas as hemácias, formando uma mancha de coloração inicialmente violácea. Devido à transformação química por que passa a hemoglobina fora do vaso, a coloração da equimose modifica-se com sua evolução, seguindo um "espectro equimótico" de início vermelho-violáceo, alterando-se do terceiro ao sexto dia para uma tonalidade azulada; do sétimo ao décimo segundo dia assume uma coloração esverdeada e do décimo terceiro ao vigésimo dia torna-se amarelada, desaparecendo em seguida, sem deixar marcas ou cicatrizes. Trata-se de um bom referencial para determinar o tempo de evolução de uma lesão e correlacioná-la com a data do evento que a produziu. A intensidade e o tamanho de uma equimose dependem de fatores relacionados com o agente que causa a lesão (tipo de objeto, grau de violência) e com as condições da própria vítima (localização da lesão, vascularização local, idade, sexo). A ação da força da gravidade e a flacidez dos tecidos podem determinar a migração de uma equimose para outras regiões anatômicas, distantes da sede original do traumatismo. Muitas vezes a equimose pode reproduzir o padrão do objeto que a causou, como no caso da vítima ser atingida por um cassetete, um chicote ou um cinto. O diagnóstico diferencial da equimose traumática deve ser feito principalmente em relação aos livores hipostáticos, presentes no cadáver, e cuja descrição está no capítulo da Tanatologia. Existe também um tipo de equimose na qual a ruptura dos vasos sanguíneos é causada não por pressão, mas por sucção. É o chamado "chupão", que poderá manifestar-se também na forma de um hematoma. Esta lesão pode ser encontrada no pescoço, mamas ou em outras partes do corpo em caso de violência sexual.
- **Hematoma**: É uma coleção de sangue devido à ruptura de vasos sanguíneos, formando aumentos localizados de volume, de coloração violácea e lenta absorção. Segue, dependendo da localização, o "espectro equimótico" descrito para as equimoses. Embora utilizada a regra segundo a

qual um golpe forte produz um hematoma maior do que um mais fraco, na prática é difícil determinar a violência de uma ação traumática pelo aspecto desta lesão. Grandes hematomas superficiais em determinadas localizações como pálpebras e genitais externos podem ser provocados com pouca força, enquanto nos tecidos próximos aos ossos, como no crânio, o hematoma surgirá apenas com um golpe produzido com força considerável. Nas crianças, nos idosos e em indivíduos em fraca condição física produzirão hematomas com mais facilidade.

- **Escoriação**: É uma solução de continuidade superficial que atinge a epiderme e eventualmente parte da derme. Evolui normalmente sem deixar cicatriz ou produzindo alterações muito discretas na pele, formando manchas hipocrômicas como único sinal. Pode haver a formação de crostas amarelo-avermelhadas que começam a cair entre o quarto e o décimo dia, estando a pele regenerada até o décimo quinto dia. No que tange à natureza da ação, escoriações de aspecto semilunar e linear falam a favor de terem sido produzidas por unhas humanas; lesões deste tipo na genitália feminina, ânus e face medial das coxas sugerem que a vítima pode ter sofrido algum tipo de violência sexual, incluindo tentativa ou consumação de estupro.

As lesões profundas são causadas pela força do instrumento atuando com uma violência proporcionalmente grande. Neste grupo, podem ser incluídas:

- **Fratura**: É a perda de continuidade óssea, parcial ou total.
- **Luxação**: É a perda de continuidade articular, podendo ou não se acompanhar da ruptura dos ligamentos articulares.
- **Ruptura visceral**: É a lesão de órgãos das cavidades craniana, torácica e abdominal. As vísceras mais frequentemente lesadas são o fígado e o baço.

5.1.4. Instrumento pérfuro-cortante

Mecanismo de ação: Age perfurando, pela força exercida em sua ponta, e cortando, pelo gume que apresentam. São objetos longos, providos de uma ponta e de um ou mais gumes, como o punhal, a adaga, a "faca peixeira" etc.

→ Ferimento: *Pérfuro-inciso.*

→ Características: Há um predomínio da profundidade sobre o comprimento; os bordos são nítidos e lisos, e as margens não apresentam traumas tipo contusão. A lesão típica chama-se *"ferimento em botoeira"*, caracterizada por apresentar um ângulo agudo e outro canto arredondado, nos instrumentos com um gume só, ou ambos os ângulos agudos, como nos instrumentos com dois gumes. Se possuir três ou mais gumes, a forma do ferimento poderá reproduzir a forma do instrumento quanto ao número de gumes. Uma tesoura fechada pode produzir um ferimento "quebrado", com a forma de um relâmpago. Os ferimentos podem ser **penetrantes**, quando atingem uma cavidade, como tórax ou abdômen, e terminam em fundo-de-saco; ou **transfixantes**, quando atravessam um segmento do corpo. Pode haver pequena cauda no local correspondente ao gume. O tamanho do ferimento nem sempre corresponde à largura da lâmina que o produziu, podendo apresentar-se menor, pela elasticidade da pele parcialmente afastada, ou maior, pela retração dos tecidos adjacentes.

Eventualmente as vítimas deste tipo de ação tentam se proteger dos golpes ou mesmo segurar o objeto, provocando as chamadas "lesões de defesa", caracterizadas por ferimentos incisos nos braços, palmas das mãos e dedos.

5.1.5. Instrumento corto-contundente

Mecanismo de ação: Age contundindo, pela pressão com que são movimentados, e cortando pelo fio ou gume grosseiro que apresentam. São objetos normalmente pesados, com superfície romba e gume pouco afiado, como o facão, o machado, a enxada, os dentes etc.

→ Ferimento: *Corto-contuso.*

→ Características: Apresentam bordos pouco regulares, sem caudas, com fundo anfractuoso e presença de equimose e edema traumático junto às margens. Em regra, são ferimentos extensos e profundos, eventualmente provocando fraturas, tudo dependendo do peso do instrumento e da força a ele aplicada. Uma lesão corto-contusa peculiar é a **mordedura ou dentada** (humana ou animal), com a formação de dois arcos com concavidade voltada uma para a outra pela marca dos dentes.

5.1.6. Instrumento pérfuro-contundente

Mecanismo de ação: Age "amassando" e afastando os tecidos por ação de sua ponta romba. São objetos de extremidade romba e diâmetro pequeno, como os espetos sem ponta, as chaves de fenda Philips e, classicamente, os projéteis de arma de fogo (balas).

→ Ferimento: *Pérfuro-contuso.*

→ Características: Apresentam bordos irregulares, com grande predomínio da profundidade sobre a superfície e caráter penetrante ou transfixante. As lesões mais típicas são aquelas produzidas por projéteis (balas) acionados por arma de fogo. Estas, agindo por impulsão e rotação, determinam a formação de um orifício e de zonas de contorno, junto à pele. A forma deste orifício e de suas zonas de contorno depende da incidência do tiro (oblíquo, perpendicular, tangencial) e de sua distância. Assim temos:

- **Zona de contusão e enxugo**: É caracterizada por uma aréola apergaminhada, escura, de poucos milímetros de largura, que circunda o bordo do orifício, resultante do impacto e da pressão rotatória feita pelo projétil contra a pele. Quando o projétil passa pela pele, por ser esta elástica, ela deforma-se e envolve-o, formando uma espécie de luva que se fricciona contra ele, limpando-o e retirando da sua superfície as impurezas como a ferrugem, o óleo e a fumaça. É em geral circular nos tiros perpendiculares e ovalar ou elíptico, nos tiros oblíquos. Estas zonas normalmente estão sobrepostas.
- **Zona de equimose**: Trata-se de uma aréola violácea, originada durante a passagem do projétil através da pele, quando pequenos vasos sanguíneos e capilares são tracionados e rompidos, formando equimoses em torno do ferimento. Esta zona continua-se internamente por um túnel hemorrágico que permite determinar o trajeto do instrumento. As equimoses são um dos melhores indicadores de lesão vital, pois somente podem ser produzidas enquanto a vítima está com vida.
- **Zona de tatuagem**: Resulta da penetração mais ou menos profunda de resíduos e grãos de pólvora incandescente na pele, que exercem papel de microprojéteis secundários, não sendo removíveis com uma lavagem inicial. Forma um anel de coloração uniformemente escura margeando o orifício de entrada, tendo valor na determinação da distância do disparo, incidência do tiro e natureza da carga. Além disso, a zona de tatuagem é um sinal indiscutível de orifício de entrada de tiro a curta distância.
- **Zona de esfumaçamento:** Resulta do depósito de fumaça e de partículas de carvão, muito leves, que se acumulam sobre a epiderme, sem força suficiente para penetrá-la. A presença de vestes evita a sua formação na pele, o que determina a importância de preservar as roupas da vítima para uma futura perícia. É também conhecida como "zona de tatuagem falsa", pois os resíduos não se incrustam na pele, ficando apenas no plano superficial. Isto permite que ela seja facilmente removida por lavagem da pele.
- **Zona de queimadura ou de chamuscamento**: Resulta da ação do calor e dos gases quentes que saem pelo cano da arma, queimando os pelos e a epiderme. Na pele, a queimadura apresenta-se apergaminhada, de coloração vermelho-escuro e cheiro característico. Nos pelos, esses se mostram crestados e quebradiços.

O *orifício de entrada* de um projétil de arma de fogo apresenta características diferentes segundo a distância do disparo. No caso de projétil único, são geralmente referidas três situações quanto à distância do disparo: *tiro encostado ou apoiado:* todos os elementos resultantes do disparo alcançam o alvo, podendo nele penetrar e até mesmo refluir, produzindo o chamado efeito de "buraco de mina"; *tiro à queima roupa ou à curta distância*: o alvo é atingido pelos fragmentos de pólvora, pela fumaça, pelos gases aquecidos do disparo e pela chama resultante da queima da pólvora; *tiro a distância*: o alvo é atingido apenas pelo projétil. Neste sentido, pode-se caracterizar um disparo como sendo:

- **Encostado**: Neste caso, o cano da arma fica totalmente encostado no alvo. O ferimento de entrada caracteriza-se por ser um orifício de bordas denteadas, desarranjadas e evertidas, sendo este último elemento decorrente da violenta força expansiva dos gases. Dessa forma, o diâmetro da lesão é frequentemente maior que o do projétil, com bordas voltadas para fora, decorrente da explosão dos tecidos subcutâneos. Isto ocorre, neste tipo de disparo, quando existe um plano ósseo logo abaixo da pele. O refluxo dos gases do disparo ao penetrar no ferimento e encontrar o osso como barreira provoca a eversão dos bordos da lesão. Em geral, nesses ferimentos não estão presentes nem a zona de tatuagem nem a zona de esfumaçamento em torno do orifício de entrada, uma vez que todos os elementos do disparo penetram no ferimento. Nos tiros dados no crânio, nas costelas e escápulas, pode-se encontrar um halo fuliginoso na camada externa do osso e eventualmente identificar na pele o desenho da boca e da massa de mira do cano da arma, produzido pela ação contundente ou pelo seu aquecimento A presença de pólvora na porção inicial do trajeto torna o orifício enegrecido, com aspecto de *"buraco de mina"*.

Figura 1 – conforme Croce & Croce Jr, 2004

- **À queima-roupa ou à curta distância**: Ocorre quando o calor, a fumaça e os grânulos de pólvora em combustão, além de outras impurezas que saem do cano da arma, alcançam a pele. Esta nuvem de elementos forma um cone com a base voltada para o alvo. Esta base será maior quanto mais afastado do alvo for disparado o projétil, tendendo a diminuir à medida que esta distância seja reduzida. Neste tipo de disparo, portanto, podem estar presentes e visíveis as zonas de contusão, provocada pelo arrancamento da epiderme motivado pelo movimento rotatório do projétil, enxugo, tatuagem, esfumaçamento e queimadura. Para alguns autores, a expressão "tiro à queima-roupa" deveria ser empregada mais especificamente para os casos em que, além da zona de tatuagem e da zona de esfumaçamento, encontra-se presente também a zona de queimadura. Na sua ausência, o disparo seria considerado como sendo "à curta distância". Na prática, o conceito de tiro à curta distância não determina especificamente a distância entre o cano da arma e o alvo, mas sim procura definir até quando é possível identificar os estigmas característicos de seus efeitos secundários (manifestações provocadas pela ação dos resíduos de pólvora e microprojéteis expelidos pelo cano). As características deste disparo dependem diretamente de fatores como a munição e o tipo de arma empregada, não podendo apresentar como regra uma distância categórica.

Figura 2 – conforme Croce & Croce Jr, 2004

- **A distância**: Neste caso, a boca de fogo fica normalmente a mais de um metro e só o projétil alcança o alvo, formando um orifício de bordos invertidos com orla de contusão e enxugo e orla equimótica. No tiro a distância, a lesão produzida não apresenta os efeitos secundários do tiro. Importante lembrar que esta caracterização somente pode ser feita se não existir qualquer barreira entre o cano da arma e o corpo da vítima. Neste caso, os fenômenos produzidos pelo disparo podem ficar restritos nesta barreira (roupa, por exemplo) não atingindo a pele da vítima.

Figura 3 – conforme Croce & Croce Jr, 2004

O *orifício de entrada* é circular no tiro perpendicular, variando o seu diâmetro com o calibre do projétil e a elasticidade da pele da região atingida. No tiro oblíquo, a forma do ferimento é ovalar ou labiada. Devido à retração dos tecidos, as dimensões do orifício são invariavelmente menores que o calibre do projétil. Estas características correspondem à ação de um projétil único (uma carga) sobre o tegumento. Em casos de múltiplos projéteis em uma carga, como, por exemplo, nas armas de caça, ficam prejudicadas tais avaliações pelo impacto e incidência cônica do disparo.

O *orifício de saída* de um projétil de arma de fogo não depende da distância do tiro. O projétil, ao atravessar o corpo, arrasta consigo tecidos e é deformado, aumentando seu diâmetro e produzindo movimentos anormais. Por estas razões, o orifício resultante, geralmente, é maior que o de entrada. No entanto, se a pele estiver sendo comprimida por um cinto, por exemplo, ou mesmo se a vítima estiver encostada contra uma parede, o ferimento de saída poderá ter o mesmo tamanho que o orifício de entrada. Os bordos são irregulares e evertidos, muitas vezes em forma estrelada e não apresenta as zonas de tatuagem, esfumaçamento, enxugo e queimadura. Podemos eventualmente identificar a presença de material orgânico, arrastado pelo projétil, próximo ao orifício.

Unindo os orifícios de entrada e saída por linhas retas, curvas, anguladas ou extravagantes, está o *trajeto*. Reservamos o termo *trajetória* para o caminho descrito pelo projétil desde seu ponto de disparo até atingir o alvo. Não havendo saída, o trajeto termina em fundo-de-saco, onde se encontra o projétil. Cada orifício de entrada pode determinar um trajeto único ou múltiplo, conforme o projétil permaneça íntegro ou se fragmente.

O projétil pode atravessar um membro, víscera ou o próprio corpo. Nestes casos, terá um trajeto denominado de *transfixante.* Nos trajetos com orifício de saída, obviamente, o projétil não está localizado no organismo, podendo ser encontrado muito provavelmente no local do crime.

Em casos muito raros, um único ferimento de entrada pode corresponder a dois ou mais projéteis recuperados do corpo e disparados pela mesma arma e ao mesmo tempo. Este fenômeno é conhecido como "bala em tandem" ou "disparo simultâneo". Os ferimentos "por balas em tandem" têm implicações cruciais no diagnóstico das circunstâncias que envolvem a morte, podendo ocorrer mesmo em casos de suicídios. Uma investigação completa da cena da morte, uma análise da balística, uma necropsia completa e um exame radiológico do corpo são essenciais para que se possa detectar e interpretar este fenômeno.

Quando o projétil penetra no crânio, produz um orifício de entrada e outro de saída na tábua óssea. Na face externa do osso (entrada), formar-se-á um orifício circular, enquanto na face interna (saída) teremos a formação de um ferimento maior, eventualmente estrelado, com fraturas em bisel. Unindo os dois orifícios, teremos a formação de um cone ou funil, com a base voltada para a face interna do osso. No ponto de saída do projétil em relação ao crânio teremos a formação de um cone invertido, com a base voltada para a face externa do osso.

Durante a necropsia, não se deve manipular o projétil, ao extraí-lo do corpo, com instrumentos metálicos a fim de que os exames de balística não sejam prejudicados.

Em casos de lesões produzidas por armas de caça (projéteis múltiplos), os tiros à curta distância formarão um orifício central maior e inúmeros outros menores ao redor, produzidos pelos grãos-de-chumbo em dispersão. Os tiros à distância levarão à formação de uma *"rosa de tiro"*, pela dispersão progressivamente cônica dos projéteis na sua trajetória até o corpo da vítima.

Os projéteis de alta velocidade, devido ao seu peso, velocidade e formato, produzem lesões características e muito específicas, basicamente no que se refere à penetração, fragmentação, formação de cavidades temporárias e permanentes, devido às ondas de choque. Quanto maior a velocidade do projétil, maior a transmissão de energia cinética ao alvo e maior a lesão. O ferimento de entrada dos projéteis de alta velocidade pode apresentar extensas áreas de destruição, resultando em orifícios maiores que o diâmetro do projétil. A orla de escoriação pode estar ausente ou pouco definida. Nos trajetos destes projéteis, ocorrem lesões importantes por formação de uma cavidade temporária até 50 vezes maior que o diâmetro do projétil, devido, principalmente, às ondas de pressão provocadas pelo deslocamento de ar, que ao se chocarem com os tecidos provocam um grande efeito destrutivo. Todos esses efeitos decorrentes da alta velocidade em nada alteram os conceitos e os efeitos conhecidos dos projéteis de baixa energia, que continuam a merecer as mesmas interpretações.

As figuras anatômicas auxiliam na localização das lesões no corpo humano.

Neste padrão de figura devemos correlacionar o nome que consta no laudo com a lista de regiões representadas na figura, o que permitirá a localização do sítio da lesão.

Nos casos de lesões produzidas por projétil de arma de fogo ou arma branca, o laudo pericial deve necessariamente vir acompanhado da figura anatômica, representando os locais onde estão presentes os ferimentos descritos.

Regiões Anatômicas

1. Frontal
2. Orbitária
3. Parietal
4. Nasal
5. Malar
6. Zigomática
7. Temporal
8. Auricular
9. Mastoidiana
10. Occipital
11. Labial
12. Bucinadora
13. Masseterina
14. Mentoniana
15. Supra-hioidéia
16. Carotidiana
17. Lateral do Pescoço
18. Nuca
19. Infra-hioidéia

Conforme modelo do Departamento Médico-Legal – Porto Alegre/RS

Regiões Anatômicas
(FRENTE)

REGIÃO AURICULAR { ANTERIOR / POSTERIOR

1 - HELIX
2 - ANTHELIX
3 - FOSSETA DO ANTHELIX
4 - TRAGUS
5 - ANTITRAGUS
6 - LÓBULO
7 - CONCHA
8 - ORIFÍCIO EXTERNO DO CONDUTO AUDITIVO

BRAÇO E ANTEBRAÇO

FACES { ANTERIOR / POSTERIOR / LAT. INTERNA / LAT. EXTERNA

COXA E PERNA

FACES { ANTERIOR / POSTERIOR / LAT. INTERNA / LAT. EXTERNA

REGIÕES

1 - FRONTAL
2 - ORBITÁRIAS { PALP. SUPERIOR / PALP. INFERIOR
3 - NASAL
4 - MALARES
5 - MASSETERINAS
6 - BUCCINADORAS
7 - LABIAL { LÁBIO SUPERIOR / LÁBIO INFERIOR
8 - MENTONIANA
9 - SUPRALARÍNGEA
10 - LARÍNGEA MÉDIA
11 - INFRALARÍNGEA
12 - SUBRA-ESTERNAL
13 - ESTERNO-CLEIDO-MASTOIDEA
14 - CERVICAL LATERAL
15 - SUPRACLAVICULAR
16 - CLAVICULAR
17 - INFRACLAVICULAR
18 - PEITORAL
19 - MAMÁRIAS
20 - ARÉOLAS
21 - ESTERNAL
22 - EPIGÁSTRICA
23 - HIPOGONDRIACA
24 - MESOGÁSTRICA
25 - FLANCOS
26 - UMBILICAL
27 - HIPOGÁSTRICA
28 - FOSSAS ILÍACAS
29 - PUBIANA
30 - INGUINAIS
31 - { VULVAR - NA MULHER / PENIAL E ESCROTAL - NO HOMEM
32 - CRURAIS
33 - DELTOIDIANA
34 - TERÇO SUPERIOR DO BRAÇO
35 - TERÇO MÉDIO DO BRAÇO
36 - TERÇO INFERIOR DO BRAÇO
37 - REGIÃO DO COTOVELO { ANTERIOR / POSTERIOR / LAT. INTERNA
38 - TERÇO SUPERIOR DO ANTEBRAÇO
39 - TERÇO MÉDIO DO ANTEBRAÇO
40 - TERÇO INFERIOR DO ANTEBRAÇO
41 - PUNHO
42 - PALMAR DA MÃO
43 - TROCANTERIANA
44 - TERÇO SUPERIOR DA COXA
45 - TERÇO MÉDIO DA COXA
46 - TERÇO INFERIOR DA COXA
47 - JOELHO
48 - ROTULIANA
49 - TERÇO SUPERIOR DA PERNA
50 - TERÇO MÉDIO DA PERNA
51 - TERÇO INFERIOR DA PERNA
52 - MALEOLAR EXTERNA
53 - MALEOLAR INTERNA
54 - DORSO DO PÉ
55 - FACE INTERNA DO PÉ
56 - ARTELHOS
57 - PLANTAR
58 - REGIÃO DOS DEDOS { PALMAR / DORSAL

Conforme modelo do Departamento Médico-Legal – Porto Alegre/RS

MEDICINA LEGAL

Regiões Anatômicas
(COSTAS)

REGIÕES

1 - PARIETAIS
2 - TEMPORAIS
3 - MASTOIDEA
4 - OCCIPTAL
5 - CERVICAL POSTERIOR - NUCA
6 - SUPRA ESCAPULA
7 - ESCAPULAR
8 - INFRA-ESCAPULA
9 - LOMBAR
10 - ILÍACA
11 - GLÚTEA
12 - TROCANTERIANA
13 - RAQUIDIANA DORSAL
14 - RAQUIDIANA LOMBAR
15 - SACRA
16 - ANAL
17 - ???
18 - DELTÓIDEA
19 - TERÇO SUPERIOR DO BRAÇO
20 - TERÇO MÉDIO DO BRAÇO
21 - TERÇO INFERIOR DO BRAÇO
22 - REGIÃO DO COTOVELO { ANTERIOR / POSTERIOR / LAT. INTERNA
23 - TERÇO SUPERIOR DO ANTEBRAÇO
24 - TERÇO MÉDIO DO ANTEBRAÇO
25 - TERÇO INFERIOR DO ANTEBRAÇO
26 - PUNHO
27 - DORSAL DA MÃO
28 - TERÇO SUPERIOR DA COXA
29 - TERÇO MÉDIO DA COXA
30 - TERÇO INFERIOR DA COXA
31 - POPLITEA
32 - TERÇO SUPERIOR DA PERNA
33 - TERÇO MÉDIO DA PERNA
34 - TERÇO INFERIOR DA PERNA
35 - MALEOLAR EXTERNA
36 - MALEOLAR INTERNA
37 - DORSO E FACE DO PÉ
38 - CALCANEA
39 - PLANTAR

BRAÇO E ANTEBRAÇO

FACES { ANTERIOR / POSTERIOR / LAT. INTERNA / LAT. EXTERNA

COXA E PERNA

FACES { ANTERIOR / POSTERIOR / LAT. INTERNA / LAT. EXTERNA

Conforme modelo do Departamento Médico-Legal – Porto Alegre/RS

Nos casos envolvendo a utilização de armas de fogo, um dos exames utilizados como prova pericial é o chamado *exame residuográfico*. Este exame tem como objetivo analisar morfologicamente e identificar a presença de partículas de chumbo, antimônio e bário, provenientes de um tiro de arma de fogo, sendo feito normalmente nas mãos do eventual suspeito de ter efetuado o disparo. É muito utilizado, por exemplo, em casos de suspeita de suicídio, com a pesquisa sendo feita na mão da vítima. A não detecção destas partículas, no entanto, não significa que o examinado não tenha efetuado o disparo, pois estes vestígios apresentam uma limitada existência temporal. Alguns relatos de literatura demonstram que após 4 horas da ocorrência de um disparo já há um decréscimo significativo na concentração de resíduos. Estes resultados podem ser alterados também por procedimentos de manipulação, lavagem, contato ou fricção das mãos com outras superfícies. Nestas ações, ocorre normalmente a eliminação dos eventuais resíduos de tiro. Não é um exame a ser valorizado também nas situações em que o corpo tenha sido lavado, sofrido a ação da chuva, tenha passado por hospital ou em necropsias pós-exumação. A sua coleta deve ser feita no local do crime, pela perícia criminalística. Eventualmente, a coleta poderá ser realizada durante a necropsia, caso não tenha sido realizada no local, mediante solicitação da autoridade policial.

5.2. Agentes físicos

São aqueles representados pela ação de calor, frio, eletricidade, pressão e radioatividade.

5.2.1. Calor

O calor pode lesar o corpo de diversas maneiras, dependendo do modo como atinge a superfície corporal.

a) Termonoses: São resultantes da ação do calor difuso sobre o corpo humano, levando a um desequilíbrio hidroeletrolítico consequente a supressão da sudorese e falha dos centros termorreguladores, com elevação constante da temperatura do corpo. Quando é produzida por calor solar, chama-se *insolação*. Se for produzida por calor industrial, como no caso de fornalhas, caldeiras e aquecedores, chama-se *intermação*. Em ambos, o quadro clínico geral caracteriza-se por uma desidratação do corpo, queda da pressão arterial, aceleração do pulso e da respiração.

Na necropsia, os achados da perícia são inespecíficos, devendo o perito valer-se do estudo do local, comemorativos do caso e até de provas testemunhais para poder diagnosticar uma termonose.

b) Queimaduras: São resultantes da ação direta do calor em contato com o corpo, podendo ocorrer através de chama, sólido, líquido ou gás quente; ou da ação indireta, através da irradiação. As queimaduras são classificadas em:

- **Primeiro grau:** A pele fica avermelhada devido à vasodilatação dos vasos sanguíneos da derme, formando o chamado *eritema*. Não há lesão da camada geradora da pele nem formação de cicatriz.
- **Segundo grau:** Há um acúmulo de líquido abaixo da epiderme com formação de bolhas ou *flictenas*.
- **Terceiro grau:** Ocorre a morte das células da pele e dos tecidos moles, por coagulação, com formação de placas chamadas *escaras*. Estes tecidos, posteriormente, são substituídos por outro tipo de tecido (tecido de granulação) resultante da cicatrização por segunda intenção. A queimadura de terceiro grau leva à formação de cicatrizes retráteis e até queloides.
- **Quarto grau:** Há a destruição de tecidos moles e até de ossos, por ação direta do calor, num processo chamado *carbonização*, que pode ser localizado ou generalizado. Na carbonização generalizada ocorre a redução do volume corporal por condensação dos tecidos. Corpos adultos reduzem a estatura para 100 a 120 cm. O corpo pode tomar a posição de "lutador de boxe", com semiflexão dos membros superiores e inferiores e dedos em garra. Ou a posição em opistótomo, com hiperextensão da cabeça e do tronco, formando um arco com a concavidade posterior, pela retração dos músculos cervicais posteriores (nuca) e dos músculos paravertebrais. Os cabelos, quando presentes, são crestados e quebradiços. O couro cabeludo pode deixar à mostra os ossos, os quais, pela ação intensa do calor, evidenciam muitas vezes extensas fraturas e perdas ósseas, com exposição do tecido encefálico. As cavidades torácicas e abdominais podem apresentar largas fendas ou fissuras, que se abrem até a cavidade, expondo as vísceras. A pele adquire cor enegrecida, torna-se endurecida em alguns pontos e pulverenta em outros. Pela retração do tegumento da face, os dentes podem ficar aparentes. Muito raramente os dentes tornam-se calcinados, servindo, junto com as próteses, como elementos importantes na identificação do cadáver. Pela ação do calor, pode ocorrer amputação de segmentos dos membros. O cadáver de um adulto demora uma hora e meia a duas horas para ser totalmente reduzido a cinzas em um forno crematório, enquanto de um recém-nascido leva de 50 a 70 minutos.

Além dos graus da queimadura, é importante determinar a porcentagem da superfície corporal queimada. Um dos métodos mais simples para este cálculo consiste na chamada "regra dos nove" (tabela abaixo), em que segmentos do corpo representam nove ou múltiplos de nove em relação à superfície comprometida. Áreas maiores de 50%, com queimaduras de segundo e terceiro graus, acarretam perigo de vida.

Segmento	Porcentagem da superfície (adulto)
Cabeça	9%
Tronco (cada face)	18%
Membros superiores (cada um)	9%
Membros inferiores (cada um)	18%
Genitália externa	1%

A etiologia médico-legal das queimaduras cresce em importância diante das tentativas de dissimulação de crimes, quando, para destruir os vestígios de um ato ilícito, queima-se o cadáver. No estudo forense de corpos carbonizados, uma das questões mais importantes é estabelecer se a vítima foi exposta ao fogo antes ou após a morte.

Diversos sinais externos são usados para indicar se a exposição ao calor ocorreu antes da morte da vítima. Estes sinais externos incluem a presença de bolhas na pele, associadas à reação inflamatória, falta de depósitos da fuligem nos cantos dos olhos, projeção da língua para fora da boca e a presença de hemorragias ou petéquias na conjuntiva ocular. Os sinais internos da exposição ao calor são considerados geralmente como mais importantes do que aqueles observados externamente. Os sinais internos mais importantes para determinar se o indivíduo estava vivo durante o episódio incluem depósitos da fuligem na árvore respiratória, esôfago e estômago, edema e descolamento vesicular da mucosa da faringe e da laringe, níveis elevados no sangue de carboxihemoglobina (COHb) e cianeto de hidrogênio (HCN).

A pesquisa de monóxido de carbono é feita no sangue colhido diretamente das cavidades cardíacas. Encontrando-se este gás em grandes concentrações no sangue (75 a 90% de *carboxiemoglobina*) do cadáver significa que a vítima estava viva no momento da ação do fogo/calor, pois se admite que o monóxido de carbono não possa ser encontrado em níveis elevados no sangue do indivíduo queimado após a morte. Alguns autores consideram, no entanto, que uma taxa de saturação acima de 50% já pode ser considerada fatal, mesmo em indivíduos jovens e saudáveis. Enquanto a presença do monóxido de carbono no sangue é prova de que o indivíduo estava vivo quando o fogo começou, sua ausência não permite concluir que a morte tenha ocorrido antes do indivíduo ter sido atingido pelo fogo. O monóxido de carbono, às vezes, está ausente em vítimas de incêndios de início súbito e de grande monta, em operações de guerra ou em explosões, quando a morte é praticamente instantânea. Chamas que atinjam a face podem causar a morte devido à incapacidade da vítima em respirar. A inalação do ar superaquecido causa edema e fechamento da via aérea, causando uma morte rápida como resultado da sufocação.

Neste sentido, a presença de fuligem na via aérea é um indicador de mais confiança para uma queimadura vital do que a pesquisa de COHb. Em regra, somente níveis sanguíneos de carboxihemoglobina acima de 10% são considerados positivo para definir a inalação como sendo resultado do fogo. Mais problemática ainda é interpretação do resultado dos níveis do HCN no sangue.

Além disso, as queimaduras no vivo produzem flictenas com conteúdo líquido seroso, enquanto as "bolhas" produzidas no cadáver são destituídas de conteúdo líquido.

A protrusão da língua através da boca em uma vítima consumida pelo fogo é também um indicativo externo da queimadura vital. O mecanismo fisiológico exato envolvido nessa projeção da língua, nos casos de queimadura vital, ainda não está bem definido, mas se postula que os processos fisiológicos que conduzem a esta protrusão não ocorrem após a morte. Este sinal deve ser considerado, no entanto, junto com todas as outras evidências presentes no caso. Nos cenários onde a morte tenha sido imediata, esta projeção da língua é menos prevalente do que naqueles em que as vítimas tenham sobrevivido por algumas horas durante o processo de exposição ao fogo. Da mesma forma, uma asfixia mecânica por enforcamento ou estrangulamento pode causar a saliência da língua se produzida antes da vítima ser exposta ao fogo.

As queimaduras produzidas por fogo normalmente chamuscam os pelos e os cabelos, deixando resíduos fuliginosos, e apresentam direção ascendente. As queimaduras por líquidos aquecidos apresentam direção descendente e respeitam as regiões do corpo recobertas por vestes.

5.2.2. Eletricidade

A eletricidade, ao passar pelo corpo, é transformada em calor, produzindo queimaduras. Condições individuais de condutibilidade dos tecidos, como espessura da pele, umidade e resistência à corrente elétrica, irão determinar o grau das lesões. Se a pele estiver molhada, oferecerá menor resistência à passagem da corrente elétrica, com lesões locais menos graves. Neste caso, entretanto, a corrente passará com maior facilidade para o interior do corpo, acarretando sérios danos fisiológicos e podendo levar à morte imediata por inibição nervosa ou por parada cardíaca. Do ponto de vista médico-legal, os diagnósticos, segundo a origem da corrente elétrica, podem receber diferentes denominações, nem sempre concordantes na literatura. Abaixo apresentamos uma destas classificações, que consideramos a mais apropriada:

- **Eletroplessão**: É o dano corporal, com ou sem morte, desencadeado pela eletricidade artificial, doméstica ou industrial. A corrente elétrica determina lesões esbranquiçadas, indolores, no ponto onde penetra o corpo, denominadas de *marca elétrica de Jellinek*. O mecanismo de morte por eletroplessão admite três teorias para explicá-lo:
  a) Morte por lesão cerebral: quando uma grande descarga elétrica, acima de 1.200 volts, leva a uma paralisia bulbar.
  b) Morte por asfixia: correntes entre 120 e 1.200 volts podem levar a uma tetanização dos músculos respiratórios e parada respiratória.
  c) Morte por parada cardíaca: ocorre por fibrilação ventricular, quando uma corrente elétrica, mesmo com tensão abaixo de 120 volts, cruza o eixo do coração, alterando a condução elétrica normal.
- **Fulminação:** Síndrome determinada pela eletricidade cósmica (raio), levando ao óbito. Quando o resultado da eletricidade natural sobre o corpo é apenas a formação de lesões, diz-se que ocorreu **fulguração**. Estas lesões na pele têm aspecto de "folhas de samambaia" e são denominadas *marcas de Lichtemberg*. Este sinal é patognomônico das fulminações e fulgurações e está presente em aproximadamente um terço dos casos.
- **Eletrocussão**: Execução judicial em cadeira elétrica.

Os desfechos letais ocasionados por eletricidade podem ocorrer de três formas distintas: fibrilação ventricular (voltagens inferiores a 120 volts), asfixia mecânica por tetanização da musculatura respiratória (voltagens entre 120 volts e 1200 volts) e hemorragia/edema cerebral (voltagens superiores a 1200 volts). A fibrilação ventricular é a causa mais comum de morte causada por ação da eletricidade. A corrente elétrica dentro do corpo, quando seu trajeto envolve o coração, tem potencial para produzir fibrilação ventricular com níveis de corrente de algumas dezenas de miliamperes. A morte por parada respiratória também pode ocorrer pela interrupção da função do centro respiratório do tronco encefálico, em casos em que a corrente elétrica envolve diretamente o tronco cerebral.

Importante salientar que as lesões são resultantes também da intensidade, da frequência, da voltagem e do trajeto da corrente. As correntes elétricas de baixa tensão (até 250 volts) em geral oferecem menos perigo. Contudo, devemos salientar que não é tanto a tensão (voltagem), mas a intensidade (amperagem) que torna a corrente elétrica perigosa para o indivíduo. A amperagem é diretamente proporcional à voltagem e inversamente proporcional à resistência para a condução da eletricidade. Assim, uma corrente de baixa amperagem (3 a 80 miliamperes) e voltagem alta (100 mil volts) pode ser inócua, enquanto uma corrente de intensidade superior a um ampere, de 110 volts, pode ser fatal.

A resistência à corrente elétrica, no ser humano, envolve essencialmente a pele, sua espessura e grau de umidade. Assim, uma corrente de baixa tensão, por sua vez, pode levar à morte de forma rápida, por fibrilação ventricular, se a resistência da pele apresentar-se reduzida, e o coração estiver situado no circuito ou trajeto da eletricidade.

Em situações de eletroplessão por altas voltagens, pode haver lesões eletrotérmicas irreversíveis no centro respiratório, o que torna as manobras de ressuscitação e a desfibrilação ineficientes.

Em todos os casos de eletroplessão por alta voltagem, e em apenas metade dos casos por baixa voltagem, encontram-se queimaduras elétricas no corpo da vítima. Se a corrente penetra em uma superfície corporal ampla e com baixa resistência, pode não ocorrer a transformação da energia elétrica em calor, não ocorrendo, portanto, a queimadura. Em contraste, as queimaduras com correntes elétricas de alta voltagem podem ser graves, levando à carbonização dos tecidos.

Na avaliação pericial dos casos de eletroplessão e fulminação é de extrema importância a informação ao perito dos comemorativos do caso, os quais vão se somar aos achados de necropsia (marcas elétricas, alterações pulmonares, cardíacas e encefálicas) e à ausência de outros tipos de lesões para que se possa justificar o óbito como tendo uma destas causas. É extremamente difícil, na maioria dos casos, que a necropsia isoladamente possa determinar o diagnóstico de morte por eletroplessão ou fulminação.

5.2.3. Frio

A exposição do corpo a baixas temperaturas produz lesões locais e sistêmicas. As lesões locais podem ser classificadas em três graus: **eritema** (primeiro grau); **vesicação** (segundo grau) e **gangrena** (terceiro grau). A gangrena leva à necrose, principalmente de extremidades (nariz, orelha, dedos), podendo destruir parte ou a totalidade destes segmentos. Os efeitos sistêmicos advêm da queda do metabolismo e da insuficiência circulatória que se instala, sendo causa de morte entre mendigos, nas regiões frias, e de pessoas perdidas na neve. Estes efeitos são agravados pela fadiga, inanição, idade avançada e uso de álcool.

5.2.4. Pressão

O organismo humano está adaptado a suportar a pressão de uma atmosfera, ou seja, o peso de uma coluna de mercúrio de 76cm de altura por centímetro quadrado de superfície corporal. Quando submetido a variações intensas de pressão, sem a devida adaptação, alguns fenômenos podem ocorrer.

O **hiperbarismo**, ou aumento acentuado da pressão, produz o "mal-dos-caixões" (mergulhadores) com sintomas de intoxicação pelo oxigênio, nitrogênio e gás carbônico. Com a descompressão brusca, os gases formam bolhas livres no sangue, ocasionando embolia gasosa com eventual morte. O **hipobarismo**, ou hipopressão, produz o chamado "mal-das-montanhas" com sintomas cardíacos (taquicardia), hematológicos (epistaxes), gastrintestinais (náuseas, vômitos e diarreia). Com a rarefação do ar, ocorre uma diminuição da pressão parcial do oxigênio alveolar, o que prejudica a hematose.

5.2.5. Radioatividade

São representados pelas radiações, que podem ser:

- **Eletromagnéticas:** Quando se propagam por ondas, como os raios-X.
- **Radiação de partículas:** Resultante de fissão do núcleo atômico, com propagação linear.

Todas as formas de radiações agem nos tecidos de maneira semelhante, diferindo apenas na sua capacidade de penetração. As lesões agudas, com repercussão local, são as *radiodermites*: eritematosas (primeiro grau); papulosas (segundo grau) e ulcerosas (terceiro grau). Nestes casos, há necrose persistente, sem a devida cicatrização das lesões. As ações sistêmicas das radiações levam a alterações genéticas, reprodutivas e neoplásicas (cancerosas).

5.3. Agentes químicos

As substâncias químicas podem lesar o corpo de dois modos: por destruição (cáusticos) ou por interferências nas trocas metabólicas (venenos).

- **Cáusticos:** São substâncias que, quando colocadas em contato com os tecidos vivos, produzem destruição direta por suas propriedades coagulantes, como os ácidos fortes (nítrico, sulfúrico, clorídrico) ou liquefascientes, como as bases ou álcalis fortes (soda cáustica, potassa, amônia). Em medicina legal, usamos a expressão **vitriolagem** (vitríolo – ácido sulfúrico) para caracterizar as lesões viscerais e cutâneas produzidas por substâncias cáusticas. A natureza jurídica da vitriolagem pode estar relacionada com homicídio, suicídio ou acidente.
- **Venenos:** São substâncias que, introduzidas no organismo em quantidade relativamente pequena, podem alterar a saúde ou provocar a morte. Para uma substância ser classificada como veneno é importante que a sua ação tóxica seja o seu efeito habitual. Eles apresentam uma dose tóxica, aquela necessária para produzir intoxicação, e uma dose letal, aquela suficiente para fazer cessar a vida. Os venenos são usados na prática diária como substâncias terapêuticas, de uso cosmético, inflamáveis, inseticidas, raticidas etc. As vias de penetração no organismo incluem o trato gastrointestinal, pele, mucosas, trato respiratório e sangue. A via de eliminação mais importante dos venenos e seus subprodutos é através do sistema renal, o que recomenda a coleta da urina contida na bexiga em toda perícia toxicológica. A análise toxicológica pode ser solicitada pela autoridade policial que preside o inquérito, pelo perito que realizou o exame, pelo juiz, mas nunca pelo próprio paciente. Para firmar o diagnóstico de morte por envenenamento a perícia deverá isolar, identificar e dosar, no sangue colhido do coração, na urina, nas vísceras ou nos tecidos em geral, as substâncias tóxicas suspeitas. Além disso, deverá associar o resultado do exame toxicológico com os comemorativos do caso e a ausência de outras lesões que possam isoladamente justificar o óbito.

5.4. Agentes físico-químicos

Estes agentes impedem a passagem de ar às vias respiratórias e provocam alterações na bioquímica do sangue, produzindo um fenômeno denominado de *asfixia*. Sob o ponto de vista médico-legal, tem interesse a *asfixia mecânica*.

5.4.1. Asfixias mecânicas

Asfixia mecânica é a privação de oxigênio ao nível dos tecidos por um obstáculo mecânico. Representa um déficit da ventilação pulmonar incompatível com a sobrevivência. Para que a respiração ocorra normalmente, é necessário um ambiente externo gasoso, com um teor de oxigênio de aproximadamente 21% e livre de gases tóxicos. Além disso, o indivíduo deve apresentar as vias respiratórias permeáveis, movimentação tóraco-diafragmática, expansibilidade pulmonar e circulação sanguínea em condições de transportar o oxigênio até a intimidade dos tecidos. Qualquer impedimento a uma destas condições determinará um processo asfíxico, que pode ser classificado de acordo com o mecanismo primário que deu causa à asfixia.

Desta maneira, temos então os seguintes tipos de asfixia mecânica:

a) Que decorrem de modificações do estado físico ambiental:
- → De gasoso para sólido: *soterramento.*
- → De gasoso para líquido: *afogamento.*

b) Que decorrem de modificações químicas do meio ambiente:
- → Como na falta de oxigênio: *confinamento.*
- → Como no excesso de monóxido de carbono: *asfixia monoxicarbonatada.*

c) Que decorrem da constrição do pescoço:
- → Por laço acionado pelo próprio peso do corpo da vítima: *enforcamento.*
- → Por laço acionado por força muscular humana ou outra qualquer: *estrangulamento.*
- → Por mãos e antebraços: *esganadura.*

d) Que decorrem de perturbações nos mecanismos da respiração:
- → *Sufocação indireta.*

e) Que decorrem da obliteração dos orifícios respiratórios naturais:
- → *Sufocação direta.*

O processo de uma asfixia pode ser dividido em fase de irritação e fase de esgotamento, sendo que cada uma delas se subdivide ainda em dois períodos. A primeira subdivide-se em: períodos de dispneia inspiratória, com duração de 1 minuto e manutenção de consciência; e um segundo período, de dispneia expiratória, com perda de consciência e convulsões tônico-clônicas, por ação do gás carbônico, com duração de 3 minutos. A fase de esgotamento inclui também dois períodos: o de pausa ou morte aparente, com duração de 1 minuto e, por fim, o terminal, em que param os batimentos cardíacos, com duração de cerca de 2 a 3 minutos, precedendo a morte.

O tempo total de um processo de asfixia é de aproximadamente 7 minutos, dependendo da idade, nutrição e capacidade pulmonar da vítima. A morte manifesta-se de maneira mais rápida no afogamento (4 a 5 minutos) e mais lentamente no enforcamento (10 minutos).

As asfixias mecânicas são ditas *puras* quando somente o fator respiratório é o responsável pela morte. São chamadas de *complexas* quando na produção da morte participam também os fatores circulatórios e nervosos. No enforcamento, por exemplo, a obstrução das vias respiratórias ocorre pelo rechaçamento da base da língua para cima e para trás, contra a faringe. A obstrução da passagem de sangue pelas artérias carótidas ocorre com pressões acima de 5 kg. E a morte por inibição ocorre quando o laço exerce pressão sobre o feixe vásculo-nervoso do pescoço, mais especificamente sobre o nervo vago.

Os **sinais gerais externos** das asfixias são:
- Fáscies túrgida e cianótica (violácea), presentes principalmente nos casos de compressão torácica, em que a estase do sangue na veia cava superior acaba originando uma verdadeira *máscara equimótica azulada*.
- Globos oculares procidentes, com formação de pequenas sufusões hemorrágicas na conjuntiva ocular.
- Nariz e boca recobertos com cogumelo de espuma, manifestando-se principalmente nos casos de afogamento, pela entrada de líquido nas vias aéreas.
- Língua procidente, característica do enforcamento e do estrangulamento, quando a língua é projetada além da arcada dentária.

Os **sinais gerais internos** são:
- Sangue líquido e escuro nas cavidades cardíacas, sendo que na asfixia por monóxido de carbono, no entanto, ele apresenta uma coloração vermelho rutilante, bastante característica.
- Congestão visceral generalizada, com acúmulo de sangue principalmente no fígado, mesentério e rins.
- Pontilhado avermelhado subepicárdico, também chamado de *manchas de Tardieu*, representado por sufusões sanguíneas arredondadas e puntiformes, que recobrem a superfície do coração, podendo também, em recém-nascidos, aparecer na superfície do timo. São encontradas em quase todos os tipos de asfixia e são explicadas pela ruptura dos capilares produzida pelo aumento da tensão arterial consequente à excitação dos centros nervosos bulbares pelo gás carbônico.
- Equimoses subpleurais (*manchas de Paltauf*), caracterizadas por manchas violáceas que recobrem a superfície do pulmão (pleura), principalmente nos afogados.

É importante esclarecer que os sinais gerais não são, isoladamente, suficientes para comprovar a morte por asfixia, pois podem inexistir em alguns casos, como podem surgir em outras modalidades de morte. Assim sendo, na ausência de sinais particulares de violência por asfixia, o médico-legista não poderá definir este diagnóstico como sendo a causa da morte.

Os **sinais específicos** de cada tipo de asfixia são:

- **Soterramento:** Resulta Da Obstrução Direta Das Vias Aéreas Superiores Por Substância Reduzida A Pequenos Fragmentos Ou Substância Pulverenta. O Diagnóstico É Feito Pela Presença De Substâncias Sólidas Ou Semissólidas (Como Terra, Areia Etc.) No Interior Das Vias Respiratórias, Na Boca, No Esôfago E Estômago, Além, É Claro, Da Presença Dos Sinais Comuns Das Asfixias Mecânicas Em Geral. A Presença Destas Substâncias No Trato Respiratório E Digestivo Depende Dos Atos Vitais Da Respiração E Deglutição.

- **Afogamento:** Ocorre pela penetração de um meio líquido ou semilíquido nas vias aéreas, impedindo a passagem do ar até os pulmões, por permanência do indivíduo totalmente ou apenas com os orifícios respiratórios imersos neste meio. A maioria dos afogamentos ocorre com temperatura da água abaixo do ponto de termoneutralidade (35°C ± 0,5). No entanto, alguns ocorrem em banheiras de água quente ou durante o mergulho ou a natação competitiva em piscinas térmicas. É difícil ao perito determinar com precisão o intervalo da morte no afogamento, que pode variar conforme as estações, o meio líquido e a fauna. São achados necroscópicos frequentes nos afogamentos:
    → Pele anserina;
    → Maceração epidérmica, com mãos e pés brancacentos, rugosos;
    → Cristais e areia sob as unhas;
    → Aspecto gigantesco do corpo, pela putrefação;
    → Cabeça de coloração enegrecida ("cabeça de negro")
    → Genitália externa aumentada de volume ("genitália gigantoide");
    → Mancha verde da putrefação na face anterior do tórax;
    → Presença de secreção aerada ("espuma") nas vias aéreas;
    → Presença de água no estômago;
    → Enfisema hidroaéreo do pulmão;
    → Presença de plâncton e diatomáceas nos alvéolos pulmonares.

Diatomáceas são fitoplânctons, algas unicelulares encontradas praticamente em todas as águas. Aquelas encontradas em ambientes naturais apresentam muito mais espécies do que aquelas encontradas em ambientes artificiais. A presença de diatomáceas características de uma determinada região indicará um afogamento e apontará o local do mesmo, através de uma comparação entre as encontradas na vítima e as encontradas no meio líquido suspeito. O tecido mais indicado para o teste de diatomáceas é a medula óssea do fêmur. Para que as diatomáceas cheguem à medula óssea femoral, é preciso que haja aspiração de água e transporte destas pelo sistema circulatório. Ossos são sistemas fechados, onde o sangue precisa passar para levar as diatomáceas, o que sugere que sua presença é *antemortem*, diferente dos pulmões, por exemplo, que podem conter diatomáceas que entraram passivamente quando o corpo não foi afogado, mas depositado na água. A presença de diatomáceas na medula óssea é a prova de que o indivíduo estava vivo quando foi submerso. Isso significa que a causa de morte foi, pelo menos em parte, devido ao afogamento. Sua ausência não significa descartar a possibilidade de afogamento. Vítimas que tiveram um espasmo na laringe ou inibição cardíaca por reflexo vagal, pelo contato da água com a mucosa da via aérea superior quando submersas apresentam uma diminuição do volume líquido inspirado, o que limita o transporte das diatomáceas para outros órgãos. Este tipo de afogamento, sem aspiração de líquidos, levando a uma morte por asfixia decorrente do laringoespasmo continua controverso. Neste caso pouco líquido ou nenhum entrará nos pulmões. A existência de laringoespasmo, também conhecido como espasmo de glote, foi mencionada nos primeiros estudos de afogamento para explicar por que 10 a 20% de todas as vítimas de afogamento tinham pulmões macroscopicamente secos. O afogamento a seco e o pulmão seco podem ser explicados de forma variável não apenas pelo laringoespasmo, mas também pela inibição cardíaca vago-vagal, reflexos pulmonares e vários reflexos desencadeados pelo contato do corpo com água. Algumas dessas mortes também são denominadas como "afogamento atípico" pela literatura médica. A avaliação crítica da literatura original a partir da década de 1930, bem como observações clínicas, tem sugerido que o afogamento à seco, como resultado de um laringoespasmo, tem uma incidência real mais baixa (2%) ou é mesmo inexistente. Se um laringoespasmo eventualmente vier a ocorrer inicialmente no processo de afogamento, ele cessará como resultado da hipóxia progressiva dos músculos laríngeos enquanto os esforços respiratórios sob a água serão mantidos. Alguns estudos forenses utilizando traçadores microscópicos do líquido de afogamento, indicam que a penetração de líquido nos pulmões ocorre em quase todas as mortes por este tipo de asfixia, mesmo naqueles com a aparência macroscópica de pulmão seco.

Na verdade, os pulmões secos, sem evidência de penetração líquida, só podem ser encontrados em corpos descartados na água após a morte fora dela.

A influência de álcool e outras drogas pode ser crítica neste tipo de afogamento.

Cabe salientar que o estudo das diatomáceas no diagnóstico da morte por afogamento vem sofrendo, nos últimos, anos críticas por vários autores e gerando dúvidas quanto ao seu real papel nesse diagnóstico. Estas algas podem ser encontradas tanto nas águas doces e salgadas, como na terra e no ar. Devido à grande variabilidade dessas algas, o seu estudo necessita de um especialista na área, pois não é uma análise fácil. Da mesma forma, autores já identificaram diatomáceas em pulmões, e outros órgãos, de cadáveres cuja causa de morte não foi asfixia mecânica por afogamento, resultando em *falsos positivos* (ingestão de vegetais, mariscos, bebidas com alto teor de algas; inalação de diatomáceas – cigarro, em suspensão no ar; submersão prolongada sob alta pressão, penetração através de feridas produzidas em vida, contaminação na preparação das amostras, etc.). Também podem ocorrer resultados *falsos negativos*, como em baixas concentrações de diatomáceas no meio de submersão, pequena quantidade de meio líquido inspirado, perda das algas durante o preparo das amostras.

Os mecanismos envolvidos no processo de afogamento envolvem o choque térmico, quando a imersão ocorre em águas com temperatura abaixo do ponto de termoneutralidade (35°C ± 0,5), que correspondem aos casos mais frequentes. Os receptores de frio respondem à diminuição súbita da temperatura da pele, resultante da imersão em água fria, com uma resposta dinâmica: respiração ruidosa (ofegante), hiperventilação (aumento da frequência respiratória), aumento do débito cardíaco, vasoconstricção periférica e hipertensão arterial. Essas respostas, acompanhadas de um aumento generalizado da tensão muscular, podem aumentar a taxa metabólica na imersão inicial. Como consequência, a respiração ofegante e a hiperventilação provocam uma incapacidade de respirar, a qual representa a resposta mais perigosa à imersão em águas frias, aumentando a chance de aspiração e afogamento. Ao mesmo tempo, após a imersão inicial em água fria, a incidência de arritmias aumenta de 2% com a respiração livre com a cabeça para fora, para 82% se associada à imersão facial e ao esforço respiratório máximo. As arritmias cardíacas geralmente são observadas dentro de 10 segundos após a parada da respiração, e tendem a ocorrer quando o ritmo cardíaco muda de taquicardia (predomínio do estimulo simpático) para bradicardia (predomínio do estimulo vagal). Embora estes estímulos autonômicos geralmente resultem em arritmias, isso menos comumente resultam em arritmias fatais, a menos que exista a presença de fatores predisponentes como doença cardíaca isquêmica e aterosclerose. É possível que as arritmias causadas pela submersão em água fria possam resultar em morte, mas não sejam diagnosticadas porque os distúrbios elétricos no coração, que resultam em arritmias fatais, são sejam detectáveis ao exame pós-morte. Além disso, mesmo que o problema primário da imersão em água fria seja cardíaco, o espasmo terminal espontâneo pode resultar em entrada de água nos pulmões, dando a aparência de afogamento.

Após a exposição da pele a água fria, os nervos e músculos superficiais são os próximos tecidos a esfriar. A temperatura muscular inferior a 25° C leva a fadiga muscular, pois diminui a atividade das fibras musculares superficiais. Os nervos em temperaturas abaixo de 20° C, tem a condução do estímulo nervoso retardado e a amplitude do potencial de ação diminuída. O bloqueio do nervo pode ocorrer com temperaturas locais entre 5 e 15° C que permaneçam por 1 a 15 minutos, levando a uma disfunção que é equivalente à paralisia periférica.

Com relação ao afogamento, a consequência mais significativa da hipotermia é a perda de consciência com o resfriamento dos tecidos corporais profundos. Os sinais e sintomas progressivos decorrentes da hipotermia são: tremores (36° C), confusão, desorientação, introversão (35° C), amnésia (34° C), arritmias cardíacas (33° C), turvação da consciência (33-30° C), inconsciência (30° C), fibrilação ventricular (28° C) e morte (25° C). Abaixo de uma temperatura cardíaca de 28° C, o coração pode parar. A hipotermia altera o metabolismo celular, a circulação sanguínea e a função neural. Em hipotermia grave, o paciente estará profundamente inconsciente. A diminuição da necessidade de oxigênio pelas células e órgãos em hipotermia leva a redução das frequências respiratórias e cardíacas, o que dificulta a detecção destes sinais vitais in loco. Os reflexos tendinosos tornam-se ausentes e as pupilas dilatam-se, o que pode dar a aparência da morte. Na hipotermia acidental, não é incomum que a morte ocorra a uma temperatura corporal entre 24 e 28° C (média 25° C), mas já foram descritos sobreviventes com temperatura corporal entre 12,7° e 13,7° C. A taxa de resfriamento corporal depende de uma ampla gama de fatores térmicos internos, incluindo espessura de gordura subcutânea ou fatores não térmicos, como doença de movimento e fatores externos, como temperatura da água e estado do mar.

Na maioria das vítimas de afogamento, as alterações eletrolíticas no soro têm uma importância limitada no processo de morte, porque a redistribuição de líquidos corporais restabelece rapidamente o equilíbrio de eletrólitos. Estas alterações na composição de eletrólitos do líquido corporal causam mudança de ventilação/perfusão, hipoxemia e acidose metabólica. Os quais, por sua vez, causam depressão miocárdica, vasoconstrição pulmonar e alterações na permeabilidade capilar que pioram o edema pulmonar, levando a via final comum, que é a hipoxemia. Na maioria dos ambientes, o afogamento não está associado a mudanças de eletrólitos clinicamente importantes.

Eventualmente podem ser identificadas lesões externas na superfície corporal do afogado. Na sua maioria, são lesões pós-morte que se produzem pelo arrastamento do corpo sobre o fundo irregular em decorrência da ação das correntezas, resultando em escoriações e ferimentos contusos, que costumam localizar-se nas regiões anteriores do corpo (região frontal, dorso das mãos e pés, joelhos) devido à posição que assumem os cadáveres submersos. Também é possível verificar a presença de lesões produzidas por hélices de embarcações e animais aquáticos (peixes, crustáceos, etc.), sendo que nestes casos as lesões geralmente se localizam na face, mãos e pés. Importante salientar que todas estas lesões, por serem *post-mortem*, não apresentam reação vital.

A asfixia por afogamento, frequentemente apresenta uma etiologia acidental, com uma incidência maior entre crianças de 1-4 anos, seguidas por crianças de 5-9 anos e jovens entre 15 e 24 anos, predominando este tipo de morte em homens (duas vezes mais que mulheres), nos meses de verão, com um número elevado de casos associados com o consumo de álcool ou outras drogas, especialmente entre adolescentes e adultos.

Um relatório da Organização Mundial da Saúde (OMS) de 2014 coloca o afogamento como uma das principais causas de morte do mundo. Ocorrem aproximadamente 42 mortes por afogamento a cada hora, todos os dias. Mais da metade de todas as mortes de afogamento ocorre entre aqueles com menos de 25 anos, além de ser uma das 10 principais causas de morte para pessoas com idade entre 1 e 24 anos em todas as regiões do mundo.

Embora as estatísticas relatem que quase 372 mil pessoas se afogam a cada ano, o número real de afogamentos no mundo provavelmente é quatro ou cinco vezes maior, pois os países de baixa e média renda, onde a maioria dos afogamentos ocorrem (90%), registram estes eventos de forma incompleta. Além disso, os afogamentos resultantes de inundações, acidentes com embarcações de transportes, acidentes com barcos de refugiados e migrantes não são relatados nas estatísticas padrão de afogamento.

A identificação de indivíduos afogados pode ser muito difícil, considerando que o processo de putrefação faz com que principalmente a face apresente um processo de distensão, com a pele ficando enegrecida.

- **Confinamento:** Caracteriza-se pela permanência do indivíduo em uma área restrita e fechada, sem haver renovação do ar ambiente, com o consumo progressivo do oxigênio, aumento gradativo do gás carbônico, elevação da temperatura e saturação do ambiente por vapores d'água. Uma concentração de oxigênio de 16% ou menos já é perigosa à vida, e uma redução para 5% leva rapidamente à perda da consciência e à morte em poucos minutos. A causa do óbito não pode ser determinada exclusivamente pela necropsia, pois não existem sinais característicos. Somente se as circunstâncias da morte forem adequadamente informadas ao perito, e com a exclusão de outras causas, será possível estabelecer este diagnóstico.

- **Asfixia monoxicarbonatada**: O monóxido de carbono, classificado como asfixiante químico, é um gás sem odor, sem cor e não irritante responsável frequente por eventos em ambientes doméstico ou ocupacional. Quando inalado, fixa-se à hemoglobina do sangue, formando a *carboxiemoglobina (COHb)*, que impede o transporte de oxigênio, causando uma anóxia (asfixia) em nível tecidual. A hemoglobina tem uma afinidade ao monóxido de carbono 250 a 300 vezes maior que o oxigênio e o libera muito lentamente. A meia-vida da COHb, quando o paciente respira ar ambiente, é de cerca de 4 a 6 horas. Os sinais clínicos de intoxicação por monóxido de carbono são considerados não específicos e variam com níveis de saturação de CO, duração da exposição, condições médicas preexistentes e predisposição individual. As concentrações de carboxiemoglobina no sangue de 5-10% podem agravar doenças cardiovasculares preexistentes, enquanto concentrações de 15-25% muitas vezes causam tonturas e náuseas. Os níveis de carboxiemoglobina superiores a 50% de saturação geralmente são considerados ameaçadores da vida. O sangue coletado das câmaras cardíacas, dos grandes vasos, ou das vísceras maciças de um paciente, cujo óbito ocorreu em um ambiente com monóxido de carbono, deve evidenciar uma taxa de 75 a 90% de *carboxiemoglobina*. Alguns autores consideram, no entanto, que uma taxa de saturação acima de 50% já pode ser considerada fatal, mesmo em indivíduos jovens e saudáveis. Na presença de álcool ou transtorno cardiovascular crônico, as saturações fatais de monóxido de carbono podem ser significativamente menores. Devemos lembrar que álcool, barbitúricos, sedativos e numerosas outras substâncias potencializam os efeitos tóxicos do monóxido de carbono. Neurotoxicidade retardada, que pode ocorrer 2 e 3 semanas após uma exposição aguda ao monóxido de carbono, inclui convulsões, sintomas semelhantes a doença de Parkinson e outras deficiências cognitivas. Fumantes podem apresentar índices de COHb entre 3 e 8%, podendo chegar a 15% quando o consumo for elevado (30 a 50 cigarros diários). Em não fumantes a concentração de carboxiemoglobina pode variar de 0,5 a 3%. Para firmar o diagnóstico, é importante informar aos peritos os comemorativos do caso. Estas informações deverão ter uma confirmação laboratorial pela pesquisa de monóxido de carbono no sangue e o valor do coeficiente de saturação. Ao exame necroscópico, a asfixia por monóxido de carbono apresenta alguns achados que devem ser valorizados, tais como rigidez precoce, face de coloração rosada, sangue fluido e bastante avermelhado, livores de hipóstase numa tonalidade vermelha mais clara, vísceras maciças de coloração carmim e putrefação tardia. As fontes relevantes, sob o ponto de vista forense, de monóxido de carbono exógeno incluem os dispositivos de aquecimento a gás, o escapamento de veículos automotores e a fumaça inalada relacionada a combustão (fogo/incêndio). Raramente, a intoxicação por monóxido de carbono também pode resultar do cloreto de metileno, um componente comum de removedores de tinta e outros solventes. Além disso, a fumaça do tabaco é uma importante fonte de monóxido de carbono. Devido à sua facilidade de acesso, letalidade rápida e exposição ser indolor, a inalação intencional de monóxido de carbono é um método comumente usado para fins de suicídio.

- **Enforcamento:** Caracteriza-se pela constrição do pescoço por um laço fixo, sendo que a força atuante que distende o laço é o peso do indivíduo. O laço pode ser duro (cordas, arames, fios elétricos etc.), mole (lençóis, cortinas, gravatas etc.), ou semirrígido (cintos). O nó, quando presente, localiza-se geralmente na região cervical posterior, com menos frequência nas laterais, e raramente situa-se na porção anterior do pescoço. O laço quase sempre é único, mas há casos com mais de uma volta. O enforcamento é dito **típico ou completo** quando o corpo fica totalmente suspenso no ar, e **atípico ou incompleto** quando o corpo se apoia no solo, seja pelos pés, joelhos ou qualquer outra parte do corpo. Neste último caso, basta que o peso do corpo seja suficiente para apertar o laço ao redor do pescoço, até provocar a isquemia cerebral. Portanto, ambas as formas são eficazes para determinar o óbito. Um dos elementos importantes para o diagnóstico de enforcamento é o sulco do pescoço e suas características. Em geral ele é único, apergaminhado, oblíquo ascendente, descontínuo ao nível do nó, de profundidade desigual e localizado acima da cartilagem tireoide. A profundidade do sulco é proporcional ao tempo de suspensão do corpo e quanto mais delgado for o laço, mais profundo será o sulco. O sulco poderá não ser visualizado quando a alça do laço for feita com lençóis largos, quando é interposto um objeto macio entre o laço e o pescoço, ou se a constrição não for muito demorada. Os achados necroscópicos internos localizam-se sob o sulco: sufusão hemorrágica do subcutâneo e músculos cervicais, fratura do osso hioide, lesões junto aos vasos cervicais e equimoses retrofaríngeas. A interrupção da circulação venosa pela constrição do laço do pescoço contribui para que a face adquira uma coloração azulada, chamada de "cianose". Experimentalmente, sabe-se que a pressão capaz de obter a obliteração dos vasos é em torno de 2 kg para as veias jugulares, de 5 kg para as artérias carótidas comuns e de 25 kg para as artérias vertebrais. Em geral, o enforcamento, como causa jurídica, é suicida, mas há a possibilidade de ser homicida ou acidental. O simples fato de se encontrar um cadáver suspenso por um laço não pode ser diagnosticado como caso de enforcamento. A causa da morte deve ser diagnosticada cuidadosamente, levando em consideração, além da necropsia, um minucioso estudo do local em que o corpo foi encontrado. Um cadáver pode ser colocado em suspensão para acobertar uma ação homicida.

- **Estrangulamento**: Caracteriza-se pela constrição do pescoço por laço acionado por qualquer força ativa, que não seja o peso do corpo da vítima, com obstrução à passagem de ar para os pulmões, interrupção da circulação cerebral e compressão dos nervos do pescoço. Normalmente, o estrangulamento refere-se à constrição do pescoço por um laço, determinada pela força muscular de um agente agressor. As características do sulco no pescoço, da mesma forma que no enforcamento, são importantes para o diagnóstico: pode ser único, duplo ou múltiplo; apergaminhado; geralmente horizontal; contínuo; com profundidade uniforme; localizado abaixo ou sobre a cartilagem tireoide. Homicídio é a causa jurídica mais frequente no estrangulamento, sendo raríssimos os casos de acidente e suicídio. Constitui subsídio de grande importância a presença de "sinais de luta", já que o estrangulamento nos adultos, como manobra homicida, quase sempre se acompanha de outros sinais de violência, como ferimentos na cabeça, equimoses ou marcas de unhas ao redor da boca, lesões de defesa nas mãos e antebraços, lesões de queda etc. Para a execução homicida, a prática do estrangulamento requer superioridade de forças ou um maior número de agentes ou, ainda, tratar-se de vítima que não possa oferecer resistência, como crianças, doentes, velhos e embriagados.

Cabe salientar que pelo estudo do "sulco" junto ao pescoço podemos estabelecer a diferenciação entre tipos de asfixias:

Enforcamento	Estrangulamento
- Oblíquo, ascendente	- Horizontal
- Mais profundo no lado oposto ao nó	- Profundidade igual
- Interrompido na altura do nó	- Completo
- Margem superior mais saliente	- Margens iguais
- Geralmente um sulco	- Geralmente mais de um sulco

- **Esganadura**: Caracteriza-se pela constrição do pescoço pelas mãos do agente, impedindo a passagem de ar pela via aérea. Também são utilizados como meios para a prática da esganadura, além das mãos, a prega do cotovelo, do joelho e a pressão do pescoço com as pernas ou o pé. Ao exame do pescoço evidenciam-se, geralmente: equimoses elípticas ou arredondadas, localizadas bilateralmente e distribuídas irregularmente, correspondendo à ação compressiva das extremidades dos dedos; presença de estigmas ungueais, que são escoriações produzidas pelas unhas do agressor ou escoriações lineares decorrentes das reações de defesa da vítima. Internamente, identificam-se sufusões hemorrágicas difusas e edema traumático nos tecidos moles do pescoço. A esganadura é impossível de ocorrer na forma acidental ou suicida, sendo, portanto, a sua prática sempre decorrente de um homicídio e mais raramente em casos de infanticídio.
- **Sufocação indireta**: Caracteriza-se pelo impedimento à passagem de ar para as vias aéreas pela compressão do tórax e/ou do abdômen, em

grau suficiente para impedir os movimentos respiratórios, levando à asfixia. Ao exame podem-se evidenciar lesões tóraco-abdominais, tais como escoriações, fraturas e rupturas de vísceras. Um sinal importante é a máscara equimótica da face, que se deve à estase do sangue da veia cava superior pela compressão tóraco-abdominal.
- **Sufocação direta**: Caracteriza-se pelo impedimento à passagem de ar para as vias aéreas pela oclusão dos orifícios respiratórios externos (boca e narinas) ou pela oclusão das vias respiratórias (traqueia, brônquios). A oclusão da boca e narinas pode ocorrer pelo uso das mãos ou objetos moles, podendo-se ao exame identificar equimoses labiais, lesões por dentes na mucosa oral, marcas ungueais junto à boca e narinas, fraturas de dentes, enquanto a oclusão das vias respiratórias ocorre por aspiração acidental de corpos estranhos, sendo encontrado ao exame necroscópico o corpo estranho encravado no interior das vias aéreas inferiores.

Um tipo especial de asfixia, que, apesar de ainda ser incomum, tem aumentado em incidência nos últimos anos, é a *asfixia por saco plástico*, que aparece numa variedade de cenários, em que sacos plásticos são colocados cobrindo toda a cabeça da vítima. Isto ocorre em situações acidentais específicas, como procedimentos autoeróticos ou durante o uso de drogas, acidentes envolvendo crianças, suicídios e alguns homicídios, incluindo também o infanticídio. Nestes casos, a asfixia ocorre por diminuição na concentração de oxigênio no ar inspirado e/ou por obstrução mecânica do nariz e da boca (sufocação direta).

5.5. Agentes biológicos

Por agentes biológicos entende-se todo o tipo de micro-organismo capaz de causar infecção ou infestação, incluindo os vírus, bactérias, fungos e parasitas. Seu estudo cresce em importância nos casos de exposição a contágio venéreo e na possibilidade de surgimento de questões relacionadas com infecções hospitalares, não prevenção de moléstias (tétano) etc.

5.6. Agentes mistos

Incluem uma série de eventos que não são atribuíveis a uma só causa e tampouco resultam em um só efeito. Podemos citar como exemplos:
- **Inanição**: É a falta de ingestão de alimentos necessários ao consumo metabólico do indivíduo. A privação das calorias necessárias leva a um consumo, inicialmente, das gorduras, com diminuição do panículo adi-

poso. O quadro mais grave e terminal denomina-se caquexia, no qual os ossos fazem um nítido relevo na pele.
- **Desidratação**: Decorrente das alterações dos volumes e das concentrações dos líquidos corporais, como consequência de perdas de água e eletrólitos em diferentes proporções.
- **Fadiga**: É um quadro clínico que se instala na vigência de esforço desproporcional à capacidade do equilíbrio orgânico. O consumo exagerado de energia nos músculos leva à queima anaeróbica da glicose, com formação de ácido láctico, levando o paciente à exaustão, muitas vezes irreversível, com instalação de coma e morte. A necropsia será pobre em achados característicos deste tipo de evento, sendo muito importante nestas situações, para determinação do diagnóstico da morte, os comemorativos do caso.
- **Emoção**: A emoção violenta, repentina, pode causar a morte de duas maneiras: morte mediata pela emoção, quando se reconhece que o trauma psíquico tenha desencadeado ou agravado uma doença subjacente, como um infarto em indivíduo com doença cardíaca prévia; ou então a morte imediata pela emoção, explicada como devido à parada cardíaca funcional e completa perda de tônus dos vasos sanguíneos. Neste último caso, a necropsia é totalmente negativa em relação a sinais característicos, o mesmo acontecendo com os exames subsidiários.
- **Inibição**: É o nome clínico e médico-legal com o qual se designa a série de eventos fisiopatológicos advindos de diversas formas de estímulos periféricos violentos. Alguns tipos de estímulos fortes e rápidos, como um golpe sobre a laringe, pescoço ou abdômen, são capazes de determinar parada cardíaca ou choque, com morte imediata. Neste caso também, o exame necroscópico poderá não apresentar a causa da morte, tratando-se, portanto, de um diagnóstico de exclusão.

Anotações . . .

Capítulo 6

SEXOLOGIA FORENSE

É a parte da Medicina Legal que estuda os problemas médico-legais relacionados ao sexo. Sob o aspecto criminal, dois capítulos são de interesse: Erotologia forense e Obstetrícia forense.

6.1. Erotologia forense

Estuda os crimes sexuais e as parafilias ou distúrbios parafílicos.

A violência sexual é um fenômeno universal, no qual não há restrição de sexo, idade, etnia ou classe social, e que sempre ocorreu em diferentes contextos ao longo da história da humanidade. Calcula-se uma prevalência global 2 a 5% deste fenômeno, com uma incidência de 12 milhões de vítimas a cada ano. Entre as vítimas, há 2 subpopulações, com as seguintes características:
- Agredidas por conhecido (frequentemente intrafamiliar), faixa etária mais jovem (crianças e adolescentes), menor taxa de procura por auxílio, maior número de atos praticados;
- Agredidas por estranho, faixa etária mais elevada, maior associação com agressão física, maior taxa de denúncia e procura por auxílio.

Nota técnica do Instituto de Pesquisa Econômica Aplicada (IPEA), uma fundação pública federal vinculada à Secretaria de Assuntos Estratégicos da Presidência da República, publicada em março de 2014, estima que 0,26% da população brasileira sofre violência sexual a cada ano. Isso significa que anualmente, no Brasil, ocorrem 527 mil tentativas ou casos de estupro, o que corresponde a 44 mil tentativas ou casos de estupro por mês ou 1.444 a cada dia. Deste universo, apenas 10% dos casos são notificados à polícia.

Estes dados são semelhantes aos apresentados pela literatura americana, onde, nos Estados Unidos, 0,2% dos indivíduos sofrem estupro a cada ano, sendo 19,1% a taxa estimada de notificações à polícia, quase o dobro do índice brasileiro.

A agressão sexual pode ser facilitada pelo consumo de substâncias psicotrópicas ou álcool. Neste cenário identificam-se dois tipos de agressão sexual, facilitada pelo uso de drogas: a) "agressão sexual proativa", na qual o álcool ou a substância psicotrópica é administrada pelo agressor à vítima de forma dissimulada ou à força, com o objetivo de praticar a violência sexual; b) "agressão sexual oportunista" em que o agressor pratica a atividade sexual com uma vítima intoxicada por vontade própria, mas que se encontra parcial ou totalmente inconsciente.

Uma revisão sobre o tema, realizada em 2017, identificou que o álcool é a substância mais comumente detectada em casos suspeitos de violência sexual facilitada pelo uso de drogas, em vítimas com idade igual ou superior a 16 anos. No entanto, a literatura também indica que o álcool, raramente, é o único causador ou fator contribuinte para a violência sexual. O uso simultâneo de várias drogas também foi comumente relatado nestes casos, muitas vezes não ficando claro até que ponto as vítimas tinham usado estas drogas voluntariamente ou não, ou o quanto essa intoxicação foi resultado da interação entre as diferentes substâncias. Depois do álcool, os benzodiazepínicos estão entre as drogas mais comumente detectadas, e quando usado em combinação com álcool e outras drogas, podem aumentar a vulnerabilidade à violência sexual através de intoxicação grave.

O receio das vítimas de não receberem credibilidade por parte dos órgãos oficiais, em relação aos fatos ocorridos e relatados, pode agir como um impedimento para a notificação, particularmente se a vítima tiver consumido voluntariamente álcool ou drogas psicoativas. Isso destaca a necessidade de uma campanha de educação em saúde pública para reforçar a noção de que a violência sexual facilitada pelo efeito de drogas é um crime legítimo, e que as vítimas serão apoiadas pelos órgãos oficiais criminais. Isto ajuda, a criar um clima de confiança e uma consciência da necessidade de registro imediato da violência sofrida.

Devemos sempre considerar também que nos casos de crimes sexuais a assistência médica é prioritária e deve ser garantida à mulher, independentemente de qualquer providência no âmbito policial ou judicial. Portanto, mesmo que a vítima não apresente lesão física externa visível, deve ser atendida no serviço de saúde, para ser submetida às profilaxias de DST, HIV, hepatite B e prevenção da gestação indesejada, assim como receber acompanhamento psicológico e de um serviço social. Estas medidas estão previstas na Lei nº 12.845/2013, Decreto nº 7.958/2013 e Portaria Interministerial nº 288/2015.

Nos casos de pacientes atendidas na rede hospitalar, o registro adequado do atendimento e a documentação do exame são responsabilidades da equipe assistencial. A sua ausência pode configurar negligência e falta ética.

O correto encaminhamento destas pacientes, vítimas de agressão sexual, é fundamental para o diagnóstico e prevenção da gravidez, de doenças sexualmente transmissíveis (DST) e distúrbios psíquicos pós--agressão.

Segundo o Ministério da Saúde, a chance de uma vítima de violência adquirir DST é de 16 a 58%. O risco de infecção dependeria do tipo de penetração, do número de agressores, a frequência da agressão, idade e suscetibilidade da mulher. As crianças, caso tenham sofrido penetração anal ou vaginal, apresentam maior vulnerabilidade às DST devido à imaturidade anatômica e fisiológica da mucosa vaginal, entre outros fatores.

6.1.1. Crimes sexuais

Os crimes sexuais apresentavam-se de várias formas no nosso Código Penal. No entanto, a Lei nº 12.015, de 7 de agosto de 2009, alterou o art. 213 e revogou o art. 214 do CP, deixando de existir o crime de Atentado Violento ao Pudor. Consequentemente, o homem passou a ser sujeito passivo do crime de estupro, bem como a mulher ganhou *status* de sujeito ativo deste delito.

O artigo 213 do Código Penal dispunha sobre o crime de estupro:

> Art. 213. "Constranger mulher à conjunção carnal, mediante violência ou grave ameaça."

O crime de atentado violento ao pudor estava previsto no artigo 214 do Código Penal:

> Art. 214. "Constranger alguém, mediante violência ou grave ameaça, a praticar ou permitir que com ele se pratique ato libidinoso diverso da conjunção carnal."

Os artigos anteriores agora estão incluídos no art. 213 do Código Penal, com uma nova redação:

> Art. 213. "Constranger alguém, mediante violência ou grave ameaça, a ter conjunção carnal ou a praticar ou permitir que com ele se pratique outro ato libidinoso."

Outros dois tipos penais de interesse neste capítulo e que sofreram modificações são:

Art. 215. **Violação sexual mediante fraude** – "Ter conjunção carnal ou praticar outro ato libidinoso com alguém, mediante fraude ou outro meio que impeça ou dificulte a livre manifestação de vontade da vítima".

Art. 217-A. **Estupro de vulnerável** – "Ter conjunção carnal ou praticar outro ato libidinoso com menor de 14 anos, com alguém que, por enfermidade ou deficiência mental, não tem o necessário discernimento para a prática do ato, ou que, por qualquer outra causa, não pode oferecer resistência".

Para tornar mais didático o estudo, dividiremos a análise do crime de estupro considerando os aspectos periciais: mediante conjunção carnal e mediante ato libidinoso diverso da conjunção carnal. Apresentaremos, assim, a contribuição da perícia para sua caracterização em cada uma dessas duas condições.

a) Estupro mediante conjunção carnal

→ *Conjunção Carnal* é a intromissão parcial ou total do pênis em ereção na vagina, com ou sem ruptura do hímen, com ou sem orgasmo, resultante de uma relação heterossexual. A expressão "conjunção carnal" não pode ser confundida com coito. O coito é uma ação genérica, podendo se apresentar na forma de coito anal, coito nas coxas ou coito oral, todos caracterizados como atos libidinosos. O hímen é uma membrana mucosa, que separa a vulva da vagina. Apresenta um bordo livre, que forma o óstio, orifício de morfologia variada, por onde escoa o fluxo menstrual, e que se rompe usualmente ao primeiro contato sexual.

A materialidade da conjunção carnal pode ser configurada pela:

- **Ruptura do hímen**: Pode ocorrer na borda livre do óstio ou em qualquer outra parte da membrana. A estrutura himenal é constituída por duas bordas: a borda de inserção, localizada na parede vaginal, e a borda livre, que delimita o óstio ou a abertura. As rupturas do óstio, em geral, produzem hemorragia leve e passageira, podendo ir da borda livre até a borda de inserção, junto à parede vaginal (*ruptura completa*) ou ficarem limitadas a um segmento da membrana (*ruptura incompleta*). Alguns óstios podem apresentar pequenos recortes junto ao bordo livre, denominados *entalhes congênitos*. Estes entalhes fazem parte da estrutura anatômica normal do hímen e não podem ser confundidos com rupturas. Distinguem-se os entalhes das rupturas por serem pouco profundos, de bordos regulares e disposição simétrica. Em relação ao tempo de ruptura, denomina-se *ruptura recente* aquela que apresenta, inicialmente, bordas em bisel, avermelhadas e sangrantes, com edema ao redor. Progressivamente, elas se tornam arredondadas, ficando recobertas por uma substância amarelada, chamada fibrina. Uma ruptura é chamada *ruptura antiga* quando apresenta as bordas iguais à borda do hímen com o qual se continua. Nestes casos, não há sangramento ou edema na zona da ruptura, que já se encontra cicatrizada. Em alguns casos de ruptura antiga, o hímen pode estar reduzido a tubérculos ou pequenos segmentos, denominados de "carúnculas mirtiformes". Este achado é encontrado em mulheres que já tiveram um parto vaginal previamente. O período entre a ruptura e a cicatrização completa varia com a espessura da membrana. Em geral, admite-se que toda ruptura himenal cicatrizada tem mais de **10 dias** e nestas circunstâncias estamos qualificando-a como antiga. As rupturas himenais ocorrem com mais frequência nos quadrantes posteriores. A análise do rompimento do hímen, para comprovar a materialidade do estupro, será eficaz se a vítima não tiver uma vida sexual pregressa, ou seja, se a mulher for virgem.

- **Espermatozoides na vagina**: Segundo a maior parte dos doutrinadores, a existência de espermatozoides na vagina constitui prova inequívoca da conjunção carnal. Uma só célula reprodutora masculina positiva, ou então, várias de suas cabeças, com fragmento de caudas junto ao material colhido são suficientes para estabelecer este diagnóstico. No entanto, o tempo superior a 48 horas entre a perícia e a prática sexual e os próprios cuidados higiênicos da mulher dificultam ou impedem a identificação destas células. Mesmo assim, em alguns casos esperma tem sido detectado em amostras vaginais coletadas até 72 horas após a agressão. Além disso, o método possibilita a ocorrência de resultados falsos negativos, já que se trata de uma amostra de material coletada junto à secreção encontrada no canal vaginal. O uso de preservativos por parte do homem praticamente elimina a positividade deste exame. Também se considera, por presunção, que houve conjunção carnal quando se constata a presença de sêmen ou seus vestígios no canal vaginal, incluindo fosfatase ácida maior que 300 UI ou glicoproteína P_{30} positiva. Esta última representa uma substância específica do sêmen, podendo ser encontrado, em média, até 27 horas após a relação sexual. Importante salientar, ainda, que tais critérios se tornam importantes quando o suposto agente possui azospermia (ausência de espermatozoide) ou tenha feito vasectomia. Nestes casos, quando não são encontrados espermatozoides, mas se identifica a presença dessa substância, não há como excluir a conjunção carnal. A pesquisa de esperma pode ser feita tanto em vítimas vivas quanto em cadáveres.
- **Gravidez:** A gestação traz implícito o defloramento, mesmo não havendo conjunção carnal no sentido estrito e, portanto, independente do estado do hímen.

Em aproximadamente 1% dos casos de ruptura himenal se aceita que esta tenha ocorrido por outras causas que não uma conjunção carnal. Podemos ter, portanto, ruptura himenal na ausência de conjunção carnal, como em situações de acidentes (laceração de períneo), procedimentos terapêuticos (mulheres que nascem com hímen imperfurado), doenças infectocontagiosas (difteria), doenças ginecológicas (sífilis) ou práticas libidinosas (masturbação ou introdução de objetos na vagina).

Por outro lado, existem situações em que se estabelece a conjunção carnal sem ruptura himenal, como em casos de cópula vestibular ou coito nas coxas (*coitus inter-femora*) e hímen dubitativo. **Hímen dubitativo ou complacente** é aquele que, pela elasticidade de sua membrana e amplitude do seu óstio, permite a conjunção carnal sem se romper. É também chamado de "hímen elástico". Estes apresentam distensibilidade excessiva, entalhes que possibilitam a ampliação do óstio e membrana exígua. Estudos realizados no Departamento Médico-Legal de Porto Alegre apresentaram uma incidência de hímen dubitativo de 12%.

Além dos achados clássicos descritos anteriormente para caracterização de uma conjunção carnal, existem sinais de probabilidade que podem contribuir para este diagnóstico. São provas não conclusivas que podem ser produzidas de várias formas, e não especificamente através da prática de conjunção carnal. No momento do exame, o perito deve levar em consideração uma série de fatores circunstanciais para definir se os referidos sinais devem ou não constituir o conjunto probatório. Servem apenas como respaldo, subsidiariamente. Entre os sinais de probabilidade tem-se:

- **Dor**: varia de acordo com a vítima e as circunstâncias materiais em que ocorreu o crime, como o tipo de violência empregada, por exemplo. Trata-se de elemento subjetivo, e requer muita cautela do perito que realiza o exame, pois, do ponto de vista técnico, é muito difícil comprovar a existência e até a intensidade da dor da vítima.
- **Hemorragias e lesões**: no momento da ruptura himenal é possível que ocorra uma hemorragia na vítima. Importante salientar que o sangramento não constitui uma peculiaridade da primeira cópula vagínica e também pode ocorrer em virtude da prática de atos libidinosos diversos da conjunção carnal. As lesões situadas na genitália feminina (vulva e vagina), como equimoses, escoriações e irritações, eventualmente produzidas em virtude da conjunção carnal, muitas vezes contribuem para a comprovação da materialidade do delito, não devendo ser consideradas, no entanto, como provas efetivas, pois podem ser produzidas independentemente da prática da relação sexual. Mesmo estas lesões sendo apenas indícios da prática de conjunção carnal, no momento de analisar a prova pericial nos autos, os magistrados geralmente levam em consideração a existência de lesões corporais que indiquem a ocorrência do crime.
- **Contaminação por doença sexualmente transmissível**: algumas doenças sexualmente transmissíveis, como gonorreia, sífilis e até AIDS, podem indicar a prática de conjunção carnal. Mas este não constitui o único meio de transmissão das referidas doenças, não sendo, portanto,

meio seguro de prova, servindo, muitas vezes, como mero indício. Elas podem estar vinculadas também à prática de atos libidinosos diversos da conjunção carnal.

Por outro lado, existem achados no exame físico que não podem ser valorizados para caracterização inequívoca de uma conjunção carnal. A vascularização aumentada do hímen, por exemplo, é vista frequentemente em crianças normais e não deve ser considerada importante na ausência de outro sinal mais específico de abuso. Da mesma forma, eritema no introito vaginal é descrito em 50% das meninas pré-púberes e, se importante, é um indicativo de vulvo-vaginite não específica, achado comum nesta faixa etária. O aumento do diâmetro himenal já foi considerado diagnóstico de penetração. Atualmente se aceita que o diâmetro himenal varia com a idade, a configuração himenal, o relaxamento da paciente e a técnica do exame. Neste sentido, a medida do diâmetro do orifício do hímen não pode predizer se houve ou não abuso em menina pré-puberal.

A violência deve ser contra o indivíduo, e não contra suas coisas, podendo ser:

- **Violência efetiva**: é a violência com emprego da força física, geralmente deixando vestígios de lesões corporais, ou psíquica, empregando drogas ou recursos psicológicos para vencer a resistência da vítima (embriaguez, anestesia, uso de psicotrópicos).
- **Violência presumida (indivíduos vulneráveis)**: ocorre em casos de vítima menor de 14 anos; com enfermidade ou deficiência mental, ou qualquer outra causa ou situação, que impossibilite a vítima de resistir (paralisia dos membros, enfermidade imobilizante).

Estudos realizados no DML de Porto Alegre demonstraram que apenas 30% das mulheres encaminhadas para a perícia apresentavam sinais de violência física efetiva. Em um trabalho realizado no Parkland Hospital de Dallas, nos Estados Unidos, foram identificadas lesões físicas em 34% das vítimas de estupro examinadas.

As provas de violência ou luta, como equimoses, estigmas ungueais e escoriações, são pesquisadas nas mais diversas regiões do corpo da vítima, como faces internas das coxas, braços e região cervical.

A *grave ameaça* é uma modalidade de violência moral em que a resistência do individuo é vencida pela promessa de prática de violência física, ou chantagem, contra a vítima ou qualquer pessoa próxima. Quando o estupro é praticado mediante grave ameaça não deixa vestígios de violência no corpo da vítima, o que dificulta o trabalho pericial.

No exame da vítima, deve-se verificar também a sua idade mental, enfermidades que, eventualmente, venham a prejudicar a resistência ou a capacidade de entendimento da vítima e sinais de violência através de lesões corporais

É importante salientar que o estupro não é um diagnóstico médico, mas sim uma matéria jurídica. A contribuição pericial resume-se em comprovar a existência ou não da conjunção carnal. A conjunção carnal é a prova material do crime e corresponde ao *imissio penis in vaginam*. A ilicitude, a conduta tipicamente punível no crime de estupro, consiste em manter conjunção carnal, utilizando-se de violência ou grave ameaça. Nos casos de mulher com vida sexual pregressa, a perícia deve pesquisar a presença de espermatozoides na vagina.

b) Estupro mediante ato libidinoso diverso da conjunção carnal

→ *Ato libidinoso diverso da conjunção carnal* é todo e qualquer ato sexual que fuja à natureza pênis-vagina. Na configuração do delito, não importa o sexo, podendo qualquer pessoa, homem ou mulher, ser o agente ou vítima. Manifesta-se em situações como cópula *intercruris*, cópula bucal ou felação, cópula buco-vulvar ou cunilíngua, cópula anal, heteromasturbação, toques e palpação de mamas e vagina etc. Excetuando-se os casos de cópula anal, os atos libidinosos descritos não costumam deixar vestígios, salvo eventuais manchas de sêmen ou de saliva nas vestes e pequenas equimoses ou escoriações. Regiões das mamas, do períneo, do ânus, das coxas, do pescoço e dos lábios devem exigir atenção especial na hora do exame.

A região anal tem grande importância na vida sexual dos indivíduos. Ela é utilizada como área genital por 10% das mulheres heterossexuais e por 80% dos homens homossexuais nos Estados Unidos. Nos delitos sexuais pela via anal, as lesões mais frequentemente diagnosticadas são as cicatrizes no tegumento, que aparecem a partir do quarto dia; a diminuição do tônus do esfíncter anal, por lesões musculares, mais frequentes nas primeiras 24 horas; as fissuras anais, caracterizadas por rupturas na pele e nos tecidos adjacentes; além de sinais inflamatórios locais. Nas hipóteses em que ocorre a cópula anal violenta, é possível observar hemorragias causadas por rupturas das paredes anorretais e perineais, presença de esperma, equimoses, edemas e hematomas nas regiões circunvizinhas, dilatação brusca do ânus. Nos casos em que há maior violência, é possível detectar a ruptura do reto e do períneo. Esperma também pode ser detectado em amostras coletadas, na região anal, até 24 horas após a agressão. Outra evidência da cópula anal é o encontro de substâncias fecais e pelos no órgão genital masculino. Deve-se procurar também a existência de lesões traumáticas no dorso, na nuca, no pescoço, nas coxas, nas mamas, nas regiões glúteas e especialmente nos locais próximos dos órgãos genitais, que costumam ser a sede mais frequente de lesões. Escoriações e equimoses na parte proximal das coxas ou nos órgãos genitais externos são as lesões mais encontradas na vítima. Esses exames, para que a perícia tenha mais eficácia, devem ser realizados nas primeiras horas após a prática do crime, pois isso aumenta a possibilidade de encontrar vestígios.

A perícia deverá pesquisar os vestígios deixados pelo ato sexual e pela agressão física ou psíquica recebida pela vítima. A verificação quanto à capacidade de imputação do autor fica a cargo do psiquiatra forense. A determinação de cópula anal e a constatação de esperma são os exames que mais contribuem para a constatação deste delito. Novamente, é importante salientar que o estupro não é um diagnóstico médico, mas sim uma matéria jurídica. A contribuição pericial resume-se em comprovar a existência ou não do ato libidinoso diverso da conjunção carnal.

O ato libidinoso consiste, também, em manobras e toques impudicos praticados contra a vítima. As referidas ações libidinosas implicam apalpadelas nas mamas ou nas nádegas, masturbação, beliscões, introdução de objetos estranhos nas partes pudendas da vítima etc. O contato entre a pele do agente passivo e os órgãos genitais do agressor também configura o crime. Nestes casos, torna-se quase impossível determinar a materialidade do crime. Eventualmente, beliscões e intromissão de objetos estranhos podem deixar escoriações, lacerações etc. Convém que o perito busque sinais como estigmas ungueais ou lesões semelhantes. Contudo, nem sempre é possível vincular as lesões à prática de um crime sexual. Os beijos, a sucção ou a felação também são de difícil comprovação pericial. Equimoses podem surgir no caso de sucção. No tocante à felação, é recomendável recolher material da cavidade oral para efetuar uma análise, incluindo a pesquisa de espermatozoides, mesmo que os estudos demonstrem geralmente não serem detectados vestígios de esperma em amostras coletadas nesta região.

Eventualmente, neste tipo de violência, a vítima pode ser arrastada, levando à formação de escoriações e equimoses nas regiões do corpo onde ocorre atrito com o solo ou outras superfícies (cotovelos, ombros, joelhos, cristas ilíacas, regiões escapulares, regiões lombares). São as chamadas "lesões de arrasto".

A assistência ao paciente vítima de abuso sexual tem sido alvo de importantes estudos quanto aos seus aspectos clínicos e de saúde mental. São poucos os dados, no nosso meio, quanto aos aspectos médico-legais do tema, principalmente do ponto de vista epidemiológico. No Departamento Médico-Legal de Porto Alegre, 80% dos exames realizados para avaliação de violência sexual são realizados em indivíduos da raça branca, estando a faixa etária de maior incidência situada entre 11 e 20 anos de idade, com aproximadamente 50% dos casos. Nos exames específicos para diagnóstico de conjunção carnal, a incidência maior é entre 11 e 20 anos, com 60% dos casos, enquanto na avaliação de ato libidinoso diverso da conjunção carnal, a faixa etária com maior número de casos situa-se entre 0 e 10 anos, com 45% dos casos. Estes dados estão em concordância com as estatísticas apresentadas na literatura internacional e refletem uma preocupação que deve existir em relação à violência sexual envolvendo crianças e adolescentes.

Embora historicamente alguns tribunais se baseiem na presença de lesões genitais para "comprovar" a violência sexual, é bem reconhecido que após este tipo de agressão, na maioria das mulheres, não são vistas lesões nas regiões genital e anal. Trabalho realizado em 2017, com 1266 mulheres, com histórico de agressão sexual de até 10 dias, com idade entre 13 e 88 anos (média 26.5 ± 10.90), foi identificada prevalência de lesão em 22,0% das pacientes examinadas com relato de penetração vaginal. As lesões foram detectadas em 24,5% das examinadas com relato de penetração vaginal completa, 15,0% das que relataram tentativa de penetração vaginal e em 13,2% das mulheres com suspeita de agressão sexual, mas que não tinham uma clara lembrança do tipo de penetração. A análise de lesões anais foi limitada às mulheres que relataram penetração anal (tentativa ou penetração completa) ou suspeita de agressão sexual, mas sem uma clara lembrança do incidente. A lesão anal foi detectada em 27,0% casos com alegada penetração anal completa, em 9,3% dos casos com tentativa de penetração anal e em 6,0% das mulheres com suspeita de agressão sexual, mas que não lembravam claramente do tipo de penetração. Em geral, a lesão anal foi detectada em 14,3% dessas mulheres. Portanto, é recomendado que mulheres com suspeita de violência sexual, mas que não lembram detalhes da agressão, sejam encaminhadas à perícia forense e aos serviços de saúde posteriormente. Como os estudos vem demonstrando, um grande número de mulheres que alega agressão sexual recente não apresenta lesões gênito-anais ao exame pericial, mas a ausência destas lesões não exclui agressão sexual.

Os quesitos presentes no laudo do exame de verificação de violência sexual incluem:

- **Primeiro**: Se há sinais de conjunção carnal recente ou de ato libidinoso diverso da conjunção carnal? – Resposta especificada;
- **Segundo**: Há sinais de conjunção carnal antiga? Quais?;
- **Terceiro**: Há vestígio de violência e, no caso afirmativo, qual o meio empregado?;
- **Quarto**: Se da violência resultou para a vítima incapacidade para as ocupações habituais por mais de trinta dias, ou perigo de vida, ou debilidade permanente, ou perda ou inutilização de membro, sentido ou função, ou incapacidade permanente para o trabalho, ou enfermidade incurável, ou deformidade permanente, ou aceleração de parto, ou aborto – resposta especificada;
- **Quinto**: Se a vítima apresenta evidência de portar enfermidade ou deficiência mental capaz de afetar o necessário discernimento para a pratica do ato libidinoso – resposta especificada;
- **Sexto**: Se houve outra causa, diversa de idade não maior de quatorze anos, enfermidade ou deficiência mental, que impossibilitasse a vítima de oferecer resistência;
- **Sétimo**: Se há evidencia clínica da existência de doenças de transmissão sexual – resposta especificada.

6.1.2. Parafilias e trasntornos parafílicos

O Manual de Diagnóstico e Estatística dos Transtornos Mentais (*Diagnostic and Statistical Manual of Mental Disorders* – DSM) da Associação Americana de Psiquiatria (*American Psychiatric Association* - APA) tem sido o principal sistema de classificação de transtornos mentais nos Estados Unidos por mais de 60 anos, passando por uma série de revisões importantes durante esse período.

a) Evolução histórica do conceito de parafilia

Antes da publicação do DSM-I, os interesses sexuais atípicos eram classificados como casos de personalidade psicopática com sexualidade patológica. No DSM-I, de 1952 foram descritos como **desvios sexuais**, e o único critério foi que "*este diagnóstico deve ser reservado para a sexualidade desviante, que não é sintomático de síndromes mais extensas, como esquizofrenia e reação obsessiva*". Tipos de comportamento patológico foram definidos no DSM-I como homossexualidade, travestismo, pedofilia, fetichismo e sadismo sexual (incluindo estupro, agressão sexual e mutilação). O DSM-II (1968) continuou a usar o termo **desvio sexual**, observando que: "*Esta categoria é para indivíduos cujos interesses sexuais são direcionados principalmente para objetos, além de pessoas do sexo oposto, para atos sexuais geralmente não associados ao coito ou ao coito realizado em circunstâncias bizarras como na necrofilia, pedofilia, sadismo sexual e fetichismo*".

O termo **parafilia** apareceu pela primeira vez no DSM-III, em 1980, como expressão biomédica usada para descrever a excitação sexual atípica por objetos, situações ou indivíduos sem o seu consentimento. Estes distúrbios deveriam ter mais de seis meses de duração. Assim, as parafilias foram vistas como sendo qualitativamente diferentes da fantasia sexual adulta. Foram introduzidas como um subconjunto da categoria de distúrbios psicossexuais, amplamente definidos como impulsos, fantasias ou comportamentos sexualmente excitantes, intensos e recorrentes, geralmente envolvendo objetos não humanos, o sofrimento ou humilhação de si próprio ou do parceiro, ou crianças ou outras pessoas sem o seu consentimento.

Esta definição forneceu um padrão geral que guiou definições específicas de parafilias em versões subsequentes do DSM. Ao incluir as parafilias dentro de distúrbios de identidade sexual e de gênero, acabou sugerindo que a etiologia e a progressão das parafilias tinham muito em comum com outras disfunções sexuais (disfunção erétil, vaginismo, ejaculação precoce, desejo sexual hipoativo). Isso colocou as parafilias dentro do domínio das desordens sexuais, permitindo que clínicos e pesquisadores as investigassem como desvios do que geralmente era considerado comportamento sexual normal.

No entanto, uma grande controvérsia permaneceu no que diz respeito ao que é uma parafilia e quando um interesse sexual incomum se torna um distúrbio ou transtorno. De fato, o conceito de comportamento sexual "desviante" é difícil de ser definido de maneira absoluta, dada a maleabilidade das normas sexuais ao longo do tempo e das culturas.

O DSM-III-R, edição revisada em 1987, não mudou o conceito, limitando-se a remover a homossexualidade do texto.

Somente em 2013, o DSM-5 introduziu a primeira grande mudança na nomenclatura promovida pela APA em quase 20 anos. Ele contém critérios de diagnóstico e recursos de diagnóstico, extensivamente revisados, bem como descrições dos recursos associados que suportam diagnósticos.

A revisão do DSM-5 tentou abordar isso, em parte, adicionando o termo "desordem" ou "transtorno" após cada diagnóstico de parafilia. Uma desordem é definida como um "comportamento que causa sofrimento mental a uma pessoa ou torna a pessoa uma séria ameaça para o bem-estar psicológico e físico de outros indivíduos". Essa distinção tornou possível envolver alguns comportamentos sexuais atípicos sem associá-los a um transtorno mental. O DSM-5 observa que as revisões forenses foram realizadas para distúrbios que frequentemente aparecem em "ambientes forenses e aqueles com potencial para influenciar julgamentos civis e criminais". Isso aparece claramente em vários diagnósticos parafílicos no DSM-5, pois a presença de transtornos mentais, que predispõe à violência sexual, é um dos critérios aos quais as perícias forenses devem relatar. O diagnóstico de algumas parafilias pode, portanto, alterar a previsão de uma sentença e trazer consequências na área civil. A questão mostra-se complexa porque, embora existam algumas evidências de que interesses sexuais mais intensos relacionados à violência estejam associados à reincidência do comportamento sexual delituoso, as tendências sexuais dos adultos são uma área intrinsecamente difícil para o diagnóstico psiquiátrico. Existe relativamente pouco consenso quanto ao comportamento sexual "normal" e, portanto, não há limites bem estabelecidos para decidir o que constitui um transtorno mental sexual. Na verdade, até o DSM-5 ser publicado, a APA não havia fornecido uma definição de comportamento sexual normal, mas descrevia os interesses parafílicos como não incluindo interesses sexuais em *"estimulação genital ou carícias preliminares com parceiros humanos fenotipicamente normais, fisicamente maduros e consentâneos"*. Outros autores observam que qualquer tentativa de definir a sexualidade normativa *"depende fortemente de fatores históricos, políticos e socioculturais"*.

A definição final, presente no DSM-5, para o termo **parafilia** é: "um interesse sexual preferencial e persistente além do interesse sexual na estimulação genital, ou carícias preliminares, com parceiros humanos fenotipicamente normais, fisicamente maduros e de forma consentida".

No entanto, segundo o DSM-5, para o indivíduo ser diagnosticados com **transtorno parafílico,** dois critérios devem ser atendidos: 1º) Critério: fantasias sexualmente excitantes, impulsos ou comportamentos sexuais ou recorrentes, intensos, que ocorrem ao longo de um período de, pelo menos, seis meses e que geralmente envolvem objetos não humanos, ou o sofrimento ou a humilhação de si próprio ou do parceiro, ou crianças ou outras pessoas não consensualmente; e 2º) Critério: causam clinicamente desconforto ou comprometimento significativo em áreas sociais, ocupacionais ou outras áreas importantes de funcionamento da vida do indivíduo. Esta versão do DSM trouxe a questão do não consentimento, onde parte da parafilia examina o impacto sobre os outros (crianças, parceiros, outros indivíduos que não podem ou não consentiram), além do indivíduo em questão.

Ou seja, uma parafilia presente de forma isolada, sem atender aos dois critérios acima, não é suficiente para determinar a presença de um transtorno parafílico.

Resumindo, pode-se dizer que um **transtorno parafílico** têm critérios diagnósticos que se superpõem. O primeiro é a existência de uma excitação, impulso ou comportamento sexual recorrente e intenso do foco parafílico, por no mínimo 6 meses, envolvendo objetos não humanos, ou o sofrimento ou a humilhação de si próprio ou do parceiro, ou crianças ou outras pessoas de forma não consensual. O segundo critério é que essas fantasias, desejos ou comportamentos causem sofrimento clinicamente significativo ou prejuízo importante no funcionamento social e na vida do indivíduo.

A etiologia das parafilias ainda é desconhecida. Pouco sabemos sobre o motivo pelo qual as parafilias, em geral, são menos comuns em mulheres, apesar de pesquisas revelarem uma prevalência de fantasias sexuais parafílicas em mulheres. Como existe alguma evidência da correlação do desejo sexual e do interesse parafílico, a diferença no desejo sexual entre homens e mulheres pode ser uma explicação para a diferença de prevalência em relação ao gênero. Em amostras forenses, há evidências de uma correlação entre a parafilia e a violência. É importante lembrar que as parafilias, às vezes, emergem em distúrbios neurodegenerativos, como a doença de Parkinson, em alguns casos como efeito colateral do tratamento. Embora a coincidência de distúrbios neurodegenerativos e parafilias pareça sugerir uma correlação entre doenças orgânicas cerebrais e parafilia, exames de neuroimagem funcional ainda não identificaram um processo cerebral associado.

Quanto às características demográficas dos indivíduos diagnosticados com uma parafilia, sabe-se que tipicamente esses comportamentos começam na adolescência e, como já referido, são mais comuns nos homens. Todos os grupos étnicos e socioeconômicos estão representados de igual forma.

Já os diagnósticos de transtornos parafílicos geralmente são reservados para adultos, de forma a evitar aplicar um rótulo estigmatizante nos adolescentes. Existe também uma noção aceita amplamente de que a adolescência é um período de fluidez no desenvolvimento sexual e, portanto, o aspecto persistente das parafilias e desordens parafílicas não pode ser claramente estabelecido. Dos 8 transtornos ou distúrbios parafílicos específicos, que serão discutidos mais adiante, 2 têm critérios de idade: o transtorno *voyeurista*, que não deve ser diagnosticado antes dos 18 anos de idade; e o transtorno pedofílico, que não deve ser diagnosticado antes dos 16 anos e somente pode ser diagnosticado se houver uma diferença de idade de pelo menos 5 anos entre o indivíduo e a criança.

b) Classificação

Do DSM-III até o DSM-5 foram descritos vários transtornos parafílicos básicos em que o sofrimento clínico era causado por impulsos, fantasias e comportamentos em relação a certos objetos ou partes não sexuais do corpo (fetiches), crianças (pedofilia) ou atividades (exibicionismo, voyeurismo, sadismo, masoquismo, travestismo fetichista). De acordo com o DSM-5, estas parafilias foram selecionadas, porque eram *"relativamente comuns e algumas delas implicam ações que, para sua satisfação, devido ao seu potencial nocivo para outros, são classificadas como delitos"*. Em versões anteriores do DSM, as parafilias não prevalentes o suficiente para incluir seus próprios diagnósticos foram categorizadas como **parafilia não especificada de outra forma**, e incluía: escatologia telefônica (realização de telefonemas obscenos), necrofilia (atividade sexual com cadáveres), zoofilia (bestialidade), urofilia (excitação sexual por urina) e coprofilia (excitação sexual por fezes). Interessante salientar, que a parafilia não especificada de outra forma foi o segundo diagnóstico mais comum (após a pedofilia) em processos civis envolvendo agressores sexualmente violentos.

Atualmente, oito parafilias estão especificamente listadas no DSM-5: pedofilia (crianças pré-púberes), exibicionismo (exposição dos órgãos genitais a um desconhecido), voyeurismo (espionagem de desconhecidos em atividades normalmente privadas), sadismo sexual (infligir humilhação, escravidão ou sofrimento), masoquismo sexual (sofrer humilhação, escravidão ou sofrimento); frotteurismo (toque / fricção contra uma pessoa que não consente), fetichismo (partes não genitais do corpo ou objetos não vivos) e transvestismo (*cross-dressing*). Muitas outras parafilias foram descritas em estudos de casos clínicos, sendo diagnosticadas como **outras parafilias especificadas** se o foco atípico é conhecido, ou como **parafilia não especificada** se houver sintomas claros que justifiquem o diagnóstico de um transtorno parafílico, mas o clínico não pode ou não deseja especificar o foco parafílico. Descrições similares de parafilias estão incluídas na décima versão da Classificação Internacional de Doenças, que é mais comumente usada fora do Canadá e dos Estados Unidos.

Os distúrbios parafílicos são classificados no DSM-5 como:

I. Preferências sexuais anômalas:

a) *Transtornos do relacionamento ("namoro"):*
- **Transtorno voyeurista:** descrito como o ato de observar pessoas desnudas, despindo-se ou em atividade sexual, mas que não consentiram na

observação. O DSM-5 relata que a prevalência de voyeurismo durante a vida é de 12% nos homens e 4% nas mulheres, sugerindo que este é um problema comum. Também foram identificados altos níveis (63%) de ocorrência simultânea entre voyeurismo e exibicionismo.

- **Transtorno exibicionista:** descrito como o indivíduo com fantasias ou comportamentos sexualmente excitantes, recorrentes e intensos, resultantes da exposição dos órgãos genitais para outra pessoa sem o seu consentimento. É menos frequente do que o voyeurismo, com prevalência relatada entre 2% e 4%, de acordo com o DSM-5, embora muitas vezes os perpetradores cometam múltiplas ofensas em diversas ocasiões. É principalmente um transtorno masculino, embora alguns autores tenham sugerido que até 32% são mulheres. Os adolescentes representam cerca de 10% dos casos.

- **Transtorno frotteurista (Frotteurismo):** definido como fantasias, comportamento ou impulsos sexuais recorrentes, intensos e excitantes envolvendo tocar e esfregar-se em uma pessoa que não consentiu no ato. Tais comportamentos geralmente ocorrem em lugares públicos lotados ou aglomerações humanas (ônibus, trens, festas, shows, elevadores). Devido às circunstâncias em que ocorre esta parafilia, é quase sempre difícil identificar o perpetrador. Estudos de prevalência sugerem que aproximadamente 30% da população já cometeram atos que poderiam ser qualificados como frotteurismo. A atividade frotteurística geralmente começa na adolescência, como a maioria dos distúrbios parafílicos, ocorrendo entre as idades de 15 e 25 anos, seguindo-se uma diminuição na frequência desta parafilia.

b) *Transtornos algolagnicos (Algolagnia)*:

- **Transtorno de masoquismo sexual:** definido como a excitação sexual ao ato de ser humilhado, espancado, atado ou sofrer de alguma outra forma. A prevalência deste transtorno é difícil de avaliar, mas o DSM-5 relata um estudo australiano que verificou a incidência de 2,2% dos homens e 1,3% das mulheres relatando servidão ou subjugação, castigo, comportamentos sadomasoquista e de submissão. Os indivíduos que se envolvem em tais práticas de forma consensual, geralmente, são socialmente bem ajustados, com apenas uma pequena proporção (6%) relatando que ficaram emocionalmente perturbados pelo seu comportamento.

- **Transtorno de sadismo sexual:** definido como a excitação sexual desencadeada pelo sofrimento físico ou psicológico (incluindo humilhação) de outra pessoa. O DSM-5 relata que a prevalência deste transtorno sexual varia de 2% para 3%, e as informações sugerem que esta parafilia é mais frequentemente encontrada em homens brancos. A gravidade dos atos sádicos pode aumentar ao longo do tempo, especialmente quando associada ao transtorno da personalidade antissocial, o que pode levar os indivíduos sádicos a ferir gravemente ou matar suas vítimas.

II. Preferências por objeto sexual anômalo:

- **Transtorno pedofílico:** é descrito como um indivíduo com fantasias, comportamento ou impulsos sexuais recorrentes e intensos envolvendo a atividade sexual com crianças de 13 anos ou menos. O indivíduo deve ter pelo menos 16 anos de idade e ser pelo menos 5 anos mais velho que as vítimas. O DSM-5 registra que a prevalência de desordem pedofílica na população masculina é de 3% a 5%. A taxa de prevalência é muito menor em mulheres, podendo ser identificado em todos os grupos étnicos e socioeconômicos. O interesse pedofílico parece ser estável ao longo da vida do indivíduo e tipicamente surge na adolescência.

- **Transtorno fetichista:** é descrito como o interesse sexual em objetos inanimados ou em partes não genitais do corpo despertando fantasias, impulsos ou comportamentos sexuais. Os alvos fetichistas mais comuns desta parafilia são roupas íntimas femininas, pés e sapatos. Nenhuma taxa de prevalência é relatada no DSM-5 para este transtorno. Os objetos mais comuns de fetiche são itens do vestuário ou objetos femininos, não se limitando ao uso de roupas do sexo oposto ou de dispositivos projetados para estimulação sexual (vibradores), mas também incluindo o interesse libidinoso por uma parte do corpo (pés, seios, nádegas). Os fetichistas geralmente são do sexo masculino. Raramente esta parafilia causa problemas legais ou que chegue ao conhecimento das autoridades, embora alguns indivíduos furtem objetos fetichistas para fins masturbatórios.

- **Transtorno de travestismo:** tipicamente refere-se a um homem heterossexual sendo despertado pelo pensamento de si mesmo como uma mulher e, portanto, vestindo roupas típicas do sexo oposto (autoginefilia) ou, mais raramente, por uma mulher vestindo roupas típicas do sexo masculino (autoandrofilia). O DSM-5 observa que 3% dos homens relatam terem se excitado sexualmente vestindo roupas associadas ao sexo oposto, sendo muito menos comum nas mulheres. Este transtorno só pode ser diagnosticado como tal se o ato de vestir as roupas relacionadas ao sexo oposto causar angustia ou prejudicar o desempenho social e afetivo do indivíduo.

III. Novos distúrbios parafílicos incluídos no DSM-5:

- **Transtornos parafílicos especificado de outras formas:** descrito quando a parafilia não é prevalente o suficiente para incluir seu próprio diagnóstico na classificação do DSM-5. É utilizada nas situações em que a apresentação atende aos critérios gerais para um transtorno parafílico e o foco erótico pode ser definido, mas não é um dos oito transtornos parafílicos para os quais os conjuntos de critérios foram fornecidos. Os exemplos incluem escatologia telefônica (telefonemas obscenos), necrofilia (atividade sexual com cadáveres), zoofilia (atividade sexual com animais), coprofilia (excitação ou prazer sexual despertado por ser defecado ou defecar sobre outras pessoas), e urofilia (excitação ou prazer sexual despertado por ser urinado ou urinar sobre outras pessoas).

- **Transtorno parafílico não especificado:** é uma categoria utilizado quando há "sofrimento clinicamente significativo ou comprometimento em aspectos sociais, ocupacionais ou outras áreas importantes de funcionamento, mas que não preenchem todos os critérios diagnósticos para quaisquer dos transtornos da classe dos transtornos parafílicos". Mais especificamente, esta categoria é usada quando os critérios específicos de uma desordem parafílica não são preenchidos porque informações suficientes não estão disponíveis. O diagnóstico de desordem parafílica não especificada pode parecer um enigma: como você pode ter os dados que justificam sugerir que alguém sofre de transtorno parafílico, mas que não tenha a informação necessária para descrevê-lo? Em um cenário possível, o avaliador tem certeza de que um de dois transtornos parafílicos se aplica, mas não tem certeza de qual deles.

Algumas formas de parafilias foram consideradas durante a revisão do DSM-5, mas não havendo consenso não foram incluídas nesta última versão. Uma delas seria o **transtorno parafílico coercitivo** (TPC), descrito como a obtenção de excitação sexual em forçar sexo com outra pessoa (biastofilia ou estupro parafílico). Um dos fatores que pode ter contribuído para sua não inclusão é a dificuldade em diferenciá-lo conceitualmente do sadismo. Mesmo que o foco parafílico seja definido pela excitação em forçar sexo sobre outra pessoa, existem algumas áreas críticas de imprecisão quanto ao nível e ao tipo de força consideradas necessárias. Outra forma de parafilia não contemplada no DSM-5 foi o **transtorno hipersexual.** Reconhece-se há muito tempo que certos indivíduos, geralmente homens, exibem um nível excessivo de comportamento e preocupação sexual, que interferem na sua capacidade de manter a vida social, muitas vezes experimentada como angustiante. O aumento do interesse sexual de forma excessiva ou fora de controle resultou no desenvolvimento, nas últimas três décadas, de centenas de grupos de autoajuda e programas de tratamento, que costumam usar o conceito de dependência sexual. O transtorno hipersexual, no entanto, não foi classificado como entidade independente, argumentando-se que a desordem hipersexual era uma manifestação médica de proibições morais e religiosas sobre sexo de alta frequência, sexo fora dos limites de relações interpessoais íntimas e uso de pornografia. O problema fundamental, segundo alguns autores, é que os critérios não distinguem níveis normais de altos níveis de desejo/atividade sexual. Já outros argumentaram que o transtorno hipersexual seria, de fato, um vício comportamental, da mesma forma que o jogo patológico (único vício comportamental incluído no DSM-5). Já o **transtorno de pedohebefilia** foi sugerido como substituto da pedofilia. A hebefilia é descrita como um interesse sexual adulto em adolescentes pubescentes (tipicamente de 11 a 14), enquanto a pedofilia (como observado anteriormente) é a atração sexual primária ou exclusiva para crianças pré-púberes. Foi proposto que, para levar em consideração o objeto do transtorno (crianças de diferentes idades), a categoria deveria ser revisada, mudando de pedofilia para distúrbio pedohebefílico. No entanto, esta proposta não foi aceita.

c) Diagnóstico

A avaliação e o diagnóstico de parafilias e transtornos parafílicos requer um exame abrangente, incluindo um exame de estado mental para detectar quaisquer condições psiquiátricas que ocorram de forma associada; revisão da história sexual através de entrevistas e questionários (BSHI - *Bradford Sexual History Inventory*; MIDSA - *The Multidimensional Inventory of Development, Sex, and Aggression*; MSI - *The Multiphasic Sex Inventory*; SHQ-R - *Clarke Sex History Questionnaire for Males – Revised*); um perfil de hormonal, em especial dos hormônios sexuais; e, idealmente, um teste psicofisiológico de padrões de excitação sexual.

As informações colaterais de parceiros sexuais atuais ou anteriores e de arquivos são inestimáveis, considerando os limites de autorrelato, especialmente se houver consequências legais. No entanto, o autorrelato ainda é essencial pois pode fornecer informações iniciais sobre pensamentos, fantasias e impulsos sexuais. O autorrelato honesto é mais provável quando os avaliadores são acolhedores, sem julgamento e capazes de questionar com sensibilidade os aspectos da sexualidade.

Um perfil de hormônios sexuais anormais estabelece um parâmetro para o tratamento farmacológico. Os exames solicitados são testosterona total e livre, hormônio folículo estimulante, hormônio luteinizante, estradiol, prolactina e progesterona. Alguns desses hormônios mostraram utilidade na predição da reincidência entre os agressores sexuais. A intervenção farmacológica para reduzir o desejo sexual e, assim, inibir o comportamento sexual, é indicada para os agressores sexuais parafílicos de alto risco. Antes do tratamento com antiandrogênicos, testes de triagem são utilizados para minimizar possíveis complicações médicas.

Os principais métodos psicofisiológicos indicados na avaliação destes indivíduos são:

- **Pletismografia peniana (PPG):** consiste na medição de mudanças na circunferência ou volume peniano em resposta a estímulos que variam na dimensão específica de interesse (por exemplo, idade, nível de violência). Múltiplos estudos mostram que a avaliação da excitação sexual provocada por crianças é útil na avaliação da pedofilia e da hebefilia. A excitação sexual relativa relacionada a crianças distingue os agressores sexuais de crianças de outros homens, incluindo os infratores sexuais com vítimas adultas, os infratores não sexuais, e controles não infratores. Além disso, a excitação sexual relativa às crianças é um dos preditores mais robustos da reincidência sexual entre os infratores sexuais. A pletismografia peniana é um teste efetivo, mas criticado por ser caro e os suspeitos não gostarem do procedimento, sendo difícil conseguir o consentimento para sua realização.

- *"Viewing time"* **(tempo de visualização)** – consiste na apresentação de imagens temáticas de interesse sexual, como imagens de crianças, adolescentes ou adultos seminus (trajes de banho), e na determinação do tempo relativo que o indivíduo perde em cada classe em conjunto com a aplicação de um questionário. Junto com as respostas a um questionário administrado por computador, os delinquentes sexuais envolvendo crianças são distinguidos de outros indivíduos. Apesar de ter uma validade inferior à pletismografia peniana, é mais prático e fácil de ser usado em programas comunitários. Alguns estudos sugerem que os *scores* do *viewing time* preveem significativamente a recidiva de delitos sexuais

Os questionários e escalas de avaliação do interesse sexual mais utilizados são:

- **Autorrelato de interesses sexuais:** o suspeito deve ser questionado sobre seus pensamentos, interesses e comportamentos sexuais através de entrevista clínica. As entrevistas podem ser informativas, particularmente quando um entrevistado admite interesses e comportamentos sexuais atípicos. Alguns indivíduos podem estar relutantes em divulgar informações pessoais, particularmente se os comportamentos são atípicos e se as respostas podem resultar em consequências negativas. Uma maneira de reduzir a relutância dos indivíduos para divulgar seus interesses sexuais é administrar questionários de autorrelato.
- **Inventário Multidimensional de Desenvolvimento, Sexo e Agressão** (*Multidimensional Inventory of Development, Sex, and Aggression* - MIDSA): é um inventário informatizado para uso com adultos com problemas de comportamento sexual. O MIDSA permite uma avaliação mais compreensiva, tem demonstrado excelentes propriedades psicométricas e há vários estudos que comprovam a sua validade.
- *Multiphasic Sex Inventory* (MSI): é um instrumento de 300 itens, tipo verdadeiro e falso, utilizado amplamente com infratores sexuais. O MSI mostra boas propriedades psicométricas e as escalas são capazes de diferenciar tipos de agressores sexuais. No entanto, há pesquisas limitadas disponíveis sobre a validade da medida.
- *Clarke Sex History Questionnaire for Males-Revised* (SHQ-R): é uma medida da história sexual e pessoal do indivíduo. Os itens estão em um formato de escolha múltipla e são agrupados em uma variedade de domínios, incluindo experiências de infância e adolescência, disfunção sexual, fantasia e pornografia, travestismo, fetichismo, desordem de identidade de gênero feminino e desordens de relacionamento afetivo (namoro).

- **Inventário de História Sexual de Bradford** (*Bradford Sexual History Inventory* - BSHI): não teve suas propriedades psicométricas publicadas, mas tem sido usado clinicamente há algum tempo e as informações obtidas do BSHI foram relatadas em vários estudos com delinquentes sexuais.

É importante lembrar que as parafilias tendem a ocorrer associadas, de modo que um indivíduo com uma parafilia está mais propenso a ser enquadrado em outro comportamento parafílico do que alguém que é avaliado de forma aleatória na população em geral. Dois estudos evidenciaram que alguns pedófilos também se envolvem em comportamento exibicionista (12% - 13%) ou voyeurista (11% - 36%). Certas parafilias (voyeurismo, exibicionismo e frotteurismo) são mais propensas a coexistir entre si do que com outras. Esta evidência de coexistência de comportamento parafílico sugere fatores causais comuns em todas as parafilias. Um ponto comum pode ser a hipersexualidade, a qual está associada ao comportamento exibicionista, voyeurismo e outros padrões parafílicos.

Há também evidências de que as parafilias são muitas vezes comorbidades com outras condições psiquiátricas, ou seja, duas ou mais doenças estão etiologicamente relacionadas. Alguns estudos encontraram alta associação entre parafilia e qualquer transtorno de humor (72%), qualquer transtorno de ansiedade (39%) e transtorno de déficit de atenção/hiperatividade – TDAH (42%). Nos infratores sexuais em contextos psiquiátricos forenses, os distúrbios psiquiátricos são prevalentes, incluindo distúrbios de personalidade. Os distúrbios relacionados ao uso de substâncias psicoativas também são comuns.

Em uma revisão da literatura, foi sugerido que o transtorno relacionado ao uso de substâncias psicoativas e os transtornos do humor eram altamente prevalentes entre os infratores parafílicos masculinos adultos. Em infratores sexuais adolescentes, os transtornos de estresse pós-traumático, de conduta, de Déficit de Atenção com Hiperatividade (TDAH) e outros distúrbios do desenvolvimento neurológico (por exemplo, transtorno de Asperger e Distúrbio do Espectro da Síndrome Alcoólica Fetal – DESAF) foram relatados como comuns.

Por estas razões, a avaliação e o diagnóstico exigem atenção cuidadosa a múltiplas fontes de informação, incluindo entrevista, questionário, exame médico e testes psicofisiológicos.

Até o momento, não há um consenso claro sobre a melhor abordagem terapêutica para um transtorno parafílico. Em casos forenses, as melhores respostas de tratamento foram alcançadas pela combinação de psicoterapia e castração química. No entanto, como ainda não conhecemos o suficiente sobre a frequência da parafilia em amostras não forenses, existe a possibilidade de que até mesmo fantasias sexuais parafílicas coercitivas possam existir em indivíduos que nunca as praticaram. Neste campo, mais pesquisas ainda são necessárias.

d) Transtornos sexuais e crime

A ligação entre transtornos sexuais e crime tem sido amplamente discutida a partir de uma série de perspectivas, especialmente quando se trata de parafilias. Portanto, certas parafilias ou fantasias parafílicas podem envolver atos ilegais. Considerando que uma pessoa ao cometer um crime sexual seja diagnosticada com uma parafilia, isso poderia refletir a ideia errada de que esse diagnóstico por si só é suficiente para vincular o indivíduo a uma conduta criminal. O diagnóstico exato de um distúrbio sexual é importante não só para sua aplicação no contexto clínico, mas também por causa de atos ilegais associados à expressão de algumas parafilias.

Os transtornos mentais mais frequentemente associados a ofensas sexuais incluem os distúrbios do desenvolvimento, as alterações com comprometimento do funcionamento intelectual e as parafilias.

Os infratores sexuais masculinos têm uma maior prevalência de transtorno de personalidade. Há, no entanto, uma falta de pesquisas sobre infratores sexuais do sexo feminino. Os dados dos relatos de casos e as poucas amostras sobre o perfil e a personalidade de mulheres criminosas evidenciam que elas são motivadas por uma história de excitação desviante e mais propensas a terem sido elas próprias vítimas de abuso infantil. No entanto, são menos propensas a serem diagnosticadas com uma desordem sexual ou outras doenças psiquiátricas. Os infratores sexuais internados podem ter uma grande variedade de distúrbios, com taxas relativamente baixas de parafilias, frequentemente encontradas como uma comorbidade.

Algumas das parafilias são infrações sexuais legalmente definidas (*voyeuristas*, exibicionistas, frotteuristas e pedófilos) e outras podem ser ou não ofensas sexuais dependendo de questões de consentimento (masoquistas, sádicos). Já outras parafilias, como os transtornos de travestismo e fetichista, normalmente não são ilegais, mas ainda podem ser consideradas socialmente inaceitáveis por grupos sociais específicos, em jurisdições particulares. Quanto à prevalência de parafilias em populações criminosas, uma análise de delinquentes sexuais masculinos condenados evidenciou que mais de metade (58%) teve um diagnóstico parafílico.

Os comportamentos parafílicos são mais comumente observados em ambientes forenses e correcionais, quando estes comportamentos são ilegais e autuados, tais como acessar pornografia infantil ou ter contato sexual com uma criança. Outras parafilias que são comumente observadas em contextos forenses e correcionais incluem exibicionismo, voyeurismo e sadismo sexual. Também há fetichistas, cujos interesses sexuais os levam a praticar comportamentos criminosos, como por exemplo, quando entram em residências femininas para roubar roupas íntimas. Como as parafilias podem afetar o funcionamento sexual e o relacionamento, sendo ainda altamente associadas com outras entidades mórbidas, particularmente problemas de humor, os indivíduos com parafilia podem ser vistos em qualquer ambiente psiquiátrico geral. Uma proporção desconhecida de indivíduos parafílicos não busca auxílio médico.

É importante determinar se cada um desses transtornos constitui uma entidade própria ou faz parte de uma patologia psíquica com consequente influência na imputabilidade, responsabilidade e periculosidade do indivíduo. Muitas práticas sexuais são opções individuais, que na intimidade são toleradas ou aceitas pelos parceiros, como parte da erotização que antecede o ato sexual sem, no entanto, constituir-se na forma preferencial de atividade sexual e não caracterizando, desta forma, um transtorno parafílico.

6.2. Obstetrícia forense

Estuda os aspectos médico-legais relacionados com fecundação, gestação, parto, puerpério, além dos crimes de aborto e infanticídio.

6.2.1. Fecundação

É a união do óvulo, macrogameta produzido no ovário, com o espermatozoide, microgameta produzido nas glândulas testiculares do homem, formando a célula ovo ou zigoto.

A fecundação pode ser consequência de:
- Conjunção carnal.
- Ato libidinoso diverso de conjunção carnal.
- Fecundação artificial ou Fertilização *in vitro*: união dos gametas fora do organismo materno (proveta).

- Inseminação artificial: processo para introdução artificial do gameta masculino no sistema genital feminino. Neste caso a fecundação do óvulo pelo espermatozoide ocorre de forma natural, na região da trompa.

6.2.2. Anticoncepção

Para evitar a concepção e permitir a conjunção carnal, com menores riscos de gravidez, podem ser utilizados os seguintes métodos:
- Cirúrgicos: laqueadura ou ligadura de trompas, nas mulheres, ou dos ductos deferentes, no homem (vasectomia).
- Mecânicos: camisa-de-vênus (camisinha, preservativo, códon), diafragma, dispositivo intrauterino (DIU).
- Químicos: espermicidas, anticoncepcionais orais.
- Fisiológicos: coito interrompido, tabelinha.

A "tabelinha" baseia sua eficácia na lei de Ogino-Knaus, pela qual "o período de concepção possível corresponde ao da ovulação ampliado pelos três dias que o precede e pelo que se segue. Passado este, a mulher só terá novo período de fecundabilidade no intervalo entre as duas menstruações seguintes". Em média a ovulação ocorre 14 dias após o início da menstruação, produzindo um único óvulo, por mês, capaz de ser fecundado. Este processo só é válido para mulheres com ciclos menstruais regulares.

6.2.3. Gravidez

Corresponde ao período posterior à fecundação, em que o embrião passa pelo desenvolvimento, até a hora do parto. A gestação pode ser classificada em:
- **Normal**: quando apenas um ovo se fixa na parede uterina.
- **Gemelar univitelina**: quando um ovo se divide dando origem a dois ou mais embriões idênticos.
- **Gemelar multivitelina**: quando mais de um óvulo é fecundado por mais de um espermatozoide, dando origem a dois ou mais gêmeos fraternos.
- **Ectópica**: quando o ovo estabelece a sua fixação fora do útero.
- **Superfecundação**: quando a gravidez se instala onde já existe gravidez em curso.
- **Pseudociese**: gravidez simulada, com a mulher manifestando alguns sinais e sintomas de gestação.
- **Gravidez molar** (ou mola hidatiforme): trata-se da degeneração do ovo, resultando na sua morte, com produção elevada de hormônio específico da gestação (HCG).

O diagnóstico de gravidez pode ser estabelecido de diferentes maneiras:

a) **Sinais de presunção:**
- Amenorreia: ausência de menstruação.
- Sinais mamários: maior volume e pigmentação das mamas.
- Alterações gastrintestinais: náuseas, vômitos, constipação.
- Alterações cardiovasculares: edema nos membros inferiores.
- Alterações na pele: máscara gravídica.

b) **Sinais de probabilidade:**

São sinais específicos e frequentes na gravidez, identificados ao exame ginecológico pela alteração da forma, consistência e topografia do útero. Isoladamente, ainda não define o diagnóstico de gravidez.

c) **Sinais de certeza:**

Só ocorrem na gravidez, estabelecendo, portanto, quando presentes, o seu diagnóstico. São sinais de certeza:
- Presença de batimentos cárdio-fetais (BCF), audíveis com estetoscópio de Pinard a partir da 18ª semana e com monitores eletrônicos desde a 8ª semana.
- Movimentos fetais ativos e passivos, percebidos a partir da 18ª semana.
- RX do esqueleto fetal, radiologicamente visível entre 12ª e 14ª semana;
- Ecografia ou ultrassonografia, estabelecendo diagnóstico na 4ª semana.

As provas laboratoriais, do ponto de vista médico-legal, não determinam diagnóstico de certeza de gravidez. Duas são de interesse prático:
- Planotest: teste imunológico utilizando a urina da paciente.
- HCG: teste de radioimunoensaio, utilizando o sangue da paciente, e extremamente sensível, podendo detectar gravidez mesmo antes da ausência de menstruação.

A idade gestacional é determinada pela "Regra de Fabre", segundo a qual o útero cresce 4 cm por mês e no nono mês atinge 32 cm. A data provável do parto é calculada segundo a "Regra de Naegeli", na qual:

Data provável do parto = data da última menstruação − 3meses + 7dias

Na prática, a utilização da *ecografia obstétrica*, como método não invasivo, permite estabelecer estes dados com maior fidedignidade e baixo índice de erro, sendo o exame de escolha para esclarecimento de todas as dúvidas iniciais relacionadas com o diagnóstico e tempo de evolução da gestação, além de determinar a data provável do parto e eventuais anomalias físicas relacionadas com o feto.

O diagnóstico de gravidez é importante como prova de conjunção carnal no crime de estupro, nos casos de infanticídio e no crime de aborto.

6.2.4. Parto e puerpério

→ **Parto**: É o processo fisiológico pelo qual o produto da concepção, viável ou apto para vida extrauterina, é eliminado do útero. Inicia com as contrações uterinas regulares e termina com a saída da placenta.

O parto pode ser classificado como:
- **Normal**: nas situações em que o trabalho de parto ocorre sem intercorrências, e o nascimento transcorre por via vaginal (por via baixa). Nos casos em que há dificuldade na finalização do parto, o desprendimento fetal pode ser feito com auxílio de um fórceps (parto a fórceps).
- **Cesariana**: nos casos em que não há condições para realização de um parto por via vaginal, sendo o nascimento realizado cirurgicamente, após laparotomia. Está indicada em casos de desproporção céfalo-pélvica, má posição fetal, tumores pélvicos, sofrimento fetal agudo, ruptura prematura da bolsa, hemorragias pré-parto etc.

→ **Puerpério**: É o período variável de tempo que se estende do fim do parto até a volta do organismo materno ao estado anterior à gravidez. Neste período, ocorrem as alterações involutivas e de recuperação do corpo e da genitália materna ocorridas com a gestação e o parto. A importância e a duração desses processos são diretamente proporcionais ao grau de alterações gestacionais experimentadas e a duração da gravidez. A involução e recuperação da genitália conclui-se, em média, com 4 semanas, enquanto a involução extragenital (sistema endócrino, sangue e pele) pode ser mais prolongada.

O puerpério não deve ser confundido com "estado puerperal", conceito este que se aplica em casos de infanticídio, como veremos mais adiante.

Do ponto de vista médico-legal, é de interesse determinar os sinais que possam vir a definir a ocorrência de um parto, recente ou antigo, tanto na mulher viva como também em cadáveres, especialmente no que se refere aos crimes de aborto e infanticídio. Os principais sinais estão referidos abaixo.

a) Sinais de parto recente (em mulher viva ou morta):
- **Externos:**
    - → Edema de vulva e grandes lábios
    - → Rupturas himenais no primeiro parto
    - → Rupturas do períneo
    - → Eventuais sinais de episiotomia
    - → Presença de lóquios:
        - Vermelhos (rubra, sanguíneos) – até 3°dia.
        - Amarelos (flava, serossanguíneos) – até 8° dia.
        - Brancos (alba) – até 12° dia.
    - → Mamas túrgidas eliminando colostro
    - → Involução do útero, que é palpável:
        - 1° dia – 1-2 cm acima da cicatriz umbilical
        - 2° dia – ao nível da cicatriz umbilical
        - 5°/6° dia – 6 cm acima do púbis (na metade da distância entre o púbis e a cicatriz umbilical)
        - 12° dia – atrás do púbis.
- **Internos:**
    - → Edema, rupturas e equimoses na mucosa vaginal
    - → Colo uterino amolecido e orifício externo entreaberto
    - → Útero globoso, cheio de coágulos ou lóquios

b) Sinais de parto antigo (em mulher viva ou morta):
- **Externos:**
    - → Pigmentação dos mamilos e da linha alba
    - → Cicatrizes no períneo
    - → Cicatriz de episiotomia
    - → Hímen reduzido a carúnculas mirtiformes
    - → Estrias gravídicas branco nacaradas no abdômen
    - → Alterações do colo uterino
- **Internos:**
    - → Útero globoso, maior, mais pesado e com paredes mais espessas do que as do útero que nunca engravidou.

A presença de **carúnculas mirtiformes** (restos de hímen cicatrizado) é característica de parto vaginal prévio, assim como as alterações no colo do útero são também próprias de determinadas situações. Nas nulíparas, o orifício do colo é circular e estreito; nas multíparas, é transversal e labiado.

6.2.5. Abortamento

Abortamento, sob o ponto de vista jurídico, é a interrupção da gravidez em qualquer fase da gestação, com morte do concepto e sua consequente expulsão ou retenção.

Abortamento, do ponto de vista obstétrico, é a interrupção da gravidez com feto ainda não viável, isto é, até 20 semanas de gestação, pesando até 500 gramas e com altura calcâneo-occipital máxima de 16,5cm.

→ *Aborto* seria o produto que sai do ventre da mulher.

A legislação, no entanto, aplica o termo "aborto" em todas as oportunidades, devendo ser este o termo usado nos documentos médico-legais. Além disso, em medicina legal, a idade do concepto não tem interesse, pois o Código Penal, ao incriminar o aborto, não distingue entre ovo, embrião ou feto. Portanto, sempre que a gravidez for interrompida dolosamente, estará configurado o crime de "aborto".

O abortamento é uma das intercorrências mais frequentes e preocupantes na gestação, acometendo anualmente grande parcela da população feminina na faixa etária economicamente ativa. Neste sentido, vem sendo considerado um importante problema de saúde pública mundial, com enormes consequências sociais, políticas e médico-legais. Nos países subdesenvolvidos, apresenta o agravante de ser praticado amiúde de forma ilícita e sob condições de risco.

A Organização Mundial de Saúde (OMS) estima que, anualmente, ocorre no mundo todo cerca de 20 milhões de abortos sob essas condições, o que determina entre 50.000 e 100.000 mortes maternas. A taxa de aborto por 1.000 mulheres em idade fértil varia amplamente entre 4/1.000 em países como a Holanda e mais de 60 ou 80/1.000 em países do Leste Europeu. O Brasil encontra-se entre estes extremos, com taxa superior à da Holanda, mas inferior à observada nos ex-países socialistas da Europa Oriental. Um estudo publicado em 2014, realizado em com base nos registros das internações hospitalares de mulheres por abortamento no Brasil, permitiu estimar um total de 16.905.911 abortos inseguros realizados no país no período de 1996-2012, com uma média anual de 994.465 abortos (coeficiente médio de aborto inseguro de 17,0 abortos/1.000 mulheres em idade fértil).

Já em 2010, um estudo realizado pela Universidade de Brasília (UnB), em parceria com o Instituto de Bioética, Direitos Humanos e Gênero, mostrava que mais de uma em cada cinco brasileiras entre os 18 e 39 anos já havia praticado um aborto. Este foi o primeiro levantamento direto, não baseado em estimativas indiretas, sobre o aborto no país. Foram entrevistadas 2.002 mulheres, das quais 15% declararam já ter abortado. De acordo com números do Instituto Brasileiro de Geografia e Estatística (IBGE), esse número representava, na época, 5,3 milhões de mulheres. Um dos mitos derrubados pelo estudo foi o de que abortar era mais comum em classes sociais mais baixas e entre adolescentes. O aborto ocorreu em todas as classes sociais, mas, em aproximadamente 35% dos casos, a mulher recebia entre dois e cinco salários-mínimos. A faixa etária com maior incidência de abortamentos é entre 20 e 24 anos (24%). O dado mais surpreendente deste estudo foi que 55% das mulheres são internadas logo após o aborto, o que significa não só que elas precisaram ir a um hospital, mas que permaneceram internadas como consequência de sérias complicações para sua saúde, decorrentes da ação praticada.

Vários estudos afirmam que o abortamento, sobretudo quando sob condições de risco, está entre as três causas mais frequentes de morte materna nos países subdesenvolvidos, sendo identificado também, em outros relatos, como a principal causa.

Em função do sub-registro, no Brasil, os números relacionados ao abortamento e mortalidade são apenas estimados. O fato é que, apesar das proibições legais e religiosas, o aborto continua existindo e constitui causa de 10 a 15% dos óbitos maternos no Brasil.

O aborto pode ser classificado em:

a) Espontâneo ou Acidental:

Ocorre quando condições materno-fetais endógenas impedem o prosseguimento da gestação (malformações fetais, alterações na placenta, alterações uterinas, por exemplo). Pode ser de forma acidental, quando fatores traumáticos, tóxicos ou infecciosos, em circunstâncias eventuais, provoquem a morte do feto.

b) Provocado:

Ocorre quando agentes externos, com intuito de interromper a gestação, são intencionalmente aplicados sobre a mulher grávida. Podem ser divididos em:

- Não puníveis:
  → **Necessário** ou **terapêutico**: aborto realizado pelo médico para salvar a vida da gestante.
  → **Sentimental, piedoso** ou **humanitário**: em caso de gravidez resultante de estupro e praticado por médico com o consentimento da gestante ou de seu representante legal.

Nestes casos, a interrupção da gestação é realizada em ambiente hospitalar, por médico, até a 12ª semana, utilizando-se dos procedimentos de indução por *misoprostol*, curetagem convencional ou técnica de Aspiração Manual Intrauterina (AMIU).
- Puníveis:
  → **Procurado:** resulta da própria ação da gestante.
  → **Sofrido:** provocado sem consentimento da gestante.
  → **Consentido:** praticado por terceiro, com permissão da gestante.

O Código Penal brasileiro não prevê punição para o aborto praticado por médico quando a gravidez é resultado de estupro ou se não há outro meio de salvar a vida da mulher. Apesar das restrições legais existentes no Brasil, de cada mil mulheres em idade fértil, 18 já sofreram sequelas de aborto e, de cada quatro que se submeteram a um aborto clandestino, uma já havia sido internada com complicações que levaram à esterilidade, ou até mesmo à morte. Considerando que a violência sexual é fenômeno de alta prevalência, muitas mulheres teriam as condições para interrupção da gestação dentro da lei. Entretanto, a prática do aborto previsto na lei em hospitais públicos é absoluta exceção. Isso significa que grande contingente de mulheres, que deveria ter acesso ao aborto com segurança em ambiente hospitalar, coloca sua vida em risco por submeter-se a abortos clandestinos. Cabe considerar, no entanto, que a iniciativa do Ministério da Saúde (MS, 1999), em adotar a *Norma Técnica de Prevenção e Tratamento dos Agravos Resultantes da Violência Sexual contra Mulheres e Adolescentes,* representou um fato importante para legitimar o atendimento ao aborto previsto em lei. A Portaria nº 1.508, de 1º de setembro de 2005, dispõe sobre o procedimento de justificativa e autorização da interrupção da gravidez nos casos previstos em lei, no âmbito do Sistema Único de Saúde (SUS). Esta portaria orienta sobre os procedimentos que devem ser realizados, contribuindo para a aceitação e garantia da segurança dos profissionais de saúde na prática do abortamento previsto em lei. Algumas considerações importantes sobre este tema merecem referência e estão colocadas a seguir.

Para a prática de abortamento sentimental, piedoso ou humanitário não há necessidade de decisão judicial afirmando a ocorrência do estupro. Logo, não há necessidade de autorização judicial nem sentença condenando o autor de crime sexual. Também não há a obrigação das vítimas de estupro apresentarem o Boletim de Ocorrência Policial para se submeterem ao procedimento de interrupção da gravidez pelo SUS. Mas é referida Portaria normatiza os procedimentos administrativos que deverão gerar os documentos, os quais farão parte obrigatória do prontuário médico da paciente.

O **aborto eugênico**, visando a evitar o nascimento de criança defeituosa, é considerado crime pela legislação brasileira, apesar de algumas associações médicas considerarem que "o defeito genético e a malformação do feto justificam o aborto".

O **aborto social**, praticado por motivos econômicos, morais ou até estéticos, não apresenta qualquer justificativa legal, apesar de sua alta incidência.

Na realização do aborto, diferentes métodos são empregados. São os chamados **processos abortivos,** que podem ser classificados em:

- **Mecânicos diretos**: agem diretamente sobre o útero (injeção intrauterina de sabão ou desinfetante fenólico) ou sobre o ovo (sondas, agulhas, dilatação do colo, curetagem). São muito utilizados e com graves repercussões sobre o organismo materno, estando associados a altas taxas de complicações, tais como perfuração uterina, lesão de vísceras abdominais, esterilidade, infecções e até a morte. A curetagem uterina consiste na raspagem, por curetas, das paredes uterinas para deslocar o ovo e a placenta para o exterior, podendo ser feito sob sedação ou anestesia preferentemente geral.
- **Mecânicos indiretos**: agem a distância, pelo esforço físico da gestante.
- **Químicos**: a utilização de substâncias tóxicas para o feto, de origem sintética, mineral ou vegetal, como arsênico, chumbo, fósforo, arruda etc., pode eventualmente causar intoxicações graves e até a morte da gestante. Estas substâncias não agem diretamente sobre o útero, mas de forma sistêmica, sendo que seu efeito tóxico atuando indiretamente sobre o feto pode produzir a interrupção da gravidez. De interesse médico-legal crescente aparece o misoprostol, um inibidor das prostaglandinas (Citotec®), substância utilizada originalmente no tratamento das úlceras pépticas, mas que revelou, em determinadas circunstâncias, eficiente ação abortiva. Estes fármacos representam um problema para a perícia, na medida em que sua ação não deixa vestígios detectáveis.
- **Psíquicos**: desencadeado por sustos, choque moral ou emoção violenta, sendo de eficiência discutível e de difícil apuração pericial.

Quando se pretende interromper uma gravidez, como nos casos previstos em lei, a evacuação uterina por curetagem ou sucção, nas primeiras doze semanas ou menos de gestação, tende a ser o método de escolha. A curetagem por sucção é associada a menos complicações do que a curetagem cruenta. Nas gestações mais avançadas, procura-se promover previamente a expulsão fetal, utilizando-se para isso o misoprostol. No entanto, o risco de problemas no procedimento aumenta com o avanço da idade gestacional.

O diagnóstico de um aborto provocado é processo delicado e complexo, que passa por uma investigação sistematizada, visando a determinar:

a) Realidade do abortamento
- Sinais Recentes:
    → Sinais de gravidez preexistente
    → Sinais de parto recente
    → Sinais de puerpério imediato (1ª semana)
    → Sinais de puerpério mediato (três semanas seguintes)
    → Presença de vilosidades coriônicas na secreção vaginal.
- Sinais Antigos:
    → Sinais duradouros de gravidez preexistente
    → Sinais de parto antigo.

b) Manobras abortivas
- No colo do útero, identificando presença de corpo estranho ou sinais de pinçamento, no caso de curetagem.
- Na superfície corporal, demonstrando a presença de contusões, queimaduras ou eventuais lesões corporais.
- No sangue, pesquisando substâncias químicas.

A natureza do aborto é de fundamental importância, já que uma parcela significativa dos abortamentos não apresenta qualquer interesse jurídico, representando apenas uma complicação clínica da gestação. Neste sentido, podemos definir que o aborto pode ser:
- **Espontâneo**, quando não há evidências de manobras abortivas.
- **Provocado**, pela presença de vestígios de manobras abortivas.

Pelo seu caráter clandestino, não há estatísticas no Brasil sobre o abortamento provocado, mas sabe-se sobre a grande morbimortalidade a ele associada. Estudos realizados no nosso meio demonstram que as complicações pós-abortamento são as principais causas de mortalidade materna, responsáveis por 47% das mortes no período perinatal. Das mortes maternas decorrentes de infecção, 60% são devidas às técnicas de abortamento. São casos de abortamento praticados em clínicas clandestinas, cujas complicações graves decorrem do uso de instrumentos não esterilizados, perfurações uterinas e/ou intestinais por prática de técnicas rústicas e outros procedimentos inadequados. O envenenamento materno e as hemorragias *post abortum* são outras complicações presentes neste tipo de procedimento.

Quando ocorrer nascimento de feto viável, antes de seu completo desenvolvimento, estaremos diante de parto prematuro, e a caracterização penal a ser estabelecida aplica-se à situação de *aceleração de parto*. Verificando-se a morte posterior do feto, em consequência de sua prematuridade, caberá a discussão quanto ao delito a ser qualificado: aborto ou aceleração de parto.

De qualquer maneira, não é possível se falar de aborto sem que haja demonstração de gestação prévia e sem prova segura de que tenha sido provocado.

6.2.6. Infanticídio

É a morte do recém-nascido causada pela própria mãe, durante ou logo após o parto, sob influência do estado puerperal. A caracterização do crime de infanticídio, especialmente no que diz respeito ao reconhecimento do "estado puerperal" é um desafio à perícia médico-legal.

São elementos do crime de infanticídio:
- Própria mãe
- Durante o parto ou logo após
- Influência do estado puerperal
- Recém-nascido com vida extrauterina

O crime é executado pela mãe, sem auxílio ou induzimento, sem planejamento prévio, como resultado de gravidez ilícita, dissimulada durante sua evolução, e com parto clandestino e sem assistência.

É importante estabelecer a diferença entre os crimes de infanticídio e aborto. O aborto ocorre se o feto for morto antes de iniciado o parto. Já o infanticídio ocorre quando iniciado o parto ou logo após.

A expressão **durante ou logo após o parto** compreende a fase de expulsão, desde a ruptura da bolsa, a insinuação do feto pelo canal vaginal, até o seu desprendimento da vulva e o instante imediatamente após. Do ponto de vista médico-legal, o parto termina com o completo desprendimento fetal, mesmo que o recém-nascido ainda permaneça ligado à placenta pelo cordão umbilical.

O **estado puerperal** é um quadro de obnubilação e confusão mental, que segue o desprendimento fetal e que só ocorre na parturiente que não recebe assistência ou conforto durante o trabalho de parto. É desencadeado por fatores físicos, representados pela dor; químicos, proporcionados pelas alterações hormonais; e psicológicos, precipitados pela tensão emocional. Seria uma alteração temporária em mulher previamente saudável, levando a uma diminuição da capacidade de entendimento, culminando com a agressão ao próprio filho. Trata-se de um quadro de difícil determinação pericial, sendo muito discutido, do ponto de vista médico-legal, a sua real existência. Portanto, deve ser analisado e definido caso a caso, por peritos médico-legistas ou psiquiatras forenses, pois se trata de uma perturbação psíquica passageira, mas suficiente para alterar o comportamento da mãe. Não deve ser confundido com "puerpério", nem com os estados de "depressão pós-parto" e de "psicose puerperal". São entidades muito diferentes, apesar da semelhança de nomes. O *puerpério* é o período de tempo entre a dequitação placentária e o retorno do organismo materno às condições pré-gravidez. A involução e recuperação da genitália conclui-se, em média, com 4 semanas, enquanto a involução extragenital (sistema endócrino, sangue e pele) pode ser mais prolongada. O puerpério, isoladamente, não é capaz de determinar uma perturbação psíquica ou um transtorno mental que possa levar uma mãe a assassinar seu próprio filho, enquanto nos casos de psicose puerperal a mulher é isenta de pena.

Recém-nascido vivo é o infante que acabou de nascer, que respirou, porém não recebeu nenhum tipo de assistência ou cuidado especial, como, por exemplo, tratamento do cordão umbilical e higiene corporal. Este conceito é estritamente médico-legal, com a finalidade de servir à perícia no diagnóstico dos elementos que comprovam o estado de recém-nascido. Em pediatria, admite-se este estado até o 30º dia. O diagnóstico de **recém-nascido** é caracterizado pela presença de:

- **Estado sanguinolento**: o sangue que recobre o corpo representa o elemento de maior significação na caracterização de "recém-nascido logo após o parto", pois evidencia um infante nascido e que não recebeu qualquer cuidado de limpeza.
- **Induto sebáceo**: presença do vérnix caseoso, secreção de tonalidade branco-amarelada que recobre grande parte do corpo.
- **Cordão umbilical:** no infanticídio o cordão, em geral, encontra-se esmagado, rasgado ou ainda ligado à placenta. O simples corte do cordão e seu tratamento habitual podem ajudar a descaracterizar o infanticídio, pois demonstra que a mãe atuou com lucidez.
- **Conteúdo gástrico alimentar ausente.**
- **Bossa de parto ou tumor de parto**: representa uma saliência violácea, geralmente no couro cabeludo, e formado durante a insinuação do feto pelo canal de parto. Estabelece que o feto estava vivo durante o parto.
- **Presença de mecônio**: mecônio é uma substância espessa, pegajosa e de cor verde-escura que se encontra no intestino do recém-nascido e pode ser evacuada durante o parto ou mesmo na cavidade uterina, em casos de sofrimento fetal agudo.

A **vida extrauterina** é caracterizada, fundamentalmente, pela respiração autônoma, sendo que se o feto não respirou, houve morte intrauterina ou durante o trajeto pelo canal de parto. Este diagnóstico é estabelecido pelas "docimásias", que são provas baseadas na possível respiração e seus efeitos. As mais importantes são descritas a seguir:

- **Docimásia hidrostática pulmonar de Galeno**: é a mais prática e mais usada na perícia médico-legal. É baseada no princípio de que o pulmão que não respirou é mais pesado que a água, apresentando uma densidade maior que 1,0. Com a respiração e consequente expansão alveolar, sua densidade diminui a 0,7. Colocado, então, num recipiente líquido o pulmão ou seus fragmentos flutuarão, presumindo que o infante respirou. Se permanecerem no fundo, a prova é considerada negativa, ou seja, não houve respiração. Esta prova só tem valor até 24 horas após a morte do infante, pois em seguida começam a surgir os gases oriundos da putrefação, que levam a um resultado falso. O mesmo resultado falso-positivo ocorre também nos casos de respiração artificial, quando o recém-nascido é ventilado artificialmente, numa tentativa de reanimação cardiorrespiratória. A prova deve ser considerada prejudicada também em casos de congelação, asfixia (oclusão das vias ou orifícios aéreos) e afogamento.
- **Docimásia histológica de Balthazard**: é a mais perfeita das provas, consistindo de um estudo microscópico do tecido pulmonar que evidencia cavidades alveolares colabadas em casos de pulmão que não respirou.
- **Docimásia gastrintestinal de Breslau**: utilizada quando se consegue apenas o abdômen do infante, consistindo na retirada do aparelho gastrointestinal que é inicialmente amarrado em suas extremidades. O conjunto das vísceras é colocado então num recipiente com água. Se os segmentos flutuarem, a prova é considerada positiva.
- **Docimásia auricular de Vreden**: utilizada quando temos apenas a cabeça fetal. A incisão da membrana timpânica com toda a cabeça mergulhada em água produz bolhas, em caso de ter havido respiração.

Algumas provas ocasionais são de grande importância para a conclusão acerca da ocorrência de vida extrauterina quando associadas às docimásias positivas de respiração. São representadas pela presença de corpos estranhos nas vias respiratórias (como por exemplo, lama, areia, material pulverulento), identificação de substâncias alimentares no tubo digestivo, e, ainda, pelas reações vitais encontradas no recém-nascido.

A violência durante o parto é caracterizada pela ocorrência de sufocação direta, estrangulamento, esganadura, afogamento ou ferimentos por instrumentos contundentes, principalmente no couro cabeludo.

O exame pericial deverá ser realizado também na mãe/puérpera, suspeita de ter praticado o infanticídio, devendo constatar a ocorrência de parto e se este é recente ou não. Faz-se necessário também o exame psiquiátrico, em que será analisada a presença de doenças ou distúrbios mentais preexistentes, relacionados ou não com a gestação, parto e puerpério. É importante ressaltar que a perícia, nesses casos, é realizada normalmente num período muito distante do fato, não restando muitas vezes qualquer vestígio que possa ser diagnosticado.

6.2.7. Verificação de vínculo genético

Este processo tem por objetivos:
- Averiguar maternidade e paternidade em casos de troca de recém-nascido em berçários ou maternidades.
- Verificar casos suspeitos de maternidade ilegítima e adultério.
- Excluir paternidade ou maternidade em casos litigiosos.

Para isso, utilizam-se:

a) Provas não genéticas:

São aquelas relacionadas com a capacidade de procriação das partes e com a cronologia dos fatos. A perícia procura determinar evidências de:
- Fertilidade: verificar a capacidade de fecundação e a ocorrência de esterilidade.
- Conjunção carnal: verificar a ocorrência de conjunção carnal ou a possibilidade do ato sexual (virgindade, impotência).
- Cronologia: verificação da existência de gravidez, sua duração e desenvolvimento fetal.
- Parto prévio.
- Idade do filho: confronto com a época da fecundação e data do parto.

b) Provas genéticas:

Podem ser divididas segundo a utilização ou não do sangue como elemento de pesquisa. As provas não sanguíneas perderam seu valor frente a maior eficácia do exame de DNA e sua maior acessibilidade ao sistema jurídico.

As provas sanguíneas são as mais importantes e usuais na investigação de paternidade. Incluem o sistema ABO, sistema MN, sistema Rh, sistema HLA e o exame de DNA.

→ **Sistema ABO**

As propriedades aglutinantes, que condicionam os grupos sanguíneos, são estáveis, imutáveis e hereditárias. Os fatores A e B são domi-

nantes sobre O. Assim, temos as seguintes constituições genéticas de grupos sanguíneos:
- Grupo O – constituído pelo par de fatores OO.
- Grupo A – constituído pelos pares AA ou AO.
- Grupo B – constituído pelos pares BB ou BO.
- Grupo AB – constituído pelo par de fatores AB.

O seu estudo permite estabelecer que:

1. Os fatores A e B não podem aparecer no sangue do filho a não ser que existam no sangue de, pelo menos, um dos pais.
2. Os indivíduos do grupo AB não podem ter filhos do grupo O; os indivíduos do grupo O não podem ter filhos do grupo AB.

Cabe salientar que estudos genéticos atuais comprovaram não serem estas regras de valor absoluto. Mesmo assim elas representam fator de importância na exclusão de paternidade, com baixo custo e facilidade de execução.

→ **Sistema MN**

Estudos de hemácias humanas evidenciaram a presença de dois fatores independentes, M e N, que determinam 3 tipos de sangue:
- Tipo M – constituído pelo par de fatores MM
- Tipo N – constituído pelo par de fatores NN
- Tipo MN – constituído pelo par de fatores MN

Isto permite a formulação de duas leis:

1. Os fatores M e N não podem aparecer no sangue do filho, a não ser que existam no sangue de pelo menos um dos pais.
2. Um genitor do tipo M não pode ter filho do tipo N; um genitor do tipo N não pode ter filho do tipo M.

→ **Sistema Rh**

Consiste de um fator encontrado no sangue de 85% dos homens de raça branca (Rh positivos) e ausente em 15% (Rh negativos). Em indivíduos da raça negra, 95,5% são Rh positivos e 4,5% são Rh negativo. Sendo o Rh positivo dominante, conclui-se que:
- Pais Rh negativos só terão filhos Rh negativos.
- Se um dos pais for Rh positivo, e o outro, Rh negativo, metade dos filhos seria Rh positivo e metade Rh negativo.

No entanto, a transmissão do fator Rh é altamente complexa, não sendo uniforme e simples como se acreditava inicialmente.

→ **Sistema HLA**

Sistema utilizado inicialmente em transplantes, para analisar a compatibilidade entre doador e receptor, o *human lymphocyte antigens* (HLA), passou a ser usado também na investigação de paternidade. Baseia-se na identificação de um código de genes localizados no cromossoma n° 6 e que é herdado em blocos, um do cromossoma materno e outro do paterno. Apesar de algumas restrições, o método representa, no momento, um importante elemento no estudo da exclusão da paternidade.

→ **DNA**

O ácido desoxirribonucleico, ou DNA, é a macromolécula que serve de repositório da informação genética em todas as células. As possibilidades atuais de lidar diretamente com este DNA vêm permitindo importantes avanços nos mais variados campos, inclusive para as ciências jurídicas. A utilização do DNA nuclear como teste de paternidade e individualização de traços biológicos representa um método "revolucionário" no estudo de vínculo genético e pode determiná-lo com maior precisão e segurança que qualquer outro. O uso combinado dos testes sanguíneos e do HLA permite excluir a paternidade em aproximadamente 91-97% dos casos, sendo, porém de valor limitado na sua identificação, demonstrando apenas a probabilidade estatística de dois indivíduos serem parentes biológicos. Já o estudo do DNA nuclear é mais efetivo na determinação de paternidade que qualquer outro teste genético empregado individualmente, permitindo estabelecer a identidade do indivíduo com a mesma certeza que o faz o estudo das impressões digitais. Metade do DNA nuclear de uma criança vem de cada um dos pais. Assim, no estudo comparativo entre mãe, filho e pai alegado, as bandas de DNA não maternas, presentes na criança, deverão, obrigatoriamente, ser derivadas do pai biológico. Do ponto de vista genético, existem três situações em que uma criança pode não vir a apresentar a mesma sequência de DNA de um dos pais: a) *crossing-over*, durante a meiose, em situações especiais; b) mutação; c) formação de aberrações cromossômicas. No entanto, esses eventos são extremamente raros, sendo que um erro comparativo pode ser mais facilmente devido a problemas de execução laboratorial do método do que a qualquer das formas anteriormente relacionadas. Ainda assim, para evitar este problema, procuram-se identificar vários fragmentos em um mesmo ou em diferentes cromossomas, para estabelecer o mapeamento e a comparação. Normalmente são utilizados dez diferentes *locus* para estudo. Estatisticamente, a probabilidade de uma criança apresentar 20 bandas coincidentes com um indivíduo qualquer é de uma em um trilhão, o que torna praticamente impossível a probabilidade de erro.

Isto representa um grande potencial de aplicações, no estudo de problemas de paternidade, infanticídio, incesto, gravidez em casos de estupro e verificação de maternidade em casos de sequestro ou trocas, acidental ou intencional, de bebês em hospital. Além disso, a amostra de sangue necessária para o exame pode ser obtida através de uma simples lancetada com agulha no calcanhar, por exemplo, o que torna o método extremamente prático de ser realizado em recém-nascidos.

Outra opção de exame é a pesquisa do DNA mitocondrial. Ao contrário do DNA nuclear, o DNA mitocondrial define a herança materna, representando a ascendência feminina de um indivíduo. Isso o torna útil na determinação das linhagens maternas, desempenhando um papel importante principalmente para excluir um suposto indivíduo.

Deve-se considerar que a complexidade e a responsabilidade inerentes a este tipo de exame obrigam o operador do Direito a conhecer as qualidades técnicas dos profissionais que os realizam, assim como os controles de qualidade empregados pelos laboratórios. A experiência e a qualificação técnica para execução destes exames são fundamentais para se evitar problemas processuais.

Os exames para verificação de vínculo genético, com exceção da análise do DNA nuclear, não permitem afirmar a paternidade, mas apenas, estatisticamente, evidenciar com grande probabilidade que certo indivíduo seja pai de outro. Estas provas têm maior valor estatístico em casos de exclusão de paternidade, ou seja, quando conseguem excluir um pai em relação a um filho que tenha uma mãe certa ou excluir uma mãe quando o filho tem pai definido. Mesmo nestes casos, porém, este valor não é absoluto.

O uso do exame de DNA é mais amplo na Medicina Legal do que os demais testes genéticos sanguíneos, pois podem ser obtidas amostras de sangue fresco ou dessecado, de fragmentos de tecidos orgânicos, de secreções corporais (saliva, sêmen, secreção vaginal etc.), de fios de cabelos, de dentes e ossos. É útil, desta forma, não apenas para estabelecer o vínculo genético, mas também para determinar a identificação do indivíduo, mesmo em condições adversas (cadáveres putrefatos, carbonizados, ossadas).

Anotações . . .

Capítulo 7
EMBRIAGUEZ

7.1. Conceitos

Neste capítulo, vamos nos deter no estudo da embriaguez etílica, fenômeno agudo, transitório, decorrente da ingestão mais ou menos elevada de bebidas alcoólicas, ou, mais precisamente, de sua ação tóxica maciça, instantânea, sobre o organismo, podendo fazer-se acompanhar ou não de sintomatologia característica, como veremos adiante.

A palavra *álcool* tem seu derivado etimológico do árabe *alkul*, que significa *essência* e será usada, neste capítulo, para designar o composto *etanol*, presente em várias bebidas fermentadas e destiladas. Sabe-se que ele representa a única droga que pode ser classificada como alimento, pois contém calorias. Desde os primórdios da civilização, o homem faz uso de bebidas alcoólicas. Há registros pré-históricos de muitos povos nos quais a ingestão de bebidas estava relacionada a ritos religiosos e comemorações, creditando-se ao homem neolítico a sua descoberta. O uso da cerveja data de 6400 a.C. O Código de Hamurabi faz referência à embriaguez, e a Bíblia, em várias passagens, alude à embriaguez, condenando-a.

O etanol ou álcool é um depressor do sistema nervoso central (SNC) e um ingrediente intoxicante encontrado em bebidas alcoólicas, vinho e cerveja como resultado da fermentação de leveduras, açúcares e amido. Os efeitos em curto prazo incluem prejuízo da função motora e cognitiva. Outras características associadas com intoxicação aguda pelo álcool incluem taquicardia, aumento da diurese, perda de comportamentos inibitórios e hipoglicemia. Altas doses de etanol podem causar pancreatite aguda, hipotensão, arritmias, insuficiência cardíaca congestiva (ICC), edema pulmonar e colapso cardiovascular. Essas condições, especialmente em combinação com um aumento do risco de aspiração do conteúdo do estômago para o pulmão e perda da consciência, podem resultar em morte.

Os efeitos crônicos do uso abusivo de álcool podem levar a pancreatite crônica, miocardiopatia, hipertensão, desnutrição e obesidade.

Como o etanol é primariamente metabolizado pelo fígado, pacientes que bebem excessivamente têm risco aumentado de cirrose hepática e hepatocarcinoma.

A embriaguez é considerada um estado de intoxicação aguda e transitória, causada pelo álcool ou substância análoga, que elimina ou diminui no agente sua capacidade de entendimento e autodeterminação. Sua ação tóxica, maciça e instantânea sobre o organismo pode fazer-se acompanhar ou não de turvação ou mesmo de embotamento completo da consciência. A Associação Médica britânica define que *"a expressão embriaguez alcoólica será usada para designar que o indivíduo está de tal forma influenciado pelo álcool que perdeu o governo de suas faculdades a ponto de tornar-se incapaz de executar com prudência o trabalho a que se consagra no momento"*. Ao definir a embriaguez como um estado de intoxicação aguda, estamos limitando o conceito a uma interação do ser humano com uma substância exógena, de caráter transitório. Este conceito pode incluir também outras drogas além do álcool. Este elemento é extremamente importante nos nossos dias, já que o uso de outras drogas está muito disseminado.

A dependência de álcool (alcoolismo) é uma doença crônica e vários fatores contribuem para o seu desenvolvimento, incluindo a quantidade e frequência de uso do álcool, a condição de saúde do indivíduo e fatores genéticos, psicossociais e ambientais. No entanto, não são estes fatores que definirão o diagnóstico de dependência. A dependência ao álcool nos EUA tem uma prevalência de 4,7% (2,6% em mulheres e 6,9% em homens); no Canadá, de 4,1% (2,3% em mulheres e 6,0% em homens); na Espanha, 0,7% (0,2% em mulheres e 1,2% em homens); em Portugal, 3,1% (1,4% para as mulheres e de 4,9% para os homens) e na Itália é de 0,5% (0,4% em mulheres e 0,7% em homens). No Uruguai, a prevalência é 2,7% (1,7% em mulheres e 3,8% em homens); na Argentina, 2,9% (1,7% em mulheres e 3,8% em homens) e no Brasil 2,8% (1,8% para mulheres e 3,9% para os homens). Em países muçulmanos, como Afeganistão, Jordânia e Marrocos, esta prevalência é muito menor, 0,2% (0,1% para mulheres e 0,3% para os homens). Cabe salientar a diferenciação que a Organização Mundial da Saúde (OMS) faz em relação aos termos utilizados para os transtornos mentais e comportamentais devidos ao uso de álcool. A dependência do álcool, também conhecida como "alcoolismo" ou síndrome da dependência alcoólica (F10.2 no CID-10) é definida como um conjunto de fenômenos comportamentais, cognitivos e fisiológicos que se desenvolvem após uso repetido de álcool e que, tipicamente, incluem um forte desejo de consumir álcool, dificuldades no controle de seu consumo, uso continuado apesar das consequências prejudiciais, maior prioridade dada para o consumo de álcool em detrimento de outras atividades e obrigações, aumento da tolerância (necessidade de doses maiores para atingir o mesmo efeito) e, às vezes, estado de retirada fisiológica (abstinência).

Sob o ponto de vista médico-legal, talvez não haja outro composto químico mais frequentemente relacionado como fator contribuinte ou causador de mortes naturais ou violentas. Nos Estados Unidos, a American Railway Association, já em 1899, adotava regras proibindo o uso de bebidas alcoólicas em serviço. Regras similares foram adotadas pela Railroad Employee Brotherhood três anos mais tarde. Em 2012, cerca de 3,3 milhões de mortes, ou 5,9% de todas as mortes globais, foram atribuídas ao consumo de álcool. Deste total de mortes relacionadas ao uso de álcool, 25,8% foram produzidas por lesões decorrentes de ações violentas intencionais ou não intencionais (mortes violentas). O álcool é um fator causal importante em uma grande porcentagem de mortes, analisadas em necropsias médico-legais. Cinquenta por cento dos acidentes automobilísticos fatais envolvem motoristas alcoolizados e 60% dos pedestres mortos têm concentrações significativas de etanol. Álcool também é encontrado em 50% das vítimas de homicídio e 35% das vítimas de suicídio.

O risco de um acidente aumenta com o aumento da concentração sanguínea de álcool. Num estudo realizado na Finlândia, o álcool estava envolvido em 19% dos acidentes industriais, 35% dos acidentes de trânsito, 36% dos acidentes domésticos e 69% das vítimas de brigas, assaltos ou tentativas de suicídio. O álcool é responsável por metade dos acidentes graves e fatais que ocorrem na Austrália. Nos Estados Unidos, mais de 40.000 pessoas morrem anualmente vítimas de acidentes de trânsito, e o álcool representa o principal fator causal em mais de 50% destes acidentes. Para o *National Safety Council*, o custo econômico de um acidente fatal em estrada está estimado em U$ 90.000 dólares, o que corresponde a uma perda anual acima de U$ 4 bilhões de dólares.

No Brasil, 75% dos acidentes automobilísticos com morte e 39% das ocorrências policiais estão associados ao uso de bebidas alcoólicas. O significado desta estatística cresce em importância quando avaliamos dados do Ministério dos Transportes demonstrando que nosso país perde US$ 1,5 bilhão anualmente com acidentes de trânsito, num registro assustador de 700 mil acidentes por ano, que incluem cerca de 350 mil feridos e 25 mil mortos. Os dados apontam o Brasil como um dos países onde mais ocorrem acidentes de trânsito, sendo que uma das causas reside provavelmente no fato de que 19% da população têm embriaguez semanal.

O álcool age de maneira particular sobre o sistema nervoso, podendo causar, direta ou indiretamente, quase todas as síndromes mentais. Estas perturbações nervosas produzidas vão desde a simples embriaguez até a verdadeira psicose alcoólica. Como o álcool no sangue está em constante equilíbrio com o álcool presente no cérebro, responsável por estas alterações, a alcoolemia representa um confiável indicador de intoxicação. Das bebidas mais usualmente consumidas, a porcentagem de álcool contida é a seguinte:

Bebida	Concentração
Cerveja	3,5 a 6 %
Vinho	10 a 14%
Champanha	10 a 15%
Aguardente	38 a 53%
Uísque	40 a 50%
Conhaque	45 a 48%

7.2. A Perícia e suas finalidades

O exame para verificação de embriaguez alcoólica tem por finalidades fornecer elementos esclarecedores:
- Na contravenção penal de embriaguez;
- Na infração ao Código de Trânsito Brasileiro;
- De situação atenuante ou agravante da pena, nos crimes cometidos em estado de embriaguez;
- De justa causa para dispensa de empregado ou funcionário;
- De motivo para punição de militar.

A perícia constitui-se do levantamento de dados históricos, onde são referidas a hora em que o indivíduo se apresentou embriagado, a hora da ocorrência e a quantidade de bebida ingerida, além dos exames clínicos e laboratoriais.

Os exames para verificação de embriaguez etílica, utilizados no nosso meio, poderão ser subjetivo, objetivo e complementar:
- **Exame subjetivo**: procura analisar o paciente sob vários aspectos, entre eles as funções mentais relacionadas com a atenção, memória, capacidade de julgamento, raciocínio, afetividade e audição.
- **Exame objetivo**: procura os sinais de embriaguez tanto neurológicos (marcha, reflexos, coordenação motora, fala, sensibilidade), quanto os físicos (soluços, vômitos, frequência cardíaca alterada etc.).

- **Exame complementar**: pode ser feito dosando-se a quantidade de álcool no sangue, ar expirado ou urina. Atualmente, este diagnóstico está baseado na determinação do grau de alcoolemia (avaliação da taxa de álcool no sangue) do indivíduo, cujo método para dosagem utilizado no nosso meio é o da *cromatografia*.

A embriaguez não se presume; se diagnostica. O diagnóstico da embriaguez, uma vez que esta se manifesta pela ação tóxica do álcool sobre o organismo, é clínico. A alcoolemia não é por si só suficiente para o diagnóstico, considerando-se os fatores que interferem na absorção, distribuição e na ação do álcool sobre o organismo.

7.3. Fases da embriaguez

Embora não existam limites nítidos, reconhecem-se, classicamente, três períodos na embriaguez:

- **Período de excitação**: ou fase eufórica, em que as funções intelectuais se mostram excitadas, e o paciente, particularmente desinibido. A capacidade de julgamento está comprometida, e são evidentes a vivacidade, loquacidade e animação.
- **Período de confusão**: ou fase agitada e que corresponde ao período médico-legal. Caracteriza-se pelas perturbações psicossensoriais profundas, responsáveis por acidentes ou infrações penais (atos antissociais). Alteram-se as funções intelectuais, o juízo crítico, a atenção, a memória. Há abolição da crítica e perda do equilíbrio, com o indivíduo apresentando marcha de modo incoordenado (marcha ebriosa) ou se desequilibrando e caindo em variadas condições. Ocorrem perturbações visuais e, às vezes, anestesia a ponto de o ébrio não sentir agressões ou efeitos de quedas. Manifesta-se a agitação, a agressividade e a irritabilidade do indivíduo.
- **Período de sonolência**: ou fase comatosa, na qual inicialmente há sono, e o coma se instala progressivamente com anestesia profunda, abolição dos reflexos, paralisia e hipotermia. O estado comatoso pode tornar-se irreversível, levando ao óbito.

7.4. Tipos de embriaguez

A literatura apresenta várias classificações para a embriaguez, algumas delas inclusive com conceitos sobrepostos. Levando em consideração os aspectos médicos e jurídicos, podemos apresentar os seguintes tipos de embriaguez:

- **Embriaguez pré-ordenada**: é aquela procurada deliberadamente pelo agente para ficar em condições de praticar um ato delituoso, vencendo o temor e reprimindo a autocensura. A decisão de embriagar-se tem fim definido, ou seja, adquirir condições para a prática de um crime. Nestes casos, é um agravante da pena.
- **Embriaguez voluntária**: é aquela em que o indivíduo bebe com o intuito de embriagar-se e nada mais.
- **Embriaguez culposa**: é aquela em que o indivíduo bebe sem o intuito de embriagar-se, mas o faz inadvertidamente por imprudência. Não o isenta de responsabilidade.
- **Embriaguez habitual**: surge sobre o agente já dependente do álcool, que necessita dele para se desinibir e tomar iniciativas, assumindo um estado de "normalidade" sob o efeito da bebida.
- **Embriaguez por força maior**: é aquela em que o agente é levado ao estado de embriaguez, por ter sua resistência vencida.
- **Embriaguez fortuita**: ocorre quando o agente, não sendo forçado e sem agir com imprudência ou predeterminação, chega ao estado de embriaguez. Trata-se de uma forma acidental de embriaguez que ocorre em ocasiões especiais, quando o agente ignora que está se embriagando.
- **Embriaguez preterdolosa**: ocorre quando o agente não busca o resultado delituoso, mas ao beber e atingir o estado de embriaguez, sabe que pode cometê-lo, assumindo o risco.
- **Embriaguez patológica**: é a que resulta da ingestão de pequenas doses de álcool, apresentando manifestações desproporcionais à quantidade ingerida.

A chamada *embriaguez acidental* aplica-se aos casos decorrentes de caso fortuito ou força maior, enquanto a embriaguez *não acidental* refere-se normalmente às situações de embriaguez culposa ou voluntária.

7.5. Graus de embriaguez

Esta classificação dependerá não somente do teor de álcool ou da quantidade de droga no sangue, mas principalmente do grau de tolerância individual. A tolerância, por sua vez, depende de muitos fatores, tais como: idade, peso, nutrição, estados patológicos associados e habitualidade. Logo, o grau da embriaguez não guarda uma relação direta com a quantidade de álcool ingerido. Dependendo destas condições, teremos:

- **Embriaguez completa**: torna o indivíduo inteiramente incapaz de entender o caráter criminoso de suas atitudes ou de determinar-se de acordo com esse entendimento.

- **Embriaguez incompleta**: torna o indivíduo parcialmente incapaz de entender o caráter criminoso de suas atitudes.

7.6. Aspectos médico-legais

Para caracterização da embriaguez como contravenção penal faz-se necessário:
- O estado de embriaguez.
- Causando escândalo ou pondo em perigo a segurança própria ou alheia.
- Em público.

A embriaguez por si só não é punível, assim como a habitualidade por si só não representa um elemento da contravenção. Quando o indivíduo comete algum crime em estado de embriaguez, não há como caracterizar a contravenção de maneira autônoma, já que ela é consumida pelo crime mais grave. Passa-se então a considerá-la *agravante* nos casos de embriaguez pré-ordenada, enquanto nas situações de embriaguez incompleta por caso fortuito ou força maior, a consequência é a *redução da pena*. O agente é isento de pena nos casos de *embriaguez completa proveniente de caso fortuito ou força maior*.

Em relação ao álcool, seus efeitos variam para cada indivíduo conforme seu tipo físico e são diferentes para o homem ou para a mulher. Não existe uma regra fixa para afirmarmos qual a espécie ou quantidade de bebida que origina um teor determinado de álcool no sangue, pois isso depende das condições de alimentação e o tempo da ingestão da bebida.

Assim, os efeitos do álcool são mais fortes em jejum, porque um estômago cheio absorve menos o álcool e reduz em 1/3 a sua entrada no sangue. O álcool não requer uma digestão preliminar e, diferente dos alimentos e da maioria das drogas, é prontamente absorvido no estômago. É possível que quase um terço do total da absorção ocorra por esta via. O restante é absorvido através do intestino delgado. A velocidade e a porcentagem relativa da absorção do estômago e do intestino são afetadas por vários fatores. A quantidade e o tipo de alimento presente são particularmente significativos. Embora a passagem através da parede intestinal e o seu aparecimento no sangue ocorra em poucos minutos, a absorção completa do álcool do trato gastrintestinal requer um intervalo de tempo variando de 15 a 20 minutos a uma hora. A absorção do álcool é muito rápida no organismo, sendo feita 20% pela mucosa gástrica em cinco minutos e 80% pelo intestino delgado e cólon.

Com o passar das horas, o indivíduo elimina o álcool pela urina, transpiração, respiração e saliva. Mais de 90% do álcool absorvido é eliminado do organismo como resultado da oxidação no fígado. O restante pode ser eliminado inalterado pelo meio dos rins, pulmões, glândulas sudoríparas e cólon. A concentração do álcool na urina pode não ser confiável para estimar a quantidade de álcool no sangue, pois urina contendo diferentes concentrações de álcool pode se misturar com urina desprovida de álcool anterior ao seu consumo.

O sangue é a amostra de escolha para pesquisa de álcool.

Na tabela abaixo, nota-se a relação tempo/eliminação do álcool:

Tempo de Ingestão	Quantidade Eliminada
5 horas	17 %
8 horas	50%
15 horas	90%
20 horas	100%

Em média, o álcool mantém seus efeitos integrais cerca de 3 a 4 horas após a ingestão da bebida, sendo que no período de 8 horas após a ingestão, 50% do álcool absorvido já foi eliminado.

Manifestações importantes do álcool já começam com 5,0 dg (meio grama) ou menos de álcool por litro de sangue. O conjunto de sinais relativos a alguns valores de teor alcoólico, no sangue, são os seguintes:

Normal	0,3 dg/l
Positivo	Acima de 4 dg/l
Sob efeito do álcool	De 8 a 10 dg/l
Excitado	De 10 a 15 dg/l
Confuso	De 15 a 30 dg/l
Depressivo	De 30 a 40 dg/l
Comatoso	De 40 a 60 dg/l
Morte*	Acima de 60dg/l

*A morte, causada por colapso cardíaco, pode ocorrer com teor alcoólico de 40 a 60 dg/l de sangue.

Esta tabela representa um trabalho estatístico, que deve ser valorizado para traçar políticas de segurança pública, de trânsito e de saúde pública, uma vez que considera a manifestação média na população, sem considerar os fatores de tolerância individuais.

Em relação à perícia, é importante salientar que, para efeitos legais, considera-se no laudo a quantidade de álcool existente no sangue no momento da coleta da amostra. Deve-se, no entanto, tomar cuidado quanto ao tempo transcorrido entre o evento e a coleta, pois o indivíduo pode ter bebido muito, mas já ter eliminado grande parte do álcool até o momento do exame. Os laudos periciais liberados no nosso meio levam em consideração a quantidade de álcool existente no sangue no momento da coleta da amostra, ou seja, num período de tempo após a ocorrência. Portanto, como os exames para investigação de embriaguez são realizados sempre algum tempo após o acidente, agressão ou evento policial em investigação os resultados quanto ao teor alcoólico, consignados nos laudos periciais, apresentam resultado inferior àquele existente no momento do fato.

Para a autoridade policial, na realidade, interessa conhecer a alcoolemia que o indivíduo apresentava no momento dos fatos, e não na hora em que foi feita a retirada do sangue para análise. Levando em conta que a velocidade de eliminação do álcool no sangue é praticamente constante, torna-se possível calcular a alcoolemia do indivíduo certo tempo antes da coleta do material, com um índice de erro tolerável. Esta uniformidade na velocidade de eliminação permite deduzir a seguinte fórmula:

$$A1 = A2 + E (T2 - T1)$$

Onde:
- A1 é a taxa de álcool no sangue no momento do fato.
- A2 é a taxa de álcool no momento da coleta (em **g/l**).
- E é o coeficiente de etil-oxidação (0,22 **g/l/h** no homem e 0,20 **g/l/h** na mulher).
- T1 é a hora do fato (em horas).
- T2 é a hora do exame e coleta do sangue (em horas).

No entanto, salienta-se que a estimativa de alcoolemia obtida através desta fórmula é uma dedução matemática, sendo, independente do valor obtido, altamente questionável, e não sendo o elemento mais importante e mais confiável para a caracterização do estado de embriaguez. Além disso, a fórmula acima não deve ser utilizada, nos casos de dosagem do teor alcoólico no sangue de cadáveres. Devemos lembrar que com a morte cessa o metabolismo do álcool. Portanto, nas primeiras 24 horas, o resultado encontrado durante a necropsia corresponde ao teor alcoólico do indivíduo no momento do óbito. Na realidade, a probabilidade maior é que a síntese do álcool aumente, com o surgimento dos fenômenos da putrefação. Nestes casos, é difícil fazer a distinção entre o álcool produzido pelos fenômenos *post mortem* e o álcool ingerido antes da morte.

Na verdade, o que se procura saber é se o indivíduo era, ao tempo da ação ou da omissão, capaz de entender o caráter criminoso ou de se autodeterminar. Assim, a alcoolemia determina a presença de álcool no organismo, mas não informa como o indivíduo se comportava no momento da ação delituosa. Na realidade, existe uma variação comportamental muito grande de um indivíduo para o outro. Efetivamente, uma cifra isolada não tem valor absoluto para determinar a embriaguez. Somente um estudo detalhado do comportamento do examinado dará uma noção exata do grau de embriaguez, e isso é feito através do exame clínico. Há indivíduos que, apresentando alcoolemia elevada, permanecem em condições psíquicas e neurológicas sem características de embriaguez, com comportamento adequado, devido a sua grande tolerância ao álcool. No entanto, outros, ao ingerirem pequenas quantidades e apresentarem uma taxa baixa de álcool no sangue, não deixam dúvidas quanto ao seu grau de embriaguez, por meio das manifestações psíquicas, neurológicas e do comportamento antissocial. Por isso, não se compreende o estabelecimento de determinadas taxas de concentração de álcool no sangue para caracterizar de modo absoluto os limites de uma embriaguez. O valor relativo da alcoolemia no diagnóstico de embriaguez fica bem claro na literatura que trata do assunto. França, em seu livro *Medicina Legal*, afirma que: "... *deve ficar patente que a embriaguez se constitui num elenco de perturbações que tenha prejudicado o entendimento do examinado, sendo isto firmado pela evidência de sintomas clínicos manifestos e não por determinada percentagem de álcool no sangue, na urina ou no ar expirado*". Maranhão escreve: "... *Assim, a dosagem – ao indicar precisamente a concentração do álcool no sangue – não fornece dado algum a respeito da expressão clínica da intoxicação etílica. Essa só pode ser firmada pelo exame da pessoa alcoolizada.*" E Delton Croce coloca que: "... *a observação detalhada do comportamento do embriagado ao tempo do evento criminoso tem mais valor do que o registro simples de uma cifra qualquer indicada por análise bioquímica ...*".

Assim, pode-se observar que embriaguez é um diagnóstico clínico avaliado através de sinais que demonstrem uma alteração da capacidade psicomotora do indivíduo, os quais podem ou não estar presentes, dependendo da maior ou menor tolerância de cada pessoa ao álcool. A tolerância ao álcool, por sua vez, depende de muitos fatores, tais como:

idade, sexo, peso, nutrição, plenitude gástrica, estados patológicos, condições psicológicas e, principalmente, habitualidade.

O Código de Trânsito brasileiro (Lei 9.503/1997), que entrou em vigência em 22.01.1998, estabelecia, em seu artigo 276, que a concentração de *seis decigramas (6,0 dg)* de álcool por litro de sangue comprovava que o condutor se achava impedido de dirigir veículo automotor. Salientamos que, com esta redação, a concentração de álcool apresentada pelo indivíduo, isoladamente, não era suficiente para determinar o estado de embriaguez alcoólica. Os artigos 165, 276, 277 e 306 desta lei foram alterados, posteriormente em 2008, 2012, 2016 (Lei 11.705/2008, Lei 12.760/2012 e Lei 13.281/2016), decretando que dirigir sob a influência de qualquer concentração de álcool ou de qualquer outra substância psicoativa que determine dependência sujeita o condutor às penalidades administrativas previstas. A influência do álcool ou de substância entorpecente poderá ser caracterizada pelo agente de trânsito mediante a obtenção de outras provas admitidas pelo Direito, tais como evidentes sinais de embriaguez ou de alteração da capacidade psicomotora, excitação ou torpor apresentados pelo condutor. Para os fins criminais (art. 306), a constatação de alteração psicomotora decorrente da influência do álcool ou da substância psicoativa pode ser comprovada no exame de sangue (alcoolemia), com uma concentração igual ou superior a 6 dg de álcool/litro de sangue. Este valor equivale ao teste em aparelho de ar alveolar pulmonar (etilômetro) com uma concentração de álcool igual ou superior a 0,3 mg/litro de ar expelido dos pulmões. Além disso, segundo o art. 291, se o condutor estiver sob a influência de álcool, ou de outra substância psicoativa que determine dependência, deixa-se de aplicar aos crimes de trânsito de lesão corporal culposa o previsto na Lei 9.099.

Alguns acórdãos colocam o exame clínico como prova relativa, e não absoluta em relação ao estado de embriaguez. Por outro lado, há também decisões entendendo que o exame de teor alcoólico com resultado positivo pode ser invalidado pela prova testemunhal. A ideia prevalente, no entanto, na literatura internacional trata a embriaguez como um *estado clínico* de intoxicação óbvia, enquanto o comprometimento induzido pelo álcool refere-se à capacidade diminuída para realizar várias tarefas (alteração da capacidade psicomotora). Segundo Genival França, *"qualquer valor numérico referente a uma taxa de concentração de álcool no organismo humano tem um significado relativo, devendo-se valorizar as manifestações apresentadas através de um exame clínico"*.

A análise de álcool também pode ser feita na urina, na qual os valores encontrados são mais altos que no sangue em amostras retiradas no mesmo momento. Para passar-se um resultado de teor alcoólico da urina para teor no sangue, divide-se o resultado da urina por 1,35. Este é um fator médio, constatado por experiências laboratoriais. Devemos tomar cuidado, no entanto, quanto à interpretação destes resultados, já que não podemos estabelecer uma correlação linear entre os resultados obtidos no sangue e na urina. A pesquisa de álcool na urina deve limitar suas conclusões ao aspecto qualitativo, ou seja, apresentando resultados positivos ou negativos em relação à existência de álcool na amostra analisada. A dosagem de álcool na urina não se presta para estudos quantitativos, que procuram correlacionar os índices obtidos com o teor de álcool no sangue e nem para estabelecer o diagnóstico de embriaguez.

A verificação quanto à ingestão de álcool por motoristas tem sido realizada também pela medição do álcool no ar alveolar, com o uso de etilômetros (bafômetros). Essa tecnologia já está bem estudada e, além de rápida, fornece resultados que se aproximam muito do valor real de álcool no sangue. A maioria dos instrumentos comercialmente disponíveis exibe boa precisão e exatidão, desde que devidamente calibrados e operados. Os resultados podem ser expressos diretamente pela concentração de álcool no ar ou, indiretamente, pelas concentrações no sangue, havendo nesse último caso a necessidade de utilizar-se um fator de conversão, cujo valor mais aceito internacionalmente é 2.100:1. Ou seja, em 2.100 partes de ar alveolar encontramos a mesma quantidade de álcool que uma parte de sangue. Os resultados apresentados nestes testes devem ser interpretados com cuidado, já que o bafômetro, isoladamente, não define o diagnóstico de embriaguez, além de não analisar a influência de outras drogas no organismo.

Segundo a Resolução nº 432, de 23 de janeiro de 2013, do Conselho Nacional de Trânsito – CONTRAN –, a comprovação da alteração da capacidade psicomotora em função da influência de álcool ou de outra substância psicoativa que determine dependência será confirmada com os seguintes procedimentos:

1) Exame de sangue (alcoolemia/dosagem de teor alcoólico);
2) Exames realizados por laboratórios especializados, indicados pelo órgão de trânsito competente ou pela Polícia Judiciária, em caso de uso de substâncias psicoativas que determinem dependência;
3) Teste em aparelho destinado a medição do teor alcoólico no ar alveolar (etilômetro/bafômetro). Este será o procedimento prioritário nas fiscalizações;

4) Verificação dos sinais clínicos que indiquem a alteração da capacidade psicomotora do condutor, que poderá ser realizada através de exame clínico, com laudo conclusivo firmado por médico perito, ou pela constatação da autoridade de trânsito, consignados no auto de infração, de um conjunto de sinais que comprovem a situação do condutor. Para esta comprovação também poderão ser utilizados a prova testemunhal, imagem, vídeo ou qualquer outro meio de prova admitido no direito.

Esta mesma resolução, no seu art. 11, define que é obrigatória a realização do exame de alcoolemia para as vítimas fatais de trânsito, o que é feito de rotina no DML.

Atualmente, as restrições legais para alcoolemia em motoristas na Comunidade Europeia variam entre 2 e 8 dg/l (0.02 a 0.08 %), enquanto nos Estados Unidos existe um limite nacional de 8 dg/l (0.08%). Neste último, no entanto, cada Estado apresenta restrições adicionais, para populações específicas, como, por exemplo, na Califórnia, onde a alcoolemia aceitável para menores de 21 anos é zero.

Em cadáveres, o sangue para pesquisa de álcool deverá ser coletado na veia femoral. Em casos de cadáveres putrefatos ou carbonizados, a análise de etanol será feita em amostra de humor vítreo (líquido que compõe o globo ocular).

Embora a concentração de etanol em uma amostra de sangue *post mortem* possa ser facilmente determinada, a interpretação deste resultado pode ser difícil. Alguns fatores como produção pós-morte e degradação do etanol, difusão de etanol a partir do estômago ou vômitos aspirados podem alterar a concentração do álcool em amostras de necropsias, produzindo resultados superiores ao do momento da morte. Esses fatores, que determinam uma síntese de álcool após a morte, são muitas vezes difíceis de serem estabelecidos com precisão.

Em casos de crimes de trânsito, o material a ser examinado é o sangue, pois o Código de Trânsito faz referência à alcoolemia.

Muito embora o termo "embriaguez" seja, geralmente, associado ao consumo de bebidas alcoólicas, ele também define o estado de intoxicação aguda e transitória, por substâncias análogas ao álcool, como as substâncias psicotrópicas, as quais também prejudicam a capacidade de entendimento do agente e sua autodeterminação. A ação tóxica destas substâncias pode produzir ainda um prejuízo ou mesmo embotamento completo da consciência. Atualmente, tem se preferido utilizar a expressão "alteração da capacidade psicomotora" em vez do termo "embriaguez".

Nestes casos de embriaguez por substâncias psicotrópicas (ver capítulo 8) a pesquisa destas substâncias é feita na urina. Em cadáveres a amostra deverá ser coletada por punção da bexiga. No caso de não haver urina, vísceras poderão ser enviadas para análise. Salienta-se, no entanto, que exames feitos em vísceras detectam apenas quantidades grandes destas substâncias, relacionadas diretamente com a causa da morte. O exame não detecta concentrações baixas de psicotrópicos, não sendo, portanto, de validade absoluta para a constatação do uso dos mesmos.

A *cannabis*, entre nós conhecida por Maconha, é a droga ilícita mais comumente utilizada por motoristas em todo o mundo. Essa droga influencia as percepções, o desempenho psicomotor e cognitivo e as funções afetivas. Dessa forma, são afetados, no motorista, a coordenação, a vigilância e o estado de alerta e, consequentemente, a capacidade de dirigir. Os efeitos debilitantes se concentram nas primeiras duas horas, mas podem durar por mais de cinco horas. Testes experimentais feitos com concentrações de até 300 mcg tetraidrocanabinol (THC)/kg promovem efeitos semelhantes à dose de mais de 0,5 g/l de etanol. Motoristas parecem compensar seus comportamentos na direção, mas problemas podem surgir em situações de emergência. O uso de drogas psicoativas aumenta os riscos de acidentes de trânsito e de ferimentos. A prevalência de uso de drogas, como anfetaminas, benzodiazepínicos, cannabis e cocaína, entre pessoas feridas mortalmente em um acidente rodoviário varia de 8,8% para 33,5%. Apesar de haver, em todo o mundo, mais mortes de trânsito relacionadas ao consumo de bebidas alcoólicas (188.000 mortes em 2013), o risco de mortes por acidentes de trânsito relacionadas ao uso de drogas permanece elevado. Em 2013, estimou-se que o uso de drogas ilícitas foi responsável por aproximadamente 39.600 mortes de trânsito em todo o mundo (21%). A anfetamina foi responsável por 51% destas mortes, enquanto a maconha respondeu por 22% e a cocaína por 14%. O risco de um acidente fatal entre condutores que utilizaram anfetamina é 5 vezes maior do que entre os que não utilizaram. Para os que fizeram uso de cannabis este risco é 1,26 e para os que utilizaram cocaína, de 2,96.

A positividade na pesquisa de canabinoides na urina depende da quantidade de droga consumida, do tempo transcorrido entre o consumo e a coleta do material, da sensibilidade do método laboratorial de análise e da capacidade de metabolização do indivíduo (variável). O tempo para detecção no organismo, com uso esporádico, varia entre 1 a 5 dias após o uso de baixas doses e de 3 a 6 dias após uso de altas doses. No uso crônico, a droga pode ser detectada na urina por semanas ou meses (máximo 95 dias). Como os produtos de biotransformação da cannabis podem aparecer na urina até vários dias após cessar o uso, não é possível dizer se o motorista está sob efeito da droga, exclusivamente, pelo exame laboratorial, sendo imprescindível para tal o exame clínico.

Anotações ...

Capítulo 8
TOXICOFILIAS

8.1. Definições

A Organização Mundial da Saúde definiu toxicomania ou toxicofilia "como um estado de intoxicação periódica ou crônica, nociva ao indivíduo ou à sociedade, produzida pelo repetido consumo de uma droga natural ou sintética".

A discussão sobre o abuso de substâncias geralmente é centrada na dependência, com um foco nas consequências neurológicas, psicossociais e médico-legais desse transtorno. Sabe-se que a maioria das drogas psicotrópicas pode alterar o raciocínio e a capacidade de julgamento de uma pessoa, e sua utilização continuada pode causar danos à saúde incluindo dependência química, risco de acidentes e doenças infecciosas.

No Brasil, o aumento no consumo de drogas ilícitas, especialmente de derivados da cocaína, e a diversificação e disponibilidade de substâncias psicoativas constituem um desafio aos profissionais de saúde e aos agentes da segurança pública. Tanto na clínica médica quanto nos prontos-socorros, o uso de drogas pode gerar quadros clínicos diversos, exacerbados ou mascarados pelo uso combinado de substâncias, doenças previas ou mesmo problemas decorrentes do uso contínuo.

"Droga" é o nome genérico dado às substâncias químicas capazes de modificar o funcionamento do organismo, provocando alterações fisiológicas ou de comportamento, seja essa modificação considerada medicinal ou nociva. As drogas de interesse em Medicina Legal são aquelas que agem sobre o sistema nervoso central, alterando os processos mentais e psíquicos, provocando sensação de bem-estar e prazer, resultando ao final em alterações de comportamento. Estas alterações no psiquismo não são iguais para toda e qualquer droga, sendo que cada substância é capaz de provocar diferentes reações.

A lei não considera infração o uso de drogas, embora o faça em relação aos atos de "adquirir, guardar ou trazer consigo para uso próprio", substâncias entorpecentes ou que determinem dependência física ou psíquica, sem autorização ou em desacordo com a determinação legal. Este é um problema comum na juventude urbana, apresentando maior incidência na faixa etária de 14 a 25 anos.

No entanto, o Código de Trânsito brasileiro (Lei 9.503/1997), que entrou em vigência em 22.01.1998, considera infração de trânsito, sujeito às penalidades e medidas administrativas, dirigir sob a influência de álcool ou de qualquer outra substância psicoativa que determine dependência (art. 165, modificado pela Lei 11.705/2008). Está previsto que todo condutor de veículo automotor, envolvido em acidente de trânsito ou que for alvo de fiscalização de trânsito, com suspeita de dirigir sob a influência do álcool ou de substância entorpecente, tóxica ou de efeitos análogos, será submetido a teste de alcoolemia, exame clínico, perícia ou outros exames técnicos ou científicos, que permitam certificar a sua condição (art. 277, modificado pela Lei 11.705/2008).

A Lei 11.343/2006 determinou o fim da pena de prisão para usuários e dependentes de drogas, cabendo ao juiz, quando achar necessário, sugerir um tratamento, que deverá ser oferecido gratuitamente pela rede pública de saúde. Esta lei também dispensa a necessidade de o consumidor flagrado com entorpecentes ir à delegacia. Ele deverá apenas ser encaminhado à Justiça, onde prestará depoimento. A pena prevista varia da advertência verbal até a prestação de serviços à comunidade. Está clara, portanto, a intenção do legislador em diferenciar o usuário em relação ao financiador do tráfico e o traficante, já que neste último a pena varia de 5 a 15 anos de prisão, sem direito à fiança ou benefícios. Esta diferenciação será feita pelo próprio juiz.

Estabelecendo uma diferenciação de tratamento entre dependentes e traficantes, estamos avançando no sentido de entender os problemas que envolvem o usuário de drogas. É fundamental retirar-se de um indivíduo que está sob influência de um vínculo extremo, onde a droga é priorizada em detrimento de outras relações, e sua falta será geradora de sintomas penosos, o indicativo de vir a sofrer ainda uma penalização que poderá levá-lo à cadeia. É cruel associar a um usuário, em estado de dependência, o constrangimento de uma delegacia ou o preconceito e a exclusão social, gerados pelas condições precárias e subumanas de um presídio.

Ao nos depararmos cotidianamente com o uso e tráfico de drogas, utilizamos uma linguagem específica cujos conceitos devem ser esclarecidos:

- **Traficante** é o indivíduo, viciado ou não, que planta, importa, exporta e distribui a droga aos viciados e experimentadores.

- **Experimentador** é o indivíduo que, dolosa ou culposamente, procura a experiência, sabendo da antijuricidade do fato.
- **Viciado** é o indivíduo que apresenta um padrão de comportamento caracterizado pelo uso compulsivo e pela necessidade opressiva de drogas e de assegurar o seu suprimento. Este termo tende a ser substituído pelo conceito de "dependente".
- **Dependência:** este termo passou a ser recomendado desde 1964, pela Organização Mundial da Saúde (OMS), para substituir outro com maior conotação moral: o chamado "vício". Na falta da droga, os usuários que se acostumaram a consumi-la apresentam sintomas penosos, levando a um desejo e a uma necessidade absoluta de consumo. Este quadro caracteriza a chamada "dependência física", um estado de adaptação do corpo, manifestado por distúrbios físicos quando o uso de uma droga é interrompido. Quando uma determinada droga é utilizada em quantidades e frequências elevadas, o organismo se defende, estabelecendo um novo equilíbrio em seu funcionamento e adaptando-se a esta substância de tal forma que, na sua falta, funciona mal. Na dependência física, a droga é necessária para que o corpo funcione normalmente. Assim, a suspensão do uso desta substância manifesta-se através de um desajuste metabólico no organismo, normalmente caracterizado por sensações de mal-estar e diferentes graus de sofrimento mental e físico, particulares para cada tipo de droga. Este quadro é chamado de "Síndrome de Abstinência" e representa o conjunto de sinais e sintomas decorrentes da falta da droga em usuários dependentes.
- **Dependência de Drogas:** anteriormente à 9ª Revisão da Classificação Internacional das Doenças (CID), existiam dois tipos de dependência: dependência física e dependência psíquica. A partir desta nova classificação, os aspectos psicológicos e físicos foram unificados sob a definição de "dependência de drogas". Esta mudança ocorreu, pois no passado julgou-se erroneamente que as drogas que induziam à dependência física (e consequentemente à síndrome de abstinência) seriam aquelas perigosas, também chamadas de drogas pesadas – *hard drugs*. Por outro lado, as que induziam apenas à dependência psíquica eram consideradas as drogas leves – *soft drugs*. Sabe-se hoje que várias drogas sem a capacidade de produzir dependência física geram intensa compulsão para o uso e sérios problemas orgânicos. Portanto, é inadequado classificá-las como drogas "leves". Atualmente, aceita-se que uma pessoa seja "dependente", sem qualificativo, enfatizando-se que a condição de dependência seja encarada como um quadro clínico.
- **Dependência psíquica** é o desejo incontido de obter e administrar a droga para obter prazer ou alívio de desconforto.
- **Dependência física** é o estado caracterizado pelo aparecimento de sintomas físicos ou síndrome de abstinência quando a administração da droga é suspensa.

- **Hábito**: necessidade de usar uma droga, para obter alívio do desconforto físico ou tensão emocional que ela provoca. Leva à necessidade de um progressivo aumento da dose para conseguir o mesmo efeito.
- **Tolerância** é a diminuição do efeito da mesma dose de uma droga quando administrada de forma repetida por um determinado período de tempo. Isso resulta em necessidade de aumentar a dose para obter o mesmo efeito inicial.
- **Fissura** (ou *craving*): é um fenômeno caracterizado como um desejo súbito e intenso de utilizar a substância, uma memória dos efeitos prazerosos experimentados anteriormente em contraste com o sofrimento atual. Este fenômeno parece desempenhar papel importante na instalação e manutenção da dependência.
- **Síndrome de abstinência** é o conjunto de sinais e sintomas desagradáveis, opostos aos produzidos pela droga, que surgem com baixo ou nulo teor da droga no sangue. O CID 10 classifica a Síndrome de Dependência como o "conjunto de fenômenos comportamentais, cognitivos e fisiológicos que se desenvolvem após repetido consumo de uma substância psicoativa, tipicamente associado ao desejo poderoso de tomar a droga, à dificuldade de controlar o consumo, à utilização persistente apesar das suas consequências nefastas, a uma maior prioridade dada ao uso da droga em detrimento de outras atividades e obrigações, a um aumento da tolerância pela droga e por vezes, a um estado de abstinência física".
- **Toxicômano** é o indivíduo que apresenta um invencível desejo ou necessidade de continuar a consumir a droga ou de procurá-la por todos os meios; apresenta uma tendência a aumentar a dose; e adquire dependência de ordem psíquica e física em face dos efeitos da droga.

8.2. Padrões de consumo da droga

O consumo de drogas apresenta diferentes motivações, o que determina alguns padrões de consumo mais comuns:
- **Consumo experimental**: decorrente da influência de amigos, como imitação de padrões culturais. O efeito é mais psicológico do que dependência da droga.
- **Consumo ocasional**: é o uso intermitente, sem que se desenvolva dependência física ou psíquica. Entretanto, torna-se potencialmente perigoso, podendo desenvolver fármaco-dependência e vir a ter contato com drogas mais potentes.
- **Fármaco-dependência**: estágio em que a procura se dá não só pelo prazer de experimentar, mas pela necessidade compulsiva de fazer desaparecer o mal-estar que a privação provoca.

8.3. Classificação das drogas

As drogas de ação terapêutica, bem como as encontradas no âmbito da ilegalidade, podem determinar dependência, agindo sobre o sistema nervoso central ou sobre o organismo. Estas drogas são classificadas em:

- **Entorpecentes**: substâncias que causam torpor, obnubilação mental, alívio da dor e até supressão da atividade física e mental. São os derivados do ópio, produtos sintéticos derivados da morfina, cocaína, maconha etc.;
- **Psicotrópicos**: substâncias que agem sobre o sistema nervoso central, produzindo excitação, depressão ou aberrações das funções mentais. São divididos em:
    → Psicoléticos: são aqueles que inibem a atividade mental, como barbitúricos, tranquilizantes maiores (Amplictil®) e tranquilizantes menores (Librium®).
    → Psicoanaléticos: são os que estimulam a atividade mental, como anfetamina e benzedrina.
    → Psicodisléticos: são substâncias despersonalizantes e alucinogênicas: euforizantes (álcool, ópio, cocaína), alucinógenos (maconha, LSD).

8.4. Tipos de drogas

a) Entorpecentes Opiáceos (morfina, codeína, meperidina, heroína)

Produzem sedação, com diminuição da dor, redução das necessidades fisiológicas, sensação de bem-estar e prazer interior e diminuição do impulso sexual. A *overdose* determina o quadro clássico de pupilas puntiformes, respiração deprimida e coma. É utilizada por injeção endovenosa, principalmente entre jovens. Seu uso está relacionado com um aumento nas taxas de prostituição, mortalidade (superdosagem), suicídio, mortes violentas e infecções.

A dependência física aparece em duas semanas de uso continuado, e a síndrome de abstinência surge entre 4 e 48 horas após a última dose, com ansiedade, desejo intenso da droga, sudorese, insônia, perda do apetite, tremores musculares, febre, náuseas, vômitos, taquicardia e taquipneia.

A heroína, por ser mais poderosa em produzir estado de euforia com hiperatividade psíquica e facilidade de comunicação, é mais perigosa. A privação da droga torna o indivíduo agressivo violento, desafiando a tudo e a todos para satisfazer seu desejo.

b) Cocaína (*Erythroxylon coca*)

A cocaína, também chamada de "coca", "brilho", "farinha" e "pó", é um estimulante do sistema nervoso central, frequentemente utilizado por seus efeitos de euforia e percepção de aumento da libido (na realidade, a cocaína pode reduzir a inibição, o que pode levar a um comportamento sexual de risco). As formulações comuns incluem um pó branco que é inalado ou injetado (depois de dissolvido em água), assim como uma forma cristalina branca que pode ser fumada ("crack"). É uma substância que pode ser absorvida por qualquer mucosa (nasal, oral, gástrica, intestinal etc.), através dos pulmões ou ser injetada na corrente sanguínea. Assim como a heroína, a cocaína pode ser misturada com outras substâncias (por exemplo, açúcar, anestésicos locais).

Os efeitos clássicos da cocaína incluem tremores, loquacidade, agitação, anorexia, insônia, ansiedade e quadros psicóticos. Outras características do uso da cocaína incluem midríase (dilatação) das pupilas, hipertensão, taquicardia, arritmias, cefaleia e convulsões.

Os efeitos agudos incluem euforia, excitação, alucinações agradáveis, desinibição e insônia. Aumenta a atividade física e a avaliação das próprias capacidades, exalta o erotismo, e prolonga o estado de vigília. O uso de vários gramas por dia produz anorexia, emagrecimento, alucinações auditivas, embotamento da inteligência e da memória, tornando o indivíduo preguiçoso, indolente, deprimido e com delírios de perseguição.

Os usuários de cocaína que inalam a droga a longo prazo podem apresentar dano nasal, com necrose e perfuração de septo, sinusite, afonia ou disfonia por dano das cordas vocais e bronquite.

No plano psicológico, leva a um rompimento das relações afetivas e diminuição da autoestima. Na síndrome de abstinência, aumentam os riscos de acidentes e as tentativas de suicídio.

Semelhante a outras drogas estimulantes, a overdose ou a absorção muito rápida de cocaína pode resultar em hipertermia, convulsões, colapso cardiovascular e morte. Não está claro o mecanismo pelo qual se produz a morte em casos agudos, podendo ser por ação tóxica direta sobre o sistema cardiovascular, produção de convulsões súbitas precedidas por temperaturas superiores a 40°C ou interferência direta nos centros respiratórios.

A cocaína é uma droga que leva à dependência física e psíquica.

Pode ser detectada na urina de adultos por 24-36 horas após o uso, dependendo da forma de utilização e da atividade enzimática. A maior parte da excreção da cocaína e de seus metabólitos ocorre nas primeiras 24 horas após o consumo, independente da via de administração. As drogas, incluindo-se a cocaína, são geralmente metabolizadas pelo fígado e eliminadas pela urina. Portanto, a análise da urina em busca de metabólitos das drogas é um bom método para saber se um indivíduo fez uso de alguma substância psicotrópica. Esse exame, porém, não permite distinguir se foi um uso ocasional, regular ou se a pessoa é dependente. Quanto maior a frequência de uso, maior o tempo que a substância ou seus metabólitos poderão ser identificados nesse exame.

Quanto aos exames laboratoriais para detecção de cocaína no organismo, devemos considerar que:

- O acúmulo de cocaína no organismo de usuários crônicos prolonga o tempo de eliminação da droga pelo organismo.
- O tempo de detecção da cocaína no sangue varia de 4 a 6 horas após o uso de 20 mg de cocaína e de 12 horas após 100 mg. Para usuários crônicos, é de 5 a 10 dias. É importante salientar, em relação aos níveis sanguíneos, que a cocaína é metabolizada rapidamente nos indivíduos vivos e sofre degradação também bastante rápida após a morte, motivos pelos quais um consumo elevado pode não ser detectado em uma análise toxicológica.
- Na urina, a detecção do metabólito da cocaína pode variar de 1 a 2 dias após uma administração intravenosa de 20 mg. Após uma alta dose (aproximadamente 1,5 mg/kg) via intranasal, seu metabólito pode ser detectado de 2 a 3 dias. No uso crônico, a detecção do metabólito na urina varia de 10 a 14 dias, sendo que o tempo máximo em que foi encontrado foi de 22 dias.
- Na saliva, a cocaína pode ser detectada por 5 a 12 horas após uma única dose e, para usuários crônicos, até 10 dias.

O *crack* e a *merla* são obtidos a partir da cocaína não refinada e preparados com bicarbonato de sódio. Junto com a merla (pasta), a pedra de crack é um subproduto da cocaína, produzido a partir da pasta de cocaína adicionada a inúmeras outras substâncias, gerando um composto que pode ser fumado. O nome crack é uma referência ao som produzido pela queima da droga dentro do cachimbo usado para administrar o entorpecente.

Assim que o vapor do crack atinge o pulmão a substância é instantaneamente absorvida e cai na corrente sanguínea. Seus efeitos são quase imediatos, bem como se esgotam rapidamente, criando, assim, rápida dependência. A intensa vascularização e a ampla superfície do pulmão ajudam a "encurtar" o caminho da droga até o cérebro: de 10 a 15 segundos após o uso já surgem os primeiros efeitos da cocaína no organismo. Estes efeitos incluem prazer intenso, euforia e sensação de poder. A potência dos efeitos é tamanha que, logo após o desaparecimento dos efeitos, o usuário sente vontade de usar a droga novamente. Esse comportamento compulsivo de busca por novas doses da droga é chamado de "fissura". Além da sensação de prazer, o uso pontual de crack provoca hiperatividade, insônia e anorexia.

O uso frequente da pedra de cocaína acarreta grande perda de peso em um curto espaço de tempo e o "craqueiro" é atormentado por dores de cabeça, tremores, sudorese, ansiedade, tonturas e desmaios. Outros sinais clínicos importantes são desinibição, agitação psicomotora, taquicardia, dilatação das pupilas e aumento da pressão arterial.

Assim como ocorre com a cocaína, a toxicidade do crack representa uma ameaça constante ao sistema cardiovascular. Junto com os efeitos mais imediatos do uso – aumento da frequência cardíaca e da pressão arterial – há um risco importante de angina e infarto agudo do miocárdio, além de outras complicações mais raras como miocardites, aneurismas de artérias coronarianas, miocardiopatias, arritmias, dissecção aguda de aorta e síndrome de morte súbita.

Cerca de metade dos usuários de "pedra" desenvolve algum problema respiratório logo após o uso da droga. Entre eles pode-se destacar: tosse produtiva, dor torácica, dispneia, episódios de broncoespasmo, hemoptise e escarro escurecido, conhecido como escarro carbonáceo. Outro quadro respiratório comum entre usuários da droga é uma alveolite hemorrágica difusa, também chamada de "pulmão de crack".

Em dependentes da droga o risco de infecções respiratórias é aumentado devido à inalação dos vapores em altas temperaturas e do dano alveolar crônico. Embora menos frequentes, podem ocorrer quadros de pneumotórax e edema agudo do pulmão. O consumo de crack também pode provocar alterações hepáticas (normalmente secundárias a hepatites virais e ao uso concomitante com outras drogas ilícitas) e comprometimento ou perda da função renal.

As manifestações do uso de crack não se limitam aos efeitos tóxicos da droga no sistema nervoso central e em órgãos vitais. Os usuários são facilmente identificados por características físicas bem aparentes: queimaduras nos lábios, na língua e no rosto, lesões puntiformes e enegrecidas nas palmas e na face ventral dos dedos, às vezes referida como "mãos de crack" (causadas pela proximidade da chama do isqueiro no cachimbo no qual é fumada a pedra). Podem ocorrer ainda rarefação dos supercílios – uma reação às elevadas temperaturas dos vapores de crack emanados durante o uso – e uma aparência extremamente descuidada, gerada pela perda total das noções básicas de higiene.

A alta capacidade do crack de gerar dependência física e psicológica no usuário torna a cessação do uso um processo difícil, no qual a reabilitação do indivíduo é prejudicada pela síndrome de abstinência à droga. Durante a descontinuidade do uso, os principais sintomas são: agitação psicomotora, movimentos involuntários, variações de humor, dores musculares inespecíficas, calafrios e tremores.

c) Hipnóticos/Barbitúricos/Benzodiazepínicos (diazepan, gardenal, luminal etc.)

São as drogas mais frequentemente consumidas depois do álcool, podendo ser usadas por via oral, isoladamente ou em associação com o próprio álcool, visando a potencializar seus efeitos. Seu uso terapêutico objetiva combater a insônia e aliviar tensões emocionais. Doses maiores que as terapêuticas, por períodos prolongados, levam à dependência física. A síndrome de abstinência estabelece-se 24 horas após a interrupção, manifestando-se por insônia, irritação, perda da memória e, raramente, alucinações. A debilidade da memória e outras condições mentais levam o indivíduo a repetir, a curtos intervalos, doses cada vez maiores que podem levar ao coma. As intoxicações agudas estão relacionadas, geralmente, com intuitos suicidas, e os sintomas incluem sonolência, hipotensão, coma e a morte.

Os benzodiazepínicos, quando usados em combinação com álcool e outras drogas, podem aumentar a vulnerabilidade do usuário à violência sexual. É importante que as vítimas se apresentem às autoridades policiais e sejam encaminhadas aos Institutos de Medicina Legal o mais rapidamente possível após uma suspeita de violência sexual facilitada pelo uso de drogas, a fim de permitir a realização imediata dos exames e, consequentemente, a detecção precisa das substâncias envolvidas.

Estas drogas podem ser detectadas na análise laboratorial por um período de tempo após o seu uso, mesmo que o fármaco já não provoque um efeito agudo sobre a pessoa que o utilizou. Isso deve ser considerado pelo perito no momento da interpretação do exame toxicológico e pela autoridade que investiga o caso.

O exame realizado na urina para detecção de drogas deve ser interpretado com cautela, pois os metabólitos de substâncias previamente ingeridas, como benzodiazepínicos, maconha ou cocaína, podem ser detectáveis, não significando, no entanto, que tenham contribuído ou estejam contribuindo para a intoxicação. É essencial que sejam utilizados métodos toxicológicos com alto padrão de confiabilidade garantindo, assim, a validade dos resultados obtidos. Na Austrália, por exemplo, o Instituto de Medicina Legal em casos suspeitos de violência sexual facilitada por uso de drogas, coleta tanto sangue quanto urina se o intervalo entre a agressão e a coleta da amostra for inferior a 24 h, e somente urina, se o lapso temporal for maior que 24 h, visto que a maioria das drogas psicoativas terão sido metabolizado após este período de tempo. Uma metodologia rigorosa fornece um protocolo sistemático para amostras a serem coletadas e testadas para detectar com precisão as substâncias de interesse médico-legal.

d) Maconha (erva, cânhamo, haxixe, marijuana, *Cannabis sativa*)

A maconha, também conhecida como cannabis, é derivada da planta *Cannabis sativa*, e seu principal ingrediente psicoativo é o delta-9--tetrahidrocannabidiol (THC). Possui muitos nomes nas ruas, incluindo "erva", "bagulho" e "fumo". A maconha é geralmente fumada em um cachimbo, bongo, cigarro (comumente chamado de baseado) ou folha de tabaco. Pode também ser ingerida oralmente.

O consumo principal ocorre pelo preparo da planta seca, em forma de cigarros ("baseados"). Produzem graves transtornos de personalidade, confusão mental, excitação, estado de sonho, euforia e bem-estar interior, com duração média de 2 a 4 horas. Os efeitos a curto prazo dessa droga incluem aumento da percepção sensorial, euforia seguida de tonteira/relaxamento, desinibição e prejuízo do julgamento, comprometimento da função cognitiva e sensório-motora, hiperemia conjuntival, aumento do apetite, hipertensão, taquicardia e alucinações. O aumento da dose produz diminuição do limiar sensorial, impotência sexual, falta de memória, delírios, impulsividade, alucinações, sonolência e coma. Cronicamente, produz alterações comportamentais como indolência, falta de higiene corporal e negligência pessoal, além de manifestações clínicas como hipertensão ligeira, secura da boca e taquicardia. Não há evidência de que produza dependência física ou tolerância. A incidência de dependência psíquica é variável.

Além das preparações fumadas (inaladas), a maconha pode ser ingerida com alimentos ou bebidas. Os efeitos em geral obtidos com doses pequenas e moderadas são descritos como euforia, alterações de sensopercepção, diminuição do senso de identidade, desrealização e, algumas vezes, alucinações visuais e mais raramente auditivas. Com altas doses, ocorre um estado de intoxicação aguda com ideação paranoide, ideias delirantes, despersonalização, confusão, inquietação, excitação e alucinação.

Após ter passado a euforia, o usuário sente sono ou depressão e ocasionalmente ansiedade, medo, pânico. O THC também altera a coordenação e o equilíbrio pela ligação com receptores no cerebelo e algumas áreas do cérebro, responsáveis por equilíbrio, postura, coordenação dos movimentos e tempo de reação. Usuários pesados apresentam dificuldade em recordar eventos e perdem memória de curto prazo. Por esses efeitos, a intoxicação pela maconha pode ocasionar acidentes.

A latência (diferença entre o tempo da administração e do surgimento dos efeitos) é parcialmente determinada pela concentração de THC na preparação. Quando a droga é fumada, o THC é rapidamente absorvido dos pulmões para a corrente sanguínea e atinge um pico de concentração em 15 a 45 minutos. O declínio da concentração sanguínea é rápido, com redução gradual entre 2 e 6 horas após o uso. Apenas 5 a 10% dos níveis iniciais permanecem após 1 hora – isso se deve ao rápido metabolismo pelo fígado e à distribuição eficiente da substância para o cérebro e para outros tecidos. Em síntese, os efeitos iniciam imediatamente após a droga atingir o sistema nervoso central (SNC) com duração de 1 a 3 horas. Alguns pacientes podem exibir os sintomas e sinais de intoxicação por até 12 a 24 horas, devido à liberação lenta dos canabinoides a partir do tecido adiposo.

Quando a droga for usada pela via oral, a taxa de absorção será mais elevada (90 a 95%) e lenta, podendo o estabelecimento dos efeitos demorar 1 hora ou mais e permanecer por mais de 5 horas.

Um estudo realizado por pesquisadores da Universidade Federal de São Paulo (UNIFESP), em parceria com a Universidade do Texas, analisando dados do I Levantamento Nacional sobre os Padrões de Consumo de Álcool na População Brasileira, mostrou que o consumo de maconha tem crescido se comparado com outros países da América Latina. Aproximadamente 2 % de toda a população brasileira consumiu maconha pelo menos uma vez entre 2005 e 2006. Comparado com análises feitas em países da América do Norte, o consumo no Brasil ainda é pequeno, mas este resultado mostrou que, enquanto em países europeus e norte-americanos o uso de maconha vem diminuindo, na América Latina e na África a tendência é o aumento. De acordo com os dados coletados, adultos entre 18 e 30 anos formam o grupo que mais consome a droga, seguido pelos jovens entre 14 e 17 anos. A pesquisa levou sexo e condições sociais em consideração, constatando que os homens são mais suscetíveis que as mulheres. Entre eles, a taxa de prevalência foi de 7,1%; já entre elas, de 1,6%. Além disso, observou-se que a droga é consumida com mais frequência nos grandes centros urbanos. Ter um maior nível de educação, estar desempregado ou pertencer a uma família com renda melhor foram outras características associadas ao consumo mais frequente.

Recentemente tem surgido os canabinoides sintéticos, análogos da maconha sintetizados quimicamente. Estão disponíveis na Europa desde 2004, e seu uso foi relatado primeiramente nos Estados Unidos em dezembro 2008. O composto sintético é adicionado geralmente a ervas ou outras plantas para parecer como um produto natural e ser introduzido no mercado tipicamente como "incenso" ou "erva medicinal". São vendidos sob vários nomes como "K2" ou "macaco louco". Os efeitos clínicos podem ser muito similares à intoxicação pela maconha, mas também resultar em sintomas mais severos. Além disso, os análogos químicos do THC usados em canabinoides sintéticos estão mudando constantemente para evitar a detecção por parte dos exames laboratoriais. Tais mudanças podem introduzir efeitos tóxicos adicionais.

O uso em longo prazo tem sido associado com problemas de saúde mental como aumento do risco de depressão e esquizofrenia, assim como outros transtornos psicóticos. Pessoas que continuam a usar cannabis regularmente após um primeiro episódio de psicose têm um maior risco de recorrência em comparação com aquelas que reduzem ou interrompem o uso. Estes resultados têm implicações importantes para a prática clínica e destacam a necessidade de se desenvolver estratégias para reduzir os riscos do consumo contínuo de cannabis em pessoas com transtornos psicóticos.

Complicações pulmonares incluem bronquite, enfisema, e asma brônquica; prejuízo do sistema imunológico; e aumento do risco de câncer, afetando cabeça e pescoço, pulmões e trato respiratório.

Não existem relatos de morte por overdose de maconha.

e) Anfetaminas (pervitim, inibex, ritalina, hipofagin, benzedrina, sibutramina)

Conhecidas popularmente como "bolinhas", são poderosos estimulantes do sistema nervoso central. Sendo excitantes psicomotores, produzem euforia, sensação de aumento da capacidade física e mental, delírios, desatenção e obnubilação. São utilizados como estimulantes das atividades mentais, anorexígenos para o tratamento da obesidade, por alcoolistas para mascarar os efeitos da embriaguez, por viciados em barbitúricos para evitar sonolência e por deprimidos para estimular o cérebro. As anfetaminas diminuem o sono, o cansaço e o apetite, gerando inquietação e aceleração da velocidade do pensamento.

Podem ser administradas por via oral, inalatória, endovenosa ou subcutânea. As atividades do usuário são desordenadas e improdutivas, ocorrendo desatenção, impotência sexual, inapetência, hipertensão arterial, emagrecimento, ideias delirantes, impulsividade hostil e alucinações auditivas assustadoras. Ainda não está clara a existência de uma síndrome de abstinência às anfetaminas, embora possa induzir à dependência psíquica. É comum a prática de delitos e contravenções entre os dependentes de anfetamínicos.

No Brasil, entre os motoristas de caminhão as anfetaminas são mais popularmente conhecidas como "rebite", sendo usadas para enfrentar horas seguidas de trabalho sem descanso. Já entre pessoas que precisam passar longos períodos estudando ou que se submetem a regimes de emagrecimento sem orientação médica são conhecidas como "bola". Os princípios ativos mais consumidos no país são: dietilpropiona ou anfepramona, femproporex, mazindol, metilfenidato e metanfetamina.

O uso dessas substâncias aumenta o estado de alerta e gera instabilidade no humor, de acordo com predisposições individuais e ambientais. Ocorrem também dilatação pupilar (midríase), taquicardia e elevação da pressão arterial.

O efeito das anfetaminas é dose-dependente e pode exacerbar quadros cardiovasculares preexistentes. A administração prolongada de anfetaminas também pode levar a quadros de miocardiopatia dilatada, além de edema e hipertensão pulmonar. A intoxicação por anfetaminas pode produzir alterações nas sensações tácteis (formigamento e sensação de insetos se movendo sob a pele), delírios persecutórios e psicose anfetamínica, um quadro caracterizado por sinais físicos bem evidentes: midríase acentuada, palidez cutânea e taquicardia.

Outros efeitos adversos do abuso dessas substâncias estimulantes são convulsões, perda de peso e desnutrição. O uso injetável de anfetaminas, embora raro, já foi associado à formação de granulomas cutâneos – a causa mais provável seria o talco presente nos comprimidos.

Usuários esporádicos de anfetaminas em geral não desenvolvem dependência. O uso crônico em baixas doses (até 40 mg/dia) é socialmente imperceptível. Embora ainda não esteja clara a existência de uma síndrome de abstinência por anfetaminas, as tentativas de reduzir ou interromper o uso após períodos prolongados de utilização e em casos de abuso pode gerar quadros de letargia e depressão.

O *Ecstasy*, também conhecido como MDMA ou "pílula do amor", é o nome dado ao 3,4, metilenodioximetanfetamina. Sintetizado pela primeira vez em 1912 como um medicamento para reduzir o apetite, e incluído ainda na década de 1980 na lista das substâncias proibidas pela Organização Mundial de Saúde, o ecstasy é um derivado da metanfetamina (MDA). Trata-se de uma substância psicoativa potente, que além de estimulante tem ação perturbadora do sistema nervoso central. Passou à droga ilícita após ser reconhecido por possuir forte potencial de dependência. Tem como efeitos imediatos a desinibição, alegria e sensualidade. A intoxicação causa dilatação da pupila (midríase), aumento da temperatura corporal, da frequência cardíaca e da pressão arterial, tremores, arritmias, anorexia, sudorese excessiva, visão borrada e sensação de boca seca. Quadros mais graves incluem convulsões, coagulação intravascular disseminada, hepatoxicidade, insuficiência renal aguda, ataques de pânico, alucinação visual, depressão e morte. Passados os efeitos estimulantes, ocorre forte depressão que pode levar ao suicídio.

As propriedades alucinogênicas do ecstasy, embora bem menos intensas quando comparadas a alucinógenos como o LSD, provocam alterações na percepção da realidade, especialmente no que diz respeito a cores, sons e relações interpessoais – daí seu sucesso como droga de uso recreativo especialmente nas festas conhecidas como "raves". Nelas, os jogos de luzes, música eletrônica e consumo associado a álcool ou outras drogas completam o cenário para uma experiência sensorial de euforia, bem-estar e uma sensação de proximidade com outras pessoas, o que favorece comportamentos sexuais de risco, como o sexo sem proteção.

O ecstasy é normalmente consumido sob a forma de tabletes ou cápsulas. Além de MDMA em quantidades variáveis, um comprimido pode conter outras substâncias como MDA, anfetaminas, cafeína, efedrina e até mesmo LSD.

A "viagem" de ecstasy dura de quatro a seis horas e os efeitos vão regredindo gradualmente com a eliminação da droga do organismo. Assim como acontece com as anfetaminas, ainda não é clara a existência de uma síndrome de abstinência pelo ecstasy. Como a droga afeta a habilidade do organismo em regular a temperatura corporal, seu uso pode causar hipertermia maligna, um quadro grave que pode gerar insuficiência cardíaca, renal ou hepática e culminar em óbito. Mortes decorrentes do abuso de MDMA ainda são incomuns. Acredita-se que doses letais sejam de 10 a 100 vezes superior às normalmente encontradas nos comprimidos de ecstasy.

f) Benzeno e seus Homólogos (cola de sapateiro, loló, lança-perfume)

É considerada aqui não a intoxicação profissional, o *benzolismo*, mas sim aquela advinda de uma série de produtos regularmente comercializados, como a cola de sapateiro (loló) tanto quanto dos esmaltes de unhas, tintas, removedores e vernizes, utilizados com o objetivo diverso daquele ao qual se destinam.

Muitos produtos de venda livre e uso corrente em ambientes domésticos e profissionais também contêm em suas fórmulas substâncias voláteis com propriedades psicoativas. Entre eles podem-se destacar aerossóis, gases, nitritos e diferentes solventes – estes últimos usados para dissolver outras substâncias. Tolueno, n-hexano, querosene, acetato de etila, xileno e benzeno, entre outros, são alguns dos principais exemplos de solventes comercializados em produtos como colas, tíneres, tintas, esmaltes, propelentes, vernizes, removedores e combustíveis (gasolina, querosene, etc.).

Os solventes são extremamente voláteis, o que facilita sua inalação involuntária ou voluntária, por meio do nariz e da boca. Possui ação tóxica aguda e crônica, principalmente pela via inalatória, sendo inicialmente excitante e após depressor do sistema nervoso central (SNC), quando usado em altas concentrações.

A relativa facilidade na aquisição de produtos compostos por solventes torna estes produtos a principal porta de entrada para o mundo das drogas, com predominância de consumo entre crianças e adolescentes.

No Brasil, uma mistura ilegal de clorofórmio e éter, chamada de "loló" ou "cheirinho da loló", é especialmente difundida entre crianças em idade escolar, sobretudo entre populações vulneráveis. Por ser preparada de forma clandestina, não é possível saber a composição exata deste inalante, o que dificulta muito a atuação da equipe médica em casos de intoxicação aguda.

Os solventes são entorpecentes depressores do sistema nervoso central e o uso frequente gera no usuário uma estimulação inicial, seguida de tontura, sedação – semelhante à sentida na embriaguez por álcool – relaxamento dos músculos e bem-estar. Na fase aguda, ocorrem manifestações de "embriaguez delirante" (euforia, marcha instável, confusão mental), distúrbio da fala, cefaleia, vertigem, náusea, parestesia das mãos, fadiga, narcose, convulsões, podendo chegar ao coma, além de efeitos irritativos sobre a pele e mucosas.

Após a inalação desse entorpecente a duração da "viagem" é rápida (algo entre 15 e 40 minutos, dependendo da substância). Os primeiros efeitos dos solventes no sistema nervoso central surgem entre segundos e minutos após a inalação. Pode-se dividi-los em três fases. A primeira fase é a de excitação, na qual podem surgir tonturas, vertigens e perturbações tácteis e auditivas, podendo estas evoluírem para alucinações em casos de consumo intenso, seguidas de náusea, tosse, espirros e sialorreia. Na segunda fase aparece a depressão – inicialmente caracterizada por desorientação, palidez, confusão mental, perda do autocontrole e voz pastosa. Aos poucos a depressão vai se intensificando e todos os sintomas ficam mais fortes. Na fase final do uso, ocorre a depressão tardia, acompanhada ou não de hipotensão e surtos convulsivos, podendo levar ao coma e morte súbita.

Os usuários crônicos de inalantes (especialmente de solventes) apresentam eritema e erupções cutâneas ao redor do nariz e da boca, hálito com odor incomum, resíduo de substâncias na roupa e em partes do corpo, irritação nos olhos, na garganta, no nariz e fortes crises de tosse com catarro abundante.

No longo prazo, o uso de solventes é extremamente neurotóxico, causando danos permanentes nas células cerebrais. Sabe-se que os solventes afetam as sinapses cerebrais e o sistema nervoso periférico. Como consequência disso, o abuso crônico pode resultar em prejuízos relacionados a movimentos (coordenação motora), raciocínio, visão e audição.

Com a proibição da venda de cola de sapateiro, procurando restringir o acesso de menores à droga, houve uma busca, por parte desta população, de alternativas para manter seu estado de intoxicação. Isto levou ao uso dos esmaltes de unhas, de mais fácil alcance. Em sua composição encontra-se o tolueno (toluol), como solvente. Seus efeitos são depressão do SNC, com sonolência, euforia, cansaço, cefaleia, tontura, tremores, náusea, confusão, ataxia, convulsão e lacrimejamento. O uso crônico destas substâncias leva à perda de peso, perda da memória, lesões irreversíveis do sistema nervoso central, coma e morte.

Embora a dependência física (neuroadaptação) a solventes ainda não tenha sido comprovada até o momento, já foram descritos sinais e sintomas característicos da interrupção brusca do uso. Os efeitos dessa parada remetem aos de uma síndrome de abstinência: cefaleia, calafrios, alucinações e mesmo delirium tremens.

g) Esteroides anabolizantes

Esteroides anabolizantes, também conhecidos como "bomba", são versões sintéticas da testosterona. Seu uso clínico está indicado para terapia de reposição e como agentes melhoradores de desempenho – para promover crescimento muscular, melhorar performance atlética ou sexual, e a aparência física. Embora essas substâncias não estejam associadas a overdose, o uso a longo prazo pode levar a uma variedade de efeitos adversos que geralmente não ocorrem em um contexto clínico controlado, como mudanças de humor extremas e comportamento agressivo. Outras manifestações do uso ilícito e crônico de anabolizantes incluem infertilidade, virilização feminina, ginecomastia masculina, redução do volume testicular, baixa estatura em adolescentes, ruptura de tendão, estrias, carcinoma hepático e infarto do miocárdio. Como os esteroides anabolizantes são estruturalmente semelhantes aos andrógenos endógenos naturais, eles estimulam o aumento das glândulas sebáceas, aumentando a excreção de sebo e resultando em acne. Estima-se que cerca de 50% dos usuários de esteroides são afetados pela acne.

As formulações comuns das drogas ilícitas incluem cápsulas líquidas, comprimidos, gel, creme, adesivos transdérmicos, implantes subepidérmicos, e soluções injetáveis aquosas ou oleosas.

8.5. Riscos para transmissão de doenças entre Usuários de Drogas Injetáveis (UDI)

O uso de drogas injetáveis já representa o principal determinante na extensão e distribuição epidêmica do HIV (*human immunodeficiency virus*) em países em desenvolvimento, estando associado ao alastramento da epidemia de infecção pelo HIV. Certamente a infecção pelo HIV não é o único problema social e de saúde causado pelo uso de drogas injetáveis, mas esta representa uma das principais preocupações em termos de saúde pública.

Nos Estados Unidos (EUA), o uso de drogas injetáveis tem sido associado a aproximadamente um terço dos casos cumulativos de AIDS. Além disso, mais da metade dos casos de transmissão heterossexual naquele país envolve um usuário de droga injetável, assim como mais da metade dos casos de transmissão perinatal tem ocorrido em mulheres usuárias de drogas injetáveis ou que possuem parceiros usuários de droga injetável. Em relação ao surgimento de novos casos, nos EUA, acredita-se que, pelo menos, metade deles ocorra entre usuários de drogas injetáveis. Um estudo realizado com usuários de drogas em Porto Alegre confirmou esta associação.

A explicação está no fato de que a transmissão do HIV entre os usuários de drogas se dá pela via sanguínea, através do compartilhamento de agulhas, seringas e demais equipamentos para uso de drogas endovenosas. Além disso, é comum nessa população o uso de seringas potencialmente contaminadas, e é rara a substituição/troca das seringas e das agulhas utilizadas para injeção, levando não somente à infecção pelo HIV como também à contaminação por vários outros tipos de agentes infecciosos, como o vírus da hepatite.

Nestes grupos, aparece também a via sexual de contaminação. Um exemplo desta condição relaciona-se com o fato de que a grande intensidade dos sintomas de abstinência dessas substâncias torna o UDI um elemento sujeito a favores sexuais em troca da manutenção de seu acesso às drogas. Esta circunstância, por sua vez, torna estes indivíduos um foco para a disseminação da infecção, pois estão associando sexo sem proteção ao uso compartilhado de drogas. Portanto, os usuários de drogas injetáveis estão expostos à dupla via de contaminação e se constituem em importantes transmissores do HIV para seus parceiros sexuais, usuários de drogas injetáveis ou não.

Há dados sugerindo que a maioria dos UDI não usa camisinha durante as relações sexuais, com taxas entre 48% e 53%. Estudos feitos na cidade de Nova Iorque estimam que 89% dos heterossexuais contaminados pelo HIV envolveram-se com UDI.

Em um estudo com uma amostra de 420 usuários de drogas de Porto Alegre, foram avaliados entre outros dados o uso de drogas e as situações de risco para contaminação pelo HIV. A prevalência de HIV positivos foi de 22,6%. Nos trinta dias prévios à coleta, 56,8% tinham usado maconha; 43,6%, cocaína inalada; 17,6%, cocaína injetada; e 42,4%, álcool frequentemente. As variáveis que se mantiveram associadas com infecção por HIV, após regressão logística, foram: idade superior a trinta anos, ter menos de sete anos de estudo, renda de menos de um salário-mínimo e ter usado droga injetável.

Devemos considerar também que os UDIs estão sujeitos ao risco de adquirir outras infecções além da AIDS (*acquired immunodeficiency syndrome*). Estes indivíduos podem ser infectados pelo vírus da hepatite B (VHB), da hepatite C (VHC) e o vírus humano T-linfotrópico tipos I e II (HTLV). A transmissão é primariamente parenteral, por meio do compartilhamento dos equipamentos de injeção. A taxa de diagnóstico destes vírus entre os UDIs é relativamente alta e está diretamente correlacionada com o tempo de uso injetável da droga. Dos UDIs que se injetam há 5 anos, as taxas de soropositividade se situam em torno de 85% para o VHC, 77,4% para o VHB e 2,1% para o HTLV.

8.6. Aspectos epidemiológicos do uso de drogas

Uma pesquisa da Secretaria Nacional de Políticas sobre Drogas (SENAD) com 18 mil universitários do país comprovou que eles usam mais drogas lícitas e ilícitas, como o álcool e a maconha, que a população em geral. Mais de 60% dos entrevistados tinham consumido álcool nos últimos 30 dias (entre a população em geral, o índice é de 38,3%) e 25,9% usaram drogas ilícitas (na população, o índice é de 4,5%). Os pesquisadores esperavam que existisse uma diferença entre os dois públicos, mas não com tal magnitude. Foram entrevistados alunos de cem instituições particulares e públicas de ensino superior nas 26 capitais do País, mais o Distrito Federal.

Além disso, um em cada quatro ingere bebida alcoólica de forma exagerada, e 3% apresentam padrão de dependência, algo que era encontrado mais nas faixas de indivíduos com 40 a 50 anos. Dos entrevistados, 18% disseram que já dirigiram embriagados, 27% pegaram carona com pessoas embriagadas e 43,4% admitiram ter usado álcool simultaneamente com outras drogas. Das drogas ilícitas, as mais consumidas foram maconha, haxixe ou skunk (26,1% dos universitários já consumiram alguma delas), anfetamínicos (13,8%), tranquilizantes e ansiolíticos sem prescrição médica (12,4%), além de cocaína (7,7%).

Com estes dados fica evidente que o problema do uso de drogas não deve ser visto primordialmente como um problema de polícia e de justiça. Trata-se, essencialmente, de uma questão de saúde e de bem-estar social, que envolve múltiplos fatores determinantes para o desencadeamento e manutenção do consumo.

8.7. Aspectos comportamentais do usuário de drogas

Várias teorias buscam explicar os motivos que levam o indivíduo a se transformar num usuário de drogas, mesmo diante de um universo de informações que buscam esclarecer os efeitos nocivos desta conduta. Dentre estas teorias destacam-se:

a) **Teoria do Aprendizado Social**: considera que o aprendizado seria excessivamente difícil e trabalhoso se as pessoas dependessem somente dos efeitos de suas próprias ações para informá-las sobre o que fazer. Na realidade, a maior parte do comportamento humano é aprendido pela observação de outros, o que leva a uma modelagem. Pela observação dos outros, uma pessoa forma uma ideia de como novos comportamentos são executados e, em ocasiões posteriores, esta informação codificada serve como um guia para suas ações. Esta tendência de imitar um modelo depende do próprio observador (suas motivações, características pessoais) e da influência do próprio modelo, com suas expectativas de consequências agradáveis.

b) **Modelo de Crenças em Saúde**: de acordo com esse modelo, para a adoção de um comportamento preventivo, o indivíduo deve considerar-se suscetível a um problema de saúde, ou seja, acreditar que esse problema pode afetá-lo (percepção de suscetibilidade); perceber que o problema pode ter consequências sérias (percepção de severidade); e acreditar que o problema de saúde pode ser prevenido com ações (percepção de benefícios), cujos benefícios superam os aspectos negativos, tais como impedimentos financeiros, desconforto, vergonha (percepção de barreiras).

c) **Modelo de Baixa Percepção de Risco**: os riscos precisam ser detectados, decodificados, além de significativos, para que o indivíduo tome decisões compatíveis com a situação de risco em questão. Se o risco não é percebido como tal, as decisões e comportamentos não serão compatíveis com a segurança que a situação exige. Fica claro que as pessoas reagem aos riscos que percebem. Se suas percepções forem equivocadas, os padrões de comportamento não sofreram influência destes riscos.

O entendimento sobre estes modelos de definição de comportamento nos ajudam a entender os motivos pelos quais, isoladamente, informação ou ações legais punitivas NÃO são fatores suficientes para modificações substanciais nas condutas de um indivíduo frente à exposição de situações de risco, como o uso de drogas.

Os tipos de tratamento adotados para os usuários de drogas, que atingem o estágio de dependentes químicos no Brasil, seguem duas linhas distintas: uma a abstinência e outra a redução de dano. Os tratamentos oferecidos ao dependente químico visam primeiramente à abstinência, sendo este apenas o início da terapêutica. Neste caso, o objetivo do tratamento é a recuperação total, reintegrando o usuário de drogas à sociedade, mas também procurando regular as ações entre o dependente e o meio onde vive, possibilitando a superação com maior facilidade as dificuldades da vida e adaptando-se às atividades do cotidiano.

Em decorrência do aumento significativo do consumo de drogas, atualmente há um crescimento de instituições voltadas ao tratamento de dependentes químicos, sendo que existem três tipos de modelos terapêuticos, todos atuando através da abstinência, quais sejam: a) internação hospitalar, que é de curta duração e, às vezes, utilizando medicamentos, alimentação balanceada e repouso; b) clínicas especializadas e/ou particulares, onde o prazo para o tratamento é de médio ou longo prazo, geralmente destinadas a pacientes de alto poder aquisitivo, tendo em vista o custo elevado do tratamento; c) as Comunidades Terapêuticas (CT), que apresentam uma ampla flexibilidade a fim de adaptar-se a várias culturas e níveis sociais, trabalhando basicamente em três linhas de atuação: espiritual – religiosidade e apoio de ex-internos; científica – através de psicólogos, médicos, assistentes sociais e voluntários de diversas áreas e ainda as mistas; e uma união das duas linhas anteriores.

A abordagem do usuário de drogas vem passando, no entanto, por uma profunda transformação. Os tratamentos que exigem a abstinência para sua eficácia estão sendo substituídos por um novo modelo com a seguinte visão: se você não consegue parar de usar, use de maneira menos danosa possível. Este é o princípio da política de redução de danos que busca diminuir ao máximo os efeitos negativos ou lesivos do uso de drogas. A redução de danos tem origem em modelos de Saúde Pública mais voltados a uma visão humanista, contrastando, desta forma, com os tratamentos que têm como base a abstinência.

8.8. A política de "Redução de Dano"

A Lei 11.343/2006, em seu art. 20, faz referência "à redução dos riscos e dos danos associados ao uso de drogas" como sendo atividades de atenção ao usuário e aos dependentes de drogas.

A redução dos danos decorrentes do uso de drogas tem como princípio o fato de que muitas vezes a manutenção destes usuários no uso da substância é o tratamento mais adequado para determinadas situações. Trata-se de um processo claro e devidamente caracterizado como forma de atenção em saúde. No princípio da Redução de Danos, o dependente não é considerado um criminoso, mas alguém que precisa de atenção, acompanhamento e tratamento.

Como a transmissão de muitas doenças, incluindo o vírus HIV, ocorre em função do compartilhamento do equipamento de injeção, e não por simples uso da droga, é possível evitar o contágio, por exemplo, da AIDS, sem que haja obrigatoriamente a interrupção desse uso. Um estudo realizado numa amostra de 142 usuários de droga injetável (UDI) que buscaram atendimento na cidade de Porto Alegre demonstrou que 97% dos indivíduos haviam injetado cocaína (8,6 dias do mês, 9,3 vezes por dia) e usado álcool e maconha no mês prévio à entrevista. Neste grupo, apenas 44 apresentavam testes para HIV, com 54,5% de soropositivos. O mais interessante no estudo é que quase 90% haviam recebido aconselhamento sobre o HIV, porém a mudança de condutas aconteceu somente numa parcela dos casos, pois 53% dos indivíduos relataram compartilhamento de equipamento prévio à coleta de dados, chegando a utilizar em média 16,2 vezes a mesma seringa. Além disso, os entrevistados eram sexualmente ativos e predominantemente heterossexuais, com uma média de sete relações por mês, mas 44% não usavam camisinha nas relações sexuais, o que potencializava o risco de contágio. Os dados confirmam a intensidade de risco a que um UDI se expõe em sua prática de uso de drogas, particularmente no que se refere à transmissão do HIV.

Estudo realizado pela Organização Mundial da Saúde (OMS) analisando dados de 13 centros colaboradores, incluindo dois no Brasil, num total de 6.390 UDI, evidenciou que aproximadamente 25% dos usuários relatavam compartilhamento de seringas ou outro equipamento de injeção de forma diária ou semanal. A taxa geral de soroprevalência encontrada em todos os estudos foi de 22%.

No mesmo estudo, demonstrou-se que 75% dos UDI têm vida sexual ativa, e aproximadamente dois terços destes nunca usaram preservativos com seus parceiros sexuais primários, variando de 50% em Roma a 82% no Rio de Janeiro. Estes dados tornam-se muito mais preocupantes quando sabemos que a idade média em que se inicia o uso de drogas em sua forma injetável é 17 anos, e o tempo médio de uso destas drogas é de 10 anos.

O próprio descarte do material utilizado em sessões de uso das drogas é preocupante. Este ocorre predominantemente em locais como lixo, bueiro, esgoto, vaso sanitário, além de um percentual relativamente elevado em locais abertos e abandonados, prática esta que aumenta os riscos de contágios acidentais.

Estes e outros estudos semelhantes levaram a uma necessidade urgente de se prevenir a infecção pelo HIV entre UDIs. Surgiu então o movimento de prevenção chamado de "**Redução de Danos**", cuja ideia central poderia ser descrita assim: *"não sendo sempre possível interromper o uso de drogas, que ao menos se tente minimizar o dano ao usuário e à sociedade"*. Evitar o dano representa uma atitude mais pragmática do que evitar o risco. Neste sentido, "redução do risco" ou "redução do dano" são termos frequente e equivocadamente usados como sinônimos. O risco, na realidade, se relaciona à possibilidade de que um evento possa ocorrer, enquanto o dano deve ser visto como a ocorrência do próprio evento.

Numa política de redução do dano, a incapacidade, muitas vezes temporária, do dependente em abandonar o uso de drogas é aceita como um fato. Neste sentido, o governo passa a incentivar medidas que não busquem eliminar o comportamento dependente, mas sim melhorar o bem-estar físico e social destes indivíduos, muitas vezes com participação direta dos próprios usuários e dependentes químicos. Criam-se serviços de auxílio mais acessíveis para melhorar as condições de vida, emprego e moradia do dependente, prescrição e fornecimento de drogas substitutas, oportunidades de reabilitação social, troca e disponibilidade de seringas esterilizadas de forma gratuita. Este tipo de assistência pode ser classificado como redução de danos.

A redução de danos ocorre em pequenos passos. Se um usuário de cocaína injetável recebe uma seringa, ele deixa de compartilhar a dos outros, o que já vimos anteriormente representa um grande avanço em termos de saúde pública. Um avanço adicional ocorre se ele inscrever-se num programa de troca de seringas. Isso agrega o indivíduo a um programa de controle e informação que pode levá-lo a usar preservativos e praticar sexo seguro. Um avanço muito maior poderá ser obtido se ele passar a usar drogas orais ou fumáveis. Uma vitória seria considerada se o usuário aproveitasse a oportunidade para acessar os serviços de saúde para dependentes. Ocorrendo o abandono das drogas, teríamos a vitória total, mas essa não deve ser uma exigência.

É importante uma previsão legal quanto à obrigação do Estado em criar e desenvolver programas de atuação na redução de danos com dependentes nas ruas, em hospitais, nas prisões, em áreas de circulação para profissionais do sexo, tornando o auxílio e a informação acessível à maioria dos indivíduos, evitando-se que isso possa ser entendido e combatido como sendo o princípio da legalização. Esta política torna-se moralmente obrigatória quando temos estudos realizados em Porto Alegre demonstrando a alta e precoce prevalência de experimentação e uso de drogas entre crianças e adolescentes institucionalizados. O índice de usuários experimentais de drogas ilícitas entre crianças institucionalizadas na FASE (Fundação de Atendimento Socioeducativo) chegou a 80,9%, dados semelhantes aos encontrados em estudos realizados com moradores de rua no Brasil e jovens detentos nos Estados Unidos.

Obviamente, o uso de substâncias ilícitas não ocorre porque as crianças estão institucionalizadas, já que este é anterior à sua entrada nesta instituição. Portanto, um programa que reforce o maior conhecimento sobre os efeitos prejudiciais de uma droga e o entendimento sobre o perigo que ela representa diminui a chance de ela ser utilizada novamente por estes grupos.

Mesmo assim, alguns setores da sociedade combatem este programa, baseados na crença de que, ao se disponibilizar, por exemplo, seringas e agulhas, haveria em consequência um maior consumo de drogas. Uma análise mais técnica e menos emocional dos programas de troca de seringas e agulhas demonstra que estes procedimentos reduzem o número de agulhas contaminadas em circulação, o que isoladamente já representa, por exemplo, uma redução importante no risco de novas infecções pelo HIV. Além disso, não há nenhuma evidência de que o acesso legal aos equipamentos esterilizados de injeção tenha aumentado o uso de drogas entre os participantes destes programas. Ao contrário, a literatura científica sobre o tema demonstra que programas de trocas de agulhas não aumentam a frequência de injeções entre os participantes e não aumentam o número de novos iniciantes no uso de drogas injetáveis. E, com certeza, contribuem para a redução nos riscos de transmissão de doenças entre usuários de drogas e contaminações acidentais.

8.9. Perícia

A lei brasileira adota o sistema biopsicológico para a caracterização da imputabilidade, ou seja, isenta ou atenua a pena quando *"o agente por ocasião da prática do fato delituoso era plenamente ou parcialmente incapaz de entender o caráter ilícito do mesmo ou determinar-se conforme esse entendimento"*. Portanto, o fundamental não é simplesmente a identificação da natureza da substância em poder do usuário ou portador, mas o estudo da personalidade do indivíduo, a fim de levantar maiores dados para a aplicação da lei, que tem por objetivo principal a prevenção e a recuperação do dependente.

O exame para diagnosticar a dependência por drogas está positivado na Lei de Drogas, porém o procedimento para a realização da avaliação é feito de acordo com o previsto no Código de Processo Penal, os mesmos que tratam do exame de insanidade mental.

Há uma associação entre a análise do perito (médico que deve examinar o agente, atestando a sua incapacidade em virtude do estado em que se encontra no momento do exame ou, se possível, à época do fato) e a avaliação judicial (o juiz analisa se o agente tinha condições psicológicas de, em virtude do estado descrito pelo médico, entender o ilícito e comportar-se de acordo com tal entendimento).

Sendo assim, nesta avaliação deve manter-se o equilíbrio entre o entendimento do médico e do magistrado, pois o médico atesta o efeito da droga no agente, enquanto o juiz avalia o efeito, pelo prisma da afetação da sua inteligência ou vontade quando da prática do delito. Efetivamente não é tarefa nada fácil determinar a inimputabilidade, a qual depende da soma de vários fatores.

Anotações . . .

Capítulo 9
TANATOLOGIA

9.1. Conceito de morte

É parte da medicina legal que estuda a morte e os fenômenos médico-legais dela decorrentes.

→ *Morte:* antes do advento da era dos transplantes de órgãos e tecidos, aceitava-se a morte como cessação completa e definitiva das funções vitais num dado instante. Atualmente, há um entendimento de que a morte não é a parada pura e simples das funções vitais, mas, sim, uma gama de processos que se desencadeiam inexoravelmente durante certo período de tempo, afetando progressivamente os diferentes tecidos e órgãos.

Critérios já bem estabelecidos pela comunidade científica mundial definem que a parada total e irreversível das funções encefálicas equivale à morte. O Conselho Federal de Medicina aprovou em 1997 a Resolução CFM 1.480, que estabelece critérios para constatação de morte encefálica. Durante 20 anos de vigência desta Resolução, mais de 100 mil diagnósticos de morte encefálica foram realizados no Brasil, sem que ocorresse qualquer contestação. Considerando, no entanto, a evolução da medicina, esta resolução foi modificada em 2017, pela Resolução CFM 2.173/17, que atualiza os critérios para definição da morte encefálica. Entre as mudanças introduzidas no texto está a possibilidade de mais especialistas, além do neurologista, diagnosticarem a morte cerebral. O novo texto buscou dar mais segurança à definição da morte encefálica.

A Resolução CFM nº 2.173/17 estabelece que os procedimentos para a determinação da morte encefálica devem ser iniciados em todos os pacientes que apresentem coma não perceptivo, ausência de reatividade supraespinhal e apneia persistente. Nesta nova resolução ficou definido que a morte encefálica será caracterizada através da realização de exames clínicos e complementares durante intervalos de tempo variáveis, próprios para determinadas faixas etárias. A morte encefálica deverá ser consequência de processo irreversível e de causa conhecida, sendo que o protocolo a ser observado para constatação de morte encefálica inclui:

- Presença de parâmetros clínicos para o início do diagnóstico: coma não perceptivo, ausência de reatividade supraespinhal, apneia persistente; lesão encefálica de causa conhecida, irreversível e capaz de causar a morte encefálica; ausência de fatores tratáveis que possam confundir o diagnóstico de morte encefálica. Temperatura corporal superior a 35°, saturação arterial de oxigênio acima de 94% e pressão arterial sistólica maior ou igual a 100 mmHg para adultos.
- Tempo de observação para que seja iniciado o diagnóstico: mínimo de 6 horas. Quando a causa for a encefalopatia hipóxico-isquêmica, a observação deve ser de 24 horas.
- Intervalos mínimos entre as duas avaliações clínicas necessárias para a caracterização da morte encefálica definidos por faixa etária, conforme abaixo especificado:
  a) de 7 dias a 2 meses incompletos – 24 horas
  b) de 2 meses a 24 meses incompletos – 12 horas
  d) acima de 2 anos – 1 hora.
- Confirmação da morte encefálica: a) Dois exames clínicos, por médicos diferentes, especificamente capacitados para confirmar o coma não perceptivo e a ausência de função do tronco encefálico; b) um teste de apneia; c) um exame complementar que comprove a ausência de atividade encefálica. Este exame deve comprovar: ausência de perfusão sanguínea encefálica, ou ausência de atividade metabólica encefálica ou ausência de atividade elétrica encefálica.
- Formação dos médicos examinadores: a) Será considerado especificamente capacitado o médico com um ano de experiência no atendimento de pacientes em coma e que tenha acompanhado ou realizado pelo menos dez determinações de morte encefálica, ou que tenha realizado curso de capacitação para determinação de morte encefálica; b) um dos médicos especificamente capacitado deverá ser especialista em uma das seguintes especialidades: medicina intensiva, medicina intensiva pediátrica, neurologia, neurologia pediátrica, neurocirurgia ou medicina de emergência; c) nenhum desses médicos poderá fazer parte da equipe de transplante.

Além do exame clínico, que deve ser realizado por dois médicos diferentes, com um intervalo mínimo de uma hora entre o primeiro e o segundo, o paciente deve ser submetido a um teste de apneia e a exames complementares. O teste de apneia estimula ao máximo o centro respiratório, sendo a apneia provavelmente um dos mais constantes, importantes e significantes sinais clínicos para diagnóstico de morte encefálica. É necessária a realização de um único teste, pois vários estudos demonstraram que a realização de dois testes não aumenta a especificidade ou a segurança do diagnóstico. Em relação aos exames complementares é obrigatória a sua realização para que seja demonstrada, de forma inequívoca, a ausência de perfusão sanguínea ou de atividade elétrica ou metabólica encefálica e, também, para que se tenha uma confirmação documental da situação. Esses exames podem ser a angiografia cerebral, o eletroencefalograma, o doppler transcraniano e a cintilografia. O laudo deve ser assinado por profissional com comprovada experiência e capacitação para a realização desse tipo de exame. Os critérios brasileiros são considerados conservadores e mais seguros do que o de outros países. Na Alemanha, a morte encefálica é diagnosticada por apenas um médico e um exame complementar, enquanto nos Estados Unidos o exame complementar é opcional.

Não há consenso sobre a aplicabilidade desses critérios em crianças menores de 7 dias e prematuros. É importante enfatizar que a existência de reflexos medulares não inviabiliza o diagnóstico de morte encefálica. Os reflexos medulares são observados em 20 a 70% dos pacientes em morte encefálica. Em indivíduos com diagnóstico de morte encefálica diversos tipos de reflexos medulares foram descritos: resposta plantar em flexão, sinal de Babinsky, resposta de retirada em flexão, reflexos osteotendinosos, reflexo cremastérico e abdominal, mioclonia dos membros, postura em extensão dos quatro membros e sinal de Lázaro. Estes reflexos são explicados pela integridade da medula cervical e/ou torácica. Entre os reflexos medulares conhecidos, o que desperta mais perplexidade é o sinal de Lázaro, o qual consiste em que, durante o teste da apneia ou a movimentação passiva da cabeça, o paciente subitamente levanta ambos os braços e os coloca sobre o tórax, podendo ocorrer também a flexão do tronco.

Constatada e documentada a morte encefálica, deverá o Diretor Clínico da instituição hospitalar, ou quem for delegado, comunicar tal fato aos responsáveis legais do paciente, se houver, e à Central de Notificação, Captação e Distribuição de Órgãos a que estiver vinculada a unidade hospitalar em que o mesmo se encontrava internado.

A morte, portanto, é um processo de velocidade variável, e não um fenômeno isolado e instantâneo. Nem todas as células morrem ao mesmo tempo, o que dá origem a uma série de questões de ordem ética, médica e legal.

9.2. Classificação

1. Quanto à extensão:
- **Anatômica**: o organismo morre como um todo, com parada das grandes funções vitais.

- **Histológica**: é a morte dos tecidos, ocorrendo em todas as células do organismo dentro de aproximadamente 8 horas.

2. Quanto à reversibilidade:

- **Aparente**: aparência de morte, porém as funções cardíacas, embora quase imperceptíveis, estão presentes, e a volta à vida é possível, de forma espontânea ou por eficiente socorro médico.
- **Relativa**: há uma parada cardiorrespiratória, todavia a massagem direta sobre o coração pode trazê-lo de volta ao seu funcionamento.
- **Real**: é a morte verdadeira, com cessação completa e definitiva das funções autoconservadoras, renovadoras e multiplicadoras da matéria orgânica e perda de suas propriedades vitais.

3. Quanto ao processamento:

- **Súbita**: cessação dos fenômenos vitais, de uma maneira surpreendente e imprevista, acometendo quem estava em aparente higidez. A grande maioria das mortes súbitas é devido a distúrbios cardiovasculares.
- **Agônica**: é precedida de doença grave, com perda da consciência e estados pré-comatosos e comatosos prolongados.

4. Quanto à causa jurídica:

- **Natural**: é aquela em que não há responsabilidade a apurar, sendo provocada por patologias agudas ou crônicas.
- **Violenta**: é aquela decorrente de uma ação externa e lesiva, como casos de homicídio, suicídio ou acidentes (inclusive de trabalho), e é necessário esclarecer as circunstâncias em que se deu o fato e apurar responsabilidades.
- **Suspeita**: é aquela que ocorre de maneira inesperada, em indivíduos aparentemente com boa saúde, sem causa evidente ou com sinais de violência indefinidos, gerando desconfiança sobre a sua etiologia. Muitas das mortes súbitas acabam sendo incluídas neste grupo, tornando indispensável a realização de uma necropsia e exames complementares para esclarecimento da causa do óbito. Compreendem parte das mortes violentas, até que se prove o contrário. Para que haja a suspeição deve existir o interesse ativo de quem suspeita e a obrigação de comunicá-la a uma Autoridade Policial ou ao Ministério Público, os quais solicitarão a perícia médico-legal.
- **De causa desconhecida**: é aquela que, mesmo sendo súbita, difere das mortes de causa suspeita. É um tipo de morte natural, em que as possibilidades de homicídio, suicídio, acidente ou erro médico não são vislumbradas pelos comemorativos do caso. Neste tipo de morte natural, a causa do óbito para ser conhecida necessitará uma avaliação necroscópica clínica e anatomopatológica para a sua verificação e conclusão, porém nunca uma perícia médico-legal.

9.3. Perícia

A necropsia é o exame externo e interno de um cadáver com a finalidade de determinar a realidade de morte, a *causa mortis,* sob o ponto de vista médico e jurídico, e estabelecer a data provável do óbito.

Exame necroscópico, autópsia, necroscopia, tanatoscopia ou necropsia são termos semelhantes na prática médico-legal, embora a denominação "necropsia" nos indique um sentido mais aproximado de sua natureza e finalidade. No entanto, a expressão, *necrotomopsia,* apesar de raramente ser utilizada, seria, segundo alguns autores, a mais correta (estudar o morto por cortes). Assim, as necropsias podem ter a finalidade puramente médico-sanitária, (necropsia clínica ou anatomo-patológica), ou a de esclarecer problemas de interesse da Justiça (necropsia médico-legal).

O artigo 162 do Código de Processo Penal determina que a necropsia seja realizada, pelo menos, seis horas depois do óbito. Entretanto, os peritos poderão realizar a necropsia antes daquele prazo se a vítima apresentar sinais externos evidentes e inequívocos da morte, declarando tal circunstância no auto do exame.

O parágrafo único do artigo 162 dispõe que nem sempre há a necessidade de exame interno. Esse exame é dispensado nos casos de morte violenta em que não houver infração penal para apurar ou, mesmo que havendo infração penal a ser apurada, se as lesões externas permitirem precisar a causa da morte e não houver necessidade de exame interno para a verificação de alguma circunstância relevante.

As necropsias podem ser divididas em:
- **Necropsia clínica**: realizada quando o médico assistente tem dúvidas quanto ao diagnóstico da morte natural. Não existe, no entanto, nenhuma regulamentação legal que permita ao médico realizá-la sem o consentimento dos familiares ou responsáveis. É uma necropsia facultativa.
- **Necropsia médico-legal**: é obrigatória, sendo sempre solicitada pela autoridade judiciária, policial ou militar, presidindo inquérito. Além de determinar a causa da morte violenta, pode fornecer subsídios para fatos que interessam à justiça, tais como a causa jurídica da morte (homicídio, suicídio, acidente), o tempo de morte, identificação da vítima etc.

9.4. Quesitos

A perícia, após constatar a morte, deverá responder aos quesitos oficiais, que fazem parte do laudo de necropsia.

Os quesitos oficiais são os seguintes:
- **Primeiro:** Se houve morte.
- **Segundo**: Qual a causa da morte.
- **Terceiro**: Qual o instrumento ou meio que produziu a morte.
- **Quarto**: Se foi produzida por meio de veneno, fogo, explosivo, asfixia ou tortura, ou por outro meio insidioso ou cruel (resposta especificada).

Não há necessidade, por parte da autoridade solicitante, de formular e encaminhar estes quesitos. Eles já fazem parte da rotina de respostas a serem elaboradas quando da realização de uma necropsia. Outros questionamentos, no entanto, que sejam julgados importantes para esclarecimento dos fatos, deverão ser formulados pela autoridade, e encaminhados preferencialmente junto com o cadáver. É fundamental para um bom resultado da perícia necroscópica que, junto com o corpo, seja encaminhado um resumo do caso, cópia da ocorrência ou eventuais circunstâncias do fato em estudo. Estes elementos, quando presentes, mostram-se de grande ajuda para o direcionamento da perícia e efetivo esclarecimento do caso.

Uma das necropsias mais difíceis de definir um diagnóstico para causa da morte é aquela realizada em recém-nascidos vítimas de morte súbita. Nestes casos, uma hipótese a ser lembrada é a da *Síndrome da Morte Súbita do Lactente* (SMSL). Essa síndrome não tem etiologia conhecida e representa, pelo menos nos Estados Unidos, a principal causa de morte nessa faixa etária. Especula-se que um dos fatores causais envolvidos seria um distúrbio no desenvolvimento ou imaturidade de certas regiões do sistema nervoso central, encarregadas do controle respiratório. A necropsia, nos casos de SMSL, não revela alterações capazes de explicar o óbito. Entre os fatores de risco para a SMSL estão os seguintes: baixo nível socioeconômico, mãe solteira, raça negra, tabagismo materno, drogadição materna, idade materna abaixo de 20 anos na 1ª gravidez ou abaixo de 25 anos durante gestações subsequentes, cuidados inadequados do período pré-natal, intervalo inferior a 12 meses desde a gestação precedente, prematuridade, baixo peso de nascimento, baixo índice de Apgar, doenças perinatais, posição de dormir em pronação (barriga para baixo), refluxo gastroesofágico e apneia infantil. Normalmente o diagnóstico da causa da morte nestes casos fica sendo *indeterminada.*

Em adultos, têm-se casos de cadáveres encontrados em sua residência ou no local de trabalho, sem qualquer registro indicativo de morte de causa externa (violência ou suspeita de delito a apurar), que são encaminhados para a perícia como "morte suspeita". Nestes casos, muitas vezes o exame necroscópico não consegue diagnosticar alterações anatomopatológicas macroscópicas que possam explicar o óbito. Nestas situações, o diagnóstico da causa da morte fica sendo *causa não traumática indeterminada (morte de causa clínica ou morte natural).* Cabe salientar que *distúrbios funcionais* (exemplos: arritmias cardíacas e distúrbios hidroeletrolíticos) podem ser causadores de óbitos, e nesses casos não há alterações macroscópicas visíveis na necropsia. O mesmo pode ocorrer nos *infartos agudos do miocárdio fulminantes* (alterações macroscópicas nesta situação somente são perceptíveis após 6 a 12 horas de evolução clínica do infarto).

Para o diagnóstico diferencial entre uma "morte súbita" e uma "morte agônica", alguns achados macroscópicos podem ser úteis. Assim, a presença de grandes coágulos sanguíneos nas cavidades cardíacas, líquido no pericárdio e livores de hipóstase sendo produzidos rapidamente são sinais sugestivos de uma morte agônica.

9.5. Tanatognose e fenômenos cadavéricos

Parte da tanatologia que estuda o diagnóstico da realidade da morte, traduzindo-se por sinais, denominados "fenômenos cadavéricos". São eles:

a) Fenômenos imediatos: caracterizam a morte clínica. Representam um conjunto de sinais precoces, sugestivos de morte, embora nenhum deles isoladamente seja capaz de definir o diagnóstico:
- Perda da consciência.
- Perda da sensibilidade.
- Imobilidade e perda do tônus muscular.
- Ausência de respiração.
- Ausência de circulação.

b) Fenômenos consecutivos: têm importância como sinais seguros para diagnóstico da realidade da morte e como indicadores do momento e das circunstâncias em que esta se deu.
- **Evaporação tegumentar:** observa-se 15 a 30 minutos após a morte, produzindo uma perda de peso progressiva (10 a 18 g/kg/dia no adulto e 8 g /kg/dia no feto e recém-nascido), apergaminhamento cutâneo, queda da tensão do globo ocular e perda de brilho nas mucosas e córneas. Com a evolução do tempo, a córnea vai se tornando opaca e leitosa, não importando se os olhos estão abertos ou fechados. A pele torna-se endurecida ao toque, semelhante a couro dessecado e com coloração amarelada.

- **Resfriamento corporal**: a temperatura corporal é mantida pelo equilíbrio entre a produção interna de calor, decorrente das reações químicas do organismo, e as perdas para o meio ambiente. Com a morte, não existindo o metabolismo, o corpo humano tende a estabelecer um equilíbrio térmico com o ambiente. Cessada a função termorreguladora, o resfriamento se faz à razão de 1 grau centígrado/hora, nas primeiras 12 horas, e 0.5 graus centígrado/hora nas 12 horas subsequentes, equiparando-se à temperatura ambiente em 24 horas, no adulto, e em 20 horas, na criança. Esta queda na temperatura não se estabelece de uma maneira uniforme, sendo que nas primeiras 3-4 horas pode haver um platô em que a temperatura é mantida pelo metabolismo residual e a atividade metabólica das bactérias intestinais. O procedimento mais conveniente e mais usado para registrar este resfriamento é a medida da temperatura retal. Vários aspectos do cadáver influenciam na velocidade do resfriamento do corpo, como temperatura ambiental e temperatura corpórea à hora do falecimento, quantidade e qualidade das vestes, idade, estado de nutrição etc. A posição em que morreu é importante, pois um corpo encolhido e com os segmentos superpostos tem menor superfície de irradiação de calor do que um estendido. Nos magros, o resfriamento é mais rápido, pois estes têm proporcionalmente maior superfície para irradiação, enquanto um panículo adiposo espesso representa uma camada isolante térmica, que retarda a perda de calor. O vestuário pode fazer com que o corpo perca calor mais devagar. As crianças apresentam maior área de irradiação do que os adultos, pois sua relação superfície/massa corporal é maior. O ambiente introduz modificações no ritmo de resfriamento, que são muito difíceis de aferir. Se o corpo está ao ar livre, as condições climáticas são da máxima importância. O vento facilita o resfriamento, aumentando as perdas de calor por convecção, enquanto os corpos que jazem em locais com temperatura mais alta que 37^0C vão se aquecer na maioria das vezes. Nos ambientes fechados, o local pode representar uma proteção contra as perdas de calor.
- **Rigidez cadavérica**: a rigidez nada mais é do que uma variante da contração muscular, provocada pela escassez de oxigênio nos tecidos e consequente aumento do teor de ácido láctico e acidificação (diminuição do pH) do músculo. Cessada a circulação, os produtos da atividade metabólica muscular são retidos, a acidez aumenta, e os músculos enrijecem-se, permanecendo na posição em que estavam no momento da morte. Instala-se em torno da primeira hora, de cima para baixo, começando pela mandíbula e seguindo pela nuca, tronco, membros superiores e inferiores. Progride até atingir um máximo entre 8-12 horas após a morte, sendo que ao término de 24 horas principia a se desfazer, por ação da autólise e da putrefação, na mesma ordem, começando pela mandíbula e terminando pelos membros inferiores. Se a rigidez é desfeita por uma energia exterior, não se refaz mais. O calor ambiente, exercícios, convulsões, eletroplessão e hiperpirexia aceleram o aparecimento e o desaparecimento da rigidez. O frio e a hipotermia, por sua vez, retardam o processo de *rigor mortis*. A rigidez é precoce e menos duradoura na criança, no velho e nos indivíduos

debilitados. Em afogados, a rigidez pode se desenvolver completamente em 2-3 horas, devido a esforço exercido pela vítima durante o processo de afogamento. A rigidez cadavérica não deve ser confundida com o "espasmo cadavérico", um fenômeno muito discutido e raro, representado pela manutenção da última atitude tomada pelo indivíduo antes de morrer, e que se mantém até a instalação da rigidez muscular. É como se os músculos pudessem se manter contraídos após a morte sem uma fase de relaxamento anterior à rigidez.

- **Livores de hipóstase**: com a morte, a parada da circulação faz com que a pressão intravascular se torne nula, o que leva o sangue a se deslocar, por ação da gravidade, para as partes mais inferiores do corpo, ou seja, aquelas que se situam mais próximas do solo. Formam-se então os livores, ou seja, manchas vinhosas, cutâneas e viscerais, que se localizam nas posições mais baixas do corpo devido à deposição do sangue nos vasos sanguíneos pela ação da gravidade. Estas manchas não se formam nas áreas onde a pele possa estar pressionada contra uma superfície dura ou um objeto, sendo que nestes casos há um impedimento à deposição do sangue local. Surgem entre a primeira e segunda horas e progressivamente vão se tornando mais pronunciados. Algumas horas após a morte eles ainda podem se deslocar para outros pontos do corpo, desde que a posição do cadáver venha a ser modificada. A partir da décima hora, em média, estão fixos, sendo irremovíveis após esse tempo, mesmo com mudança de posição do corpo. Os livores são menos visíveis em indivíduos da raça negra e após grandes perdas de sangue. Tornam-se evidentes entre a quinta e sexta horas após a morte e são suficientes para atestar a realidade do óbito. Tecnicamente, a sua presença representa uma justificativa para que as necropsias sejam realizadas apenas 6 horas após a morte. Eventualmente eles podem ser confundidos com equimoses, lesões estas formadas por ação traumática. Em uma equimose, a incisão na área de contusão irá mostrar uma hemorragia difusa na intimidade dos tecidos. Já no caso dos livores, esta incisão revelará que o sangue está confinado aos vasos sanguíneos, sem comprometimento dos tecidos moles adjacentes. Os livores ocorrem também internamente, sendo bem evidentes nos pulmões. Temperatura ambiente alta, morte rápida sem perda sanguínea, asfixias e certas intoxicações antecipam o aparecimento dos livores, enquanto frio, anemias, morte lenta, diarreias, vômitos e outras causas de desidratação tendem a retardá-los. Um corpo submerso tende a flutuar de bruços, com as pernas e os braços também pendurados para baixo. Neste caso, os livores desenvolver-se-ão preferencialmente na face, parte superior do tronco, mãos e antebraços, tornozelos e pés.

c) Fenômenos transformadores: com a cessação dos fenômenos vitais, as células sofrem lise, os tecidos se decompõem, e o corpo se transforma. Compreendem os fenômenos destrutivos (autólise, putrefação e maceração séptica) e os conservadores (mumificação, saponificação e maceração asséptica). Nos fenômenos destrutivos, dois processos paralelos de decomposição podem ser identificados: a autólise e a putrefação.

Um terceiro processo de transformação especial é a maceração, que ocorre quando o cadáver fica imerso em meio líquido contaminado (maceração séptica). Outro fenômeno destrutivo *post mortem* é resultado de antropofagia, pelo qual o ataque de vários tipos de predadores (insetos, pequenos e grandes animais, particularmente roedores) produz alterações significativas na transformação do corpo.

- **Autólise**: é a destruição das células pela ação descontrolada das suas próprias enzimas. As desordens bioquímicas resultantes da falta de oxigênio nas células levam a uma ruptura das membranas celulares e destruição asséptica dos tecidos por ação das próprias enzimas, num processo semelhante a uma autodigestão. As células da mucosa gástrica, da mucosa intestinal e do pâncreas são as que primeiro sofrem a destruição autolítica, o que pode ser pesquisado por vários métodos laboratoriais. Por ser um processo químico, pode ser acelerada pelo calor, retardada pelo frio e interrompida pelo frio ou calor extremo. A autólise afeta precocemente os cadáveres de recém-nascidos.
- **Putrefação**: é o prosseguimento da autólise devido à ação dos microrganismos e suas toxinas, que proliferam nos tecidos, procedentes do tubo digestivo e das cavidades naturais do organismo, onde existem em quantidades controladas durante a vida. As enzimas bacterianas decompõem os tecidos, produzindo grande quantidade de gases, dentre os quais: metano, gás sulfídrico, gás carbônico e amônia, sendo muitos destes gases inflamáveis e de odor nauseante. Os fenômenos da putrefação variam de velocidade em função da temperatura ambiental: entre 20 e 30 graus, há aceleração do processo, enquanto temperaturas muito altas (acima de 60 graus centígrados) ou muito baixas (abaixo de zero grau centígrado) retardam os fenômenos ou até mesmo os impedem. Umidade muito elevada ou muito baixa também retarda a putrefação. É geralmente aceito que a putrefação ao ar livre é mais rápida do que na água ou no solo. Tanto que *"uma semana ao ar livre é igual a duas na água e a oito na terra"*. No caso de submersão, torna-se muito importante o grau de poluição bacteriana da água, principalmente em locais com presença de esgotos. Em águas assim contaminadas, a putrefação pode ser muito antecipada. Já em águas com temperatura abaixo de 5º C a putrefação pode ser retardada em semanas. Obesidade, febre antes da morte e overdose de cocaína são fatores que aceleram os fenômenos da putrefação. O uso de antibióticos de amplo espectro, imediatamente antes da morte, retarda o processo de putrefação por alteração ou destruição da flora bacteriana do indivíduo. Há quatro fases na putrefação:
    1. **Fase cromática**: sinicia como uma mancha verde no quadrante inferior direito do abdômen, que surge cerca de 18 a 24 horas após a morte, podendo demorar 36 a 48 horas em climas frios, desde que o corpo não fique sob ação direta do sol nem esteja agasalhado. A combinação de gases sulfurados, produzidos pelas bactérias, com a hemoglobina é responsável por esta fase, que normalmente em 48 horas compromete o tórax e abdômen, prolongando-se por uma semana, quando

todo o tegumento cutâneo assume uma coloração verde-enegrecida. Vale salientar que em crianças e afogados a mancha verde inicia-se no tórax. Paralelamente, surgem pelo tronco e membros desenhos vasculares, em forma arborescente, de coloração pardo-esverdeada, desenhando uma rede e formando uma "circulação póstuma" junto à pele. Na cavidade abdominal, observa-se que o pigmento biliar atravessa a parede da vesícula e se impregna nas vísceras vizinhas, tornando-as esverdeadas. Os gases do intestino grosso atravessam sua parede e penetram as vísceras maciças adjacentes, dando-lhes uma cor enegrecida nos pontos de contato.

2. **Fase gasosa**: começa em 24 horas. O tecido subcutâneo é tomado por pequenas bolhas de gases sulfurados (enfisema), aumentando de volume e dando uma sensação de crepitação ao toque. Os gases distendem também as vísceras ocas e o abdômen, dando ao cadáver um aspecto gigantesco, com os membros semifletidos (atitude de boxeador) e face vultuosa. A bolsa escrotal aumenta muito de volume, assim como há uma pseudoereção do pênis pela distensão dos corpos cavernosos e esponjosos pelos gases (genitália gigantoide). O aumento de volume do conteúdo orbitário produz a protusão dos globos oculares. A língua aumenta e se projeta para fora do limite das arcadas dentárias. Onde a pele é mais solta, como nas pálpebras e nos genitais, os aumentos de volume são mais marcantes, e o cheiro putrefativo é intenso. Com o passar dos dias, há destacamento total da epiderme e perda dos fâneros (pelos, unhas e cabelos). A pele das mãos sofre um processo de descolamento da epiderme, imitando uma luva. Internamente, o coração mostra-se amolecido, os pulmões ficam de uma cor parda muito escura, as cavidades pleurais chegam a conter 200 ml de fluido enegrecido, e o cérebro reduz-se a uma massa acinzentada, pegajosa, que se escoa da cavidade craniana assim que ela é aberta. O período gasoso atinge o máximo em 3-4 dias e dura até 3 ou 5 semanas.

3. **Fase coliquativa**: começa no fim da primeira semana, podendo durar até alguns meses, na dependência do local onde o corpo se encontra. Dependendo das condições onde o cadáver está depositado, a fase coliquativa pode variar de 5 dias a 2 meses. A pele se rompe, os orifícios naturais se entreabrem, as partes moles começam a se desmanchar, liquefazendo-se, e os insetos necrófagos proliferam. A ação de larvas necrófagas, surgidas originariamente da deposição de ovos pelas moscas, destrói rapidamente os tecidos moles.

4. **Fase de esqueletização**: tem início entre a terceira e quarta semanas, quando os ossos vão ficando expostos, pela destruição completa das partes moles. Nos cadáveres expostos ao ar livre, esta fase será alcançada até no meio da segunda semana, podendo durar vários meses ou inclusive anos. Em áreas com temperaturas medianas, o período mínimo para uma esqueletização completa é de aproximadamente 18 meses.

- **Maceração séptica:** este processo especial de transformação ocorre quando o cadáver fica imerso em meio líquido, com a penetração de água nos tecidos do organismo morto, por osmose. Um sinal característico é o engruvinhamento e o descolamento da pele.

d) Fenômenos conservadores: por falta de atuação bacteriana, a autólise não avança no sentido da putrefação, e os tecidos ficam conservados.

- **Mumificação:** resulta da desidratação dos tecidos, que ocorre sob certas condições climáticas como alta temperatura, baixa umidade e boa ventilação. As partes moles externas do cadáver são dessecadas, ficando com uma consistência de couro, enquanto os órgãos internos ficam pouco preservados ou podem desaparecer totalmente devido à decomposição. Estes cadáveres apresentam peso corporal reduzido em até 70%, pele de cor cinza escuro, face com vagos traços fisionômicos, unhas e dentes preservados. Uma vez que a mumificação tenha se desenvolvido completamente, o corpo permanece preservado como uma carcaça por longos períodos de tempo, mesmo anos. A velocidade da mumificação e sua extensão dependem da umidade do ar e da intensidade do calor ambiental, e o seu completo desenvolvimento em zonas de clima temperado requer no mínimo três meses de intervalo após a morte. Em fetos mortos retidos na cavidade uterina, a mumificação pode ocorrer como alteração tardia, manifestando-se 2 ou mais semanas após a morte.
- **Saponificação:** ocorre em solos úmidos e ricos em sais calcários, onde condições especiais do corpo e algumas enzimas microbianas produzem um fenômeno de esterificação ou transformação de gordura em cera. Locais de difícil acesso ao ar atmosférico, com baixa oxigenação e calor úmido, como ocorre em terrenos argilosos, são ideais para sua formação. Também pode ocorrer em cadáveres submersos em um meio líquido (afogados) com pouca correnteza e por um período prolongado de tempo, em especial em cadáveres com grande quantidade de tecido adiposo. O processo químico consiste na hidratação e desidrogenização das gorduras corporais, um processo que confere aos tecidos moles do corpo uma cor branco-acinzentada, uma consistência macia e flexível, e um aspecto engordurado. O corpo transforma-se em uma massa untuosa, mole ou quebradiça, de colorido amarelado, lembrando queijo, sabão e depois cera. Como é formada a partir das gorduras do corpo, é muito mais frequente em indivíduos obesos. Sendo um produto de difícil degradação no processo da putrefação, funciona como fenômeno conservador do cadáver. As feições e as formas do corpo podem ser preservadas por meses e anos. Este fenômeno, além de facilitar o reconhecimento do indivíduo após todo este tempo, preservando parcialmente a sua forma, favorece o exame de lesões porventura existentes. No entanto, é mais comum que estas modificações sejam notadas apenas em alguns segmentos do corpo. Não é um processo inicial, pois para que ocorra há necessidade de que as enzimas bacterianas da putrefação, principalmente aquelas produzidas por bactérias do gênero *Clostridium*,

comecem a hidrolisar as gorduras neutras (triglicerídeos), liberando os ácidos graxos. O corpo assim conservado é denominado *adipocera*. Este fenômeno envolve especialmente o tecido subcutâneo da face, membros, regiões glúteas e mamas. O tempo para o desenvolvimento da adipocera é estimado em, no mínimo, três meses e, geralmente, não é observado antes de seis meses. Embora não percebida, já começa a se formar após a primeira semana, mas só a percebemos quando o teor de ácidos graxos atinge 70%, normalmente ao final de 3 meses. No entanto, uma infestação por enxames de insetos pode aumentar a temperatura do corpo em decomposição, o que pode apressar o surgimento da adipocera. Existem casos em que a infestação de larvas produziu adipocera em apenas três semanas.

- **Maceração asséptica**: este processo especial de conservação ocorre quando o cadáver fica imerso em meio líquido asséptico, com a penetração de água nos tecidos do organismo morto, por osmose. Este tipo de maceração ocorre em cadáveres de fetos mortos após o 5º mês de gestação retidos na cavidade uterina. Um sinal característico é o engruvinhamento e o descolamento da pele. Nesta situação específica, de fetos com morte intrauterina, a maceração é considerada um fenômeno conservador, decorrente de um processo de autólise asséptica. O aspecto externo do feto é útil para estimar o tempo de morte intrauterina com um grau de acurácia de 69%. As duas alterações mais precoces identificadas são áreas de descamação, medindo menos de 1 cm de diâmetro, e a alteração de coloração do coto do cordão umbilical para vermelho-amarronzado. Estas duas alterações ocorrem primariamente em fetos com intervalo de morte intrauterina de 6 ou mais horas. Outras alterações que ocorrem são a descamação envolvendo a face, o abdômen ou o dorso (12 ou mais horas); a descamação envolvendo 5% ou mais da superfície corporal (18 ou mais horas); coloração amarronzada da pele (24 ou mais horas). Uma descamação de moderada a severa significa um tempo de morte superior a 24 horas.

9.6. Cronotanatognose

É a parte da Tanatologia que estuda a data aproximada da morte. A cronotanatognose procura determinar o tempo de morte a partir das mudanças físico-químicas que ocorrem no cadáver. Trata-se de um *"relógio post mortem"*.

Tendo em vista a significativa variação na velocidade dos fenômenos cadavéricos, o tempo de morte não pode ser apontado de uma maneira exata, mas estimado dentro de um intervalo de tempo variável. Nenhum método utilizado para determinação deste tempo pode ser considerado totalmente confiável e matematicamente preciso. Quanto maior for o intervalo *post mortem* (IPM), ou seja, o período de tempo entre a morte e o exame cadavérico, menos precisa será esta estimativa de tempo.

Quanto ao tempo de morte, cabe salientar que a velocidade da decomposição e esqueletização de um corpo dependem amplamente das condições climáticas e da atividade da fauna cadavérica (insetos), fatores que variam largamente de região para região. A temperatura e a umidade são os fatores meteorológicos mais importantes na velocidade de decomposição do cadáver. Em geral, quanto maior a temperatura e umidade, maior é a velocidade de decomposição e esqueletização. Os tecidos moles, na sua maioria, são destruídos por insetos necrófagos, especialmente larvas, os quais proliferam em condições de umidade e calor. Há estudos indicando que em ambientes úmidos e quentes a esqueletização completa pode ocorrer em 2 a 4 semanas. Trabalhos mostram que a esqueletização em condições climáticas quentes e secas, em cadáveres expostos ao ar, ocorre em média de 5 a 18 meses, variando de 2 meses a 2 anos; já em cadáveres em ambiente fechado, a esqueletização ocorre em média de 4 meses a 3 anos, variando de 14 dias a 3 anos. Em locais com uma altitude maior e temperaturas mais frias, a atividade das larvas é retardada durante os meses de inverno. Há uma correlação direta entre a atividade dos insetos, temperatura e umidade. Como a atividade dos insetos está reduzida em condições áridas, a decomposição nestes ambientes é lenta, e a chance de mumificação aumenta. Em restos depositados na superfície do solo, em ambientes quentes e áridos, a ação de insetos e animais carnívoros pode causar esqueletização em 4 a 6 meses. Em restos mortais completos, os animais carnívoros irão destruir inicialmente os tecidos moles da face e das mãos. Estas ações irão aumentar a velocidade de decomposição. Próximo à esqueletização, as áreas macias dos ossos, tais como as extremidades dos ossos longos, os ossos das coxas e das vértebras, são o foco da ação de animais carnívoros e roedores. Como os animais carnívoros retiram elementos ósseos, os poucos ossos mais pesados é que serão recuperados com o tempo decorrido desde que a decomposição iniciou. Os roedores podem causar destruição da face, mãos, pés e abdômen. Eles também podem carregar os pequenos ossos das mãos e dos pés até curtas distâncias do corpo. Se o corpo não apresenta evidências da ação de animais carnívoros ou roedores, são boas as chances de que o corpo tenha ficado exposto por um curto período de tempo ou tenha sido mantido em um local inacessível a tais animais.

Os principais elementos de estudo para determinação do tempo de morte, no nosso meio são:

- **Rigidez cadavérica**: a rigidez muscular é o evento *post mortem* mais conhecido, porém o mais incerto, o que determina a imprecisão da rigidez como critério único para calcular a hora da morte. Ela está presente na face, nuca e mandíbula, nas primeiras 2 horas; nos músculos tóraco-abdominais em 2-4 horas; nos membros superiores em 4-6 horas; nos membros inferiores em 6-8 horas, atingindo um máximo entre 8-12 horas após a morte. Desaparece progressivamente, também de cima para baixo, com o início da putrefação (18 a 24 horas após a morte).
- **Livores de hipóstase**: Começam a ficar visíveis entre 1 e 2 horas após a morte, tornam-se evidentes entre 5 e 6 horas depois do óbito, e atingem sua coloração máxima entre 8 e 12 horas *post mortem*, período em que se tornam fixos. A fixação dos livores pode ocorrer antes deste período em casos de putrefação acelerada.
- **Mancha verde abdominal**: quase sempre localizada inicialmente no lado direito, porção inferior, surge entre 18 e 24 horas, estendendo-se progressivamente para todo o abdômen, tórax e o resto do corpo.
- **Conteúdo gástrico**: apesar de inúmeras variáveis, a digestão em geral se faz em torno de 5-7 horas. A identificação de alimentos reconhecíveis em suas diversas formas pode determinar que o indivíduo faleceu 1-2 horas após a última refeição; alimentos em fase final de digestão sugerem um intervalo de 4-7 horas; estando o estômago vazio, sugere-se um óbito há mais de 7 horas. Estes dados, apesar de pouco específicos, em conjunto com os demais fenômenos, podem trazer uma valiosa contribuição na determinação do tempo de morte.
- **Fauna cadavérica**: ainda no início do período cromático, certas espécies de moscas procuram o cadáver para depositar seus ovos, principalmente nas fendas palpebrais, narinas, boca, condutos auditivos e orifícios provocados por traumas. As larvas penetram nestes orifícios em busca de alimento e crescem rapidamente. Como são muito numerosas, há destruição rápida das partes moles e vísceras do cadáver. Orifícios de projéteis de armas de fogo e feridas por instrumentos pérfuro-cortantes podem ser rapidamente descaracterizados. Não são apenas os dípteros (moscas) que afluem ao cadáver. Outros insetos, como coleópteros (besouros), lepidópteros (mariposas e borboletas), ortópteros (gafanhotos) e himenópteros (formigas), também se servem dos corpos em decomposição, assim como os predadores dos insetos e animais carniceiros, que se aproximam para buscar alimento. Neste sentido, o conceito de fauna cadavérica pode ser estendido para incluir insetos, ácaros, aves e mamíferos que de algum modo destroem os cadáveres. Num sentido mais estrito, no entanto, alguns autores consideram como fauna cadavérica apenas os insetos e ácaros, que são necrófagos frequentes na idade adulta, produzindo alterações de certa importância médico-legal nos corpos e concorrendo de modo eficaz para a sua destruição. A ideia de que as legiões de larvas necrófagas surgem em certa sequência regular, em etapas diversas e em número de oito, levou a chamá-las de "trabalhadores da morte", sendo que o seu estudo pode auxiliar no estabelecimento da cronologia da morte. Este cálculo do tempo de morte deve ser analisado, no entanto, com

cuidado, pois o estudo da fauna cadavérica apresenta dificuldades de ordem prática, como ausência de exclusividade das espécies para certas fases da putrefação, a existência de concorrência entre elas, dificuldades na sua classificação, grande variação no tempo gasto para a destruição dos corpos e interferência de predadores de outras espécies. Mesmo assim, aceita-se certa ordem na chegada dos insetos e ácaros ao cadáver: moscas, besouros, ácaros, baratas, formigas e mariposas, sendo que, no entanto, esta ordem pode apresentar variações, pois é comum vermos formigas consumindo a epiderme de corpos frescos encontrados em matagais e outros ambientes silvestres. Normalmente, quando inicia o processo de putrefação, em um corpo morto a céu aberto, chegam as moscas, atraídas pelo cheiro da decomposição. As primeiras são as moscas varejeiras (*Calliphora*), e por último chegam os besouros. As varejeiras azuis podem depositar seus ovos em feridas, nos olhos e lábios e em orifícios como a boca, o nariz ou a vagina, apenas algumas horas após a morte. Isto ocorre durante o dia e é menos comum durante os meses de inverno. Entre 8 e 14 horas depois, dependendo da temperatura ambiente, os ovos chocam e surgem os primeiros pequenos vermes. Após 2 a 3 dias, os casulos liberam vermes brancos, que se alimentam vorazmente durante cerca de seis dias, migrando após para fora do corpo e enterrando-se no chão, onde se metamorfoseiam durante cerca de doze dias, até emergirem como moscas. Uma vez que as varejeiras preferem carne fresca, é comum que estas não regressem ao mesmo cadáver. Outras moscas cujas larvas podem ser encontradas em cadáveres são as varejeiras verdes, as moscas dos rebanhos (*Lucilia*) e a mosca doméstica (*Musca*). O ciclo de vida da *Lucilia* é semelhante ao da varejeira azul, mas a mosca doméstica, embora se alimente de carne morta, raramente deposita os seus ovos em cadáveres. Uma cobertura de terra impede que algumas espécies de mosca atinjam o cadáver, mas a chamada "mosca de caixão" pode furar o solo e mesmo penetrar em caixões fechados. No nosso meio, é muito frequente encontrarmos a presença de **larvas saltadoras**, componentes da 4ª legião de larvas, as quais teoricamente chegam durante a fermentação caseosa dos tecidos (liquefação). O intervalo *post mortem* (IPM) estimado pela evidência entomológica é de 10-11 meses. A larva não se desenvolve até 3-6 meses após a morte, embora isso possa ser diferente, dependendo da região, do clima e das condições ambientais. A maioria dos relatos de ocorrência de larvas saltadoras indica que a espécie está associada com avançados estágios de decomposição, ocorrendo mesmo em cadáveres esqueletizados. Desta forma, conforme a localização, o clima e as condições climáticas da região estas larvas podem estar presentes em um IPM entre 13 dias a 11 meses.

- **Cicatrização ou remodelação do alvéolo após extração dentária**: Se registros da história dentária da pessoa desaparecida puderem ser obtidos e se, pelo menos, um alvéolo dentário apresentar estágios iniciais de remodelação óssea, poderá ser possível estimar o tempo de morte. O fragmento mandibular contendo o alvéolo dentário deve ser submetido a exame morfológico macroscópico e a análises radiográfica e histológica. A análise histológica, segundo dados da literatura, sugere uma sequência temporal de reparação óssea que varia de 13 dias a 42 dias. À extração dentária segue-se o processo reparativo do alvéolo dentário, o qual interessa tanto ao tecido ósseo, como os tecidos moles. A sequência de eventos que levam à cicatrização do alvéolo dentário é bem conhecida: a) imediatamente após a extração dentária, um coágulo de sangue preenche o alvéolo e, em seguida, polimorfonucleares e fibroblastos invadem o coágulo; b) 2-3 dias após, aparece o tecido de granulação; c) 4 dias após, o tecido epitelial cresce a partir dos bordos da cavidade e os osteoclastos reabsorveram o rebordo alveolar; d) no sétimo dia, o tecido conjuntivo se desenvolve na base da cavidade; e) no vigésimo dia, a epitelização da cavidade está completa, e começa a mineralização do tecido ósseo; e f) 40 dias após a extração do dente, a altura da crista alveolar está diminuída em cerca de um terço. Essa sequência de eventos reparadores que ocorrem após a extração dentária constitui, a base para o planejamento utilização de próteses definitivas e de tratamentos clínicos periodontais e ortodônticos, que frequentemente são realizados na sequência da extração dentária.

9.7. Lesões *in vitam* e *post-mortem*

Um dos dados mais importantes em medicina legal é determinar se um ferimento foi feito em vida ou após a morte. Este diagnóstico pode ser alcançado, com frequência, durante o exame macroscópico do cadáver, pela presença de *lesões vitais* (que ocorreram em vida), tais como hemorragia, externa ou interna, coagulação do sangue, retração dos tecidos, equimoses, hematomas etc.

Quando a lesão é produzida certo tempo antes ou depois da morte, geralmente não há maiores dificuldades no diagnóstico diferencial. Contudo, quanto mais próximo do momento da morte for produzida a lesão, maior será a dificuldade diagnóstica.

Os principais sinais de lesões corporais sofridas *in vitam* são:
- **Hemorragia:** podem ser externas, internas ou mistas. As hemorragias externas, quando são intensas, *não* deixam dúvida quanto a terem sido produzidas em vida. A hemorragia interna proveniente de lesão produzida no vivo aloja-se no interior do corpo sob forma de coleções sanguíneas, de tamanho variado, sendo que o sangue se infiltra e coagula nas malhas dos tecidos. No morto, a coleção de sangue coletada internamente é sempre de reduzida dimensão, ou não existe, e o sangue não coagula. Por isso as lesões aplicadas no cadáver são *brancas*. Todavia, se a lesão foi provocada imediatamente antes ou após a morte, podem ser encontrados coágulos moles e frouxos que desprendem facilmente das malhas dos tecidos com a aplicação de água corrente. Por outro

lado, é possível observar uma drenagem de sangue externamente em lesões produzidas *post mortem*. É o que ocorre em membros que ficam pendentes, quando um grande vaso sanguíneo é lesado, e o sangue começa a sair passivamente pela ação da gravidade. Cortes feitos na pele logo após a morte podem também produzir saída de sangue se comprometerem alguma veia de médio calibre, mas sempre sendo de pequena monta. Coleções sanguíneas nos espaços meníngeos do cérebro indicam reação vital, mas não podemos esquecer a possibilidade de impregnação sanguínea *post mortem*, seja do couro cabeludo, seja das meninges, nos planos mais baixos da cabeça, uma vez que os livores se acumulam neste segmento. Com a hemólise, o pigmento sanguíneo tinge os tecidos, imitando infiltração hemorrágica. Além disso, não se deve confundir a infiltração hemorrágica decorrente da passagem de hemácias através da parede vascular, formando pequenas petéquias nos locais de maior intensidade dos livores de hipóstase, com hemorragia ocorrida em vida.

- **Retração dos tecidos:** os ferimentos incisos e os corto-contusos mostram as margens afastadas, devido à retração dos tecidos, o que não ocorre quando produzidos no cadáver, pois neste os músculos perdem a contratilidade.
- **Equimoses e hematomas** são manchas e coleções sanguíneas, inicialmente vermelhas ou vermelho-violáceas, que resultam do extravasamento sanguíneo, por ruptura vascular, na derme, nas mucosas ou nos órgãos profundos, não desaparecendo quando a área é comprimida. São lesões produzidas no indivíduo vivo após um traumatismo, e se apagam lenta e paulatinamente, pela reabsorção dos pigmentos de hemossiderina, o que explica o sucessivo espectro de cores, alternando do vermelho ao amarelo, passando pelos tons intermediários, até desaparecer por completo. No cadáver, não ocorrem essas variações de tonalidades cromáticas. Equimoses ou hematomas de coloração amarelada ou esverdeada são um indicativo de que foram anteriores ao óbito. No cadáver, as equimoses e os hematomas têm a mesma coloração produzida no momento da morte (vermelho-violáceo). As equimoses e os hematomas estão entre as lesões de maior importância, para o médico-legista, como critério para determinar lesões ocorridas em vida.
- **Reações inflamatórias:** a reação inflamatória é um mecanismo de defesa pelo qual o organismo tenta conter o agente agressor e limitar o dano causado. Só ocorre em vida e é formada a partir de fenômenos vasculares e afluxo ao local de elementos celulares do sangue e dos tecidos, sob a influência de substâncias conhecidas como mediadores químicos. Manifesta-se pelos quatro sinais clássicos: *dor, tumor, rubor e calor*. A inflamação decorre de fenômenos vitais importantes, como a vasodilatação e alterações celulares locais, e representa um elemento determinante de que a lesão foi produzida bem antes da morte.
- **Coagulação do sangue:** embora se considere a coagulação do sangue como um fenômeno vital, ela pode eventualmente ocorrer após a morte. O coágulo *post mortem*, no entanto, é dissolvido depois de formado, quando a morte se processa rapidamente, principalmente nas asfixias. Isto se

deve à liberação de um sistema fibrinolítico que não é ativado nos casos de morte agônica. Mas o maior valor da coagulação como sinal de reação vital é a aderência dos coágulos às bordas das lesões. Nas lesões vitais, a lavagem com água não consegue retirar o sangue aderido aos tecidos.

A *diluição do sangue* e *a presença de líquido* nos pulmões e no estômago nos asfixiados por submersão, *de substâncias sólidas* no interior da traqueia e dos brônquios no soterramento, *de fuligem* nas vias respiratórias e *monóxido de carbono* no sangue dos que respiraram no foco de incêndio, *de aeração pulmonar* e *conteúdo lácteo* no tubo digestivo de recém-nascido são achados sugestivos de situações produzidas em indivíduos vivos.

Outra evidência sugestiva decorre do reflexo de piscar fortemente e fechar o olho, como resultado da percepção de uma ameaça se aproximando e/ou estímulos luminosos ou auditivos. Neste sentido, o sinal do "pé de corvo" descreve um evento padrão que ocorre quando a pele se dobra em torno do olho, particularmente ao lado do ângulo externo da órbita. Devido a suas forma e estrutura, quando os olhos fecham de forma forçada, nenhum depósito de elementos externos, fuligem por exemplo, ocorre nestes vincos. A área com ausência de fuligem nestas dobras assemelha-se à impressão do pé de um pássaro. Isto pode ser usado como sinal para determinar se uma vítima estava consciente ou inconsciente na hora da morte, principalmente em casos que envolvem mortes por queimadura por fogo, ação de fumaça e eletroplessão por alta tensão. Trata-se de uma evidência relevante para determinar se a vítima estava viva ou morta antes da exposição ao agente causal. Este sinal pode estar presente também quando os olhos fecham fortemente e impedem que a fuligem produzida por um disparo de arma de fogo, a curta distância, se deposite entre os enrugamentos da pele que estavam na altura do disparo. O mesmo efeito ocorre nas dobras nasolabial e nas dobras em torno do nariz que aparecem quando a face manifesta um espasmo, como acontece quando a vítima está receosa ou com medo.

Entre os exames complementares laboratoriais, para determinação de lesão vital, destaca-se a **prova histológica**, que busca evidenciar, através de exames microscópicos dos tecidos, as reações inflamatórias, como: a) intensa congestão vascular e afluxo de células leucocitárias com marginação e invasão dos interstícios tissulares pelos linfócitos; b) neoformação vascular sanguínea dos capilares em repouso, se a lesão corporal ocorreu 5 minutos antes da morte; c) incursão dos neutrófilos polimorfonucleares e dos linfócitos nos tecidos, se a morte ocorreu 10 minutos após a produção da lesão. Nenhum desses fenômenos vitais de reação de defesa do organismo se processa no cadáver. Desse modo, a prova histológica é de grande importância médico-legal no diagnóstico diferencial entre as lesões produzidas bem antes ou logo após a morte. Quanto maior for o espaço de tempo transcorrido entre a produção da lesão e o evento morte, mais acentuados serão estes fenômenos vitais, destacando-se, no entanto, que a putrefação cadavérica e os livores de hipóstase prejudicam os resultados da prova histológica.

Certas lesões *post mortem* são encontradas com frequência na rotina das necropsias forenses como, por exemplo, os ferimentos produzidos por animais predadores, as lesões acidentais e as lesões intencionais.

A atividade pós-morte dos animais e insetos tende a produzir lesões e eventualmente uma significativa destruição de tecidos e de órgãos macios. Isso ocorre particularmente nos casos em que o corpo está em decomposição, infestado por larvas de moscas. As ***lesões produzidas por animais predadores*** *post mortem* diferem das lesões vitais por não apresentarem qualquer infiltração hemorrágica visível. Além do mais, sua forma e distribuição são características. Entre os insetos, as formigas são encontradas na superfície dos corpos muito mais cedo no período pós-morte, embora possam também ser encontradas em uns estágios mais tardios. As formigas costumam arrancar minúsculos pedaços da epiderme, deixando áreas expostas de derme com a coloração amarelada e aspecto apergaminhado pela desidratação. Quando situadas em regiões onde os livores cadavéricos são intensos, podem assumir coloração avermelhada e sugerir escoriações produzidas em vida. O aspecto do conjunto das lesões, sua relação com os livores e a eventual presença das formigas permite fazer o diagnóstico.

Por vezes, o corpo é atacado por roedores, como camundongos e ratos, que destroem grande parte dos tecidos nos diversos segmentos, deixando uma margem irregular pela ação dos seus dentes. Nos corpos expostos ao ar livre, podem ocorrer maiores perdas de tecido pela ação de urubus ou cães. Os corpos de afogados podem sofrer destruição parcial pela ação de peixes e, principalmente, de crustáceos. Geralmente, as regiões atingidas são as pálpebras, os lábios, as orelhas e o nariz, sempre com as bordas caracteristicamente destruídas.

As lesões acidentais ocorrem, por exemplo, no corpo de indivíduos afogados, que pode ser lesado por embarcações, levando à produção de ferimentos de profundidade e extensão variados, na dependência de ter sido atingido pela hélice do motor, inclusive podendo ocorrer mutilações extensas. A correnteza do mar, ou dos rios, pode provocar lesões de arrastamento, semelhantes a escoriações. O transporte do corpo, e mesmo o seu resgate em locais de difícil acesso, podem deixar marcas importantes pela ação de ganchos, cordas e atrito com o meio no momento do recolhimento.

As lesões intencionais podem resultar de ato médico ou de ato criminoso. Os médicos, durante as manobras de reanimação com massagem cardíaca externa, podem produzir fraturas costais. Tais fraturas podem causar sangramento para dentro da cavidade pleural ou abdominal em decorrência da própria eficiência da massagem. As lesões intencionais de origem criminosa são feitas com intuito de dissimular um homicídio ou ocultar a identidade da vítima, como ocorre nos casos de corpos queimados ou mutilados. A caracterização da reação vital em queimaduras pode se tornar difícil se for superficial e feita logo após a morte.

9.8. Destino dos cadáveres

Cadáver é o corpo morto, enquanto conserva a aparência humana, e mantém a conexão de suas partes, incluindo o natimorto expulso no termo da gestação. O conceito exclui os restos humanos em estado de quase esqueletização, o esqueleto, as cinzas humanas, as partes de um corpo, as peças amputadas e os fetos com menos de 20 semanas de idade gestacional (ou peso corporal inferior a 500 gramas e/ou estatura inferior a 25 cm).

Confirmada a realidade da morte e após registro do atestado de óbito no cartório, o cadáver poderá ter como destino:

- **Inumação simples:** é o sepultamento em caixões próprios, em inumatórios com 1,75 m de profundidade, 0,80 m de largura e distante 0,60 m, em todos os sentidos, das outras sepulturas. A inumação não se processará antes de 24 h, podendo, no entanto, ser imediata em casos de epidemias, conflitos armados e catástrofes.
- **Inumação com necropsia:** a necropsia está indicada de forma obrigatória, nos casos de morte violenta (homicídio, suicídio ou acidentes) ou suspeita, conforme estabelece o Código de Processo Penal. Nos casos de morte natural, temos ainda a indicação clínica de necropsia para aquelas situações em que há dúvida ou interesse científico no diagnóstico da morte. Nas necropsias clínicas, buscar-se-á um termo de permissão dos familiares ou responsáveis para a execução do procedimento.
- **Cremação:** procede-se à incineração do cadáver, reduzindo-o a cinzas, que serão então colocadas em uma urna, que poderá ser enterrada. Trata-se de um processo prático, higiênico e econômico. Nestes casos, a Declaração de Óbito deverá ser assinada por dois médicos, nos casos de morte natural, e por um médico-legista, em casos de mortes violentas. Nas mortes violentas, para que se proceda à cremação, é necessária autorização da autoridade judiciária.

- **Embalsamamento:** consiste na introdução nos vasos sanguíneos e nas cavidades tóraco-abdominal e craniana de líquidos desinfetantes e conservadores, objetivando impedir a putrefação do cadáver. Está indicada nos casos em que o sepultamento será realizado em prazo superior a 4 dias ou quando o corpo tenha que ser transportado para fora do estado ou país em que ocorreu o óbito. O transporte de cadáveres sem conservação só poderá ser feito até o prazo máximo de 24 horas entre o óbito e o sepultamento.
- **Doação:** O Código Civil brasileiro autoriza a doação voluntária do próprio corpo em vida de acordo com o art. 14 da Lei 10.406/2002 que diz: "é válida, com objetivo científico, ou altruístico, a disposição gratuita do próprio corpo, no todo ou em parte para depois da morte. O ato de disposição pode ser livremente revogado a qualquer tempo". É importante que a família esteja ciente e concorde com a opção por doar o corpo. Ainda, a Lei 8.501/92, em seu art. 2º, dispõe sobre a utilização de cadáveres não-reclamados: "o cadáver não reclamado junto às autoridades públicas, no prazo de trinta dias, poderá ser destinado às escolas de medicina, para fins de ensino e de pesquisa de caráter científico."

9.9. Exumação

Na busca de vestígios, no âmbito do corpo humano, pode surgir a necessidade de se realizar uma necropsia pós-exumação. Este procedimento está indicado quando não tenha sido realizada uma necropsia em que havia recomendação para sua realização, ou quando a necropsia, à época em que foi realizada, não tenha sido feita de forma completa, ou desde que um motivo relevante, superveniente, a justifique.

Exumação (do latim *ex*, para fora + *húmus*, solo, terra) é o ato de retirar da sepultura o cadáver humano ou seus restos mortais. Já a necropsia pós-exumação consiste no estudo necroscópico realizado após a retirada do cadáver humano da sepultura, a fim de ser submetido à perícia médico-legal. Neste trabalho, os peritos devem emitir laudos corretos e coerentes, evidenciando exatamente o que viram (*visum et repertum*). Este tipo de perícia, pela própria circunstância do procedimento, cerca-se sempre de inúmeros questionamentos, tanto do ponto de vista técnico quanto jurídico.

A exumação não é um meio de prova em si, mas uma providência que tem por escopo obter uma prova nova ou aperfeiçoar uma prova anteriormente obtida. Para realização de uma exumação, a autoridade deve providenciar para que, em dia e hora previamente marcados, se realize a diligência, devendo ainda lavrar autocircunstanciado, conforme determinado no artigo 163 do Código de Processo Penal.

O responsável pelo cemitério, sob pena de "desobediência" (CP, art. 330), deverá indicar a sepultura onde o cadáver estiver inumado. Entretanto, no caso de recusa ou à falta de quem indique a sepultura, ou de encontrar-se o cadáver em lugar não destinado a inumações, a autoridade deverá proceder às pesquisas necessárias a fim de localizá-lo e exumá-lo, fazendo com que conste do laudo lavrado todas as providências que foram adotadas.

Exumado o cadáver, os peritos procederão ao exame, com a finalidade de dirimir as dúvidas que determinaram a realização da exumação, como se estivessem realizando um novo exame pericial.

Estabelecer as circunstâncias dos fatos, numa necropsia pós-exumação, tendo em vista o adiantado estado de putrefação e a destruição significativa das partes moles que ocorre na maioria dos casos, é extremamente difícil, pois fogem aos peritos a maioria dos elementos necessários para concluí-la, ficando os mesmos limitados a esclarecer a presença de fraturas e/ou algum tipo de corpo estranho que pudessem estabelecer tal gravidade a ponto de justificar a causa da morte.

Situações em que a necropsia pós-exumação pode ser mais efetiva incluem aquelas em que a autoridade policial necessita verificar a presença de fraturas, de projetil de arma de fogo (PAF) junto ao corpo ou a confirmação da identidade do cadáver. Outras situações como: confirmação de lesões recentes ou antigas em partes moles, suspeita de má-prática em atendimento médico e de saúde, realização de exame residuográfico, diagnóstico de violência sexual e identificação da causa da morte dependerão, principalmente, do tempo decorrido desde a morte e das condições em que se encontra o cadáver no momento do exame.

Para que o procedimento seja mais efetivo, é importante que seja informado o local da sepultura, a dúvida que gerou a indicação da perícia e que sejam formulados quesitos. Também é essencial um local adequado, preferencialmente um serviço médico-legal, para a realização da necropsia pós-exumação. É altamente recomendável que as necropsias pós-exumação não sejam feitas no cemitério.

9.10. Álcool *post-mortem*

Os resultados positivos de álcool no sangue, após a morte, muitas vezes são resultado da produção *post-mortem* de etanol (produção endógena). Muitas espécies de bactérias, leveduras e fungos são capazes de produzir etanol a partir de uma variedade de substratos, sendo por vezes difícil distinguir entre a produção endógena de etanol, após a morte, e a ingestão de álcool antes da morte. Com a evolução da putrefação e a decomposição progressiva do corpo, aumenta a probabilidade de que o etanol presente seja devido à síntese pós-morte.

Na maioria dos casos esta síntese de álcool *post-mortem* não produz concentrações significativas, ou seja, mesmo que ela venha a ocorrer, não desempenha um papel importante na determinação de fatores que contribuem para a causa da morte. Há casos, no entanto, em que o resultado da necropsia pode revelar um teor alcoólico significativo, com eventual impacto sobre a interpretação das circunstâncias que levaram à morte. Nestes casos, a origem do elevado teor alcoólico é predominantemente exógena, ou seja, por ingestão antes do óbito.

Neste sentido, quando as concentrações de etanol em várias amostras são bastante elevadas, pode-se considerar que o álcool foi ingerido antes da morte. No entanto, com dosagens mais baixas, esta interpretação quantitativa entre dose ingerida ou efeitos fisiológicos deve ser feita com cuidado. Para melhorar o diagnóstico, várias amostras de diferentes sítios anatômicos devem ser recolhidas, em todos os casos de cadáveres putrefatos. Estas amostras incluem a coleta de sangue do coração e sangue periférico (artéria femoral), humor vítreo do globo ocular, urina da bexiga e/ou bílis da vesícula biliar. Se o etanol é detectado no sangue, mas não é detectado na urina e humor vítreo, devemos supor que a síntese do etanol ocorreu após a morte.

Por outro lado, estando o corpo obviamente em estado de decomposição e a amostra de sangue apresentando uma coloração preta ou esverdeada e um cheiro característico de putrefação, devemos considerar a síntese de etanol após a morte.

Estes critérios são generalizações que podem ser úteis. No entanto, não há qualquer correlação entre o grau de decomposição e a quantidade de etanol produzido.

9.11. Necropsias em má prática profissional

Qualquer tipo de morte (natural ou violenta) pode ser objeto de necropsia médico-legal por suspeita de má prática profissional. Os dados obtidos com estas necropsias, além de auxiliarem no esclarecimento da justiça, também são úteis para a identificação, avaliação e prevenção de possíveis erros futuros.

Muitas vezes, depois da necropsia é possível excluir que houve conduta médica em desacordo com o que está preconizado na literatura mundial ou, em casos evidentes, pode dar elementos objetivos de que a conduta adotada esteve em desacordo com o estabelecido (confusão na identidade do paciente, cirurgia em lado trocado ou em órgão saudável, presença material cirúrgico dentro de cavidade, etc.). A necropsia médico-legal protege o médico que adotou conduta respaldada pela literatura médica à época dos fatos, rapidamente descartando as alegações infundadas, bem como favorece o autor quando identificada conduta indevida.

Antes da realização deste tipo de necropsia, deve o perito médico-legista obter todas as informações clínicas referente ao paciente e ao atendimento médico prestado que resultou no evento letal. Estas informações são obtidas principalmente através de cópia de boletim de atendimento e prontuário hospitalar. Para procedimentos invasivos, que são gravados em vídeo, deve-se solicitar a disponibilização destes registros.

Como todas as necropsias médico-legais estas serão realizadas de forma regrada e completa. Antes de se retirar qualquer dispositivo colocado durante a assistência médica, deve-se comprovar a sua correta inserção e posicionamento (por exemplo tubo orotraqueal, cateteres, etc.). Sempre que possível, os materiais especiais utilizados durante a assistência ou procedimento não devem ser retirados pelo hospital, em especial, cateteres intravasculares, sondas ou tubos de qualquer tipo (orotraqueal, nasogástrica, uretral, etc.), já que sua retirada pode, muitas vezes, dificultar a perícia. O médico deve registrar todos os achados, em especial as evidências do tratamento médico quanto a sua localização, aspecto, tamanho e características, bem como realizar o registro fotográfico destes achados ou da ausência deles. A solicitação de exames complementares (toxicológico, anatomopatológico, etc.) vai depender do histórico fornecido pela autoridade policial ao perito e das informações constantes nos documentos médicos a que teve acesso. Em morte durante o trabalho de parto, deve-se realizar também o exame da placenta, do cordão umbilical e das membranas, sempre que disponibilizados ao perito. Quando há suspeita de falha de equipamentos implantados, como marca-passos, desfibriladores automáticos implantáveis, válvulas cardíacas, bombas de infusão, etc., estes equipamentos devem ser retirados durante a necropsia e disponibilizados para perícia especifica.

Para estabelecer a origem e a causa do óbito nestes casos, há cinco possibilidades quando a morte está relacionada a uma intervenção médica:
- A morte deve-se exclusivamente a doença básica do paciente.
- A morte deve-se a uma doença prévia do paciente, potencializada pelo procedimento realizado para tratar uma outra patologia. Nestes casos, a intervenção médica foi um fator contribuinte, mas não a causa básica do óbito.
- A intervenção médica tem uma participação no óbito, mas previamente esse risco era de conhecimento do médico e do paciente. Ou seja, a morte ocorre durante a realização do procedimento/tratamento, do qual se sabe os riscos de complicações graves.
- O procedimento terapêutico tem um efeito predominante no óbito do paciente. Neste grupo se enquadra o maior número de casos de complicações conhecidas da terapêutica utilizada. A participação da doença preexistente no resultado morte se deve a limitada capacidade do paciente em tolerar complicações decorrentes da evolução da própria doença ou do tratamento realizado, quando comparado com um indivíduo hígido.
- A morte se deve exclusivamente ao procedimento/tratamento realizado.

Na Declaração de Óbito não é recomendável utilizar, como causa de morte, termos como morte operatória, acidente anestésico, acidente cirúrgico, erro médico, etc., porque são imprecisos frente à complexidade destes casos.

Anotações . . .

Capítulo 10
ROTINAS DE FUNCIONAMENTO DO DML

Ao Departamento Médico-Legal (DML) compete realizar exames periciais em pessoas vivas, cadáveres e em peças anatômicas, no campo da medicina legal e da odontologia legal, sempre que solicitados por autoridades policiais, judiciárias ou militares, quando na presidência de inquéritos ou processos, em matéria criminal de sua competência.

A perícia médico-legal deve ser isenta e imparcial. Portanto, não deve estar subordinada aos serviços policiais, civil ou militar, já que existe um conflito direto de valores, objetivos e filosofias entre estes órgãos.

Para um bom desempenho no campo da Medicina Legal, é essencial conhecermos as normas e rotinas que regem as atividades profissionais dentro do DML. O desenvolvimento e distribuição racional do trabalho médico-legal estão baseados em pontos estratégicos, que representam a própria essência da atividade pericial. Alguns destes pontos estão descritos a seguir.

Embasamento Jurídico da Atividade Pericial.

A atividade pericial é regida pelos seguintes dispositivos legais:

a) CPP:

Art. 6°. Logo que tiver conhecimento da prática da infração penal, a autoridade policial deverá:

I – Dirigir-se ao local, providenciando para que não se alterem o estado e conservação das coisas, até a chegada dos peritos criminais;

II – Apreender os objetos que tiverem relação com o fato, após liberados pelos peritos criminais;

VII – Determinar, se for o caso, que se proceda a exame de corpo de delito e a quaisquer outras perícias.

Art. 158. Quando a infração deixar vestígios, será indispensável o exame de corpo de delito, direto ou indireto, não podendo supri-lo a confissão do acusado.

Art. 159. Os exames de corpo de delito e as outras perícias serão feitos por dois peritos oficiais. A Lei 11.690/2008 alterou esta redação, passando a exigir apenas um perito oficial, portador de diploma de curso superior.

Art. 160. Os peritos elaborarão o laudo pericial, onde descreverão minuciosamente o que examinarem, e responderão aos quesitos formulados.
Parágrafo único – O laudo pericial será elaborado no prazo máximo de 10 (dez) dias, podendo este prazo ser prorrogado, em casos excepcionais, a requerimento dos peritos.

b) CFM – Código de Ética:

Art. 92. É vedado ao médico assinar laudos periciais, auditoriais ou de verificação médico-legal, quando não o tenha realizado pessoalmente o exame.
Art. 93. É vedado ao médico ser perito ou auditor do próprio paciente, de pessoa de sua família ou de qualquer outra com a qual tenha relações capazes de influir em seu trabalho ou de empresa em que atue ou tenha atuado.
Art. 94. É vedado ao médico intervir, quando em função de auditor, assistente técnico ou perito, nos atos profissionais de outro médico, ou fazer qualquer apreciação em presença do examinado, reservando suas observações para o relatório.
Art. 95. É vedado ao médico realizar exames médico-periciais de corpo de delito em seres humanos no interior de prédios ou de dependências de delegacia de polícia, unidades militares, casas de detenção e presídios.
Art. 98. É vedado ao médico deixar de atuar com absoluta isenção quando designado para servir como perito ou como auditor, bem como ultrapassar os limites de suas atribuições e de sua competência.

10.1. Solicitação de exames

O Departamento Médico-Legal realiza perícias exclusivamente em processos de causa *criminal*, ficando os pedidos para perícias em ação civil a cargo do Departamento Médico-Judiciário ou através da nomeação de um *assistente técnico*. Ao Departamento Médico-Legal não cabe atender a solicitações de exames periciais diretamente de particulares ou de causas cíveis.

Tendo em vista a informatização dos serviços do DML, que permite a inclusão de requisições de exames apenas por códigos preestabelecidos, a solicitação das perícias foi padronizada de acordo com a literatura forense. Nestas condições, os exames médico-legais deverão ser realizados *somente* mediante requisição escrita, por parte da autoridade competente, onde conste o tipo de exame a ser realizado, o órgão solicitante, o número de registro da ocorrência e a identificação do periciado. Nestas solicitações, necessariamente, o pedido do exame deverá estar consignado conforme consta na relação de exames realizados pelo

DML. Cabe ao solicitante especificar o exame desejado para esclarecimento do caso, não podendo o perito subtrair, alterar ou acrescentar pedidos de exame.

As autoridades que solicitam perícias ao DML são:
- Juízes de Direito
- Delegados de Polícia
- Ministério Público (Promotores de Justiça)
- Oficiais Militares, presidindo Inquérito Policial Militar.

10.2. Exames realizados pelo DML

O DML realiza uma série de exames periciais, mediante solicitação das autoridades competentes. A forma de solicitação, no entanto, deve seguir um ritual definido, para que os exames possam ser realizados de uma maneira uniforme e harmônica. Neste sentido, a solicitação deve indicar de forma clara o tipo de perícia que a autoridade deseja. Abaixo estamos relacionando os principais exames realizados no DML, apresentados pela forma como devem ser solicitados.

- *Exame de lesão corporal*: deverá ser realizado nos casos de lesões corporais que apresentam algum dos resultados previstos nos §§ 1º, 2º e 3º do artigo 129 do CP ou para as lesões leves, se a autoridade policial assim o desejar. Este laudo apresenta sete quesitos, já previamente definidos, que serão ser respondidos. Existe também o chamado *exame de lesão corporal-B*, que deverá ser utilizado em exames realizados em mulheres grávidas. Este laudo apresenta oito quesitos, sendo que o quesito adicional faz referência à ocorrência de aborto ou aceleração de parto. Não há necessidade de especificação por parte da autoridade quanto ao tipo de laudo a ser utilizado, no caso da lesão corporal. Havendo diagnóstico de gravidez ou sua interrupção o perito automaticamente utilizará o laudo "B".

- *Exame complementar de lesão corporal*: deverá ser realizado quando, após o primeiro exame, resultar dependente a resposta aos 4º, 6º, 7º ou 8º quesitos. Salientamos que, para resposta ao 4º quesito, o periciado deverá obrigatoriamente retornar para novo exame, decorridos trinta dias após o evento, não podendo o perito respondê-lo baseado em presunção futura. Para os demais quesitos, o perito determinará o prazo para realização do novo exame.

- *Exame para verificação de violência sexual*: Este exame inclui: a) o exame de conjunção carnal, realizado em situações de abuso e agressão sexual, envolvendo relação pênis-vagina, constituindo-se portanto em um dos exames realizados nos casos para avaliação de estupro em mulheres; b)

o exame de *ato libidinoso diverso da conjunção carnal*, realizado para todos os casos de violência sexual que não envolvam a relação pênis-vagina, como nos casos de estupro mediante ato libidinoso diverso da conjunção carnal envolvendo indivíduos do sexo feminino e masculino como vítimas. Os exames periciais não deverão ser solicitados conforme consta no tipo penal, pois isso inviabiliza a sua inclusão no sistema e obriga o paciente a retornar ao local de origem para buscar uma nova solicitação. Assim, não existe solicitação de "exame de estupro". No pedido deverá constar "exame para verificação de violência sexual".
- *Verificação de embriaguez*: para os casos de investigação de embriaguez pelo álcool ou outras drogas, quando da necessidade somente do exame clínico. Este exame poderá ser liberado em caráter emergencial, já que dispensa a pesquisa laboratorial.
- *Teor alcoólico*: para as situações em que é necessária a pesquisa e dosagem laboratorial do teor alcoólico, no sangue ou urina. Nestes casos, o perito procederá à colheita do material e encaminhamento para o Laboratório de Perícias. O material indicado preferencialmente para esta pesquisa é o sangue.
- *Exame toxicológico*: deverá ser solicitado para pesquisa de substâncias psicotrópicas, não incluindo a dosagem de álcool. Será feito através de exame de urina. Como nos casos previstos para o "teor alcoólico", as amostras serão encaminhadas ao Laboratório de Perícias, que emitirá laudo correspondente. Os exames toxicológicos seguem uma rotina de análise, não sendo necessário especificar qual a droga que está sendo investigada. Salienta-se que, no nosso meio, estes exames apresentam resultado apenas qualitativo, não sendo realizados exames para determinação quantitativa das drogas.
- *Necropsia:* exame a ser realizado em cadáveres vítimas de morte violenta (homicídio, suicídio ou acidente) ou mortes com suspeita de algum fato jurídico a ser diagnosticado. Os casos de morte sem assistência médica não fazem parte deste tipo de solicitação, devendo ser a Declaração de Óbito emitida pelo Serviço de Verificação de Óbito local ou médico responsável designado pela Secretaria da Saúde. Fazem parte deste tipo de solicitação também os exames em ossadas e as necropsias pós-exumação, descritas com detalhes mais adiante neste capítulo.
- *Perícia diversa:* exame solicitado como forma de esclarecer, de forma complementar, eventuais dúvidas relacionadas com resultados de exames periciais previamente realizados, ou na forma de exame próprio, na busca de um esclarecimento ou parecer médico-legal sobre determinado tema. Normalmente é feito através da análise de laudos, prontuários, depoimentos, fotografias e outros documentos, além de proceder a realização das revisões bibliográficas pertinentes. É a solicitação de exame indicada em casos de avaliação de eventual "erro médico", quando se faz necessária a análise do prontuário hospitalar.
- *Ossada:* exame solicitado para cadáveres em avançado estado de esqueletização, em que não existam tecidos moles, ou em que estes sejam

mínimos de forma a apenas unir as partes ósseas. Tem por objetivo a determinação do sexo, idade, raça e estatura do cadáver, o esclarecimento da presença de lesões ósseas que poderiam justificar o óbito e, finalmente, a identificação da ossada. Para que se proceda ao processo de identificação é necessário que seja fornecido aos peritos o máximo de informações possíveis da suposta vítima, em especial no que se refere à ficha clínica odontológica acompanhada ou não de exames radiológicos ou prontuários médico-hospitalares que registrem fraturas. O exame de DNA deverá ser solicitado pela autoridade que preside o inquérito, caso não estejam disponíveis os documentos acima listados, e quando houver a suspeita de um eventual indivíduo a quem possa pertencer a ossada em estudo, bem como que existam familiares que possam fornecer amostras de sangue para comparação.

- *Parto e puerpério:* exame solicitado em mulheres com suspeita de negação, simulação ou dissimulação de parto, sonegação ou subtração de recém-nascidos, na investigação dos crimes de aborto e infanticídio. A perícia visa a determinar a existência de parto e sua recenticidade ou antiguidade.
- *Aborto:* exame solicitado em mulheres com suspeita de interrupção provocada da gestação. A perícia nestes casos procura estabelecer o diagnóstico de gravidez recente e identificar a presença de manobras abortivas.
- *Contágio venéreo:* exame solicitado para determinar a presença de doenças sexualmente transmissíveis, incluindo gonorreia, sífilis, linfogranuloma venéreo, SIDA, condiloma acuminado, herpes etc.
- *Verificação de idade:* exame solicitado com o objetivo de estabelecer a idade do periciado com o fim de determinar imputabilidade penal ou capacidade civil. Na determinação da idade, além da aparência do indivíduo, utilizam-se critérios objetivos tais como o exame da arcada dentária (fórmula dentária e do crescimento de cada dente), determinação da idade óssea (surgimento dos pontos de ossificação e soldadura das epífises com diáfises).
- *Identificação médico-legal:* exame solicitado com o objetivo de estabelecer a identidade de determinada pessoa. A identificação médico-legal é efetuada determinando-se a espécie, a raça, o sexo, a idade, a estatura, sinais individuais (malformações, cicatrizes, tatuagens etc.). Utiliza-se, ainda, a identificação datiloscópica, pelos dentes, por radiografias e pelo exame de DNA.

Não devem ser emitidas solicitações de forma vaga, que não definam o exame a ser realizado. Pedidos como, por exemplo, "exame de corpo de delito" devem ser evitados, pois na realidade todos os exames realizados no DML são exames de corpo de delito. Um formulário para solicitação de um exame pericial deve indicar:

- A autoridade que solicita o exame.
- A difusão ou o órgão para onde o exame deve ser encaminhado.
- A identificação do periciado.

- O tipo de exame médico-legal a ser realizado.
- Eventuais quesitos suplementares.

Para as solicitações de exames de lesão corporal, verificação de violência sexual e necropsia, os quesitos são oficiais e já estão formulados, referindo-se aos artigos específicos do Código Penal. Estes quesitos são utilizados em todo o país, podendo apresentar alguma variação quanto a sua ordem ou formulação, dependendo de cada Estado.

A realização de "exames preliminares", ou seja, laudos entregues no momento do exame, está restrita aos casos para verificação de embriaguez e violência sexual.

Já o Exame de Corpo de Delito Indireto é previsto na legislação penal - CPP, art. 158, como segue:

> Art. 158: Quando a infração deixar vestígios, será indispensável o exame de corpo de delito, *direto ou indireto*, não podendo supri-lo a confissão do acusado. Da mesma forma, o Conselho Regional de Medicina do Estado do Rio Grande do Sul (CREMERS) avaliza sua realização (Ofício SAT n° 1698/2008), não havendo impedimento ético para fazê-lo. Portanto, não pode o Perito negar-se a realizar o exame indireto de corpo de delito, quando a autoridade encaminhar documentos idôneos que descrevam os vestígios. Se o Perito constatar que os documentos enviados para a elaboração da perícia não são idôneos para este fim, haverá a possibilidade de recusa em realizar o exame pericial. Neste caso, no entanto, a recusa deverá ser feita enviando-se à autoridade solicitante ofício no qual serão expostas as razões pelas quais foram considerados estes documentos inidôneos.

10.3. Rotinas para realização de exames clínicos

O periciado deve comparecer no DML com a solicitação do exame, feita pela autoridade competente, e documento de identidade. Comparecendo o indivíduo para se submeter à perícia clínica, sem qualquer documento de identificação, dever-se-á colher as informações pessoais prestadas e realizar a sua identificação datiloscópica, sugerindo-se a simplificação do procedimento com a colhida da impressão digital do polegar direito aposta no ofício de requisição do exame, que ficará guardada junto com uma via do laudo pericial.

Na descrição do exame de lesões corporais recomenda-se agrupar as lesões conforme sua classificação, descrevendo-as em sua localização, tamanho, número e forma. Sempre descrever todas as lesões observadas, mesmo que não se relacionem diretamente ao evento em apuração.

Neste último caso, o perito deve consignar na discussão que tais lesões não estão relacionadas com o evento em tela. Devem ser avaliadas as repercussões funcionais, transitórias ou permanentes, provocadas pela ação violenta, incluindo a restrição de movimentos, a presença de hipotrofias musculares, as assimetrias, utilização de órteses e/ou próteses e alterações da marcha.

Quando não for possível a conclusão do laudo, durante o primeiro exame, devido ao processo de evolução das lesões, deve-se consignar que será necessário um exame complementar. O exame complementar, que pode ser feito mais de uma vez, é um novo exame realizado no periciado e tem como objetivo complementar a primeira perícia, naquilo que ficou pendente. Normalmente, visa responder aos 4º, 6º, 7º e 8º quesitos do laudo de lesão corporal. Quando o periciado retorna para exame complementar e resposta ao 4º quesito mais de 30 dias após o evento e encontra-se apto para o exercício de suas ocupações, recomendamos que o perito responda ao quarto quesito da seguinte forma: "O perito não tem elementos para responder ao 4º quesito, tendo em vista haver decorrido mais de 30 dias do evento e o paciente encontrar-se, ao exame atual, apto para o exercício de suas ocupações habituais".

Em caso de recusa do periciado em se submeter ao exame, deve ser consignado, no laudo, tal recusa, e as repostas aos quesitos dessa perícia ficam prejudicadas. O exame do periciado deverá ser realizado sem a presença de outras pessoas, salvo quando se fizer necessária a presença do acompanhante (crianças, idosos ou indivíduos com qualquer deficiência que impeça o exame).

A realização dos exames de lesões corporais em pacientes acompanhados pela autoridade policial não pode estar baseada somente na negativa de lesões por parte do periciado. Como parte do exame físico, a inspeção corporal deve ser feita da forma mais completa possível, dentro da prudência e da segurança que a ocasião exigir. É importante conferir que o processo de identificação do periciado tenha sido realizado, incluindo a coleta das impressões digitais no ofício solicitante, quando da não disponibilização de um documento de identidade.

Sempre que possível, não omitir a *figura anatômica* nos exames com lesões produzidas por projétil de arma de fogo (PAF) ou arma branca. Na figura anatômica da vítima com ferimentos por PAF recomendamos assinalar as lesões com as expressões "entrada PAF" ou "saída PAF". Se as lesões estiverem cicatrizadas fazer apenas a identificação dos locais das cicatrizes.

Da mesma forma, sempre que possível ilustrar o laudo com fotografias, principalmente nos casos envolvendo "meio cruel", "deformidade permanente" e crianças vítimas de maus-tratos.

Considerando-se que o perito pode não dispor de todos os elementos para definir seu convencimento com relação ao emprego de meio insidioso, cruel ou tortura, mesmo que as lesões isoladamente não sugiram a ocorrência de uso de um destes meios, é recomendável que o perito responda aos quesitos com os seguintes termos: Sim – quando tem convicção de que ocorreu o que o quesito pergunta, justificando na Discussão do Laudo. Por exemplo, considerando-se a idade da criança, a sua incapacidade de oferecer resistência ou se proteger, bem como o número de lesões identificadas, inclusive com características em fases evolutivas diferentes, indicando que as lesões ocorreram de forma repetida, conclui o perito que caracteriza meio cruel. Ou não temos elementos para responder – para as demais situações, pois podem faltar elementos que forneçam a convicção ao perito, desta forma não podendo afirmar nem sim, nem não ao que o quesito pergunta. Isso permite que outros elementos de prova configurem de forma mais definitiva um dos pontos questionados.

Solicitações de relatórios ou prontuários hospitalares para complementação de uma perícia só poderão ser encaminhadas com autorização por escrito e assinada pelo periciado ou seu responsável legal. Prontuários médicos não são enviados pelos hospitais ao DML/PML, exceto se houver autorização por escrito do paciente. Poderá, no entanto, o Perito Médico-Legista se deslocar até o hospital que realizou o atendimento no periciado, onde então analisará os documentos médicos necessários para conclusão da perícia.

Em Porto Alegre, crianças e adolescentes (menores de 18 anos) *vítimas de violência sexual*, acompanhados de Autoridade Policial, Conselho Tutelar ou outra entidade responsável que venham à perícia no DML, entre as 08:00 e 17:00 horas de 2ª a 6ª feira, deverão ser encaminhadas ao Hospital Materno-Infantil Presidente Vargas, no CRAI – Centro de Referência no Atendimento Infanto-Juvenil – para realização do exame. Os periciados acompanhados apenas por familiares e que não disponham de recursos para deslocamento ao HPV-CRAI terão suas perícias realizadas no DML, pelos peritos da equipe de plantão do dia. Este procedimento poderá ser aplicado pelos Postos Médico-Legais das cidades que tiverem serviços de atendimento semelhantes.

Em relação aos exames em sexologia, os peritos devem sempre questionar, em relação ao caso em análise:

a) Se a paciente manteve conjunção carnal (CC) ou atos libidinosos diversos da CC;
b) Se houve violência ou grave ameaça;
c) Com quantas pessoas manteve relações sexuais;
d) Quando foi a última relação sexual consentida;
e) Com quem foi a última relação sexual consentida;
f) Quando foi a última menstruação;
g) Se usa ou usou algum método contraceptivo;
h) Se realizou higiene íntima após a relação sexual;
i) Outras questões que possam ser importantes para a perícia.

Quando houver suspeita de conjunção carnal ou ato libidinoso (coito anal), até 72 horas após o evento, deve o perito:

a) Encaminhar a periciada para anticoncepção de emergência e profilaxia de doenças sexualmente transmissíveis em hospital de referência;
b) Coletar, com *swab*, material de secreção vaginal e/ou anal para pesquisa de espermatozoides, e espalhar o material em uma lâmina e fixar com fixador. O material deve ser encaminhado ao laboratório de patologia do DML;
c) Coletar material de secreções para pesquisa de DNA, observando as orientações do Departamento de Perícias Laboratoriais contidas na "Tabela Explicativa para Coleta de Material para Exame de DNA em Casos de Crimes Sexuais";

Amostras a serem coletadas	Amostra coletada	Material
Amostra Questionada (material coletado na vítima, contendo material biológico do agressor)	3 (três) *swabs* de cada região: vaginal, anal, mamilar, subungueal, conforme histórico do caso	*Swabs* com ponta de algodão, estéreis, embalados individualmente (NUNCA com ponta de escova)
Vestes da Vítima	Envelope de papel	
Amostra de Referência em Vivos (material coletado da vítima)	Sangue (1 tubo) preferencialmente	Tubo Vacutainer® com EDTA (tampa roxa)
	Swab oral (3 *swabs*) (na impossibilidade de coletar sangue)	*Swabs* com ponta de algodão, estéreis, embalados individualmente
Amostra de Referência em Mortos (2 amostras de origens diferentes, em ordem de preferência, observando-se o estado de conservação das amostras)	Sangue (1 tubo)	Tubo Vacutainer® com EDTA (tampa roxa)
	Músculo (fragmento)	Pote de urina estéril
	Dentes molares (3)	Pote de urina estéril
	Dentes não molares (3)	Pote de urina estéril
	Cabeça de fêmur	Saco plástico

d) Se houver suspeita de material do ejaculado em vestes ou roupas íntimas, estas devem ser acondicionadas e enviadas ao laboratório para pesquisa de DNA, independente do tempo transcorrido do evento.

Fatores como gestação ou menstruação não são impedimentos para a realização de exames de verificação de violência sexual, verificação de aborto, nem para eventuais coletas de material. Estas condições devem ser mencionadas no laudo.

Nos casos de coleta de material para pesquisa de espermatozoides em mulheres com hímen íntegro, **definir claramente** se foi colhido da vulva ou da região vestibular (exteriormente ao óstio) ou do canal vaginal (internamente ao óstio himenal). A expressão "introito vaginal" é dúbia e não deve ser utilizada. Quando a vítima apresentar hímen complacente, sem qualquer outro vestígio de conjunção carnal, o perito deverá informar que o hímen complacente permite a penetração do pênis na vagina sem se romper, sendo que neste caso não há elementos para responder se houve a prática libidinosa.

Durante a execução de um laudo pericial, o perito deverá sempre buscar, em relação às lesões apresentadas, seguir os seguintes ditames médico-legais:
- Descrever a lesão, localizando-a anatomicamente.
- Quantificar a extensão da mesma.
- Determinar o instrumento agressor.
- Caracterizar eventuais sequelas ou incapacidades.

O exame de verificação de violência sexual é o momento único para a coleta de materiais e evidências biológicas. O retorno da vítima para coleta posterior torna-se prejudicada no momento em que esta já realizou a higiene íntima e/ou muito tempo passou-se após o crime.

Em relação aos exames para *verificação de embriaguez*, a conclusão do laudo irá priorizar o exame clínico.
- Apresentava ou não apresentava alteração da capacidade psicomotora em consequência da influência do álcool (embriaguez);
- Apresentava ou não apresentava alteração da capacidade psicomotora em consequência da influência de substância psicoativa (embriaguez)
- Apresentava ou não apresentava alteração da capacidade psicomotora em consequência da influência do álcool e/ou de substância psicoativa (embriaguez)
- O exame clínico não evidenciou alteração da capacidade psicomotora (embriaguez) mas o exame laboratorial para pesquisa de álcool ( ) no

sangue apresentou resultado de .... dg/l ( ) na urina apresentou resultado positivo.
- O exame clínico não evidenciou alteração da capacidade psicomotora (embriaguez) mas o exame laboratorial para pesquisa de substâncias psicoativas na urina apresentou resultado positivo para ....
- O exame clínico evidenciou alteração da capacidade psicomotora (embriaguez), não podendo, no entanto, o perito definir o tipo de substância causadora, face à recusa do(a) periciado(a) em coletar material para os exames laboratoriais.
- O(a) periciado(a) não apresentava alteração da capacidade psicomotora (embriaguez), mas evidenciava sinais clínicos de estar sob influência de álcool ou de substância psicotrópica, caracterizados por ....

No caso de exames preliminares para verificação de embriaguez, sugerimos as seguintes conclusões:
- O(a) periciado(a) apresentava ou não apresentava alteração da capacidade psicomotora (embriaguez) no momento do exame.
- O(a) periciado(a) não apresentava alteração da capacidade psicomotora (embriaguez), mas evidenciava sinais clínicos de estar sob influência de álcool ou de substância psicotrópica, caracterizados por ....
- O(a) periciado(a) recusou-se a realizar o exame pericial.

Quando o periciado se nega a realizar os testes neurológicos para o exame de verificação de embriaguez ou a retirar toda a roupa para a realização do exame de lesão corporal, o exame pericial deverá ser descrito com os achados que puderam ser identificados, ficando consignadas no laudo as condições em que este exame foi realizado.

A perícia médico-legal é um ato médico, e como tal deve ser realizada, observando-se os princípios éticos contidos no Código de Ética Médica. Neste sentido, com base no Art. 95 do CEM e segundo a Resolução CFM nº 1635/2002, é vedado ao médico realizar exames médico-periciais de corpo de delito em seres humanos no interior dos prédios e/ou dependências de delegacias, seccionais ou sucursais de Polícia, unidades militares, casas de detenção e presídios. Também é vedado ao médico realizar exames médico-periciais de corpo de delito em seres humanos contidos através de algemas ou qualquer outro meio, exceto quando o periciado oferecer risco à integridade física do médico perito.

Conforme Parecer nº 97/2006 do CREMERS não é permitida a presença de não médico na sala de exames, durante a realização das perícias. Segundo a Câmara Técnica de Perícias Médicas, o segredo médico é um dos pilares do exercício profissional e, portanto, durante a coleta de dados, na qual podem ocorrer questionamentos de foro íntimo, não é permitida a presença de outra pessoa que não seja médica. Exceções ficam a critério do perito, nas situações em que a presença de um acompanhante se torne imprescindível para a realização do exame pericial.

Tendo em vista que os hospitais estão orientados a não prestarem informações sobre pacientes ou remeterem quaisquer documentos sobre os mesmos, é recomendado aos peritos busquem concluir seus laudos com os dados disponíveis. Em casos de extrema necessidade, o relatório/prontuário hospitalar deverá ser solicitado ao setor administrativo do DML/PML, que enviará ofício à Autoridade Policial, solicitando a documentação necessária. Se este relatório/prontuário não for enviado ao DML, deverá ser consignado na referida perícia que o relatório médico não foi encaminhado pelo hospital (especificar o hospital). O perito poderá também se deslocar até o hospital para consultar pessoalmente o prontuário hospitalar, se assim considerar necessário para o melhor esclarecimento do caso.

No DML-POA e nos PMLs, os peritos escalados para o plantão constituem a autoridade máxima presente no Serviço, em especial nos horários noturnos, feriados e finais de semana, quando não há expediente na Direção do DML ou das chefias diretas. Na eventualidade de ocorrerem fatos ou situações imprevistas, que não possam ser solucionadas pelos peritos de plantão, deverá ser acionado o responsável administrativo escalado para atendimento destas ocorrências. A Direção do DML manterá uma escala de peritos com esta finalidade. Os PMLs têm uma escala própria de atendimento destas intercorrências.

A legislação não é clara quanto ao tempo de manutenção de laudos em arquivos, definição da competência para a sua guarda e destinação dos documentos com prazo de arquivamento vencido. O DML, assim como cada PML, deve criar um sistema de arquivamento dos laudos até que se tenha uma definição melhor a respeito do tema. Os laudos antigos não podem ser descartados, devendo ser digitalizados ou arquivados de outra maneira.

A redação do laudo, como qualquer peça técnica, é feita na terceira pessoa, respeitando-se a impessoalidade, e a linguagem utilizada deve ser acessível ao seu destinatário. No preâmbulo dos laudos, deve constar a hora, o dia, o mês, o ano e a cidade em que a perícia está sendo realizada. Deve consignar ainda a autoridade requisitante do exame, o perito médico-legista responsável pelo exame, o nome do exame solicitado e a qualificação do periciado.

A estrutura básica do laudo deve conter:

a) *Histórico*: anotar o que o periciado relata e quando ocorreu, usando as próprias palavras do periciado. Este item orientará o estabelecimento dos nexos casual e temporal entre as alterações encontradas e o fato em apuração;

b) *Descrição*: descrever, pormenorizadamente, todas as lesões encontradas, suas características, topografia, número e suas repercussões no funcionamento do organismo. Para definir a localização das lesões deve-se utilizar a terminologia anatômica. Quando existirem lesões que não guardam relação ao fato em apuração, elas serão descritas à parte;

c) *Discussão*: estabelecer nexo causal entre os achados do exame e o fato em apuração. Anotar todos os exames e relatórios médicos trazidos pelo periciado, com suas respectivas datas, indicando o nome e o CRM do médico. Caracterizar as lesões que não produzem sequelas e enquadrá-las nos termos do texto dos quesitos. As lesões que não guardam relação com o evento em apuração devem ser elencadas, excluindo-se seu nexo casual com o evento. Informar a necessidade de exame complementar, sua data e finalidade, no intuito de concluir e responder a quesitos que não puderam ser respondidos no presente exame. Informar se as lesões encontradas estão em evolução e quando cicatrizadas se deixaram sequelas.

O perito deve responder aos quesitos com os seguintes termos:

a) *Sim* – quando tem convicção de que ocorreu o que o quesito pergunta;

b) *Não* – quando tem convicção de que não ocorreu o que o quesito pergunta;

c) *Não temos elementos para responder* – quando não tem convicção para responder nem sim, nem não ao que o quesito pergunta;

d) *Prejudicado* – quando a pergunta que o quesito faz não se aplica àquela situação ou quando a resposta anterior prejudica a resposta do quesito seguinte;

e) *Depende de exame complementar* – quando depende de exame laboratorial, da juntada de documentos médicos ou da evolução da lesão, para reunir os elementos necessários para responder ao quesito.

No exame de lesões corporais, quando o(s) ferimento(s) estiver(em) recoberto(s) por curativo(s) que *não* possa(m) ser removido(s), e o periciado **não** portar documentos médicos, a resposta ao primeiro quesito deverá ser "não temos elementos para responder" e ao segundo quesito, que se refere ao instrumento que causou a lesão, deverá ser "prejudicada".

10.4. Rotinas para realização de exames necroscópicos

10.4.1. Orientações técnicas

- A técnica médico-legal pressupõe a abertura das três cavidades (tórax, abdômen e crânio), salvo em casos em que o estado do corpo torne tal procedimento desnecessário ou quando os achados são conclusivos para a *causa mortis* sem que se precise realizar tal procedimento.
- Exceto nos casos em que a causa da morte seja inequívoca, é indicado **abrir o crânio** e descrever se há ou não alterações no liquor, meninges ou encéfalo. Não é aceitável responder ao 2° quesito "causa indeterminada" sem examinar as estruturas das três cavidades (torácica, abdominal e craniana).
- Nos casos de *"necropsia branca"*, sempre solicitar pesquisa de psicotrópicos e venenos, especialmente em pacientes jovens. Conforme a situação, pode-se solicitar exame anatomopatológico.
- Nas necropsias de cadáveres baleados, sempre elaborar uma *"discussão"* caracterizando os orifícios descritos no laudo e o trajeto dos projéteis no corpo da vítima. Não omitir a retirada dos projéteis do corpo, informando tal procedimento no laudo pericial, identificando e separando individualmente cada projétil e a região do corpo onde foi encontrado.
- As lesões que não guardam relação com o fato delituoso, quando existirem, devem ser descritas à parte, assim como projéteis antigos de arma de fogo encontrados durante a necropsia.
- Nos serviços que contarem com aparelho de Raios-X, sempre solicitar radiografias nas necropsias de carbonizados e putrefatos.
- Sempre *medir* o cadáver. Não há problema em usar expressões como "aproximadamente" ou "cerca de..." nas situações em que a posição do cadáver ou algum outro fator impeçam uma medida exata. Quando possível, o corpo deverá ser também pesado.
- Não negligenciar o *histórico.* Discordâncias grosseiras entre o histórico e o restante do laudo podem levar a um questionamento da perícia.
- Sempre examinar a genitália e a região anal nas necropsias. Nos casos de violência sexual caracterizada ou suspeita, sempre solicitar a pesquisa de espermatozoides.
- Nas necropsias de fetos ou lactentes, iniciar a descrição com: *"cadáver de um feto* (neonato ou criança lactente) *do sexo...".* Descrever a placenta, com ênfase nas possíveis anomalias ou lesões traumáticas. E fazer

referência quando a placenta não for encaminhada para exame. Nos casos em que não ficar clara a *causa mortis* do feto, escrever uma ***discussão*** enfatizando a ausência de lesões traumáticas e respondendo ao segundo quesito, nos casos de fetos ou neonatos, *"morte intrauterina de causa indeterminada"*. Evitar o uso da expressão "anóxia intrauterina".

- Nas necropsias em crianças lactentes, sempre descrever cavidade oral, laringe, traqueia, brônquios principais e conteúdo gástrico, pois temos muitos casos de morte por aspiração de conteúdo gástrico. Sempre abrir o crânio e descrever o aspecto do liquor, das meninges e encéfalo, evitando classificar como indeterminada uma morte por meningite ou meningo-encefalite.

- Nunca omitir uma ***discussão*** nas necropsias de asfixia. Nos casos de suspeita de afogamento, levar em consideração os comemorativos do caso, que, associados aos sinais internos e externos das asfixias mecânicas em geral e, na ausência de outra causa que por si só pudesse justificar o óbito, permitem ao perito concluir que a morte ocorreu em consequência de asfixia mecânica por afogamento. Caso seja solicitada a *pesquisa de plâncton*, mencionar o resultado no laudo.

- Nunca omitir a ***"figura anatômica"*** nas necropsias com lesões por projétil de arma de fogo (PAF) ou arma branca. Na figura anatômica da vítima com ferimentos por PAF, recomendamos assinalar as lesões com as expressões "entrada PAF 1" ou "saída PAF 1" ou "local de retirada de PAF 1". Ao descrever o sentido do deslocamento do projétil no corpo da vítima, devemos utilizar a palavra ***"trajeto"***, e não "trajetória".

- A descrição da localização dos orifícios produzidos pelo projétil de arma de fogo deve ser a mais informativa possível. Recomenda-se que, além de descrever a região comprometida, o perito procure relacionar estruturas anatômicas ou distâncias de certos pontos que sirvam como referência. Atentar sempre para a adequada descrição, no laudo pericial, das zonas de esfumaçamento, tatuagem e/ou chamuscamento, informando, quando possível, as suas dimensões.

- Nos casos de "acidente vascular cerebral – AVC", enfatizar o caráter não traumático do achado. Quando da definição em relação à causa da morte, sugerimos a expressão *"hemorragia encefálica espontânea (não traumática)"*. A palavra "acidente" pode apresentar, para os leigos, uma conotação de trauma.

- Nos exames de vítimas com "queimaduras de segundo grau" evitar a utilização da palavra "fogo" como causa das mesmas, pois na maioria das vezes não é possível confirmar tal suposição pelo exame físico ou eventual boletim hospitalar. Nestes casos, recomenda-se explicar na "discussão" que as queimaduras podem ser provocadas pela ação da chama, do calor irradiante, de gases superaquecidos, de líquidos escaldantes, de sólidos quentes e dos raios solares.

- Em cadáveres, o sangue para pesquisa de álcool deverá ser coletado na veia femoral. Em casos de cadáveres putrefatos ou carbonizados, a análise de etanol será feita em amostra de humor vítreo. Em casos de crimes

de trânsito, o material a ser examinado é o sangue, pois o Código de Trânsito faz referência à alcoolemia.
- A pesquisa de psicotrópicos é feita na urina, devendo a amostra ser coletada da bexiga. No caso de não haver urina, as vísceras poderão ser enviadas para análise. Salienta-se, no entanto, que exames feitos em vísceras detectam apenas quantidades grandes destas substâncias, relacionadas diretamente com a causa da morte. O exame não detecta concentrações baixas de psicotrópicos, não sendo, portanto, útil para a constatação do uso dos mesmos.
- Não deixar de descrever tatuagens, presença de *piercing* e outras particularidades como cicatrizes e alterações anatômicas.
- Se houver relato de atendimento médico da vítima antes do óbito, transcrever os aspectos relevantes dos procedimentos realizados.
- Aconselha-se que a descrição do laudo de necropsia apresente os seguintes itens:
    a) **Identificação do corpo**, descrevendo características do cadáver quanto a sexo, idade, estatura, peso, biótipo, afinidade racial, cor dos olhos, cabelos, tatuagens, sinais particulares e defeitos físicos;
    b) **Sinais de morte**, informando quais fenômenos cadavéricos que o corpo apresenta;
    c) **Exame externo**, descrevendo pormenorizadamente as alterações observadas tais como: palidez cutânea, pletora facial, cianose labial e de leitos ungueais, edema de membros inferiores, drenagem de líquidos ou espuma pelos orifícios oral e nasais, e todas as lesões encontradas, suas características e topografia;
    d) **Exame interno** das três cavidades (crânio, tórax e abdômen) com descrição das alterações anatomopatológicas e/ou das lesões traumáticas identificadas.

10.4.2. Admissão de cadáveres

- O Serviço de Remoção Fúnebre tem a finalidade de transladar cadáveres por solicitação de Autoridade Policial e por determinação da direção do DML/DPI/PML. As cidades de Porto Alegre, Caxias do Sul e Pelotas e parte de suas regiões metropolitanas contam com viaturas próprias. Nas demais regiões do Estado, a remoção de cadáveres é realizada por serviços funerários através de termo de cooperação firmado entre o IGP e o Sindicato dos Estabelecimentos Funerários do Rio Grande do SUL (SESF).
- O acionamento do Serviço é realizado através do(a): Departamento de Comando e Controle Integrado (DCCI); Polícia Civil em locais onde o DCCI não atende; Direção do DML/DPI/PML em ocasiões específicas como exumações, sepultamentos, etc., através de solicitação administrativa.

- Os cadáveres encaminhados para necropsia são admitidos somente se acompanhados pela solicitação do exame, emitida pela autoridade policial. Normalmente esta solicitação é feita através da *ficha de remoção de cadáver* ou pela Internet, nos postos que estão interligados com o Departamento de Comando e Controle Integrado (DCCI).
- Não são recebidos cadáveres que não estejam devidamente etiquetados e identificados. Esta identificação e a respectiva colocação de etiqueta é responsabilidade exclusiva do auxiliar de perícia que atua junto à remoção fúnebre, devendo ser *sempre* realizada no local da ocorrência para evitar situações constrangedoras de troca de identidade.
- A autoridade responsável pode formular quesitos complementares ou sugerir exames complementares, que serão encaminhados, por ofício, junto com o corpo e as fichas anteriormente descritas.
- Quando os cadáveres são provenientes da rede hospitalar, deverão estar acompanhados da *guia de encaminhamento ao DML*, preenchida pelo médico plantonista ou assistente.
- Os cadáveres são *protocolados* no sistema no momento da admissão, sendo emitido um *recibo de roupas e pertences*, o qual é assinado pelo funcionário da remoção fúnebre, e, posteriormente, arquivado na secretaria do necrotério. A inclusão do cadáver no sistema é feita no momento do recebimento do mesmo, com a inclusão dos dados referentes aos pertences da vítima (roupas, calçados, joias etc.) diretamente no sistema informatização.
- As *roupas e demais pertences* que acompanharem o cadáver são embalados e identificados, permanecendo à disposição da autoridade policial, em caso de morte violenta, por um prazo de 15 dias, findo o qual serão descartadas ou encaminhadas para a coleta, como lixo especial.

10.4.3. Realização de necropsia

- Os cadáveres são necropsiados na ordem de admissão no necrotério, considerando-se o tempo de morte previsto em lei, de *6 horas*, procurando-se, sempre que possível, realizar a perícia dos cadáveres admitidos durante o dia até as 22 horas. Pela manhã, a realização das necropsias inicia-se às 8 horas.
- Todos os cadáveres que entram como *desconhecidos* são fotografados e submetidos ao exame de identificação odonto-legal e ao exame datiloscópico pelo Departamento de Identificação, mesmo que tenham sua identidade firmada por um auto de reconhecimento posteriormente. No DML/POA todos os corpos são submetidos ao exame datiloscópico. Esse mesmo procedimento pode ser adotado em todos os PMLs situados em regiões que tenham papiloscopista de plantão.
- Em todos os casos de cadáveres *desconhecidos,* que sejam reconhecidos pelos familiares ou responsáveis legais, deverá ser informado ao Departamento de Identificação o nome do suposto (nº da RG, se possível) para

confronto com as digitais coletadas para o *"PM nº tal"*. Nestes casos, o Departamento de Identificação informará, **por escrito e com a identificação do papiloscopista**, se o confronto de digitais foi positivo (identificando o cadáver), negativo (não identificando o cadáver) ou prejudicado (por não haver registro no banco de dados ou por problemas técnicos).

- → Se a *identificação datiloscópica for positiva*, o cadáver será entregue aos familiares ou responsáveis legais (sem necessidade de Auto de Reconhecimento).
- → Se a *identificação datiloscópica for negativa*, o cadáver não será entregue aos familiares ou responsáveis legais, e será dada ciência, por escrito, à Delegacia de Polícia.
- → Se a *identificação datiloscópica for prejudicada*, os familiares serão encaminhados à Área Judiciária, em Porto Alegre, para a realização do Auto de Reconhecimento, e será dada ciência ao Delegado que a identificação foi prejudicada. Desta forma, fica a critério da autoridade policial a emissão do Auto de Reconhecimento.
- Todos os cadáveres *identificados* que entram sem condições de serem reconhecidos visualmente (putrefatos, face destruída pela ação da putrefação ou do agente lesivo) são fotografados, submetidos ao exame de identificação odonto-legal e ao exame datiloscópico pelo Departamento de Identificação.
- Os *projetis de arma de fogo* retirados durante as necropsias são embalados, identificados e entregues à autoridade policial, que procederá ao encaminhamento destes ao Departamento de Criminalística. É responsabilidade da autoridade policial o encaminhamento dos projetis de arma de fogo ao Departamento de Criminalística.
- Em cadáveres, o sangue encaminhado para exame de teor alcoólico deve ser coletado na veia femoral. Em casos de cadáveres putrefatos ou carbonizados, a análise de etanol será feita em amostra de humor vítreo.

10.4.4. Liberação de cadáveres

- Os cadáveres necropsiados no DML são liberados ao familiar ou seu responsável, o qual deverá ir ao necrotério para assinar o recibo de entrega de cadáveres. A entrega da declaração de óbito e do cadáver deverá ser feita única e exclusivamente aos familiares em 1º grau da pessoa falecida. Casos excepcionais (como estrangeiros, pessoas sem familiares etc.) serão resolvidos caso a caso.
- A identificação visual dos cadáveres será feita pelos familiares em busca de uma pessoa desaparecida, inicialmente, mediante visualização das fotografias apresentadas na tela do computador.
- Em casos de cadáveres não reclamados ou não identificados (após os procedimentos para a identificação), no PML que não disponha de câmara-fria para conservação, os funcionários deverão entrar em contato

com as autoridades judiciárias e com a Prefeitura no sentido de providenciar no sepultamento do mesmo.
- O RECIBO DE ENTREGA DA DECLARAÇÃO DE ÓBITO (DO) e o RECIBO DE ENTREGA DE CADÁVER ficarão na mesma folha, mas serão preenchidos e assinados **pelo familiar em 1º grau da pessoa falecida** em dois momentos distintos:
  → O primeiro na entrega da DO para o familiar providenciar o registro em cartório e a liberação junto à central de serviços funerários.
  → O segundo no momento da entrega efetiva do cadáver ao familiar.
- A forma de liberação do corpo depende do local indicado para o sepultamento: município de Porto Alegre, municípios do interior ou fora do Estado. Esta rotina segue a Lei Complementar do Município de Porto Alegre nº 373/96.
- A entrada de estranhos às dependências do necrotério é restrita àquelas pessoas indispensáveis (familiar responsável, agente funerário escolhido pela família para realizar os procedimentos fúnebres e pessoas em busca de familiares desaparecidos), exclusivamente nas áreas da recepção, capela e secretaria e acompanhada de um funcionário da instituição.
- Quando excepcionalmente for necessária a entrada de um familiar para reconhecimento de cadáver, na sala de necropsia ou na antecâmara da câmara fria, este deverá *obrigatoriamente* ser acompanhado por um auxiliar de perícia.
- As normas para translado de cadáver e de restos mortais humanos são estabelecidas pelo Ministério da Saúde, pela Secretaria Estadual de Saúde e pela Secretaria Municipal de Saúde nos seus respectivos níveis (SMS Lei nº 6.503, de 22 de dezembro de 1972). Em 2006, encerrou-se uma consulta pública pela Agência Nacional de Vigilância Sanitária (ANVISA) com o objetivo de uniformizar os procedimentos técnico-administrativos relacionados à vigilância sanitária. Assim, as condições para translado, intermunicipais (métodos de conservação de cadáver e tipo de urna funerária) são exigência da Secretaria Estadual de Saúde.

10.4.5. Liberação de cadáveres para cremação

A cremação de cadáver humano é regida pela Lei Federal nº 6.015, de 31 de dezembro de 1973, e pela Lei 6.216, de 30 de junho de 1975.

Segundo essa legislação, a cremação de cadáver somente será efetuada se este houver manifestado sua vontade de ser incinerado, ou no interesse da saúde pública, e se o atestado de óbito houver sido firmado por 2 (dois) médicos, nos casos de morte natural, ou por 1 (um) médico-legista no caso de morte violenta, depois de autorizada pela autoridade judiciária.

10.5. Rotinas para realização de exames em ossadas

As ossadas deverão ser encaminhadas ao DML de Porto Alegre para perícia a encargo da Seção de Antropologia Forense. Estas ossadas deverão vir acompanhadas de ofício emitido pela Autoridade Policial, onde constem os quesitos a serem respondidos pelos peritos.

Se houver a suspeita de que a ossada possa pertencer a um indivíduo específico, a delegacia também deve encaminhar, junto com o material a ser periciado, todo e qualquer tipo de documento médico, hospitalar e odontológico referente a esta pessoa, de forma a permitir a identificação médico-legal.

Ossadas provenientes do interior do Estado poderão ser encaminhadas diretamente pela Delegacia de Polícia ou via PML da região, *sempre* acompanhadas pelo ofício da autoridade solicitante do exame e com os quesitos a serem respondidos pelos peritos. Também neste caso, se houver um suspeito a identificar, deverão ser encaminhados junto com a ossada **todos os documentos médicos, hospitalares, fichas odontológicas e exames radiológicos** deste suspeito, de forma a permitir a confrontação dos achados da perícia com o da provável vítima.

Ao Serviço de Antropologia Forense devem ser encaminhadas apenas ossadas, ou seja, um conjunto de ossos soltos do cadáver, ou eventualmente, dos ossos ainda parcialmente unidos com escassa quantidade de tecidos moles. Os cadáveres em avançado estado de putrefação, mesmo com algumas partes estando esqueletizadas, deverão ser necropsiadas nos postos/serviços de origem. Nestes casos, existe uma rotina pericial estabelecida para cadáveres em putrefação:

a) Exame datiloscópico;

b) Perícia odonto-legal;

c) Realização de exame radiológico;

d) Necropsia;

e) Coleta de material para exame de DNA, se houver solicitação da Autoridade Policial.

Na Seção de Antropologia Forense realiza-se a descrição das partes ósseas presentes, a medida dos ossos, a análise dos dados obtidos, os cálculos referentes a sexo, raça e estatura e conclui-se o laudo. Fotografias serão realizadas sempre a critério do perito. Depois de concluídas todas as perícias com vistas à identificação médico-legal da ossada, é preenchida a Declaração de Óbito.

No caso de identificação positiva, será comunicada à Autoridade Policial solicitante do exame, através de ofício, que a perícia está concluída e que a ossada se encontra à disposição para ser retirada, junto com a DO, pelos familiares, devidamente identificados, na Secretaria do Necrotério, de 2ª a 6ª feira, em horário comercial. Também será informado que, como o espaço físico é restrito, a ossada será mantida sob guarda por um período de 15 dias, a contar do recebimento do ofício, sendo que após este prazo será dado o devido destino ao material.

No caso de ossadas não identificadas, estas permanecerão armazenadas nas dependências do necrotério (Sala de Ossadas) ou, na dependência do espaço físico disponível, será emitida a respectiva Declaração de Óbito para que se proceda o sepultamento conforme rotina do DML.

No Departamento Médico-Legal do Rio Grande do Sul, a Seção de Antropologia Forense, criada em 1998, padronizou as perícias realizadas para fins de identificação, em especial aquelas realizadas em ossadas. Para a identificação médico-legal de ossadas foi criado um roteiro baseado em características e medidas ósseas, que permitem ao perito estabelecer, com maior grau de confiabilidade, os elementos individualizadores das ossadas examinadas. O programa de informática utilizado é *Fordisc 2.0*, que embora apresente limitações para a população brasileira, em especial para a definição da afinidade racial, permite estabelecer sexo e estatura com bom grau de confiabilidade, quando associado a outros métodos.

ROTEIRO DE PERÍCIA EM OSSADA

Aos ____ dias do mês de _____ de dois mil e ____, nesta cidade de _____, no Departamento Médico-Legal, Av. _____ - CEP _____-___, a requisição do Sr.(a) titular do (a) ____ª DELEGACIA DE _____, difusão à mesma, compareceram os peritos oficiais para proceder a exame em uma ossada incompleta. Em consequência, passaram os peritos a fazer o exame requisitado e as investigações que julgaram necessárias.

Histórico: Exame solicitado pela autoridade policial em ossada localizada _____, no município de _____, no dia ___/___/20___.

Quesitos formulados:
PRIMEIRO QUESITO:
SEGUNDO QUESITO:

Descrição do Material Enviado para Exame: Em um saco plástico ( ) preto ( ) branco, etiquetado, encontra-se uma ossada incompleta, de coloração ocre, seca, envolta por restos de terra, parcialmente destruída pela ação do tempo em suas extremidades e margens. O exame radiológico do material evidenciou _____. As vestimentas são compostas por: ...

Após limpeza e avaliação, individual e em conjunto, dos elementos enviados foram identificados os seguintes componentes ósseos: um crânio de forma e configuração habitual, desprovido de tecidos moles e de coloração pardacenta, apresentando...

Em relação ao **osso frontal** este apresenta:

arcada superciliar ( ) volumosa e nítida ( ) que se confunde com a união do rebordo superciliar; rebordo superior da órbita ( ) arredondado, uniforme e rombo ( ) afilado, interrompido na chanfradura supraorbitária; glabela ( ) diferenciada e nítida ( ) pouco visível; chanfradura supraorbitária ( ) pouco definida ( ) nítida.

A conformação do crânio é ( ) plana/chata ( ) globular. A articulação fronto-nasal é ( ) angular ( ) curva.

Em relação ao **osso occipital** este apresenta:

protuberância occipital externa ( ) nítida e convexa, com proeminência para zona externa ( ) uniforme, com contornos regulares; crista occipital externa ( ) de acentuado volume ( ) regular e rasa junto ao osso; área nucal ( ) rugosa e mais pronunciada ( ) mais lisa e menos pronunciada.

O equilíbrio do crânio, quando apoiado em uma superfície horizontal e plana ( ) não oscila, formando um mesmo nível com os côndilos occipitais ( ) oscila no plano horizontal ( ) está prejudicada pela fratura do processo estiloide ( ) direito ( ) esquerdo.

Os côndilos occipitais apresentam formato ( ) reniforme ( ) estrangulado ( ) incaracterístico.

Em relação ao **palato**, este se apresenta ( ) profundo ( ) raso.

Em relação ao processo mastoide, este é ( ) robusto ( ) delicado, e as áreas de fixação muscular são ( ) mais ( ) menos pronunciadas.

A **mandíbula** é ( ) robusta ( ) delicada.

O **mento** é ( ) quadrado ( ) afilado.

As demais **medidas cranianas** realizadas:

diâmetro anteroposterior (glabela-metalambda) – GOL - (1): _____ cm;
largura máxima do crânio (eurio-eurio) – XCB - (2): _____ cm;
diâmetro facial transverso (zígio-zígio) – ZYB - (3): _____ cm;
altura do crânio (básio-bregma) – BBH - (4): _____ cm; básio-násio – BNL - (5): _____ cm;
básio-próstio – BPL - (6): _____ cm;
largura maxilo-alveolar - MAB - (7): _____ cm;
comprimento maxilo-alveolar - MAL - (8): _____ cm;
largura bi-auricular - AUB - (9): _____ cm;
násio-prostio – UFHT - (10): _____ cm;
altura nasal - NLH - (13): _____ cm;
largura máxima das fossas nasais - NBL - (14): _____ cm;
largura orbital – OBB – (15): _____ cm;
altura orbital – OBH – (16): _____ cm;
largura bi-orbital – EKB – (17): _____ cm;
largura inter-orbital – DKB – (18): _____ cm;
corda frontal – FRC – (19): _____ cm;
corda parietal – PAC – (20): _____ cm;
corda occipital – OCC – (21): _____ cm;
altura do forâmen magno – FOL – (22): _____ cm;
largura do forâmen magno – FOB - (23): _____ cm;
altura do mastoide – MDH - (24): _____ cm;
altura do mento – GNI - (25): _____ cm;
altura do corpo da mandíbula – HMF - (26): _____ cm;
largura do corpo da mandíbula – TMF - (27): _____ cm;
largura bi-gônica – GOG - (28): _____ cm;

largura bicondilar – CDL - (29): _____ cm;
largura mínima do ramo vertical da mandíbula – WRB - (30): _____ cm;
largura máxima do ramo vertical da mandíbula – XRB - (31): _____ cm;
altura do ramo da mandíbula – XRH - (32): _____ cm;
ângulo da mandíbula – MAN – (34): _____ °.
násio-mento: _____ cm;
meato acústico externo-espinha nasal anterior: _____ cm;
meato acústico externo-lambda: _____ cm.
As características e medidas obtidas do crânio e mandíbula são predominantemente de indivíduos do sexo ( ) **masculino** ( ) **feminino**.

A largura máxima das fossas nasais - NBL - (14) é de _____ cm e a altura nasoespinal – NLH – (13) é de _____ cm, o que estabelece um índice nasal de ____. Estes índices são predominantes em indivíduos com característica de ( ) **leucoderma** ( ) **melanoderma** ( ) **xantoderma** ( ) **outra** _____;

As **suturas exocranianas** apresentam sinostose dos seguintes segmentos: (**T = total; P = parcial; A = aberta**)
( ) sutura sagital;
( ) sutura coronária, segmento superior; ( ) sutura coronária, junto ao segmento inferior;
( ) sutura lambdóide, junto ao segmento superior; ( ) sutura lambdóide, junto ao segmento inferior;
( ) sutura escamosa ou parieto-temporal; e
( ) sutura esfeno-occipital

As **suturas endocranianas** apresentam sinostose dos seguintes segmentos: (**T = total; P = parcial; A = aberta**)
( ) sutura sagital;
( ) sutura coronária, segmento superior; ( ) sutura coronária, junto ao segmento inferior;
( ) sutura lambdóide, junto ao segmento superior; ( ) sutura lambdóide, junto ao segmento inferior; e
( ) sutura escamosa ou parieto-temporal.

Esquema proposto por Vallois e modificado por Olivier (1960) - OLIVIER, G.: **Pratique Antropologique, 1960** (Scanned from Buikstra and Ubelaker, eds. 1994)

Referencia	Sutura	Escore (0 a 3)
1	Mid-lambdóide (esquerda)	
2	Lambda	
3	Obelion	
4	Sagital anterior	
5	Bregma	
6	Mid-coronária (esquerda)	
7	Pterion	
Escore total 1 a 7 (máximo 21)		
8	Esfeno-frontal	
9	Esfeno-temporal anterior	
10	Esfeno-temporal superior	
Escore total 6 a 10 (máximo 15)		
11	Incisiva	
12	Palatina média anterior	
13	Palatina Média posterior	
14	Palatina transversa	
15	Sagital (endocraniana)	
16	Lambdóide esquerda (endocraniana)	
17	Coronária esquerda (endocraniana)	

From: White, TD & Folkens, PA. The human boné manual. Elsevier Academic Press, 2005.

Figure 11. Location of sites to be used to record ectocranial (a; 1-11), palatal (b; 12-14), and endocranial (c; 15-17) suture closure. Drawing by P. Walker (after Mann et al. 1987; Meindl and Lovejoy 1985: 59; Todd and Lyon 1924, 1925a-c).

Ao exame das arcadas dentárias verificamos: ARCADA DENTÁRIA SUPERIOR: **Hemiarco direito**: o incisivo central ___, o incisivo lateral ___, o canino ___, o primeiro pré-molar ___, o segundo pré-molar ___, o primeiro molar ___, o segundo molar ___ e o terceiro molar ___. **Hemiarco esquerdo**: o incisivo central ___, o incisivo lateral ___, o canino ___, o primeiro pré-molar ___, o segundo pré-molar ___, o primeiro molar ___, o segundo molar ___ e o terceiro molar ___. ARCADA DENTÁRIA INFERIOR: **Hemiarco esquerdo**: o incisivo central ___, o incisivo lateral ___, o canino ___, o primeiro pré-molar ___, o segundo pré-molar ___, o primeiro molar ___, o segundo molar ___ e o terceiro molar ___. **Hemiarco direito**: o incisivo central ___, o incisivo lateral ___, o canino ___, o primeiro pré-molar ___, o segundo pré-molar ___, o primeiro molar ___, o segundo molar ___ e o terceiro molar ___.

Foram identificados:
_____ (sete) **vértebras** cervicais íntegras, o aspecto da faceta articular superior da 1ª vértebra cervical é ( ) reniforme ( ) estrangulada ( ) incaracterística; _____ (doze) **vértebras** torácicas íntegras; _____ (cinco) vértebras lombares íntegras, ( ) com ( ) sem osteófitos; _____ (doze) **arcos costais** direitos íntegros; _____ (doze) arcos costais esquerdos íntegros, com soldadura ( ) completa ( ) incompleta das cartilagens de crescimento; ( ) um **esterno**, medindo de comprimento _____ cm; _____ (duas) **escápulas** íntegras, com soldadura ( ) completa ( ) incompleta das cartilagens de crescimento, cuja altura (38) é de _____ cm e a largura (39) de _____ cm, com incisura supraescapular ( ) presente ( ) ausente; ( ) clavícula direita íntegra, medindo _____ cm de comprimento máximo (35); ( ) clavícula esquerda íntegra, medindo _____ cm de comprimento máximo (35), ambas com soldadura ( ) completa ( ) incompleta das cartilagens de crescimento, e apresentando à ( ) direita ( ) esquerda: diâmetro sagital (36) medindo _____ cm e diâmetro vertical (37) medindo _____ cm; ( ) **úmero** direito íntegro, medindo _____ cm de comprimento (40); ( ) úmero esquerdo íntegro, medindo _____ _____ cm de comprimento, ambos com soldadura ( ) completa ( ) incompleta das cartilagens de crescimento, e apresentando à ( ) esquerda ( ) direita: largura epicondilar (41) medindo _____ cm; diâmetro vertical (42) da cabeça medindo _____ cm; diâmetro transverso da cabeça medindo _____ cm;

diâmetro mínimo da diáfise (44) medindo _____ cm e diâmetro máximo da diáfise (43) medindo __ _____ cm; ( ) **rádio** direito íntegro, medindo _____ cm de comprimento (45); ( ) rádio esquerdo íntegro, medindo _____ cm de comprimento, ambos com soldadura ( ) completa ( ) incompleta das cartilagens de crescimento, e apresentando à ( ) esquerda ( ) direita: diâmetro sagital da diáfise (46) medindo _____ cm e diâmetro transverso da diáfise (47) medindo _____ cm; ( ) **ulna** direita íntegra, medindo _____ cm de comprimento (48); ( ) ul-na esquerda íntegra, medindo _____ cm de comprimento, ambas com sol-dadura ( ) completa ( ) incompleta das cartilagens de crescimento, e apresentando à ( ) esquerda ( ) direita: diâmetro sagital (49) medindo _____ cm; diâmetro transverso (50) medindo _____ cm e comprimento fisiológico (51) medindo _____ cm; ( ) um ( ) dois **ilíaco(s)** íntegro(s) ( ) grossos e pesados ( ) finos e leves, apresentando:

forâmen obturador ( ) redondo/oval ( ) triangular, chanfradura isquiática ( ) estreita ( ) ampla, espinhas isquiáticas ( ) proeminentes ( ) rombas.

A(s) **crista(s) ilíaca(s)** apresenta(m) soldadura ( ) completa ( ) incompleta das cartilagens de crescimento e uma inclinação ( ) mais vertical ( ) mais aberta/chata. Quando montadas com o sacro mostram:
ângulo infrapúbico ( ) agudo ( ) reto, com predominância do eixo ( ) anteroposterior ( ) transversal, sínfise púbica com superfície articular ( ) lisa ( ) ondulada, articulação sacro-ilíaca ( ) elevada ( ) plana/chata, e acetábulo ( ) largo/amplo ( ) pequeno. As demais **medidas da pelve**:
corda arco superior (CS) _____ cm; grande abertura (CO) _____ cm; profundidade (PS) _____ cm; pequena abertura (CP) _____ cm; comprimento do púbis (58) _____ cm; comprimento do ísquio (59) _____ cm; Altura do osso da bacia (56): _____ cm; Largura do osso da bacia (57): _____ cm.

O **sacro** está íntegro, e é
( ) estreito e longo, com seis vértebras fundidas ( ) curto e largo, com cinco vértebras fundidas;
( ) mais curvado ( ) menos curvado; e as asas são relativamente ( ) mais estreitas ( ) mais largas que o promontório. As demais medidas do sacro são:
altura anterior do sacro (53): _____ cm; largura anterior do sacro (54): _____ cm; e diâmetro transverso de S1 (55): _____ cm.
As características descritas e medidas obtidas nos ossos da bacia são compatíveis com indivíduos do sexo ( ) **masculino** ( ) **feminino**.

Continuando o exame: ( ) **Fêmur** direito íntegro, medindo _____ cm de comprimento (60); ( ) fêmur esquerdo íntegro, medindo _____ cm de comprimento, ambos com soldadura ( ) completa ( ) incompleta das cartilagens de crescimento e apresentando à ( ) esquerda ( ) direita:
diâmetro máximo da cabeça do fêmur (63) medindo _____ cm; largura epicondilar (62) medindo _____ cm; diâmetro subtrocantérico anteroposterior (64) medindo _____ cm; diâmetro subtrocantérico transverso (65) medindo _____ cm; diâmetro sagital da diáfise medindo (66) _____ cm; diâmetro transverso da diáfise medindo (67) _____ cm; circunferência da diáfise medindo (68) _____ cm; diâmetro vertical do colo _____ cm; comprimento poplíteo _____ __ cm; o ângulo da cabeça do fêmur com a diáfise é de _____ °; a linha áspera do fêmur é ( ) elevada e pronunciada ( ) menos pronunciada; ( ) **Tíbia** direita íntegra, medindo _____ cm de comprimento; ( ) tíbia esquerda íntegra, medindo_____ cm de comprimento, ambas com soldadura ( ) completa ( ) incompleta das cartilagens de crescimento e apresentando à ( ) esquerda ( ) direita:
largura da epífise proximal (70) medindo _____ cm; largura da epífise distal (71) medindo_____ ____ cm; diâmetro máximo da diáfise ao nível do forâmen nutricium (72) medindo _____ cm; diâmetro transverso da diáfise ao nível do forâmen nutricium (73) medindo _____ cm; circunferência da tíbia ao nível do forâmen nutricium (74) medindo _____ cm. ( ) **Fíbula** direita íntegra, medindo _____ ___ cm de comprimento; ( ) fíbula esquerda íntegra, medindo _____ cm de comprimento, ambas com soldadura ( ) completa ( ) incompleta das cartilagens de crescimento e apresentando à ( ) esquerda ( ) direita diâmetro máximo da diáfise (76) medindo _____ cm.

Foram identificados ainda:
( ) um ( ) dois calcâneo(s) íntegro(s), o apresentando à ( ) esquerda ( ) direita: comprimento máximo (77) medindo _____ cm e largura média (78) medindo _____ cm; ( ) uma ( ) duas patela(s) íntegra(s); ( ) inúmeros pequenos ossos das mãos e pés.

Discussão: Precisar a **causa da morte**, face à putrefação e a ausência de tecidos moles, é extremamente difícil, pois foge aos peritos a maioria dos elementos necessários para concluí-la, ficando os mesmos limitados a esclarecer a presença de fraturas e/ou algum tipo de corpo estranho que pudessem estabelecer tal gravidade a ponto de justificar a causa da morte. No caso em tela:
( ) não foram identificadas fraturas de antigas ou recentes, nem a presença de corpo estranho junto ao corpo.
( ) foram identificadas fraturas_____. Devido ao avançado estado de esqueletização, com ausência de tecidos moles adjacentes, não é possível, aos peritos, avaliar a magnitude da repercussão destas lesões sobre o corpo da vítima, bem como se ocorreram em vida ou após a morte.
( ) foi identificado um orifício na região _____, que pelas suas características corresponde ao local de entrada de projétil de arma de fogo (OEPAF). Não foi localizado o projétil de arma de fogo junto ao material enviado para exame. Devido ao avançado estado de esqueletização, com ausência completa de tecidos moles e do _____ (vísceras no trajeto - encéfalo, coração, pulmão, etc.), não tem os peritos elementos para estabelecer a repercussão das lesões descritas sobre o organismo vivo do periciado. Pode-se afirmar, no entanto, que as lesões encontradas na região _____ são potencialmente letais. A direção do projétil de arma de fogo no corpo da vítima foi: _____.

Quanto ao tempo de morte:
( ) cabe salientar que a velocidade da decomposição e esqueletização de um corpo dependem amplamente das condições climáticas e da atividade da fauna cadavérica (insetos), fatores que variam largamente de região para região. A temperatura e a umidade são os fatores meteorológicos mais importantes na velocidade de decomposição do cadáver. Em geral, quanto maior a temperatura e umidade, maior é a velocidade de decomposição e esqueletização. Os tecidos moles, na sua maioria, são destruídos por insetos necrófagos, especialmente larvas, os quais proliferam em condições de umidade e calor. Há estudos indicando que em ambientes úmidos e quentes, a esqueletização completa pode ocorrer em 2 a 4 semanas. Trabalhos mostram que a esqueletização em condições climáticas quentes e secas, em cadáveres expostos ao ar, ocorre em média de 5 a 18 meses, variando de 2 meses a 2 anos; já em cadáveres em ambiente fechado, a esqueletização ocorre em média de 4 meses a 3 anos, variando de 14 dias a 3 anos. Em locais com uma altitude maior e temperaturas mais frias, a atividade das larvas é retardada durante os meses de inverno. Há uma correlação direta entre a atividade dos insetos, temperatura e umidade. Como a atividade dos insetos está reduzida em condições áridas, a decomposição nestes ambientes é lenta e a chance de mumificação aumenta. Em restos depositados na superfície do solo, em ambientes quentes e áridos, a ação de insetos e animais carnívoros pode causar esqueletização em 4 a 6 meses. Em restos mortais completos, os animais carnívoros irão comer os tecidos moles da face e das mãos. Estas ações aumentarão a velocidade de decomposição. Próximo a esqueletização, as áreas macias dos ossos, tais como as extremidades dos ossos longos, os ossos das coxas e das vértebras, são o foco da ação de animais carnívoros e roedores. Como os animais carnívoros retiram elementos ósseos, os poucos ossos mais pesados é que serão recuperados com o tempo decorrido desde que a decomposição iniciou. Os roedores podem causar destruição da face, mãos, pés e abdômen. Eles também podem carregar os pequenos ossos das mãos e dos pés até curtas distâncias do corpo. Se o corpo não apresenta evidências da ação de animais carnívoros ou roedores, são boas as chances de que o corpo tenha ficado exposto por um curto período de tempo ou tenha sido mantido em um local inacessível a tais animais (SLEDZIK, 1998).
( ) Na literatura, dependendo das condições onde se encontra o cadáver, a **fase coliquativa** pode variar de 5 dias a 2 meses (tempo médio 5-8 dias) em um cadáver a céu aberto, enquanto em um corpo encontrado em um local fechado varia de 8 a 11 dias.
( ) Corpos que se decompõem na superfície do solo de áreas arborizadas irão, lentamente, integrar-se ao ambiente adjacente. Pertences pessoais, tais como roupas, fornecerão um substrato para o crescimento de organismos sésseis e, uma vez a esqueletização seja alcançada,os próprios ossos serão o substrato. Em particular, algas verdes, musgos, liquens e fungos podem crescer em ossos, dependendo das várias condições do ambiente. Além disso, as **raízes de arbustos e árvores crescerão e irão incorporar tanto os ossos como as roupas**, se houver decorrido tempo suficiente para tal, sendo que a identificação de raizes sobre os osso pode levar de 1 a 3 anos, dependendo do tipo de especie vegetal. Cardoso e colaboradores estabelecem estimativas do intervalo postmortem (IPM)

com base nas alterações cadavéricas descritas na literatura: tecidos moles restantes apenas desidratados – de 4 meses a 3,5 anos; ausência de substâncias gordurosas, ossos secos e sem odor – mais de 6 meses; desarticulação total e remoção da extremidades superiores – de 5 a 52 meses; branqueamento de parte do crânio, ossos ilíacos, sacro, vértebras, e de maior parte dos membros inferiores – mais de 6 meses; esfoliação dos ilíacos, exposição do osso esponjoso das epífises tibial e das vértebras, destruição dos ossos da face – de 1 a 6 anos.

( ) **Larvas saltadoras** – são componentes da 4ª legião de larvas, as quais teoricamente chegam durante a fermentação caseosa dos tecidos (liquefação). O intervalo post-mortem (IPM) estimado pela evidencia entomológica é de 10-11 meses. A larva não se desenvolve até 3-6 meses após a morte, embora isso possa ser diferente dependendo da região, do clima e das condições ambientais. A presença da larva em n° moderado foi citada em porções mais secas do corpo humano de Havaianos, aproximadamente 20 dias após a morte. Na Alemanha, oeste dos Estados Unidos e Tailândia já foram identificadas com IPM de aproximadamente 3-5 meses. Na Malásia, já foi encontrado em um corpo em avançado estágio de decomposição com as extremidades mumificadas, com um IPM de apenas 13 dias. De qualquer forma, a maioria dos relatos de ocorrência de larvas saltadoras indica que a espécie está associada com avançados, mesmo esqueletizados, estágios de decomposição. Desta forma, conforme a localização, o clima e as condições climática da região estas larvas podem estar presentes no IPM entre 13 dias a 11 meses.

( ) **Adipocera** desenvolve-se sob condições de alta umidade, alta temperatura ambiente e, especialmente, envolve o tecido subcutâneo da face, membros, regiões glúteas e mamas. O processo químico da adipocera consiste na hidratação e desidrogenização das gorduras corporais, um processo que confere aos tecidos moles do corpo uma cor branco-acinzentada, uma consistência macia e flexível, e um aspecto engordurado. Pesquisas recentes têm demonstrado que enzimas bacterianas tanto do intestino como do ambiente, particularmente Clostridia, são os principais responsáveis pela adipocera, pela conversão das gorduras liquidas insaturadas (acido oléico) em gorduras sólidas saturadas (ácidos hidroxi-esteárico e oxo-esteárico). O tempo para o desenvolvimento da adipocera é estimado em, no mínimo, três meses e, geralmente, não é observado antes de seis meses.

( ) A **mumificação** resulta da desidratação dos tecidos sob certas condições climáticas: alta temperatura, baixa umidade e boa ventilação. Em corpos mumificados em áreas de clima temperado, os órgãos internos estão geralmente pouco preservados ou podem ter desaparecido totalmente devido à decomposição. No entanto, uma vez que a mumificação tenha se desenvolvido completamente, o corpo permanece preservado como uma carcaça por longos períodos de tempo, mesmo anos. A velocidade da mumificação e a sua extensão dependem da umidade do ar a da intensidade do calor ambiental, e o seu completo desenvolvimento em zonas de clima temperado requer no mínimo três meses de intervalo após a morte.

( ) Não foi possível estabelecer uma **afinidade racial** (cor de pele) predominante, visto que os parâmetros utilizados para determinação das características raciais (cor de pele) são baseadas nas populações americana e europeia, onde não ocorre miscigenação semelhante à do nosso meio.

( ) É importante salientar-se que os parâmetros utilizados para determinação da **afinidade racial (cor de pele)** são baseadas nas populações americana e europeia, onde não ocorre miscigenação semelhante à do nosso meio, devendo este fator ser levado em conta na interpretação desta informação.

Foi solicitado a autoridade policial no dia ___ de _____ de 20____, ofício n° ____/20____, o encaminhamento de prontuário médico-hospitalar e ficha odontológica, bem como exames radiológicos, especialmente relacionados a fraturas ou tratamentos dentários, que pudessem permitir a identificação do suposto, caso houvesse, sendo que, até a conclusão do laudo, nada nos foi encaminhado.

Encaminhados fragmento ósseo - ( ) fêmur ( ) úmero ( ) _____ - e ( ) uma ( ) duas peça(s) dentária(s) ao Laboratório de Pericias do IGP – Genética Forense através do memo. n° _____/20____, no dia ____/____/20____, sendo que:

( ) por não haver suspeito sobre a identidade do material, foi apenas coletado material (fragmentos ósseos/dentes) para posterior análise de DNA, caso surja(m) suspeito(s) para comparação. Desta forma, a ausência de suspeito de pertencer a referida ossada e, consequentemente, a ausência de elementos de comparação (exames radiológicos, prontuário médico-hospitalar, ficha clínica odontológica e material para extração do DNA), impede os peritos de realizar a **identificação** deste indivíduo.

( ) Recebido, no dia ____/____/20____, Laudo de DNA nº _____/20____, cujo objetivo era determinar o perfil genético da amostra coletada na ossada PM n° ____/20____ e compará-lo com o perfil genético de _____ ____(mãe/pai/irmão de _____) , o qual conclui que: " A ossada PM ____/20____ apresenta perfil genético compatível com o de uma filha(o)/irmã(o) biológica(o) de _____. Desta forma, a ossada examinada pode pertencer **a qualquer filha(o)/irmã(o) biológica(o)** da(o) Sr(a). _____, **não permitindo aos peritos estabelecer a identificação** da ossada examinada como sendo de _____.

Conclusão: A craniometria, o exame odontológico e a análise dos demais ossos permitem concluir que se trata de um cadáver com características predominantes do sexo ( ) masculino ( ) feminino, com idade aproximada entre _____ e _____ anos, com predominância de características da afinidade populacional _____. A estatura provável, utilizando a fórmula de Pearson e de Dupertuis & Hadden situa-se entre _____ e _____ cm. Em relação ao tempo de morte, para este caso com presença de esqueletização ( ) completa ( ) parcial, e _____, permite concluir que o óbito ocorreu há mais de _____ ( ) meses ( ) anos.
( ) Não é possível estabelecer a identificação da ossada examinada, por não haver elementos de referência para comparação.
( ) A ossada examinada foi identificada como sendo de _____, pela análise comparativa: ( ) da arcada dentária, ( ) exame datiloscópico, ( ) exame de DNA, ( ) presença de fraturas antigas identificadas ao exame da ossada ( ) _____, pela concordância com os dados antropométricos obtidos e pela ausência de pontos discordantes.

Resposta aos quesitos formulados:

10.6. Rotinas para realização de necropsias pós-exumações

Os corpos para necropsias pós-exumação também devem ser encaminhados à Seção de Antropologia Forense do DML de Porto Alegre. Os pedidos de exumação devem, necessariamente, ser acompanhados de uma cópia do laudo de necropsia prévia, quando houver, e uma cópia do inquérito ou resumo do caso que motivou o pedido deste exame.

Na solicitação deve constar a cidade, cemitério e local em que o corpo está sepultado, assim como devem ser formulados quesitos explicitando quais os esclarecimentos a serem prestados com este exame.

A autoridade solicitante deve estabelecer um contato prévio com o DML para marcação deste exame junto à equipe responsável pelas necropsias pós-exumações.

Exumações do interior do Estado devem ser encaminhadas para a cidade mais próxima, com perito médico-legista lotado. Em caso de impossibilidade de realização do exame nesta localidade, o perito em questão estabelecerá contato com o DML de Porto Alegre.

O DML notificará à autoridade policial, ao cemitério e ao serviço de remoção fúnebre o dia e a hora da exumação. Cabe à autoridade policial comparecer ao cemitério para acompanhar a retirada do corpo da sepultura.

O procedimento da necropsia pós-exumação é fotografado em todas as suas etapas.

O corpo será liberado somente depois de concluídas todas as perícias implicadas no exame. O traslado do corpo ao local de origem será realizado conforme a disponibilidade das viaturas de remoção fúnebre e buscando uma racionalização dos percursos e das distâncias a serem percorridas.

10.7. Identificação, guarda e sepultamento de cadáver desconhecido

Objetivando evitar a troca de identidade, que, eventualmente, pode advir dos Autos de Reconhecimento, bem como processos de reconhecimento inadequados em cadáveres que fisicamente não permitem uma correta identificação, ficam estabelecidas algumas rotinas de procedimentos para estes casos.

O DML ou Postos com câmara fria se responsabilizam pela guarda e conservação *apenas* dos cadáveres necropsiados na instituição. *Não são aceitos* cadáveres provenientes de instituições hospitalares ou afins, com Declaração de Óbito particular, para guarda e conservação.

No caso de Porto Alegre, cadáveres não necropsiados pelo DML somente são aceitos para guarda e conservação se preencherem os critérios do Termo de Ajustamento de Compromisso existente entre o DML e a Secretaria Municipal de Saúde de Porto Alegre.

Nestes dois casos específicos, os cadáveres aceitos para guarda são aqueles que faleceram na rede de Saúde Municipal, cuja declaração de óbito foi fornecida pelo médico assistente, mas que não pode ser sepultado no mesmo dia por problemas sociais e/ou familiares.

É responsabilidade da Secretaria de Saúde do Município e da SUSEPE:
- Não registrar ocorrência policial.
- Fazer ofício encaminhando o cadáver para guarda, no qual deve constar o nome do funcionário para contato, caso haja necessidade.
- Providenciar a remoção do cadáver para o DML/PML, devidamente acompanhado dos seguintes documentos: ofício de encaminhamento e Declaração de Óbito devidamente preenchida pelo médico assistente.
- Providenciar, através dos Serviços Sociais da Secretaria Municipal da Saúde, ou por outra forma, a notificação dos familiares para a realização do sepultamento ou assumir as providências do sepultamento, na falta dos familiares.
- Providenciar o sepultamento no menor prazo possível.

É responsabilidade do DML:

- A guarda e conservação dos cadáveres que preencham os critérios acima descritos pelo prazo máximo de 48 horas.
- No necrotério, o cadáver receberá um número de protocolo e uma classificação como guarda de cadáver da Secretaria Municipal da Saúde – SMS. Nestes casos, é obrigatório, para recebimento do cadáver, o ofício de encaminhamento da SMS e a Declaração de Óbito devidamente preenchida.
- O cadáver será identificado e conservado como determina a rotina para os demais corpos.

Todos os cadáveres necropsiados no DML, que não são reclamados e retirados pelos familiares após a perícia, são devidamente identificados, acondicionados e guardados nas gavetas da câmara fria.

O DML procederá aos sepultamentos em qualquer cemitério da Grande Porto Alegre, que forneça vagas para tal fim, nas seguintes situações:

- Cadáveres desconhecidos, após o recebimento do respectivo *laudo post mortem* emitido pelo Departamento de Identificação, respeitando um prazo mínimo de 15 dias para o sepultamento.
- Cadáveres identificados e não reclamados pelas famílias ou responsáveis legais num prazo máximo de 15 dias.
- Ossadas com identificação e que não sejam reclamadas pelas famílias ou responsáveis num prazo máximo de 15 dias.
- Ossadas não identificadas e cuja Delegacia que solicitou o exame não as retire no prazo máximo de 15 dias após ter sido oficiada para tal fim.

O DML, com base na Lei n° 8.501, de 30 de novembro de 1992, pode *doar* os cadáveres desconhecidos e identificados não reclamados, cuja causa jurídica da morte não seja violenta (morte clínica), bem como ossadas não identificadas e não retiradas por quem de direito (ver normas para doação de cadáveres).

10.8. Doação de cadáveres para fins de estudo e pesquisa
(com base na Lei 8.501, de 30 de novembro de 1992)

A instituição de ensino interessada em receber cadáver para fins de estudo e pesquisa deve encaminhar à Direção do DML um ofício solicitando o número de cadáveres desejados. Este ofício dará origem a um processo administrativo com o aval da supervisão técnica do IGP.

Os documentos que deverão fazer parte do processo para que se efetive a doação do cadáver (folhas originais do jornal onde foram feitas as 10 publicações – em caso de cadáver identificado, dados de identificação do cadáver, fotos, ficha datiloscópica, causa do óbito, instituição para o qual foi doado, termo de doação, devidamente preenchido e assinado, outros dados pertinentes) também ficarão arquivados na Secretaria do Necrotério do DML.

As doações seguem a ordem de chegada dos respectivos ofícios, sendo cada instituição atendida com um cadáver por vez. As que necessitam mais de um cadáver entrarão novamente na agenda de espera, tendo seu pedido novamente atendido após todas as instituições solicitantes terem recebido pelo menos um cadáver cada.

O cadáver não reclamado junto às autoridades públicas no prazo de 30 dias poderá ser destinado às instituições de ensino superior, para fins de ensino e pesquisa, desde que sejam preenchidos os seguintes critérios:

- Seja cadáver sem qualquer documentação ("desconhecido").
- Seja cadáver identificado, mas sobre o qual não existam informações relativas a endereços de parentes ou responsáveis legais. Neste caso, a autoridade competente publicará nos principais jornais da cidade, a título de utilidade pública, por pelo menos 10 dias, a notícia do falecimento. Esta publicação será paga pela instituição de ensino interessada em receber o cadáver e deverá ser devidamente comprovada no momento da assinatura da doação.

É *proibido* encaminhar cadáver para fins de estudo e pesquisa quando houver indício de morte violenta ou morte suspeita.

Para fins de reconhecimento, o DML manterá sobre o falecido:

- Os dados relativos às suas características gerais.
- A sua identificação.
- As fotos do cadáver.
- A ficha datiloscópica.
- O resultado da necropsia.
- Instituição para o qual foi doado.
- Outros dados pertinentes.

A qualquer tempo, os familiares ou representantes legais têm acesso às informações relacionadas no item anterior, que são arquivadas na Secretária do Necrotério do DML.

Cumpridas as exigências acima, o cadáver pode ser liberado para a instituição de ensino, tendo-se o cuidado de elaborar o termo de doação entre o DML e a instituição.

Considerando-se que a partir de agosto de 2016, o DML passou a realizar exclusivamente necropsias em casos de morte violenta, ou com suspeita de violência (sua atribuição legal), a doação de cadáveres para fins de estudo tornou-se uma excepcionalidade na instituição.

Ficou a cargo das Secretarias Municipais e Estadual de Saúde a responsabilidade pelo fornecimento das declarações de óbito nos casos de mortes naturais sem assistência médica, seja através de médicos designados para tal fim ou através dos Serviços de Verificação de Óbitos.

10.9. Liberação de informações e/ou cópias de laudos periciais

Baseado no Parecer CREMERS n° 09/2015, da Câmara Técnica de Perícias Médicas, de 05 de agosto de 2015, o DML não fornece cópias dos laudos periciais realizados. Segundo o Parecer *"o Perito Médico não pode fornecer cópia de laudo pericial a ninguém que não seja a autoridade determinante da perícia em questão. O Perito Médico não detém o controle do processo e não é possuidor do laudo. Este só pode ser liberado pela autoridade responsável a quem o requisite, desde que esta solicitação encontre respaldo legal"*.

Informações sobre as perícias só são fornecidas pela autoridade policial que solicitou o exame ou pelo Diretor do Departamento. Aos médicos-legistas e demais servidores do DML é proibido fornecer informações sobre as perícias e sobre os pacientes periciados no necrotério ou na clínica médico-legal para órgãos de imprensa ou pessoas estranhas ao serviço.

10.10. Rotina para realização de exame residuográfico

O exame residuográfico consiste numa análise químico-residuográfica que busca detectar a presença de possíveis vestígios metálicos de um disparo de arma de fogo. É um exame que pode ser indicado em suspeitas de suicídio, quando a coleta e a pesquisa são feitas nas mãos da própria vítima. Este exame, no entanto, merece algumas considerações.

O resultado negativo não significa incondicionalmente que o examinado não tenha efetuado disparo de arma de fogo. A não detecção de partículas de metal pode ser decorrente da efetiva inexistência das mesmas na amostra analisada ou ser resultado dos limites de sensibilidade do teste (exame falso negativo). Alguns outros fatores podem levar, ainda, a resultados negativos, tais como:

a) Os resíduos de tiro porventura existentes nas mãos do atirador normalmente estão presentes em pequena quantidade e podem ser eliminados por lavagem, contato ou fricção das mãos com outras superfícies e, em casos de exumações, pela destruição dos tecidos moles por parte dos fenômenos da putrefação;

b) O tipo de arma e suas peculiaridades;

c) A presença de sangue e outros artefatos que podem prejudicar o exame.

Portanto, o resultado deste teste (positivo ou negativo) não tem valor isolado, devendo ser aliado a outros elementos do fato em estudo para uma conclusão segura, não servindo, por exemplo, isoladamente como parâmetro para diagnóstico diferencial entre homicídio e suicídio.

A coleta de material para constatação da presença destes possíveis resíduos metálicos presentes nas mãos de suposto atirador é realizada pelos seguintes órgãos (Portaria IGP n° 22 /2007):

- Departamento de Criminalística – DC: procederá à coleta em pessoas vivas, quando se tratar de suspeitos conduzidos até as dependências deste órgão ou presentes no local do crime quando em atendimento pelos seus peritos. O material coletado pelos peritos será encaminhado pelo DC ao Laboratório de Perícias. Nos casos de exames periciais em locais de morte, havendo interesse por parte da autoridade policial na realização do exame químico-residuográfico, os peritos providenciarão nos recursos necessários à preservação de possíveis vestígios existentes nas mãos do cadáver, esclarecendo que a oportuna coleta de material será efetuada pelo Departamento Médico-Legal mediante necessária solicitação oficial a ser formalizada pela autoridade. Os peritos deverão mencionar em seu Laudo o nome completo e a identidade funcional de quem recebeu a orientação sobre o exame.

- Departamento Médico-Legal – DML: efetuará a coleta em pessoas mortas, por solicitação ou requisição da autoridade competente. Os Postos Médico-Legais do interior do Estado, também serão responsáveis pela coleta em pessoas vivas hospitalizadas, atendendo solicitação da autoridade legal. O material recolhido será enviado ao Laboratório de Perícias.

- Departamento de Perícias Laboratoriais – DPL: realizará a coleta do material em pessoas vivas hospitalizadas, na área territorial da região metropolitana de Porto Alegre, de 2ª a 6ª feira, das 7 h às 19 h, e aos finais de semana e feriados durante às 24 h. Em casos urgentes, a Chefia do Laboratório providenciará no atendimento fora dos horários normais durante os dias úteis.

10.11. Realizações de perícias psíquicas (psiquiátricas e psicológicas)

O Serviço de Perícias Psíquicas do DML está voltado ao atendimento de vítimas. Os infratores que necessitarem ser examinados para uma avaliação psiquiátrica deverão ser encaminhados ao Instituto Psiquiátrico Forense (IPF).

Este serviço realiza exame psiquiátrico forense e/ou exame psicológico forense (com o uso de testes psicológicos) com a finalidade de elucidar fatos do interesse de autoridade judiciária ou policial, constituindo-se em meio de prova.

10.11.1. Realização de avaliação psíquica em adultos

Enviar o ofício solicitando perícia psíquica, cópia da ocorrência policial, e demais informações necessárias para realização da perícia. Endereço: Departamento Médico-Legal (DML), na Av. Ipiranga, 1807 - Bairro Santana – CEP 90160-093 ou fone: 3219-7494 – E-mail: <psiqcraidml@igp.rs.gov.br>.

Para Realização de Avaliação Psíquica em Adultos com Déficit Cognitivo (Retardo Mental) a técnica utilizada pela equipe de Perícias Psíquicas do Departamento Médico-Legal denomina-se Entrevista Cognitiva Aprimorada. Nesta técnica, prioriza-se o relato livre do entrevistado, reduzindo-se o número de perguntas e evitando a indução do relato. Quando a vítima for portadora de Déficit Cognitivo Grave, o emprego da técnica investigativa fica impossibilitado. Quando a vítima for portadora de Déficit Cognitivo Leve a Moderado, se for do entendimento a manutenção da entrevista com a vítima, será solicitado o envio de ofício para futuro agendamento.

10.11.2. Realização de perícias psíquicas em crianças e adolescentes vítimas de violência

- O(a) municipiado(a) deverá comparecer no CRAI (Centro de Referência no Atendimento Infanto Juvenil), com o ofício solicitando perícia psíquica, cópia da ocorrência policial, e demais informações necessárias para realização da perícia. Endereço: Hospital Materno Infantil Presidente Vargas - Av. Independência, 661 - 6º andar/ Porto Alegre.
- Horário de agendamento do pronto-atendimento diário das perícias psíquicas: segunda à sexta-feira, das 8 às 10h, exceto feriados.

- O atendimento ocorrerá por ordem de chegada. Por essa razão, solicita-se que não sejam enviadas mais de 01(uma) criança por dia, porque a equipe atende a demanda de todo o Estado do Rio Grande do Sul.
- Não serão realizadas Perícias Psíquicas em crianças menores de 04 (quatro) anos de idade, devido à imaturidade cognitiva e emocional desta faixa etária, impossibilitando a aplicação do protocolo de entrevista investigativa.
- As crianças e adolescentes deverão estar acompanhados de um familiar, para que possa prestar as informações referentes a história pregressa do(a) periciado(a). Nos casos de periciados institucionalizados, deverá acompanhar um técnico da instituição portando prontuário atualizado.
- Pedidos de informações e entrega de correspondências serão atendidos somente pelo Departamento Médico-Legal (DML), na Av. Ipiranga, 1807 - Bairro Santana - CEP 90160-093 ou fone: 3219-7494 - E-mail: psiqcraidml@igp.rs.gov.br

10.11.3. Contribuição da perícia psíquica para o laudo de lesões corporais

Um objetivo específico do serviço é contribuir para resposta dos 6º e 7º quesitos do laudo de lesão corporal no que se refere às funções psíquicas e/ou cognitivas, respondendo em quesitos específicos ao final do laudo da Perícia Psíquica:

11º) *Se resultou debilidade permanente ou perda ou inutilização de função psíquica e/ou cognitiva (resposta especificada)?*

12º) *Se resultou incapacidade para o trabalho ou enfermidade incurável decorrente de alteração da função psíquica e /ou cognitiva (resposta especificada)?*

O público-alvo destes atendimentos são vítimas adultas (maior ou igual a 18 anos) de:

a) Violência sexual

b) Violência física severa

c) Uso de meios cruéis ou tortura

d) Acidente de trânsito com TCE e com suspeita de alterações cognitivas (atenção, orientação, memória, funções executivas)

Critérios de exclusão, para realizar este tipo de exame incluem: avaliação de dependência química; avaliação de insanidade mental; vítimas crianças e adolescentes (<18 anos); perícias que são de competência do Instituto Psiquiátrico Forense (réus, acusados, avaliação de imputabilidade, periculosidade, etc.).

A perícia psíquica é realizada em periciados atendidos no DML e solicitada pelo perito médico-legista do caso. A solicitação desta nova perícia ocorre de forma independente da perícia médico-legal. Para isso, considerar as seguintes possibilidades:

a) Presença de lesão física **com** indicação de Exame Complementar (DEC) e **com** suspeita de dano psíquico: Registrar no 6º e no 7º quesitos: *"para fins de perícia médico-legal física, o periciado deverá retornar no prazo não inferior a .... dias"* e ao encerramento do laudo indicar que foi solicitada perícia psíquica (indicar se psiquiátrica ou psicológica) – *"Foi indicada perícia médico-legal psíquica que, após sua realização, será enviada à autoridade solicitante."*;

b) Presença de lesão física **sem** indicação de Exame Complementar (DEC) e **com** suspeita de dano psíquico: Registrar no 6º quesito: *"Não, para fins de perícia médico-legal física"* – 7º quesito: *"Não, para fins de perícia médico-legal física"* e ao encerramento do laudo indicar que foi solicitada perícia psíquica (indicar se psiquiátrica ou psicológica) – *"Foi indicada perícia médico-legal psíquica que, após sua realização, será enviada à autoridade solicitante."*;

c) Ausência de lesão física **com** suspeita de dano psíquico: Registrar no 1º quesito *"Não para fins de perícia médico-legal física"*, nos demais quesitos: *"Prejudicado para fins de perícia médico-legal física"* e ao encerramento do laudo indicar que foi solicitada perícia psíquica (indicar se psiquiátrica ou psicológica) – *"Foi indicada perícia médico-legal psíquica que, após sua realização, será enviada à autoridade solicitante."*.

Anotações . . .

Capítulo 11
DECLARAÇÃO DE ÓBITO

Com o advento da morte, surge a necessidade de se determinar um *destino ao*s cadáveres. Este destino em regra é a *inumação,* que se realiza em caixão próprio e se efetiva em sepulturas comuns, as quais, segundo as posturas sanitárias, devem ter 1,75m de profundidade, por 80 cm de largura e distantes umas das outras 60 cm de todos os lados; também se pode realizar a inumação em túmulos ou jazigos, obedecendo por igual a exigências sanitárias.

Estas inumações poderão ser precedidas de necropsia ou de técnicas de conservação, devendo sempre, em qualquer caso, ser acompanhadas da documentação indispensável.

Além da inumação, existem as possibilidades de doação, cremação (após certos critérios atendidos) ou imersão em alto-mar (em casos especiais), estando prevista também a existência de ossários para a conservação dos esqueletos.

A documentação fundamental para a inumação é a *Declaração de Óbito (DO),* que tem por finalidade certificar a existência da morte e registrar a sua causa, quer do ponto de vista puramente médico, quer em suas eventuais aplicações jurídicas, ou seja, para permitir o diagnóstico da causa jurídica do óbito: homicídio, suicídio, acidente (de trânsito, do trabalho ou doméstico) ou da morte chamada natural. É um documento médico-legal que tem forma padronizada, sendo os impressos (em três vias) fornecidos pelo Ministério da Saúde.

Até fins do século passado, não existia uma padronização nos atestados de óbito. Em 1950, institui-se em todos os países, inclusive no Brasil, o "Modelo Internacional de Atestado de Óbito". Em 1976, o Ministério da Saúde adotou uma "Declaração de Óbito" padronizada para todo o país. Este modelo padronizado permitiu estabelecer estatísticas de mortalidade quanto ao sexo, idade, local da morte e, principalmente, causa da morte.

A *causa básica da morte* é a causa a ser tabulada nas estatísticas de mortalidade e é definida como:

a) Nos óbitos de causa natural – a doença ou estado mórbido que iniciou a sucessão de eventos mórbidos que levou diretamente à morte;

b) Nos óbitos de causa externa (ou violenta) – as circunstâncias do acidente ou violência que produziu a lesão fatal.

Na prática, na declaração de óbito, as causas de morte estão assim colocadas:

- 1ª linha – causa consequencial terminal ou imediata;
- 2ª linha – causa consequencial;
- 3ª linha – causa consequencial;
- 4ª linha – causa básica.

11.1. Aspectos Jurídicos

A Lei dos Registros Públicos prevê que "nenhum enterramento pode ser feito sem certidão oficial de cartório, extraído após lavratura de assento de óbito feito à vista do atestado médico".

A certidão de óbito é a prova cabal e incontestável do desaparecimento do indivíduo, é o documento que afirma a realidade da morte, tanto jurídica como sanitária. O registro do óbito é obrigatório, sendo documentado pelo atestado passado pelo médico ou pela declaração de duas testemunhas que presenciaram ou verificaram o óbito.

O documento a ser fornecido pelo médico é a Declaração de Óbito, cujo modelo em vigor é composto por nove partes, e é fornecida aos médicos, instituições hospitalares e ao DML pela Secretaria Municipal de Saúde.

O médico é responsável pelo preenchimento da Declaração de Óbito em toda a sua extensão, a qual é feita em três vias, sendo as duas primeiras vias entregues à família para o devido registro e sepultamento, e a terceira permanece anexada ao prontuário do paciente, em caso de óbito hospitalar, ou arquivado junto à cópia do laudo de necropsia do DML, em caso de morte violenta.

11.2. A quem fornecer a declaração de óbito

Entendemos como *morte* o desaparecimento permanente de todo sinal de vida, em um momento qualquer depois do nascimento, ou o desaparecimento de todos os sinais de vida ou a cessação de todas as funções vitais, sem a possibilidade de ressuscitar.

Este conceito tradicional de morte vem sofrendo transformações. A morte, hoje, é representada pela Morte Encefálica (ME), ou seja, a perda completa e irreversível das funções encefálicas, definida pela cessação das atividades corticais e de tronco encefálico. Em 1968, o Comitê Ad Hoc da Escola Médica de Harvard já estabelecia critérios precisos para a determinação de morte encefálica, que deveriam estar presentes por no mínimo 24 horas. Em 1976, este tempo foi reduzido de 24 para 6 horas, e incluiu o Eletroencefalograma (EEG) como um critério obrigatório.

No Brasil, o Conselho Federal de Medicina, através da Resolução CFM nº 2.173, de 23 de novembro de 2017, frente ao avanço cientifico da medicina, atualizou e redefiniu os critérios para o diagnóstico de morte encefálica (ver anexo no final do capítulo).

Os parâmetros clínicos para início do diagnóstico de morte encefálica são: coma não perceptivo, ausência de reatividade supraespinhal e apneia persistente, sendo que estes parâmetros devem atender a todos os seguintes pré-requisitos:

a) Presença de lesão encefálica de causa conhecida, irreversível e capaz de causar morte encefálica;

b) Ausência de fatores tratáveis que possam confundir o diagnóstico de morte encefálica;

c) Tratamento e observação em hospital pelo período mínimo de seis horas. Quando a causa primária do quadro for encefalopatia hipóxico-isquêmica, esse período de tratamento e observação deverá ser de, no mínimo, 24 horas;

d) Temperatura corporal (esofagiana, vesical ou retal) superior a 35°C, saturação arterial de oxigênio acima de 94% e pressão arterial sistólica maior ou igual a 100 mmHg ou pressão arterial média maior ou igual a 65mmHg para adultos, ou conforme informado a seguir para menores de 16 anos:

- Até 5 meses incompletos – pressão arterial sistólica maior ou igual a 60 mmHg ou pressão arterial média maior ou igual a 43 mmHg
- De 5 meses a 2 anos incompletos – pressão arterial sistólica maior ou igual a 80 mmHg ou pressão arterial média maior ou igual a 60 mmHg
- De 2 anos a 7 anos incompletos – pressão arterial sistólica maior ou igual a 85 mmHg ou pressão arterial média maior ou igual a 62 mmHg
- De 7 a 15 anos – pressão arterial sistólica maior ou igual a 90 mmHg ou pressão arterial média maior ou igual a 65 mmHg.

É obrigatória a realização mínima dos seguintes procedimentos para determinação do diagnóstico de morte encefálica:

a) Dois exames clínicos que confirmem coma não perceptivo e ausência de função do tronco encefálico, cada um deles realizado por um médico diferente, especificamente capacitados para determinar esse diagnóstico. O intervalo mínimo de tempo entre os dois exames clínicos, em crianças com menos de 2 anos, variará conforme a faixa etária:
   - De 7 dias a 2 meses incompletos – 24 horas
   - De 2 meses a 24 meses incompletos – 12 horas
   - Acima de 2 anos – 1 hora

b) Um teste de apneia que confirme ausência de movimentos respiratórios após estimulação máxima dos centros respiratórios (hipercapnia – $PaCO_2$ superior a 55mmHg);

c) Um exame complementar que comprove ausência de atividade encefálica, pela ausência de perfusão sanguínea encefálica, ou ausência de atividade metabólica encefálica ou ausência de atividade elétrica encefálica. A escolha do exame complementar a ser realizado dependerá da situação clínica do paciente e das disponibilidades locais. O laudo deste exame deverá ser elaborado e assinado por médico especialista no método em situações de morte encefálica.

Os médicos especificamente capacitados para fazer o diagnóstico de morte encefálica devem ter, no mínimo, um ano de experiência no atendimento de pacientes em coma e devem ter acompanhado, ou realizado pelo menos dez determinações de ME, ou curso de capacitação para determinação em ME. Um dos médicos especificamente capacitados deverá ser especialista em uma das seguintes especialidades: medicina intensiva, medicina intensiva pediátrica, neurologia, neurologia pediátrica, neurocirurgia ou medicina de emergência. Na indisponibilidade de qualquer um dos especialistas anteriormente citados, o procedimento deverá ser concluído por outro médico especificamente capacitado. Nenhum desses médicos poderá fazer parte da equipe de transplante.

As conclusões do exame clínico e o resultado do exame complementar deverão ser registrados pelos médicos examinadores no Termo de Declaração de Morte Encefálica e no prontuário do paciente ao final de cada etapa. Os médicos que determinaram o diagnóstico de ME ou médicos assistentes ou seus substitutos deverão preencher a Declaração de Óbito, definindo como **data e hora da morte** aquela que corresponde ao momento da conclusão do **último procedimento para determinação**

do diagnóstico da Morte Encefálica. Nos casos de morte por causas externas a Declaração de Óbito será de responsabilidade do médico-legista, que deverá receber o relatório de encaminhamento médico e uma cópia do Termo de Declaração de Morte Encefálica.

Os familiares do paciente devem ser esclarecidos pelo médico assistente, ou seu substituto, sobre o processo de diagnóstico de ME e os resultados de cada etapa, registrando no prontuário do paciente essas comunicações.

11.2.1. Nascimento vivo

Os conceitos de morte fazem pressupor a existência anterior de vida. A vida humana, aqui considerada, começa com o nascimento. Logo, entende-se por NASCIDO VIVO o produto da concepção que, depois de expulso ou extraído completamente do corpo da mãe, respira ou dá qualquer outro sinal de vida, quer tenha ou não sido cortado o cordão umbilical e esteja ou não desprendida a placenta. Assim, a criança que nasce com "qualquer" sinal de vida, com qualquer idade gestacional, deve ser considerada nascida viva, tendo, então, direito ao Registro de Nascimento. Se vier a morrer, em qualquer momento posterior, terá direito a uma Declaração de Óbito.

11.2.2. Perdas fetais

São produtos da concepção extraídos ou expelidos sem vida do corpo da mãe. A melhor doutrina e as mais autorizadas jurisprudências, nacionais e estrangeiras, recomendam que o feto que atinge a maturação já pode ser considerado cadáver.

A OMS define "Óbito Fetal", "Perda Fetal" ou "Morte Fetal" como a morte do produto da concepção antes da expulsão do corpo da mãe, independente da duração da gestação. O tempo é usado apenas para classificar as perdas fetais em: a) precoces, quando o feto tem menos de 20 semanas de vida intrauterina; b) intermediária, quando tem entre 20 e 27 semanas; e c) tardia, com mais de 28 semanas. O aborto corresponde às mortes fetais precoces. A Lei dos Registros Públicos (Brasil) obriga a que *"mesmo no caso de ter a criança nascido morta, seja promovido o registro de nascimento"*.

A Declaração de Óbito deve ser preenchida, ressaltando que se trata de **óbito fetal**. No "nome" é colocado apenas **natimorto**, para o qual, segundo a lei, não há nome a ser registrado.

A Resolução nº 1.779 do Conselho Federal de Medicina, de 11 de novembro de 2005, determina que: "Em caso de morte fetal, os médicos que prestaram assistência à mãe ficam obrigados a fornecer a Declaração de Óbito quando a gestação tiver duração igual ou superior a 20 semanas ou o feto tiver peso corporal igual ou superior a 500 (quinhentos) gramas e/ou estatura igual ou superior a 25 cm.". Sob o ponto de vista de saúde pública, esta resolução permite a obtenção de informações importantes sobre a saúde materna.

O feto morto com idade gestacional inferior a 20 semanas (peso inferior a 500 g e com menos de 25 cm de comprimento) é considerado, juridicamente, parte da mãe, não havendo obrigatoriedade em se realizar o Registro Civil e fornecer a Declaração de Óbito. Epidemiologicamente, no entanto, estas informações poderiam fornecer subsídio para estudo dos abortamentos. Se houver interesse da família em realizar o sepultamento, o médico pode fornecer a Declaração de Óbito, caso contrário, podem ser incinerados no hospital.

11.2.3. Peças anatômicas

Peças anatômicas são definidas como vísceras, órgãos ou membros retirados no seu todo ou em parte de um paciente por ato cirúrgico. Peças anatômicas não recebem Declaração de Óbito.

O melhor destino para as peças anatômicas é a incineração; na falta de um incinerador hospitalar, estas peças podem ser enterradas. Nesta situação, o hospital elabora um documento, semelhante a um relatório, especificando o procedimento que foi realizado, e este documento é encaminhado juntamente com a peça ao cemitério.

11.2.4. Partes de cadáver

Juridicamente, existe cadáver *"enquanto persistir conexão entre suas partes"*. Desta forma, partes de cadáver é um problema de ordem policial. Ossadas ou partes do corpo humanos encontrados fora de locais próprios para sepultamento (cemitérios) serão encaminhados aos Institutos Médicos-Legais (IML) pela autoridade policial que recebeu a notificação. Ao IML cabe a realização da perícia, com a identificação, se possível, e a emissão de um laudo pericial e da Declaração de Óbito, se for o caso.

11.3. Quem fornece a Declaração de Óbito

A princípio, o médico é o responsável pelo fornecimento da DO, bem como por todas as informações contidas no documento.

O Código de Ética Médica prevê que é vedado ao médico:

a) Atestar óbito quando não o tenha verificado pessoalmente, ou quando não tenha prestado assistência ao paciente, salvo, no último caso, se o fizer como plantonista, médico substituto ou em caso de necropsia e verificação médico-legal (Art. 83);

b) Deixar de atestar óbito de paciente ao qual vinha prestando assistência, exceto quando houver indícios de morte violenta (Art. 84).

Desta forma, o médico pode ou não estar obrigado a fornecer a DO. O Conselho Federal de Medicina normatizou o fornecimento da Declaração de Óbito e estabeleceu as responsabilidades do médico em cada situação específica através da Resolução CFM 1.779, de 11 de novembro de 2005.

11.3.1. Mortes violentas

Nos casos de morte violenta (homicídios, suicídios, acidentes de trânsito, acidentes de trabalho, acidentes domésticos e em mortes suspeitas), o médico-legista fornece a DO após a realização da necropsia, solicitada pela autoridade policial.

11.3.2. Mortes naturais

• **Paciente com assistência médica:**
   a) Paciente em acompanhamento médico: a Declaração de Óbito deverá ser fornecida pelo médico que vinha prestando assistência ao paciente, sempre que possível, em todas as situações.
   b) Paciente internado sob regime hospitalar: a Declaração de Óbito deverá ser fornecida pelo médico assistente e, na sua falta, por médico substituto ou plantonista pertencente à instituição onde o paciente está internado. É da competência do hospital o fornecimento da DO para todos os casos de óbito hospitalar, exceto para os casos de morte violenta.
   c) Paciente em tratamento sob regime ambulatorial: a Declaração de Óbito deverá ser fornecida, pelo médico designado pela instituição que prestava assistência ambulatorial (hospital, unidade de saúde, clínica médica), ou pelo Serviço de Verificação de Óbito (SVO), caso o médico não consiga correlacionar o óbito com o quadro clínico concernente ao acompanhamento do paciente.

d) Paciente em tratamento sob regime domiciliar (Programa Saúde da Família, internação domiciliar e outros): a Declaração de Óbito deverá ser fornecida pelo médico pertencente ao programa ao qual o paciente estava cadastrado, ou pelo SVO, caso o médico não consiga correlacionar o óbito com o quadro clínico concernente ao acompanhamento do paciente.

- **Paciente com assistência médica, mas com causa desconhecida pelo médico assistente:**

  O médico assistente, com o objetivo de determinar a causa do óbito, poderá propor a realização de uma necropsia clínica ou anatomopatológica, a qual será realizada por um serviço de anatomia patológica da instituição onde o paciente encontra-se hospitalizado ou pelo SVO, caso o município disponha deste serviço. Este tipo de necropsia exige o consentimento dos familiares para ser realizado. Caso os familiares não concordem com a realização do procedimento após os esclarecimentos fornecidos pelo médico assistente, este deverá fornecer a Declaração de Óbito, registrando no espaço para a causa da morte: *"morte natural de causa indeterminada"*.

- **Paciente sem assistência médica:**

  a) Cidade com Serviços de Verificação de Óbito (SVO): o cadáver é encaminhado a este serviço para a determinação da realidade da morte e sua causa, sendo então fornecida a DO.

  b) Cidade sem Serviços de Verificação de Óbito (SVO): a DO deverá ser fornecida pelos médicos do serviço público de saúde mais próximo ao local onde ocorreu o evento e, na sua falta, por qualquer médico do município. Neste caso, quando o médico não tem elementos para firmar o diagnóstico da doença que levou à morte, fornecerá a DO, anotando que se trata de "óbito sem assistência médica". O médico precisa certificar a realidade da morte, bem como a identidade do falecido e a ausência de evidências de causas externas. Nesta situação, temos um atestado de óbito, e não atestado da causa do óbito. O médico, neste caso, não coloca nenhum diagnóstico no espaço reservado a "causa mortis" ou registra "causa indeterminada".

Se o paciente não tem médico assistente, mas está sob os cuidados de uma instituição hospitalar (atendimento em emergência), a DO é fornecida por qualquer médico do hospital (plantonista). É da competência do hospital o fornecimento da DO para todos os casos de óbito hospitalar, exceto para os casos de morte violenta.

Entende-se por ÓBITO HOSPITALAR, o *"óbito que se verifica no hospital após o registro do paciente"*. No entanto, o paciente que ainda não está registrado no hospital, mas vem a óbito, por exemplo, na ambulância do hospital, RECOMENDA-SE o fornecimento da DO, pois a ambulância funciona como um prolongamento do hospital, e, portanto, o doente já estava sob sua responsabilidade.

11.3.3. Locais onde não há médicos

Nesta situação, o registro do óbito é promovido em cartório, por "duas *pessoas que tenham presenciado ou certificado a morte*".

11.4. Encaminhamento das verificações de óbito

Levando-se em consideração a Portaria Conjunta n° 001, de 12 de fevereiro de 2001, editada pelas Secretarias Estaduais da Justiça e da Segurança e da Saúde do Estado do Rio Grande do Sul, vale destacar alguns artigos que podem gerar dúvidas quanto à sua interpretação.

Nas mortes naturais, sem assistência médica, a declaração de óbito deverá ser fornecida pelos médicos do serviço público de saúde local, ou por qualquer médico da localidade. Assim, a DO poderá ser fornecida por um médico da Secretaria da Saúde e, na sua falta, por qualquer médico do município. Nestes casos, quando o médico não tem elementos para firmar o diagnóstico da doença que levou à morte, deverá fornecer a DO anotando que se trata de *"óbito sem assistência médica"*, não devendo constar qualquer diagnóstico no espaço reservado à *"causa mortis"* ou consignar como óbito de *"morte natural de causa indeterminada"*. O médico precisa certificar a realidade da morte, bem como a identidade do falecido e a ausência de evidências de violência ao exame do corpo.

A ausência no Estado do Rio Grande do Sul de um Serviço de Verificação de Óbito em atividade não determina que estes cadáveres devam ser encaminhados ao DML. O Departamento Médico-Legal é o serviço público encarregado de realizar apenas as necropsias em casos de morte violenta, mediante solicitação da autoridade policial.

Nas mortes naturais, com assistência médica, a declaração de óbito deverá ser fornecida pelo médico assistente ou pelo médico substituto pertencente à instituição, em casos de pacientes internados. Nos casos de pacientes acompanhados em regime ambulatorial, a instituição que prestava assistência deverá designar um médico para fornecer a declaração de óbito. Os pacientes internados em instituições hospitalares, mesmo com dúvida quanto ao diagnóstico da *causa mortis*, não deverão ser encaminhados ao DML. Caso haja necessidade de necropsia clínica, caberá ao médico assistente ou substituto solicitar autorização para sua realização junto à família. É responsabilidade do serviço de patologia da instituição a realização deste procedimento. Salienta-se que não é o tempo de hospitalização o fator determinante para encaminhamento de um cadáver ao DML. Mesmo em casos de internação hospitalar com menos de 24 horas de duração, não havendo evidências de morte violenta ou suspeita, o fornecimento da Declaração de Óbito fica sob responsabilidade do médico assistente ou seu substituto, ou de um médico designado pela instituição hospitalar.

É fundamental o entendimento de que o DML não está estruturado e não é sua função realizar necropsias clínicas, ou seja, aquelas para determinação de *causa mortis*, em situações de dúvida diagnóstica por parte da equipe médica. Somente nos casos de morte violenta (homicídios, suicídios, acidentes de trânsito, acidentes de trabalho, acidentes domésticos e em mortes suspeitas) caberá ao médico-legista fornecer a DO após a realização da necropsia. Nos casos de mortes suspeitas, deve o médico responsável pela equipe médica informar no momento do registro da ocorrência qual a sua suspeita em relação ao caso (homicídio, suicídio, acidente), de forma a poder orientar o perito na busca de evidências durante a realização da perícia.

ANEXO

IDENTIFICAÇÃO DO HOSPITAL
TERMO DE DECLARAÇÃO DE MORTE ENCEFÁLICA
(Res. CFM nº 2.173 de 15/12/2017)

TERMO DE DECLARAÇÃO DE MORTE ENCEFÁLICA   Nº _____

HOSPITAL
Nome: _____ REGISTRO HOSPITALAR DO PACIENTE
Município: _____ CNES: _____ UF: _____

PACIENTE
Nome: _____ Nascimento: _____
Mãe: _____ Sexo: MAS   FEM
Identidade: ____ Tipo: ____ Nº ____

CAUSA DO COMA
Diagnóstico principal: _____ CID ____
Diagnóstico secundário: _____ CID ____
Confirmação: TC   RM   Angiografia   DTC   Liquor   EEG   Outro ____

PRÉ-REQUISITOS

	SIM	NÃO
Presença de lesão encefálica de causa conhecida, irreversível e capaz da causar a morte encefálica?	SIM	NÃO
Ausência de causas tratáveis que possam confundir o diagnóstico de morte encefálica?	SIM	NÃO
Tratamento e observação hospitalar ≥ 6 horas ou ≥ 24 horas em encefalopatia hipóxico-isquêmica?	SIM	NÃO
Temperatura corporal > 35°C + PaO2 > 94% + PAS ≥ 100 mmHg ou PA média ≥ 65 mmHg ou pela faixa etária (< 16 anos)?	SIM	NÃO
Ausência de hipotermia?	SIM	NÃO
Ausência de drogas depressoras do sistema nervoso central ou de bloqueadores neuromusculares?	SIM	NÃO

1º EXAME CLÍNICO

PA (mmHg): _____ TEMP (°C): _____ DATA: _____ HORA: _____

Coma não perceptivo? SIM NÃO

EXAME NEUROLÓGICO (exame dos reflexos):	Direito				Esquerdo		
Pupila fixa e arreativa	SIM	NÃO	NT	SIM	NÃO	NT
Ausência de reflexo córneo-palpebral	SIM	NÃO	NT	SIM	NÃO	NT
Ausência de reflexo óculo-cefálico	SIM	NÃO	NT	SIM	NÃO	NT
Ausência de reflexo vestíbulo-calórico	SIM	NÃO	NT	SIM	NÃO	NT
Ausência de reflexo da tosse	SIM	NÃO				

Justifique o motivo de não ter testado o reflexo: _____
Obs.: Não Testado (NT)

Médico: _____
CRM: _____

Assinatura Identificada

TESTE DE APNEIA (examinador 1 ou 2)

PA (mmHg): _____ TEMP (°C): _____ DATA: _____ HORA: _____

	Inicial	Final		Inicial	Final
PaCO$_2$	___	___	PaO$_2$	___	___

Ausência de movimentos respiratórios com PaCO$_2$ > 55 mmHg? SIM NÃO

Médico: _____
CRM: _____

Assinatura Identificada

TERMO DE DECLARAÇÃO DE MORTE ENCEFÁLICA   Nº _____

2º EXAME CLÍNICO

PA (mmHg): _____ TEMP (°C): _____ DATA: _____ HORA: _____

Coma não perceptivo? SIM NÃO

EXAME NEUROLÓGICO (exame dos reflexos):	Direito				Esquerdo		
Pupila fixa e arreativa	SIM	NÃO	NT	SIM	NÃO	NT
Ausência de reflexo córneo-palpebral	SIM	NÃO	NT	SIM	NÃO	NT
Ausência de reflexo óculo-cefálico	SIM	NÃO	NT	SIM	NÃO	NT
Ausência de reflexo vestíbulo-calórico	SIM	NÃO	NT	SIM	NÃO	NT
Ausência de reflexo da tosse	SIM	NÃO				

Justifique o motivo de não ter testado o reflexo: _____
Obs.: Não Testado (NT)

Médico: _____
CRM: _____

EXAME COMPLEMENTAR

PA (mmHg): _____ TEMP (°C): _____ DATA: _____ HORA: _____

Tipo: DTC EEG Angiografia Cintilografia Outro: _____

Ausência de perfusão sanguínea ou de atividade metabólica ou elétrica encefálica? SIM NÃO

Médico: _____
CRM: _____

Assinatura Identificada

A. CONTROLE DA PRESSÃO ARTERIAL:

IDADE	PRESSÃO ARTERIAL (mmHg)	
	Sistólica	PAM
Até 5 meses incompletos	60	43
De 5 meses a 2 anos incompletos	80	60
De 2 anos a 7 anos incompletos	85	62
De 7 anos a 15 anos	90	65
16 anos em diante	100	65

B. INTERVALOS ENTRE EXAMES CLÍNICOS:

INTERVALOS ENTRE EXAMES CLÍNICOS	MÍNIMO
7 dias completos (recém-nato a termo) a 2 meses incompletos	24 horas
De 2 meses a 24 meses incompletos	12 horas
Mais de 24 meses	1 hora

Anotações . . .

Capítulo 12

PERÍCIAS DIVERSAS[1]

As *perícias diversas* compreendem um grupo especial de procedimentos realizados para prestar esclarecimentos em relação aos laudos emitidos pelo Departamento Médico-Legal (DML) e que possam eventualmente ter gerado dúvidas ou questionamentos quanto aos seus resultados. São indicadas também quando a autoridade solicitante procura estabelecer entendimentos sobre determinado evento na área médica, com repercussão legal, e que não se enquadre entre os exames possíveis de serem solicitados de rotina.

Este tipo de perícia deve ser utilizado pelos profissionais do Direito como um canal de esclarecimento sobre determinados fatos considerados relevantes para o entendimento do caso. Para que se possam obter melhores resultados, estas solicitações devem vir sempre acompanhadas de cópias de todos os documentos do caso envolvido no estudo, incluindo os autos do inquérito, documentos médicos, relatórios hospitalares, laudos periciais etc.

Apresentamos a seguir alguns exemplos deste tipo de perícia, com as solicitações mais frequentes encaminhadas ao DML.

12.1. Teor alcoólico – manifestações clínicas

→ **Solicitação**: Aos peritos foi solicitado textualmente o seguinte: "... solicitamos a Vossa Senhoria manifestação a respeito de que conduta manifestaria uma pessoa com a concentração de 27 dg/l de álcool no sangue".

→ **Discussão**: Uma mesma quantidade de álcool ministrada a várias pessoas pode acarretar, em cada uma, efeitos diversos. Igualmente,

---
[1] Alguns casos deste capítulo foram realizados pelo Perito Médico-Legista do DML de Porto Alegre, Dr. Mário Sérgio Trindade Borges da Costa, a quem os autores agradecem a colaboração.

pode produzir num mesmo indivíduo efeitos diferentes, dadas circunstâncias meramente ocasionais. Ainda que a lei defina níveis que causem prejuízo e intoxicação, a maioria das pessoas é afetada por concentrações significativamente menores do que as previstas. Isto leva a uma confusão conceitual acerca da classificação dos períodos de embriaguez alcoólica. Uma das tabelas que procura caracterizar os efeitos do álcool em diferentes concentrações foi definida por Dubowski, K.M., da Universidade de Oklahoma. Abaixo apresentamos um resumo desta tabela. Existe uma significativa sobreposição de estágios e concentrações alcoólicas que definem cada estágio, tendo em vista a dificuldade de avaliação dos sintomas. Além disso, a habilidade de dirigir veículo automotor pode ser bastante afetada independente da intensidade ou detectabilidade dos sinais e sintomas descritos na tabela abaixo:

Estágio	Concentração	Sinais e sintomas
Sobriedade	0 – 0.6 dg/l	Nenhuma influência aparente
Euforia	3 – 12 dg/l	Diminuição da atenção, julgamento e controle
Excitação	9 – 25 dg/l	Diminuição do sensório; aumento do tempo de resposta; incoordenação muscular
Confusão	18 – 30 dg/l	Desorientação mental; confusão; incoordenação muscular; distúrbios de percepção
Torpor	27 – 40 dg/l	Inércia generalizada; marcada diminuição no nível de respostas aos estímulos; sonolência

Outra tabela de determinação da embriaguez baseada na alcoolemia foi proposta por Simonin,[2] e nesta a alcoolemia entre 15 e 30 dg/l está associada, na maioria dos casos, à embriaguez acentuada, estado no qual o indivíduo apresenta diversas alterações, como confusão mental, desorientação, irritabilidade, agressividade; a palavra é arrastada, os movimentos pesados e lentos, a marcha cambaleante, o pensamento ilógico, a memória embotada, os reflexos atrasados, a musculatura hipotônica e uma intensa sonolência.[3] Os tribunais ingleses e americanos dão um valor excessivo à pesquisa bioquímica. No entanto, qualquer valor numérico referente a uma taxa de concentração de álcool no organismo humano tem um significado relativo. Há indivíduos que, trazendo uma taxa elevada de álcool no sangue, permanecem em condições psíquicas e nervosas sem características de embriaguez, com comportamento

---

[2] Forensic Science Handbook, Richard Saferstein, 1987.
[3] Perícia Médica Judicial, Alcântara, 1982.

correto, dada sua grande tolerância ao álcool. Há outros, no entanto, que, ao ingerirem pequenas quantidades, apresentam manifestações somáticas, psíquicas, nervosas e antissociais. Além disso, pesquisas com amostras de motoristas vítimas de acidentes fatais demonstram que o álcool está presente em 42% dos óbitos em Maryland (EUA), 36% na Califórnia, 42% em Los Angeles (EUA) e em 57% das vítimas no Canadá.[4] Portanto, há uma relação direta do álcool com acidentes de trânsito, não relacionada obrigatoriamente com os índices de teor alcoólico, e com forte correlação em casos de acidentes com morte.[5]

→ **Conclusão:** Embora haja grande variabilidade individual em termos de tolerância ao álcool etílico, a maioria das pessoas com uma concentração de 27 decigramas de álcool etílico por litro de sangue apresentaria alterações típicas do estado de embriaguez acentuada, que podem incluir: confusão mental, desorientação, irritabilidade, agressividade, as quais progressivamente evoluem para a sonolência, pensamento ilógico, memória embotada, articulação difícil das palavras, movimentos lentos e incoordenados, equilíbrio diminuído, reflexos lentos ou embotados, marcha cambaleante, musculatura hipotônica.

12.2. Teor alcoólico – tempo de eliminação do álcool (caso 1)

→ **Solicitação:** Aos peritos foi solicitado textualmente o seguinte: "... que seja procedido o cálculo quanto ao resultado real (da hora do acidente) da dosagem de álcool etílico encontrado no sangue de indivíduo, considerando que o horário do acidente em que se envolveu foi às 15h do **dia 28/08/99**, e o referido exame foi realizado somente às 23h56min do mesmo dia, quando o resultado foi de 5,0 dg de álcool por litro de sangue".

→ **Discussão**: Para uma estimativa da taxa de álcool no sangue, no exato momento do fato, usa-se a fórmula $A1 = A2 + E(T2 - T1)$, em que: A1 é a taxa procurada de álcool no sangue no momento do fato; A2 é a taxa de álcool no momento da coleta (em g/l); E é o coeficiente de etil-oxidação (0,22 g/l/h no homem e 0,20 g/l/h na mulher); T1 é a hora do fato (em horas) e T2 é a hora do exame e coleta do sangue (em horas). Baseado nas informações dos documentos acima referidos, temos:

---

[4] Accid. Anal. and Prev., n° 3, 1995.
[5] Forensic Pathology, Di Maio, 1994.

A2=5,0 dg/l (= 0,5 g/l); E = 0,22 g/l/h; T_2 = 23h56min; T_1=15h; diferença entre T_2 e T_1 ($T_2 - T_1$) = 8h56min (equivalente a 536 minutos = 8,9 horas). Aplicando estes dados à fórmula referida, temos como resultado A1 = 2,46 g/L (= 24,6 dg/l). Cabe salientar que o valor obtido pela utilização desta fórmula é uma *estimativa* da concentração de álcool etílico no sangue no momento do fato.

→ **Conclusão**: A concentração estimada de álcool etílico no sangue, para este caso, às quinze horas do dia 28/08/1999, é de 24,6 decigramas por litro.

12.3. Teor alcoólico – tempo de eliminação do álcool (caso 2)

→ **Solicitação:** Objetivando atender requisição do Ministério Público, foi solicitado aos peritos "... informar se o tempo que decorreu entre o acidente e a medição poderia ter repercutido no teste de aparelho de ar alveolar e, caso positivo, em que proporção poderia influenciar".

→ **Descrição:** Foram recebidas cópias de documentos do Inquérito Policial, podendo-se constatar no Registro de Ocorrência que o fato (acidente de trânsito) se deu no **dia 05/09/1998**, às 22h50min. Há também o seguinte registro: "...foi submetido ao teste no aparelho de AR ALVEOLAR (BAFÔMETRO), modelo BF1, constatando-se a concentração de 0,08 gramas de álcool por litro de ar expelido pelos pulmões".

→ **Discussão:** O tempo transcorrido entre o acidente e a medição das concentrações de álcool etílico no organismo, seja no sangue ou no ar expirado, influi no resultado. Tal fato deve-se à metabolização continuada do álcool e a resultante queda progressiva na sua concentração sanguínea. As referências bibliográficas geralmente constituem-se em estudos relativos à alcoolemia (concentração sanguínea do álcool etílico), podendo-se extrapolar estas análises para a avaliação do comportamento dos níveis de álcool no ar expirado. Saliente-se, contudo, que não dispomos de estudos específicos sobre o ritmo de redução dos níveis de álcool no ar expirado. Para melhor compreensão deste processo, vale citar as observações de Genival Veloso de França (*Medicina Legal*, 6ª edição, Editora Guanabara Koogan, 2001, p. 299):

> Após a ingestão, o álcool começa a ser absorvido pela via digestiva, passando diretamente para a veia porta e para o fígado, indo para a circulação sanguínea e linfática do organismo, onde vai ser distribuído pelos tecidos em geral. No instante em que a absorção se equilibra com a di-

fusão, a concentração de álcool no sangue mantém-se uniforme. A isto se chama 'equilíbrio de difusão'. A partir daí o organismo humano começa o processo de desintoxicação, por fases continuadas de oxidações, transformando-se em aldeído, ácido acético, gás carbono e água. ... Dessa forma, a oxidação é o principal meio de defesa do organismo sob a ação do álcool. Pequeníssimas quantidades de etanol são eliminadas sem se oxidar. E, quando isso ocorre, os órgãos encarregados são os pulmões e os rins, e mais raramente a pele e os intestinos. É muito importante também conhecer a chamada *curva alcoolêmica*, pois a partir dela pode-se fundamentar melhor o diagnóstico médico-legal da embriaguez. A 'primeira linha' (curva de difusão ou absorção) é ascendente e corresponde ao período de absorção, durante cerca de 30 a 60 minutos, isso quando se trata de absorção única. Em caso de absorções sucessivas, teremos uma linha quebrada e escalonada, em face das continuadas ingestões. A 'segunda linha' (nível de manutenção) corresponde a um 'pico' no qual se tem a concentração máxima de alcoolemia. A duração dessa fase é mínima e em alguns casos este pico não existe. E uma 'terceira linha' (curva de eliminação), descendente de forma regular e gradativa, que corresponde ao período de desintoxicação e onde predomina o processo de oxidação, tendo início a partir de 1 h e 30 min. da ingestão.

Segundo Y. H. Caplan, à temperatura de 34°C, um mililitro de sangue contém aproximadamente a mesma quantidade de álcool que 2.100 mililitros de ar alveolar (Caplan, Y. H. *The determination of alcohol in blood and breath.* In: Saferstein, R. (ed.). Forensic Science Handbook. New Jerssey: Prentice Hall, 1982, p. 592-652.). Dessa forma, a concentração observada de "0,08 gramas de álcool por litro de ar expelido pelos pulmões" corresponderia a 0,08 gramas de álcool em 0,476 mililitros de sangue, ou 168 gramas de álcool por litro de sangue, o que não é aceitável neste caso por ser esta uma dosagem muito acima da letal. Face a estas observações, a concentração de etanol no ar alveolar descrita anteriormente não pode ser considerada. Faria sentido se o resultado apresentado no aparelho de ar alveolar já viesse convertido para gramas de álcool por litro *de sangue*, ou seja, uma concentração de 0,08 gramas (0,8 decigramas) de álcool por litro *de sangue*, o que seria uma dosagem muito abaixo do limite estabelecido pelo Código de Trânsito Brasileiro, que é de 6 decigramas de álcool por litro de sangue. Caplan destaca que é necessária a comprovação de que o aparelho de ar alveolar esteja adequadamente ajustado e calibrado para que seus resultados tenham valor legal.

→ **Conclusão:** O tempo transcorrido entre o acidente e a medição das concentrações de álcool etílico no organismo influi no resultado. A metabolização continuada do álcool resulta na queda progressiva da sua concentração sanguínea com o passar do tempo. Na forma como foi apresentado, o resultado do teste no aparelho de ar alveolar do caso em tela não pode ser valorizado.

12.4. Estupro mediante ato libidinoso – caracterização em crianças

→ **Solicitação:** Foi solicitada resposta ao seguinte quesito:

1º) Se existe algum tipo de secreção que uma criança de três anos de idade possa expelir pelo ânus, decorrente de disfunção orgânica ou qualquer outra causa endógena, e que seja semelhante ao sêmen humano?

→ **Histórico do caso:** No **dia 29 de março de 1999**, o menino X, de três anos de idade, foi trazido ao Departamento Médico-Legal de Porto Alegre para ser submetido a exame para averiguação de violência sexual. No documento de encaminhamento da Polícia Civil havia a requisição datilografada de exame de "conjunção carnal" com posterior correção manuscrita de que se tratava de exame de "atentado violento ao pudor". Nesse documento, foi descrito: "Segundo a mãe Sra. X seu filho foi vítima de tentativa de estupro no dia 29/03/99 na parte da tarde". Não havia, nessa ocasião, qualquer solicitação de exame especial. (*Observação*: tanto "conjunção carnal" como "atentado violento ao pudor" são expressões impróprias neste caso). Neste dia, foi realizado o AUTO DE EXAME DE CORPO DE DELITO – Ato Libidinoso Diverso da Conjunção Carnal – no qual foi respondido afirmativamente ao primeiro quesito ("se há vestígio de ato libidinoso") com base apenas nos achados do exame físico, visto que a pesquisa de espermatozoides em secreção anal foi negativa.

→ **Resposta ao quesito**: Certos processos infecciosos intestinais (enterocolites) ou anorretais (proctorretites) causados por diversos agentes (bactérias ou vírus) podem determinar, além de fezes diarreicas, a eliminação pelo ânus de muco cujo aspecto pode ser semelhante ao do sêmen humano.

12.5. Estupro mediante conjunção carnal – caracterização de conjunção carnal

→ **Solicitação:** Objetivando atender requisição do Ministério Público, foi solicitada aos peritos a realização de perícia diversa para resposta aos quesitos abaixo formulados. Foram remetidas cópias de documentos do processo. Foram formulados os seguintes quesitos (reproduzidos *ipsis verbis*):

1º) "Se é possível que a constatação de desvirginamento – ruptura himenal –, verificada pela equipe médica do Hospital de Clínicas, cedesse a uma reconstituição do hímen, em se tratando de criança e do transcurso do tempo entre o exame hospitalar e a perícia do IML".

2º) "Se tal situação é compatível com a possibilidade de existência de hímen complacente ou dubitativo, considerando, ainda, a idade da vítima à época dos fatos".

→ **Histórico:** Com base nas cópias de documentos do processo recebidas, constata-se que X foi internada no Hospital de Clínicas de Porto Alegre com os seguintes registros: "... Motivo da Consulta: suspeita de abuso sexual pelo atual companheiro da mãe, a qual tem dificuldade de expressar o que aconteceu... Exame físico realizado em ambiente tranquilo com a permissão da menina e da mãe, constatando-se ruptura himenal às 11 h e plicoma (região anal) às 6 h.". Parecer realizado pelo Serviço de Psiquiatria da Infância e da Adolescência do Hospital de Clínicas de Porto Alegre consigna que "... X nos parece uma criança deprimida, maltratada e negligenciada... Em virtude da gravidade do caso, necessita de atendimento psiquiátrico".

O Auto de Corpo de Delito (Conjunção Carnal), realizado pelo Departamento Médico-Legal de Porto Alegre registra: "... Região pubiana glabra. Genitais externos com desenvolvimento de acordo com a idade da paciente. Mucosa vulvovaginal de coloração rósea. Hímen carnoso, semilunar, medindo dois milímetros de largura média e apresentando a borda livre íntegra e contínua. Óstio exíguo, não permitindo a introdução da extremidade do dedo indicador do examinador. Durante a palestra mantida com a paciente não observamos sinais de alienação ou debilidade mental. Observamos que a paciente apresenta desenvolvimento mental de acordo com sua idade cronológica...". Em síntese, o referido laudo conclui pela virgindade da periciada e pela ausência de sinais de violência na ocasião do exame.

→ **Discussão:** Trata-se de um caso de suspeita de abuso sexual no qual houve divergência entre as conclusões do exame realizado pela médica pediatra (o qual descreve ruptura himenal) e do Auto de Corpo de Delito – Conjunção Carnal, realizado pelos peritos do DML de Porto Alegre (o qual conclui que a periciada era virgem). Além disso, os documentos referidos atestam que X e sua mãe apresentavam dificuldades na esfera psicológica que demandaram acompanhamento especializado. Para o esclarecimento da referida divergência de conclusões nos exames de virgindade e objetivando a resposta aos quesitos formulados, algumas considerações teóricas tornam-se necessárias. Nos casos típicos, a constatação da integridade ou ruptura da membrana himenal não oferece maior dificuldade. Contudo, certas situações podem gerar interpretações divergentes entre os examinadores. Um exemplo disso diz respeito aos entalhes congênitos, os quais podem ser confundidos com rupturas himenais por examinadores não habituados a este tipo de perícia. Conforme França (Genival Veloso de França. *Medicina Legal*, 6ª edição, Editora Guanabara Koogan, 2001), a ruptura "apresenta comumente profundidade completa na orla himenal, chegando até sua inserção na parede vaginal, bordas irregulares, disposição assimétrica, bordas recobertas por tecido fibroso cicatricial esbranquiçado, ângulo de ruptura em forma de V, sinais de cicatrização ao nível das bordas e, quando recente, infiltração hemorrágica, sangramento ou sinais de supuração. Já o entalhe mostra pouca penetração na orla himenal, bordas regulares, disposição frequentemente simétrica, bordas revestidas por epitélio pavimentoso estratificado idêntico ao restante do hímen, ausência de sinais de cicatrização recente e de infecção localizada, e o ângulo de ruptura é arredondado". Outro dado que merece citação é o de que a maioria das rupturas himenais ocorre na união dos quadrantes inferiores (59% dos casos, segundo França). As rupturas no quadrante superior esquerdo, como a ruptura "às 11 horas" descrita pela médica pediatra, são as menos frequentes (2,3%). Além disso, as violências sexuais determinantes de rupturas himenais em crianças da faixa etária da periciada geralmente estão associadas a outras lesões na região vulvovaginal e perineal, o que não foi observado no caso em tela. Com relação à definição de "hímen complacente", França refere: "Tem o hímen a propriedade de elastecer-se, dando-lhe maior ou menor dilatabilidade. Sua elasticidade pode chegar ao ponto de permitir a penetração de corpos mais calibrosos sem se romper. São os hímens complacentes, por excesso de membrana. Geralmente, sua complacência, quando existe, sempre é por exiguidade de membrana". No DML de Porto Alegre, conceitua-se como "hímen dubitativo" aquele que pode, eventualmente, permitir a realização da conjunção carnal sem que dela fiquem vestígios. No caso de uma criança de 4 anos, devido às características e pequenas dimensões da região vulvovaginal, à exiguidade do óstio e à fragilidade da membrana himenal, não se aplica o conceito de hímen complacente ou dubitativo. Pelo exposto, supõem os peritos que um entalhe himenal congênito possa ter sido confundido com ruptura himenal no exame realizado no Hospital de Clínicas.

→ **Resposta aos quesitos**:

1) "Se é possível que a constatação de desvirginamento – ruptura himenal – constatada pela equipe médica do Hospital de Clínicas, cedesse a uma reconstituição do hímen, em se tratando de criança e do transcurso do tempo entre o exame hospitalar e a perícia do IML".

Resposta: Na hipótese de uma criança de 04 anos sofrer ruptura himenal seguida de reconstituição cirúrgica, 09 meses depois poder-se-ia constatar cicatriz local consequente ao fato, o que seria indício de desvirginamento. Saliente-se que não foram constatados indícios de que tal fato tenha ocorrido no caso em questão.

2) "Se tal situação é compatível com a possibilidade de existência de hímen complacente ou dubitativo, considerando, ainda, a idade da vítima à época dos fatos".

Resposta: Não.

12.6. Projétil de arma de fogo – distância de disparo

→ **Solicitação:** Visando a atender promoção do Ministério Público, foi solicitado aos peritos responder em relação ao laudo de necropsia "se é possível aos Srs. Peritos dizer se o disparo de arma de fogo sofrido pela vítima foi desferido à curta, média ou longa distância".

→ **Discussão:** Autores de renome nacional em medicina legal, como França[6] e Alcântara,[7] classificam, com base nas características da ferida de entrada do projétil de arma de fogo, a forma como foram feitos os disparos em três tipos: tiro encostado, "à queima-roupa" (também chamado de a curta distância) e a distância. No auto de necropsia acima referido há a descrição de "... uma ferida arredondada, com halo equimótico e orla de escoriação e enxugo, medindo oito milímetros de diâmetro (orifício de entrada de projétil de arma de fogo – bala)". A partir desta descrição, podemos afirmar que o orifício referido não foi consequente a tiro encostado nem "à queima-roupa" (curta distância), visto que nessas duas situações estariam presentes alterações típicas que não

---

[6] França, G.V. *Medicina Legal*, 6ª ed. Rio de Janeiro: Guanabara Koogan, 2001.
[7] Alcântara, H.M. *Perícia Médica Judicial*. Rio de Janeiro: Guanabara Dois. 1982.

foram observadas no caso em tela. Conforme descreve Alcântara,[8] "No tiro encostado, o cano da arma fica perfeito ou parcialmente encostado no alvo. No tiro à queima-roupa, o calor e a fumaça alcançam a roupa ou a pele, estando a 'boca de fogo' a 40, 50, ou pouco mais, centímetros, na dependência da munição. No tiro à distância a boca de fogo fica de 50 centímetros a 'n' metros e só o projétil alcança o alvo. A ferida de entrada do tiro encostado caracteriza-se por um orifício de bordas denteadas, desarranjadas, apresentado descolamento e escarificação dos tecidos, com o aspecto de cratera de mina, chamada câmara de mina de Hoffmann. Tatuagem e esfumaçamento são observados na pele e nas vertentes, formando um halo conhecido como sinal de Werkgaertner, cuja descontinuidade caracteriza obliquidade do cano da arma. Quando a fumaça vai além e chega até um plano ósseo, formando, também, um halo, temos o sinal de Benassi. ... A ferida de entrada do tiro à queima-roupa é mais rica em elementos característicos, fornecidos pelo impacto do projétil e pelo calor da combustão, pela fumaça da pólvora, pelos resíduos incombustos e pela expansão dos gases que acompanham o projétil até uma curta distância. Temos então o orifício e as zonas de contorno: contusão e enxugo, equimótica, esfumaçamento, tatuagem e queimadura. ... A zona de contusão e enxugo é caracterizada por uma aréola apergaminhada do bordo do orifício, resultante da pressão feita pelo projétil até romper a resistência da pele, e do atrito dessa mesma pele que envolve o projétil, limpando-o da ferrugem, óleo ou fumaça que traz. A zona equimótica é representada por microequimoses produzida pela contusão e ruptura dos vasos situados na vizinhança do orifício. Ela se estende formando um tubo por toda a extensão do trajeto, aqui e ali se transformando em verdadeiros hematomas. Na procura do trajeto é elemento da maior importância. A zona de esfumaçamento resulta do depósito da fumaça sobre a pele; tem a forma circular – no tiro perpendicular; ovalar – no oblíquo; e alongado – no tangencial. Está claro que a interferência de vestes evita a sua presença na pele e que a lavagem com água a remove completamente. A zona de tatuagem resulta da penetração de resíduos de pólvora na pele. A forma varia com a direção do tiro e a cor com o tipo da pólvora, não sendo removível com a lavagem. É elemento balístico usual nas provas para determinação da distância do tiro. A zona de queimadura ou de chamuscamento resulta da ação do calor dos gases da detonação sobre o pelo e a pele. *A ferida de entrada do tiro à distância, exatamente pela falta das zonas de queimadura,*

---

[8] Alcântara, H.M. *Perícia Médica Judicial*. Rio de Janeiro: Guanabara Dois. 1982.

de tatuagem e esfumaçamento, apresenta com mais nitidez a aréola equimótica e a zona de enxugo."

→ **Conclusão:** As características do orifício de entrada do projétil de arma de fogo descritas no auto de necropsia nº 5000-52/97, protocolo 45461/97, levam os peritos a afirmar que a lesão descrita no corpo da vítima *não foi consequente a tiro encostado e nem "à queima-roupa"* (utilizando a classificação anteriormente referida). A presença de aréola equimótica e zona de enxugo e a ausência de outros elementos característicos permite afirmar que o periciado foi vítima de um *tiro à distância*. Embora não seja possível determinar a distância exata entre o cano da arma e o orifício de entrada do projétil, pode-se afirmar, baseado em Alcântara, que esta distância foi maior do que 50 centímetros.

12.7. Eletroplessão – diagnóstico da causa da morte

→ **Solicitação:** Aos peritos foi solicitada perícia diversa com base em documentos remetidos, visando a responder quesitos formulados pelo Ministério Público:
- "Se é possível que a morte da vítima tenha sido causada por eletroplessão, inobstante nela não tenham sido constatados vestígios de lesões (queimaduras) ou qualquer outro tipo de alteração no cadáver;
- Se poderia uma eventual descarga elétrica de 220 volts determinar a ocorrência de um ataque cardíaco ou outro mal súbito na vítima".

→ **Discussão:** As ações da corrente elétrica artificial sobre o organismo variam conforme a voltagem, a amperagem, a natureza da corrente (contínua ou alternada) e com condições peculiares ao próprio indivíduo a ela submetido.[9] Para melhor compreensão desta questão, vale citar as observações de Genival Veloso de França:[10] "Conceitua-se a *eletroplessão* como qualquer efeito proporcionado pela eletricidade artificial. As lesões superficiais dessa forma de eletricidade alteram-se de acordo com a corrente de alta ou baixa tensão. A lesão mais simples é conhecida como *marca elétrica de Jellinek*. Têm a forma circular, elíptica ou estrelada, de consistência endurecida, bordas altas, leito deprimido, tonalidade branco-amarelada, fixa, indolor, asséptica. Pode apresentar também a forma do condutor. ... Quando a eletricidade é de alta tensão, dá margem às lesões mistas, ou seja, à marca elétrica e à queimadura. A marca elétrica é

---

[9] Croce, D.; Croce Jr., D.C. *Manual de Medicina Legal*, 3ª ed. São Paulo: Saraiva, 1996, p. 248.
[10] França, G.V. *Medicina Legal*, 6ª ed. Rio de Janeiro: Guanabara Koogan, 2001, p. 99-100.

diferente da queimadura elétrica. A primeira representa exclusivamente a porta de entradas da corrente elétrica no organismo, pouco significativa, *podendo até passar despercebida ou estar ausente*. As queimaduras elétricas são resultantes do calor de uma corrente, têm a forma de escara pardacenta ou escura, apergaminhada, bordas nítidas, sem área de congestão nem tampouco presença de flictenas. ... Outro ferimento superficial dessa modalidade de energia é a metalização elétrica, cuja característica é o destacamento da pele, com o fundo da lesão impregnado de partículas da fusão e vaporização dos condutores elétricos. Podem surgir também os salpicos elétricos. ... Algumas vezes encontra-se nos pés a lesão denominada *de saída*". Outros autores também referem que em muitos casos de morte causada por eletricidade artificial de baixa voltagem, o corpo pode não apresentar evidências de lesão.[11][12] Conforme Delton Croce,[13] consideram-se correntes de baixa tensão aquelas que têm até 250 volts e de alta tensão as que mostram voltagem superior, e no caso de correntes de voltagem muito alta (acima de 1.000 volts) não é indispensável o contato, pois bastaria uma grande aproximação do condutor elétrico para que saltasse uma faísca com descarga para o organismo. Esse autor refere ainda que não é tanto a tensão (voltagem) mas a intensidade (amperagem) que torna a corrente elétrica perigosa para o homem. Um dos mecanismos de morte na eletroplessão é a ação da eletricidade sobre o coração, provocando distúrbios no sistema cardíaco de condução elétrica normal, gerando fibrilação ventricular seguida de assistolia. Refere Delton Croce:[14] *"Na maior parte das vezes, nas correntes da baixa tensão, a morte ocorre de forma rápida se o coração está situado no circuito, por fibrilações ventriculares ou, então, por inibição do sistema nervoso central."*. Lifschultz[15] refere que o tipo de corrente elétrica residencial de baixa voltagem (120 volts, 60 ciclos/segundo) é particularmente predisponente de fibrilação ventricular, e que arritmias cardíacas fatais podem resultar de correntes alternadas tão baixas como 0,1 Ampére.

→ **Resposta aos quesitos**:

1) "Se é possível que a morte da vítima tenha sido causada por eletroplessão, inobstante nela não tenham sido constatados vestígios de lesões (queimaduras) ou qualquer outro tipo de alteração no cadáver;

---

[11] Di Maio, D.; Di Maio, V. J. M. *Forensic Pathology*. Ann Arbor: CRC Press,1993, p. 369.

[12] Lifschultz, B.D.; Donoghue, E.R. Eletrical and Lightning Injuries. In: *Spitz and Fisher's Medicolegal Investigation of Death*, 3rd. ed. Springfield: Thomas Books, 1993, p. 516-527.

[13] Croce, D.; Croce Jr., D.C. *Manual de Medicina Legal*, 7ª ed. São Paulo: Saraiva, 2010, p. 370.

[14] Idem, p. 372.

[15] Lifschultz, B.D.; Donoghue, E.R. Op. cit.

Resposta: Sim.

2) Se poderia uma eventual descarga elétrica de 220 volts determinar a ocorrência de um ataque cardíaco ou outro mal súbito na vítima;"

Resposta: Sim.

12.8. Pesquisa de psicotrópicos – maconha

→ **Solicitação**: Foram solicitadas respostas aos seguintes quesitos, tendo em vista que a pesquisa de psicotrópicos realizada pelo Laboratório de Perícias e Fotografia do Instituto Geral de Perícias registra que o material examinado (urina) não continha as substâncias psicotrópicas pesquisadas (incluindo canabinoides – maconha).

1º) O paciente X fez uso de "maconha" nos últimos 20 dias?
2º) É possível não ser constatado em Exame Toxicológico a presença de substância tóxica, embora o paciente tenha "fumado maconha" nos últimos 20 dias?
3º) Quanto tempo permanece na corrente sanguínea vestígios de maconha após a sua última utilização?

→ **Respostas aos quesitos**:

1º) Não temos elementos para responder. A positividade na pesquisa de canabinoides na urina depende da quantidade de droga consumida, do tempo transcorrido entre o consumo e a coleta do material, da sensibilidade do método laboratorial de análise e da capacidade de metabolização do indivíduo (variável).

2º) Sim.

3º) Para a detecção de vestígios do uso de maconha (canabinoides) através do método de análise aqui empregado, a concentração urinária mínima deve ser de 100 ng/ml (cem nanogramas por mililitro). Em geral, o teste resultará positivo até 48-72 horas após o consumo da maconha, embora este período seja extremamente variável em função da quantidade da droga consumida e de variações individuais na capacidade de metabolização da mesma. Cabe salientar que, em virtude de limitação da sensibilidade do método e dos fatores aludidos, muitos periciados podem apresentar ainda resquícios de canabinoides no organismo sem que seja possível sua comprovação laboratorial.

12.9. Morte violenta – nexo causal

→ **Solicitação:** Aos peritos foi solicitado perícia diversa com base em documentos remetidos acerca do quadro clínico e do atendimento médico-hospitalar de X, para que se avalie possível nexo causal entre o atropelamento por ele sofrido em 21 de maio de 1996 e a sua morte em 12 de setembro de 1996.

→ **Resumo do caso:** Baseados exclusivamente nas cópias dos documentos recebidas, constatamos o que segue:

X foi vítima de atropelamento no dia 21 de maio de 1996. Conforme relatório do Hospital de Pronto Socorro Municipal de Porto Alegre (HPS), ele apresentava-se comatoso e politraumatizado. Durante o período de internação foram feitos os seguintes diagnósticos: traumatismo crânio--encefálico; ferimentos de tecidos moles; fraturas alveolares; ferimento da língua; fratura exposta puntiforme de fêmur direito; hematoma subdural em hemisfério cerebral esquerdo; insuficiência respiratória; fratura de tíbia; fratura de diáfise femoral direita. O paciente permaneceu sob cuidados intensivos e submeteu-se aos seguintes procedimentos: drenagem de hematoma subdural; suturas em tecidos moles; sutura em língua, sulco gengival inferior e tecido alveolar inferior; desbridamento e limpeza cirúrgica em foco de fratura de fêmur direito e tração local; traqueostomia; osteossíntese de tíbia direita; fixação intramedular com haste em fratura de diáfise de fêmur direito. O paciente recebeu alta hospitalar no dia 19/07/1996. No período de 17 a 20 de agosto de 1996 esteve novamente internado no HPS devido à pneumonia aspirativa e dificuldade para alimentar-se (problemas associados a sequelas das lesões causadas pelo referido acidente), sendo em seguida transferido para outro hospital. O paciente faleceu no dia 12 de setembro de 1996. Conforme registrado na Certidão de Óbito, a causa da morte foi "Insuficiência ventilatória aguda, broncopneumonia, sequelas de TCE, coma". *Observação*: TCE significa *traumatismo crânio-encefálico*.

→ **Discussão:** Os pacientes vítimas de traumatismo crânio-encefálico com dano neurológico grave geralmente apresentam como sequela importante comprometimento sensorial e motor. Esta alteração leva à imobilização prolongada e ao prejuízo na amplitude dos movimentos respiratórios e nos mecanismos normais de tosse, o que propicia o acúmulo de secreções traqueobrônquicas e pulmonares, facilitando o surgimento de infecções respiratórias. Muitos pacientes apresentam também distúrbios no mecanismo de deglutição e de fechamento da glote que favorecem a ocorrência de pneumonias aspirativas. Tal quadro ocorreu com X, cuja morte foi causada por complicações infecciosas pulmonares decorrentes de imobilização prolongada por sequelas neurológicas consequentes a traumatismo crânio-encefálico causado pelo atropelamento ocorrido no dia 21 de maio de 1996.

→ **Conclusão**: A análise das informações contidas nas cópias de documentos recebidas demonstra que a morte de X teve como causa complicações infecciosas pulmonares decorrentes de imobilização prolongada por sequelas neurológicas consequentes a traumatismo crânio-encefálico.

Há nexo causal entre o acidente de trânsito ocorrido em 21 de maio de 1996 e a causa do óbito.

12.10. Transporte de cocaína no tubo digestivo

→ **Solicitação:** Foi solicitada, aos peritos, resposta ao quesito abaixo mencionado, referente à radiografia de abdômen:

1º) No caso do preso ter ingerido o invólucro de plástico com cocaína em seu interior (buchinha), essa seria constatada no exame de Rx?

→ **Discussão:** São frequentes os relatos de ingestão de cocaína acondicionada em embalagens plásticas ("buchinhas") por parte de traficantes. A literatura médica registra muitos casos de intoxicações graves e mortes decorrentes da ruptura intraintestinal destas embalagens. Em muitos casos a radiografia simples de abdômen é útil na detecção deste tipo de corpo estranho,[16] mas em outros, este exame é negativo.[17] A constatação de cocaína embalada no interior do tubo digestivo humano através de radiografias simples de abdômen depende do material empregado na embalagem e da composição do pó tido como cocaína. Se o material da embalagem for radiopaco (ou houver algum componente radiopaco) ou se o pó tiver elementos calcários ou outros componentes radiopacos, é possível a visualização por meio da radiografia simples. Nos casos não detectáveis por meio da radiografia simples em que hou-

---

[16] Drug smuggling by ingested cocaine-filled packages: conventional x-ray and ultrasound. Hierholzer J; Cordes M; Tantow H; Keske U; Mäurer J; Felix R. Abdom Imaging, 1995 Jul, 20:4, 333-8. [The body-packer syndrome] Teijink JA; Siebenga J; Schreuder WO; Bakker FC; Maats CJ; Haarman HJ. Ned Tijdschr Geneeskd, 1997 Mar, 141:9, 433-7.

[17] Roentgenographical detection of cocaine smuggling in the alimentary tract. Kersschot EA; Beaucourt LE; Degryse HR; De Schepper AM ROFO Fortschr Geb Rontgenstr Nuklearmed, 1985 Mar, 142:3, 295-8. The body packer syndrome-cocaine smuggling in the gastro-intestinal tract. Hartoko TJ; Demey HE; De Schepper AM; Beaucourt LE; Bossaert LL. Klin Wochenschr, 1988 Nov, 66:22, 1116-20.

ver forte suspeita, a utilização de meios de contraste ou a tomografia computadorizada de abdômen podem levar ao diagnóstico.[18]

→ **Resposta ao quesito:**

1º) No caso do preso ter ingerido o invólucro de plástico com cocaína em seu interior (buchinha), essa seria constatada no exame de Rx?

Resposta: A radiografia simples de abdômen pode constatar ou não a presença de pó de cocaína em embalagem plástica no interior do tubo digestivo humano, dependendo do tipo de material empregado na embalagem e da composição do pó tido como cocaína. Se o material da embalagem for radiopaco (ou houver algum componente radiopaco) ou se o pó tiver elementos calcários ou outros componentes radiopacos, é possível a visualização por meio da radiografia simples.

12.11. Lesões corporais – perigo de vida

→ **Solicitação:** Visando a atender solicitação do Ministério Público, foi solicitado aos peritos responder se o diagnóstico de "hemotórax" (determinado por agressão com arma branca) caracteriza ou não perigo de vida.

→ **Resumo do caso:** X foi admitido no HPS no dia 24/05/97 por agressão por arma branca no hemotórax direito. No prontuário do paciente há a descrição de "Ferimento por arma branca em hemitórax direito com penetração pulmonar", "Pneumotórax à direita; drenagem torácica direita c/ dreno tubular rígido...", "Ferimento pérfuro-cortante em dorso à direita (2) por arma branca ... Pneumotórax direito. Drenagem torácica D + sutura de ferimentos em dorso". Não há menção a comprometimento sensorial, hipotensão arterial grave, insuficiência respiratória severa, choque hemorrágico ou outras manifestações indicativas de morte iminente.

→ **Discussão:** Os ferimentos penetrantes de tórax frequentemente determinam perigo de vida, o que não ocorre no caso em tela. A ausência de manifestações indicativas de morte iminente (como compro-

---

[18] Roentgenographical detection of cocaine smuggling in the alimentary tract. Kersschot EA; Beaucourt LE; Degryse HR; De Schepper AM ROFO Fortschr Geb Rontgenstr Nuklearmed, 1985 Mar, 142:3, 295-8. The body packer syndrome-cocaine smuggling in the gastro-intestinal tract. Hartoko TJ; Demey HE; De Schepper AM; Beaucourt LE; Bossaert LL. Klin Wochenschr, 1988 Nov, 66:22, 1116-20.

metimento sensorial acentuado, hipotensão arterial grave, insuficiência respiratória severa, choque hemorrágico ou outros) impede a caracterização de perigo de vida na situação em análise. Conforme Alcântara:[19] "Perigo de vida é um quadro de morte iminente, num dado momento, em consequência de lesões corporais ... O perigo de vida existe quando, em consequência de uma facada, há hemorragia e choque hipovolêmico ... Não chega a existir se a mesma hemorragia é controlada, a volemia substituída em tempo hábil e nenhum sinal de choque é observado".

Noronha[20] afirma que: "... não basta a idoneidade da lesão. É preciso que o perigo realmente tenha existido. Pode, exemplificando, o agente atingir a vítima no pulmão. Trata-se de ferimento que normalmente acarreta perigo. Excepcionalmente, porém, tal perigo pode revelar-se ausente devido ao instrumento utilizado ou à constituição da vítima".

→ **Conclusão**: Com base nas cópias recebidas do Inquérito Policial e do prontuário do paciente no Hospital de Pronto Socorro, concluem os peritos que não fica caracterizada a ocorrência de perigo de vida no caso em tela.

12.12. Indicação de exumação – diagnóstico de gravidez

→ **Solicitação**: A questão refere-se ao esclarecimento a respeito da possibilidade de gravidez de X por ocasião de sua morte. A Ilma. Sra. Delegada de Polícia solicita um posicionamento técnico respondendo se um ano e quatro meses após o óbito seria possível detectar a gravidez.

→ **Resumo do caso**: Baseados exclusivamente nas cópias dos documentos recebidas, constatamos que X foi vítima de atropelamento por um ônibus, aproximadamente à 01h do dia 11 de março de 1998. O Auto de Necropsia registra que a morte foi causada por *esmagamento do crânio*. Nesta perícia foi feita a seguinte descrição da cavidade abdominal: "líquido peritoneal de aspecto normal. Vísceras abdominais de coloração pálida. *Útero de tamanho pequeno, e ao corte, apresenta superfície uniforme da cavidade uterina*".

→ **Discussão**: Baseados exclusivamente nas cópias de documentos recebidos, concluem os peritos que X não estava grávida por ocasião

---

[19] Alcântara, H.R. Exame de Lesões Corporais. In: *Perícia Médica Judicial*. Alcântara, H.R. (ed.) Rio de Janeiro: Guanabara Dois, 1982, p. 68.

[20] Citado em Salles Jr., R.A. Perigo de Vida. In: *Lesões Corporais*: Doutrina, Comentários, Jurisprudência e Prática. Salles Jr., R.A. [ed.] São Paulo: Sugestões Literárias, 1986, p. 157.

de sua morte. A ausência de gravidez é explicitada de maneira muito clara e objetiva na descrição do útero no Auto de Necropsia, tendo sido inclusive realizada inspeção da cavidade interna deste órgão. Do ponto de vista técnico, considerando o tempo transcorrido desde a data do óbito, os fenômenos putrefativos muito provavelmente impediriam que a necropsia pós-exumação pudesse contribuir para o esclarecimento do caso.

12.13. Maconha/Cocaína – tempo de eliminação

→ **Solicitação:** Foi solicitada, ao perito, resposta aos seguintes quesitos:

1) Queiram os Srs. Peritos informar quanto tempo após o uso (precisar em horas, dias, meses ou anos) da vulgarmente conhecida "maconha" é possível detectar seu princípio ativo no Exame Toxicológico? Explique.

2) Queiram os Srs. Peritos informar quanto tempo após o uso (precisar em horas, dias, meses ou anos) de cocaína é possível detectar seu princípio ativo no Exame Toxicológico? Explique.

3) Com base nas respostas anteriores é possível afirmar que o réu estava sob o feito da maconha ou cocaína no momento do acidente? Explique.

4) Informem os dignos experts qual quantidade de maconha é necessária para alterar a capacidade cognitiva e os reflexos de uma pessoa, capazes de interferir na condução de veículos automotores? Explique.

5) Informem os dignos experts qual quantidade de cocaína é necessária para alterar a capacidade cognitiva e os reflexos de uma pessoa, capazes de interferir na condução (coordenação motora, reflexos e etc.) de veículos automotores? Explique.

6) Considerando as circunstancias do evento danoso, bem como os resultados dos exames toxicológicos existentes nos autos, é possível afirmar que o uso de substâncias entorpecentes pelo réu tenha de qualquer modo influenciado na ocorrência do acidente? Explique.

→ **Histórico:** A presente perícia diversa visa a complementar o LAUDO DE EXAME PARA VERIFICAÇÃO DE EMBRIAGUEZ ALCOÓLICA E EXAME TOXICOLÓGICO realizado em X, no dia 10/07/2009, às 22h 44min, no qual foi concluído que, no momento do exame, "o periciado não se encontrava em estado de embriaguez alcoólica e havia feito uso das substâncias psicotrópicas pesquisadas (THC e cocaína)". As pesquisa e dosagem de álcool etílico realizadas pelo Laboratório de Perícias do Instituto Geral de Perícias registram que "Não foi constatada a presença de álcool etílico no material analisado". A pesquisa de psicotrópicos realizada pelo Laboratório de Perícias do Instituto Geral de Perícias registra que "Houve detecção de canabinoides e cocaína no material analisado".

→ **Discussão:** Dirigir é uma tarefa complexa na qual o condutor recebe informação continuamente, analisa-a e reage a respeito desta. Substâncias que têm influência em funções cerebrais ou em processos mentais envolvidos na direção de um veículo automotor certamente irão afetar seu desempenho. Alterações motoras provocadas por drogas ilícitas têm recebido crescente atenção em anos recentes como uma possível ameaça à segurança no trânsito. Pesquisas têm indicado a presença de drogas psicoativas em motoristas mortos ou feridos em acidentes de trânsito, e estudos experimentais mostram prejuízo no desempenho de indivíduos sob efeito de drogas.[21]

Sabe-se que drogas lícitas (como o álcool), medicinais (como os tranquilizantes e antidepressivos) e ilícitas (como cocaína, maconha e o *ecstasy*) têm expressiva participação na ocorrência de acidentes, não raro com vítimas fatais.[22]

A *cannabis*, entre nós conhecida por MACONHA, é a droga ilícita mais comumente utilizada por motoristas em todo o mundo. Essa droga influencia as percepções, o desempenho psicomotor e cognitivo e as funções afetivas. Dessa forma, são afetados, no motorista, a coordenação, a vigilância e o estado de alerta e, consequentemente, a capacidade de dirigir. Os efeitos debilitantes se concentram nas primeiras duas horas, mas podem durar por mais de cinco horas. Testes experimentais feitos com concentrações de até 300 mcg tetraidrocanabinol (THC)/kg promovem efeitos semelhantes à dose de mais de 0,5 g/l de etanol.[23] Motoristas parecem compensar seus comportamentos na direção, mas problemas podem surgir em situações de emergência.[24] O'Kane *et al.* (2002)[25] relatam que estudos recentes indicam um risco 6,4 vezes maior para condutores que fizeram uso de *cannabis*.

Usualmente, as preparações de *Cannabis* ("maconha") são fumadas (inaladas), mas podem ser ingeridas com alimentos ou bebidas. Os

---

[21] Ponce, J. C.; Leyton, V. / Rev. Psiq. Clín 35, supl 1; 65-69, 2008

[22] Idem.

[23] Ramaekers, J.G.; Berghaus, G.; Van Laar, M.; Drummer, O.H. - Dose related risk of motor vehicle crashes after cannabis use. Drug Alcohol Dependence 73: 109-119, 2004.

[24] Transportation Research Board – Drugs and Alcohol Committee - Drugs and traffic: A Symposium. Transportation Research Circular E-C096, 2006. Disponível em: <http://onlinepubs.trb.org/onlinepubs/circulars/ec096.pdf>.

[25] O'Kane, C.J.; Tutt, D.C.; Bauer, L.A. Cannabis and driving: A new perspective. Emergency Medicine 14, 296-303, 2002.

efeitos em geral obtidos com doses pequenas e moderadas são descritos como euforia, alterações de sensopercepção, diminuição do senso de identidade, desrealização e, algumas vezes, alucinações visuais e mais raramente auditivas. Com altas doses, ocorre um estado de intoxicação aguda com ideação paranoide, ideias delirantes, despersonalização, confusão, inquietação, excitação e alucinação.

Após ter passado a euforia, o usuário sente sono ou depressão e ocasionalmente ansiedade, medo, pânico. O THC também altera a coordenação e o equilíbrio pela ligação com os receptores no cerebelo e gânglio basal, os quais são responsáveis pelo equilíbrio, postura, coordenação dos movimentos e tempo de reação. Usuários pesados apresentam dificuldade em recordar eventos e memória a curto prazo. Por esses efeitos, a intoxicação pela maconha pode ocasionar acidentes.

O THC é considerado o maior constituinte psicoativo da maconha. A latência (diferença entre o tempo da administração e do surgimento dos efeitos) é parcialmente determinada pela concentração de THC na preparação. Quando a droga é fumada (via mais utilizada), em função de sua alta lipossolubilidade, o THC é rapidamente absorvido dos pulmões para a corrente sanguínea e atinge um pico de concentração em 15 a 45 minutos após ter sido inalado. O declínio da concentração sanguínea é rápido, com redução gradual entre 2 e 6 horas após o uso. Apenas 5 a 10% dos níveis iniciais permanecem após 1 hora – isso se deve ao rápido metabolismo hepático e à distribuição eficiente da substância para o cérebro e para outros tecidos (baço, eritrócitos, intestino delgado). Em síntese, os efeitos iniciam imediatamente após a droga atingir o SNC com duração de 1 a 3 horas. Alguns pacientes podem exibir os sintomas e sinais de intoxicação por até 12 a 24 horas, devido à liberação lenta dos canabinoides a partir do tecido adiposo.

Quando a droga for ingerida oralmente, a taxa de absorção será mais elevada (90 a 95%) e lenta, podendo o estabelecimento dos efeitos demorar 1 hora ou mais, permanecendo por mais de 5 horas.

Devido à sua lipossolubilidade, os canabinoides acumulam-se nos órgãos onde os níveis de gordura são mais elevados (cérebro, testículos e tecido adiposo), sendo lentamente liberados para corrente sanguínea. A meia-vida do THC depende da experiência do usuário com a droga, sendo mais curta em usuários com um longo tempo de uso (19 a 27 horas) do que em usuários com um curto tempo de uso (50 a 57 horas) e isso é devido à rapidez com que a droga é metabolizada após liberação dos tecidos gordurosos.

A positividade na pesquisa de canabinoides na urina depende da quantidade de droga consumida, do tempo transcorrido entre o consumo e a coleta do material, da sensibilidade do método laboratorial de análise e da capacidade de metabolização do indivíduo (variável). O tempo para detecção no organismo com uso esporádico: a dose absorvida após se ter fumado *cannabis* varia entre 5 e 30mg com tempo de meia-vida de 30 minutos. O metabólito, ácido11-nor-9-carboxi-delta-9--tetrahidrocanabinol, apresenta meia-vida de cerca de 20 a 57 horas em usuários ocasionais e 3 a 13 dias em usuários regulares. Assim, o tempo médio de detecção varia entre 1 a 5 dias após o uso de baixas doses e de 3 a 6 dias após uso de altas doses. O tempo para detecção no organismo com uso crônico: em usuários crônicos, o metabólito inativo, ácido11-nor-9-carboxi-delta-9-tetrahidrocanabinol, pode ser detectado na urina por semanas ou meses (máximo 95 dias). Pode ocorrer flutuação nos níveis séricos e urinários de THC de forma a serem obtidos resultados sequenciais positivos e negativos, mesmo na ausência de nova exposição à droga.

Como os produtos de biotransformação da *cannabis* podem aparecer na urina até vários dias após cessar o uso, não é possível dizer se o motorista está sob efeito da droga.[26]

A cocaína é a substância psicoativa ilícita que pode ocasionar uma pequena melhora no desempenho do motorista durante a fase de euforia, segundo estudos laboratoriais. No entanto, o indivíduo sob efeito de cocaína está mais propenso a assumir comportamentos de risco, o que pode levar a um envolvimento maior em acidentes de trânsito. O prejuízo no desempenho observado pode ser em razão da perda de concentração e atenção, e maior sensibilidade à luz, em virtude das pupilas dilatadas. Além disso, sintomas psicológicos, tais como paranoia e alucinações, podem influenciar no comportamento na direção.[27] [28]

Os efeitos psicoativos incluem sensação de euforia, energia, aumento da agilidade mental, nervosismo e insônia. A cocaína causa dores de cabeça, ataques de pânico e náuseas. A fase precoce do uso de cocaína provoca euforia, excitação, sensação de bem-estar, excitação

---

[26] Transportation Research Board – Drugs and Alcohol Committee - Drugs and traffic: A Symposium. Transportation Research Circular E-C096, 2006. Disponível em: <http://onlinepubs.trb.org/onlinepubs/circulars/ec096.pdf>.

[27] Transportation Research Board – Drugs and Alcohol Committee - Drugs and traffic: A Symposium. Transportation Research Circular E-C096, 2006. Disponível em: <http://onlinepubs.trb.org/onlinepubs/circulars/ec096.pdf>.

[28] Ponce, J.C.; Leyton, V. / Rev. Psiq. Clín 35, supl 1; 65-69, 2008.

geral, aumento da excitação sexual, tontura, maior atenção e vigilância, clareza mental, aumento da loquacidade, agitação motora, fadiga e perda de apetite. Doses mais altas podem apresentar um padrão de psicose com o comportamento confuso e desorientado, delírios, alucinações, irritabilidade, medo, paranoia, comportamento antissocial e agressividade. A fase tardia é caracterizada pela disforia, depressão, agitação, nervosismo, ânsia pela droga ("fissura"), fadiga e insônia. Cocaína na fase inicial melhora o desempenho de algumas tarefas simples, mas não contribui para a aprendizagem, memória e outros processos cognitivos. Outros sintomas mensuráveis do uso da cocaína incluem o aumento da frequência cardíaca e da pressão arterial, sensibilidade à luz e a elevação da temperatura corporal. Provoca dilatação das pupilas, constrição dos vasos sanguíneos periféricos, fala rápida, discinesia (movimentos repetitivos involuntários), náusea e vômito. A cocaína está associada com excesso de velocidade e perda de controle do veículo, causando colisões e capotagens, bem como comportamentos de alto risco, condução agressiva e direção desatenta.[29]

A cocaína é uma substância que pode ser absorvida por qualquer mucosa (nasal, oral, gástrica, intestinal etc.), através dos pulmões ou injetada pela via endovenosa. A via inalatória é bastante comum, mas o uso do *crack* tem aumentado a prevalência do uso pela via pulmonar. O hidrocloreto de cocaína é uma substância hidrofílica e é absorvida pela mucosa (nasal, oral, gengivas, vaginal, anal etc.) ou injetada pela via endovenosa. O *crack* é capaz de alcançar a corrente sanguínea com a mesma velocidade que a via endovenosa e alcança a circulação cerebral rapidamente e, consequentemente, tem os efeitos subjetivos da cocaína mais rápidos quando comparados com outras vias de utilização.

A cocaína pela via inalatória produz um quadro de euforia de 3 a 5 minutos com pico entre 30 e 60 minutos. A quantidade de cocaína que é absorvida pela mucosa nasal é limitada em decorrência das propriedades vasoconstritivas da cocaína e estima-se que a biodisponibilidade da cocaína inalada está entre 20 e 60% da quantidade inalada.

A cocaína pode estar presente na urina de adultos por 24 – 36 horas após o uso, dependendo da forma de utilização e da atividade enzimática. A maior parte da excreção da cocaína e seus metabólitos ocorre nas primeiras 24 horas após a administração, independente da via de administração.

---

[29] Transportation Research Board – Drugs and Alcohol Committee - Drugs and traffic: A Symposium. Transportation Research Circular E-C096, 2006. Disponível em: <http://onlinepubs.trb.org/onlinepubs/circulars/ec096.pdf>.

As drogas, incluindo-se a cocaína, são geralmente metabolizadas pelo fígado e eliminadas pela urina. Portanto, a análise da urina em busca de metabólitos das drogas é um bom método para saber se a pessoa usou drogas. Esse exame, porém, não permite distinguir se foi um uso ocasional, regular ou se a pessoa está dependente. Quanto maior a frequência do uso, maior o tempo em que a substância ou seus metabólitos poderão ser detectados nesse exame.

Quanto aos exames laboratoriais para detecção de cocaína no organismo:[30][31]

- O acúmulo de cocaína no organismo de usuários crônico prolonga o tempo de eliminação da droga pelo organismo;
- O tempo de detecção da cocaína no sangue varia de 4 a 6 horas após o uso de 20mg de cocaína e 12 horas após 100mg de cocaína. Para usuários crônicos, de 5 a 10 dias;
- Na urina, a detecção do metabólito pode variar de 1 a 2 dias após uma administração intravenosa de 20mg. Após uma alta dose (aproximadamente 1,5mg/Kg) via intranasal, a benzoilecgonina pode ser detectada de 2 a 3 dias. Uso crônico – 10 a 14 dias – máximo encontrado foi em 22 dias;
- Em fluidos orais (saliva) a cocaína pode ser detectada por 5 a 12 horas após uma única dose e, para usuários crônicos, até 10 dias.

→ **Respostas aos quesitos**:

1) Queiram os Srs. Peritos informar quanto tempo após o uso (precisar em horas, dias, meses ou anos) da vulgarmente conhecida "maconha" é possível detectar seu princípio ativo no Exame Toxicológico? Explique.

R: Para uso esporádico, o tempo médio de detecção varia entre 1 e 5 dias após o uso de baixas doses e de 3 a 6 dias após uso de altas doses, enquanto para o uso crônico, o metabólito ativo, THC, pode ser detectado na urina por semanas ou meses (máximo 95 dias).

2) Queiram os Srs. Peritos informar quanto tempo após o uso (precisar em horas, dias, meses ou anos) de cocaína é possível detectar seu princípio ativo no Exame Toxicológico? Explique.

R: Na urina, o tempo médio de detecção do metabólito pode variar de 1 a 2 dias após uma administração intravenosa de 20mg. Após uma alta dose (aproximadamente 1,5mg/Kg) via intranasal, o metabó-

---

[30] Leite, M. C.; Andrade, A. C.; et al. *Cocaína e crack*: dos fundamentos ao tratamento. Editora Artes Médicas Sul. Porto Alegre, 1999.

[31] *Manual de Exames Fleury*. Centro de Medicina Diagnóstica. São Paulo, 2003.

lito pode ser detectado de 2 a 3 dias após o uso. Com o uso crônico de cocaína, o tempo médio de detecção do metabólito varia de 10 a 14 dias, sendo o tempo máximo encontrado de 22 dias.

3) Com base nas respostas anteriores, é possível afirmar que o réu estava sob o feito da maconha ou cocaína no momento do acidente? Explique.

R: Não temos elementos para responder, uma vez que: a) no exame clínico (realizado 3 horas e 24 minutos após o acidente), não foram identificadas alterações no comportamento do periciado que indicassem a intoxicação aguda pelo uso de álcool ou substância psicotrópica no momento do exame pericial; b) a MACONHA, quando inalada, produz efeitos imediatamente após a droga atingir o SNC com duração de 1 a 3 horas; c) a COCAÍNA, pela via inalatória, produz efeitos em 3 a 5 minutos com duração dos efeitos entre 30 e 60 minutos; d) os produtos de biotransformação da MACONHA e da COCAÍNA podem aparecer na urina até vários dias após cessar o uso. Assim, o periciado poderia ter feito ou não uso das substâncias detectadas no exame toxicológico no dia do exame realizado no DML.

4) Informem os dignos *experts* qual quantidade de maconha é necessária para alterar a capacidade cognitiva e os reflexos de uma pessoa, capazes de interferir na condução de veículos automotores? Explique.

R: Os efeitos, em geral, obtidos com doses pequenas e moderadas, são descritos como euforia, alterações da capacidade de perceber e interpretar os estímulos que se apresentam aos órgãos dos sentidos (sensopercepção), diminuição do senso de identidade, desrealização e, algumas vezes, alucinações visuais e mais raramente auditivas. O THC também altera a coordenação, equilíbrio, postura, coordenação dos movimentos e tempo de reação. Com altas doses, ocorre um estado de intoxicação aguda com ideação paranoide, ideias delirantes, despersonalização, confusão, inquietação, excitação e alucinação. Usuários pesados apresentam dificuldade em recordar eventos e memória a curto prazo. Por esses efeitos, a intoxicação pela maconha pode ocasionar acidentes

5) Informem os dignos *experts* qual quantidade de cocaína é necessária para alterar a capacidade cognitiva e os reflexos de uma pessoa, capazes de interferir na condução (coordenação motora, reflexos e etc.) de veículos automotores? Explique.

R: Os efeitos psicoativos incluem sensação de euforia, energia, aumento da agilidade mental, nervosismo e insônia. A cocaína causa dores de cabeça, ataques de pânico e náuseas. A fase precoce do uso de cocaína provoca euforia, excitação, sensação de bem-estar, tontura, aumento da loquacidade, agitação motora e fadiga. Doses mais altas podem apresentar um padrão de psicose com o comportamento confuso e desorientado, delírios, alucinações, irritabilidade, medo, paranoia, comportamento antissocial e agressividade. A fase tardia é caracterizada pela depressão, agitação, nervosismo, ânsia pela droga ("fissura"), fadiga e insônia. Cocaína na fase inicial melhora o desempenho de algumas tarefas simples, mas não contribui para a aprendizagem, memória e outros processos cognitivos. Outros sintomas do uso da cocaína incluem sensibilidade à luz, dilatação das pupilas, discinesia (movimentos repetitivos involuntários), náusea e vômito. O indivíduo sob efeito de cocaína está mais propenso a assumir comportamentos de risco, o que pode levar a um envolvimento maior em acidentes de trânsito. O prejuízo no desempenho observado pode ser em razão da perda de concentração e atenção, e maior sensibilidade à luz, em virtude das pupilas dilatadas. Além disso, sintomas psicológicos, tais como paranoia e alucinações, podem influenciar no comportamento na direção de veículos automotores.

6) Considerando as circunstâncias do evento danoso, bem como os resultados dos exames toxicológicos existentes nos autos, é possível afirmar que o uso de substâncias entorpecentes pelo réu tenha de qualquer modo influenciado na ocorrência do acidente? Explique.

R: Não temos elementos para responder, uma vez que: a) no exame clínico (realizado 3 horas e 24 minutos após o acidente no DML) não foram identificadas alterações no comportamento do periciado que indicassem a intoxicação aguda pelo uso de álcool ou substância psicotrópica no momento do exame pericial; b) a MACONHA, quando inalada, produz efeitos imediatamente após a droga atingir o SNC com duração de 1 a 3 horas; c) a COCAÍNA, pela via inalatória, produz efeitos em 3 a 5 minutos com duração dos efeitos entre 30 e 60 minutos; d) os produtos de biotransformação da MACONHA e da COCAÍNA podem aparecer na urina até vários dias após cessar o uso. Assim, o uso das substâncias psicotrópicas pelo periciado poderia ou não ter influenciado de algum modo na ocorrência do acidente.

12.14. Necropsia pós-exumação – divergência de informações quanto às lesões

→ **Solicitação:** Solicitada necropsia pós-exumação, pela autoridade judiciária, com objetivo de esclarecer os questionamentos feitos em audiência: "... *esclareçam os locais de entrada e saída dos projeteis que alvejaram a concha auricular da vítima, considerando que o primeiro fala em concha auricular direita e o segundo concha auricular esquerda, inclusive apontando zonas de queimadura, tatuagem e esfumaçamento...*". Não foram formulados quesitos.

→ **Resumo do caso**: Foram examinados os seguintes documentos: Laudo de Necropsia emitido em 23/07/2014 pelo PRML e Laudo Pericial emitido em 30/07/2014 pelo Posto de Criminalística. A necropsia pós-exumação foi realizada no dia 06/05/2015, sendo identificado um cadáver com características do sexo feminino, em adiantado estado de putrefação e com saponificação dos tecidos do tronco e membros, recobertos por grande quantidade de fungos. O couro cabeludo estava envolto por ataduras e um plástico transparente, sob os quais se evidenciava o couro cabeludo saponificado, dando implantação a cabelos louros e longos. No couro cabeludo identifica-se incisão coronal aproximada por pontos (necropsia previa). A face apresentava-se parcialmente esqueletizada, com um tegumento de coloração escurecida, de consistência friável e pouco aderido aos ossos, recoberto por fungos. Na região frontal direita, que se apresentava parcialmente esqueletizada, era possível visualizar dois traços de fraturas. À inspeção interna da cavidade craniana evidenciou, ao remover o couro cabeludo, vários traços de fraturas, com deslocamentos ósseos, que comprometiam os ossos frontal, parietais direito e esquerdo, e temporais direito e esquerdo. O interior da cavidade craniana encontra-se preenchido por um saco plástico preto e restos de tecido encefálico putrefeito. Devido às várias fraturas comprometendo o crânio, que dificultavam o exame, o mesmo foi removido para limpeza. Após a limpeza e reconstituição dos ossos do crânio e da face, identificaram-se: 1) no osso occipital, dois traços de fraturas, um localizado à direita da linha media, que mede 7,1 cm de comprimento linear, e um à esquerda da linha média, que mede 9,8 cm de comprimento linear, ambos se continuam por traços de fratura que contornam a porção posterior do forâmen magno. Em contiguidade, à direita, há área de fratura cominutiva da parte petrosa do osso temporal direito, em que se identificam dois fragmentos maiores e se evidencia deslocamento de pequenos fragmentos desta região. O osso occipital encontra-se separado dos demais ossos do crânio: à esquerda ao nível da sutura lambdóide, e à direita, inicialmente por traço de fratura que se inicia no processo mastoide direito e se continua pela sutura lambdóide, no seu segmento médio e superior. Identifica-se a presença de ossos suturais na sutura lambdóide, os quais ficaram fixados aos ossos parietais direito e esquerdo; 2) no osso parietal direito identifica-se:

a) um traço de fratura em continuação ao traço do osso occipital direito, medindo 11,3 cm de comprimento linear; b) um traço de fratura que se inicia junto à sutura temporal direita, se continua para cima e medialmente, quase paralelo à sutura coronária, até atingir a sutura sagital (porção anterior), provocando sua disjunção da sutura coronária superior à esquerda da linha media, medindo 10,2 cm de comprimento linear; 3) no osso parietal esquerdo identifica-se: a) um traço de fratura, em continuação ao traço de fratura descrito no osso occipital à esquerda, que segue em direção a linha media, provocando fratura e disjunção desta sutura na sua porção anterior, medindo 12,2 cm de comprimento linear; b) no osso parietal esquerdo, junto à sutura escamosa esquerda e distando 9,0 cm da linha media, identifica-se um orifício ósseo ovalado, com bisel externo (esquírolas ósseas voltadas para o exterior da calota craniana medindo 1,4 por 1,1 cm (orifício de saída de projétil de arma de fogo – OSPAF); c) contíguo ao orifício anteriormente descrito, localizado anterior e inferiormente a este, e provocando traço de fratura na escama do temporal esquerdo, identifica-se uma área de fratura com formato trapezoide, medindo 2,4 por 2,2 cm; 3) No osso temporal esquerdo (fotos 76, 93 e 120) há seis traços de fraturas, o maior medindo 3,6 cm de comprimento linear; 4) No osso temporal direito havia, na sua escama, um orifício ósseo com bisel interno (esquírolas ósseas voltadas para o inferior da calota craniana, medindo 2,3 por 1,5 cm, com perda de fragmentos ósseos, inferiormente, expondo as células mastoideas (osso aerado do processo mastoide) e, internamente, provocando fratura cominutiva do processo petroso direito (orifício de entrada de projétil de arma de fogo – OEPAF). Deste orifício parte traço de fratura superior e anteriormente, até a sutura temporal (fotos 91 e 118), medindo 3,2 cm de comprimento linear; 5) Na asa maior do osso esfenoide esquerdo, há um traço de fratura em continuidade com traço de fratura da escama do osso temporal esquerdo; 6) No osso frontal identifica-se: a) um traço de fratura desde a sutura temporal direita, em trajeto curvo até o segmento superior da sutura coronária, à esquerda da linha média, que mede aproximadamente 14,8 cm de comprimento; b) um traço de fratura na região supraorbitária direita, desde o traço de fratura descrito anteriormente até o teto da órbita direita, cujos fragmentos ósseos estão ausentes, bem como parte da parede medial da orbita, que mede aproximadamente 5,0 cm de comprimento linear; 7) No osso maxilar identifica-se: a) um traço de fratura desde a margem inferior da orbita direita até margem lateral direita da cavidade nasal, que mede 2,3 cm de comprimento linear; b) um traço de fratura desde a margem lateral esquerda da cavidade nasal até o processo zigomático do maxilar esquerdo, medindo 5,4 cm de comprimento linear; c) um traço de fratura desde o alvéolo do incisivo central esquerdo, que se continua pelo assoalho da cavidade nasal e palato duro, à esquerda da linha media; 8) no arco zigomático esquerdo, identifica-se um traço de fratura com deslocamento dos fragmentos. A inspeção externa e interna do restante do cadáver foi realizada pela técnica habitual.

Nos documentos apresentados foram identificadas as seguintes informações significativas:

- O Laudo de Necropsia, emitido em 23/07/2014 pelo PRML, consigna: *"...na concha auricular direita, na região peitoral esquerda (4,0 cm acima do mamilo e 5,0 cm à esquerda da linha media) e na região lombar esquerda (8,0 cm à esquerda da linha da coluna lombar) 03 feridas arredondadas medindo respectivamente 2,5 cm – 0,8 cm – 0,6 cm de diâmetro, apresentando as características próprias dos orifícios de entrada produzidos por projéteis de arma de fogo, em tiro a curta distância (feridas perfuro-contusas); na região superior retro-auricular esquerda e na região infra-escapular esquerda (10,5 cm à esquerda da linha da coluna torácica) duas feridas, medindo respectivamente 1,2 cm, de diâmetro e 2,0 cm em seu maior diâmetro, apresentando as características próprias dos orifícios de saída produzidos por projéteis de arma de fogo (feridas perfuro-contusas), sendo que da região superior retro-auricular esquerda retira-se projétil de arma de fogo deformado.... Calota craniana exibe várias soluções de continuidades ósseas (fraturas) lineares e com esquírolas no temporal direito e esquerdo, interparietal, de temporal direito a occipital direito, de temporal esquerdo em direção à base do crânio esquerdo e ao occipital esquerdo, além de uma solução de continuidade óssea arredondada, na região temporal direita medindo 3,0cm em seu maior diâmetro, com bisel às custas da lâmina óssea interna, guardando correspondência com a ferida descrita externamente na região da concha auricular direita; solução de continuidade óssea arredondada na região temporal esquerda, medindo 3,0 cm de diâmetro, com bisel às custas da lâmina óssea externa, guardando correspondência com a ferida descrita externamente na região superior retro-auricular esquerda; outra solução de continuidade óssea arredondada, medindo 1,0cm de diâmetro, com bisel às custas da lâmina óssea externa, guardando correspondência com a ferida descrita externamente na região superior retro-auricular esquerda distando 0,5 cm da última descrita, onde, entre o couro cabeludo e a solução de continuidade óssea visualiza-se projétil que aí perdeu sua força, o qual é entregue à autoridade policial; substância cerebral nervosa exibe túnel de transfixação de temporal direto à temporal esquerdo, onde se encontra fragmento de projétil, o qual é entregue à autoridade policial; presença de sangue nos ventrículos; ossos da base dos andares superiores, médios e inferior direito apresentam solução de continuidade óssea (fratura)... **Projétil 1**: O trajeto do projétil que penetrou na concha auricular direita, transfixando os hemisférios cerebrais, perdendo sua força na região superior retro-auricular esquerda, de onde foi retirado, em posição anatômica, foi levemente da frente para trás, da direita para a esquerda e levemente de baixo para cima. **Projétil 2**: O trajeto do projétil que penetrou na concha auricular direita, transfixando hemisférios cerebrais, alojando-se entre a* *pele e a tábua óssea fraturada da região superior retro-auricular esquerda, em posição anatômica, foi levemente da frente para trás, da direita para a esquerda e levemente de baixo para cima...".*

- O Laudo Pericial, emitido em 30/07/2014 pelo Posto de Criminalística, consigna: "... *um ferimento na orelha direita, com forma irregular e expulsão de massa encefálica, compatível com as características encontradas em ferimentos produzidos por saída de projétil de arma de fogo... dois ferimentos localizados atrás da orelha esquerda, com formas arredondadas, orla de escoriação, zona de tatuagem (ZT) e zona de esfumaçamentos (ZE), compatíveis com as características encontradas em ferimentos produzidos por projétil de arma de fogo nos tiros a curta distancia... um ferimento na orelha esquerda, com zonas de queimadura (ZQ) e zona de tatuagem (ZT)...".*

→ **Discussão:** Cabe ressaltar que é competência do perito médico-legista descrever e estabelecer as características das lesões existentes no corpo da vítima, viva ou morta, bem como estabelecer suas repercussões: tipos de sequelas ou causa da morte. Esta competência é decorrente do conhecimento específico do médico e das condições em que a perícia médico-legal é realizada. No morto, especificamente, permite ao perito médico-legista a limpeza das lesões, muitas vezes recobertas de sangue, a remoção das vestes, pelos ou cabelos que podem dificultar ou impedir a adequada visualização e caracterização das lesões. Além de possibilitar o acesso às estruturas profundas e às vísceras permitindo estabelecer as lesões internas, sua gravidade, o quanto contribuíram para o óbito, o trajeto do agente produtor de lesão no corpo da vítima, bem como a recuperação, muitas vezes, do instrumento que produziu estas lesões. Estabelecer as circunstâncias dos fatos, numa necropsia pós-exumação, tendo em vista o adiantado estado de putrefação e a destruição significativa das partes moles, é extremamente difícil. No entanto, no caso em tela, cujo objetivo é esclarecer os locais de entrada e saída dos projéteis que atingiram o crânio da vítima, foi possível durante o exame identificar a presença de lesões traumáticas no crânio: a) o orifício ósseo descrito **na escama do osso temporal direito** corresponde, por suas características (dimensões e bisel interno) ao local de entrada de projétil de arma de fogo (OEPAF). A perda de segmentos ósseos junto ao processo mastoide direito, associado à fratura cominutiva do processo petroso, é compatível com as lesões descritas na necropsia prévia como correspondendo ao local de entrada dos PAFs n° 1 e 2; b) o orifício ósseo descrito **na região súpero-posterior do osso parietal esquerdo** corresponde, por suas características (dimensões e bisel externo) ao local de saída de projétil de arma de fogo (OSPAF), sendo compatível com as lesões descritas na necropsia prévia como correspondendo ao local de saída do PAF n° 2, o qual se alojou entre este orifício e o couro cabeludo; c) o orifício ósseo descrito **na região ínfero-anterior do osso parietal esquerdo,** pelas suas características, corresponde ao local descrito na necropsia prévia como local de saída do PAF n° 1, que perdendo sua força após as inúmeras fraturas provocadas nos ossos da base do crânio (processo petroso do osso temporal direito) e que resultou na sua deformação, aloja-se junto à área de fratura descrita de onde foi removido. Quando um projetil penetra no crânio, produz uma cavidade temporária no cerebro, o qual é submetido a uma série de ondas. A pressão destas ondas no cérebro pode produzir uma fragmentação maciça do crânio. Embora a pressão destas ondas produzidas por projéteis de arma de fogo seja menor do que as produzidas por projéteis de alta velocidade, a fragmentação maciça dos ossos do crânio pode ocorrer. Linhas de fratura podem se irradiar dos orifícios de entrada ou saída, ou mesmo estar distribuídas de forma aleatória na calota ou na base do crânio [32]. Desta forma, justificam-se as inúmeras fraturas identificadas no crânio examinado.

→ **Conclusão**: Com base nos achados da necropsia pós-exumação, os peritos concluem que as lesões descritas no osso temporal direito são compatíveis com locais de entrada de projétil de arma de fogo (OEPAF) e que as lesões descritas no osso parietal esquerdo são compatíveis com locais de saída de projétil de arma de fogo (OSPAF), desta forma ratificando as informações referentes às lesões no crânio descritas no Laudo de Necropsia emitido pelo PRML.

12.15. Necropsia pós-exumação – idade fetal I

→ **Solicitação:** Solicitada necropsia pós-exumação pela autoridade policial com objetivo de definir a idade aproximada de um recém-nascido desconhecido. Não foram formulados quesitos.

→ **Resumo do caso**: Foram examinados os seguintes documentos: Laudo de necropsia do Desconhecido, emitido em 24/11/2012 pelo PML; Registro de ocorrência da Delegacia de Policia do dia 24/11/2012; Termos de Declarações que faziam parte do inquérito policial; Certidão de Óbito de "Ignorada" de 29/11/2012. No dia 07 de agosto de 2014, às 16 horas, se procedeu a necropsia pós-exumação no cadáver de um

---

[32] Di Maio V. J.M. Gunshot Wounds. Pratical Aspects of Firearms, Ballistics, and Forensic Techniques. 2nd Edition. CRC Press, 1999, pg. 262.

recém-nascido, do sexo feminino, de cor indeterminada, em adiantado estado de putrefação. A coxa direita estava ausente (resultado de necropsia prévia). O tegumento da face evidenciava sinais de putrefação avançada, com destruição parcial de partes moles. Os globos oculares estavam destruídos pela ação da putrefação. O pescoço estava articulado ao tronco e seu tegumento destruído pela putrefação. O tórax e o abdômen apresentavam tegumento de coloração enegrecida e consistência amolecida, características da fase coliquativa da putrefação. O membro inferior direito estava parcialmente conservado, em processo de saponificação, com tegumento de coloração esverdeada. Ao exame da calota craniana identificou-se que o osso temporal esquerdo estava fraturado e o cérebro destruído pela putrefação. À inspeção interna da cavidade tóraco-abdominal evidenciou-se que os órgãos que faziam parte desta cavidade estavam reduzidos a uma massa de coloração enegrecida, de odor fétido e consistência amolecida, depositada nas partes mais baixas do conjunto. Foram separados para estudo antropométrico o fêmur direito, a tíbia esquerda, o úmero direito, o rádio direito e a ulna direita. A avaliação individual destes elementos permitiu determinar: úmero direito medindo 6,4 cm de comprimento; rádio direito medindo 5,3 cm de comprimento; ulna direita medindo 6,0 cm de comprimento; fêmur direito com ausência da sua porção proximal, cuja margem de secção é regular, medindo 6,1 cm de comprimento; tíbia esquerda medindo 6,6 cm de comprimento. Demais órgãos, in situ e separadamente, nada mais apresentavam digno de nota, exceto os sinais típicos da putrefação.

→ **Discussão:** Estabelecer as circunstâncias dos fatos, tendo em vista o adiantado estado de putrefação e a destruição significativa de partes moles, é extremamente difícil numa necropsia pós-exumação. No caso em tela foi identificada uma lesão de origem traumática na calota craniana, especificamente uma fratura do osso temporal esquerdo, conforme descrito no laudo de necropsia prévio. O estudo dos ossos longos estabeleceu uma idade fetal de 314 dias, o que permite concluir que se trata de um recém-nascido com idade aproximada de um mês e meio de vida extrauterina.

→ **Conclusão:** A causa da morte descrita na necropsia prévia (traumatismo craniano na região temporal por provável ação de instrumento contundente), assim como a idade do recém-nascido (dois meses), estão de acordo com os achados da necropsia pós-exumação. Nestas condições encerro o presente laudo.

12.16. Necropsia pós-exumação – idade fetal II

→ **Solicitação:** Ao perito foi solicitado complementar o Laudo de Necropsia Pós-exumação n° 109.803/2014, realizada no Departamento Médico-Legal, em Porto Alegre, no dia 07 de agosto de 2014, respondendo aos quesitos formulados:
1) A idade fetal apontada no laudo (314 dias) é uma estimativa ou um dado irrefutável?
2) É possível que, em razão de peculiaridades genéticas, biológicas ou pessoais da vitima, ela seja uma criança de nove meses gestacionais?
3) É possível que, em razão de peculiaridades genéticas, biológicas ou pessoais da vitima, ela seja uma criança de seis meses gestacionais?

→ **Resumo do caso:** Foram examinados os seguintes documentos: Laudo de necropsia do Desconhecido emitido em 24/11/2012 pelo PML; oficio datado de 24/03/2014, do PML com resposta a quesitos complementares formulados pela Delegada de Policia; e Laudo de Necropsia Pós-exumação, realizada em 07/08/2014.

→ **Discussão:** O Laudo de necropsia do Desconhecido, emitido em 24/11/2012 pelo PML consigna de significativo: ... "criança branca do **sexo feminino**, em estado de putrefação... **pesando aproximadamente 3,5 Kg e medindo 50 cm**, bem compleiçoado... flacidez muscular generalizada... na região temporal esquerda e observa-se lesão que atinge também pavilhão auricular esquerdo, leve afundamento dos ossos... **Infiltração sanguínea de músculos temporais, hematoma da região** e fratura de osso temporal esquerdo... umbigo cicatrizado ainda proeminente... **Cadáver de aproximadamente 2 meses**... traumatismo craniano do lado esquerdo, região temporal, cérebro em decomposição...". O Laudo de Necropsia Pós-exumação, realizada em 07/08/2014, baseado **exclusivamente** no estudo dos ossos longos estabeleceu uma idade fetal de 314 dias (estatura 56,2 cm) e concluiu que se tratava de um recém--nascido com idade **aproximada de um mês e meio de vida extrauterina**. Considerando-se as informações referentes à idade estabelecidas pelos laudos de necropsia e de necropsia pós-exumação, o peso e estatura registrados no laudo de necropsia e as Tabelas desenvolvidas pelo *National Center for Health Statistics* em colaboração com *Center for Disease Control Prevention* - CDC[33] para o sexo feminino, referentes aos percentis

---

[33] Disponível em: <http://www.cdc.gov/growthcharts/charts.htm#Set1>.

3, 50 e 97, pode-se estimar que: a) uma menina recém-nascida teria um peso variando de 2,4 a 4,3 Kg (peso médio 3,4 kg) e mediria entre 45 a 54,5 cm (comprimento médio 49 cm); b) uma menina com um mês e meio de vida extrauterina teria um peso variando de 3,3 a 5,7 Kg (peso médio 4,5 kg) e mediria entre 51 a 60 cm (comprimento médio 55 cm); c) uma menina com dois meses de vida extrauterina teria um peso variando de 3,6 a 6,1 Kg (peso médio 4,9 kg) e mediria entre 52 a 61 cm (comprimento médio 56,5 cm).

A presença de infiltração sanguínea dos músculos temporais e a presença de hematoma junto à área de fratura junto ao osso temporal esquerdo são lesões vitais, indicando que ocorreram enquanto a criança estava viva.

→ **Conclusão:** Desta forma, pode-se concluir que o cadáver examinado, considerando apenas as variações de peso e comprimento para a idade estabelecida pelo *National Center for Health Statistics* em colaboração com *Center for Disease Control Prevention* – CDC, poderia corresponder a uma criança de uma faixa etária variando de um recém nascido à termo até uma criança com um mês e meio de vida extrauterina.

→ **Resposta aos quesitos:** Nestas condições passo a responder ao quesito formulado:

1) A idade fetal apontada no laudo (314 dias) é uma estimativa ou um dado irrefutável? É uma estimativa.
2) É possível que, em razão de peculiaridades genéticas, biológicas ou pessoais da vitima, ela seja uma criança de nove meses gestacionais? Sim, é possível (ver discussão).
3) É possível que, em razão de peculiaridades genéticas, biológicas ou pessoais da vitima, ela seja uma criança de seis meses gestacionais? Não, não é possível (ver discussão).

Anotações ...

Capítulo 13
TEMAS ATUAIS EM MEDICINA LEGAL

13.1. A violência doméstica contra mulheres

Violência contra a mulher é todo o ato, com uso de força ou não, que causa danos ou constrangimento físico, sexual, moral ou psicológico e que visa não apenas a punir o corpo da mulher, mas a dobrar a sua consciência, seus desejos e sua autonomia.

A violência doméstica contra a mulher é definida como aquela que ocorre no ambiente doméstico ou em relações familiares ou de afetividade, caracterizando-se pela discriminação, agressão ou coerção, com objetivo de levar à submissão ou subjugação do indivíduo, pelo simples fato de este ser mulher. A Organização Mundial da Saúde (OMS) inclui entre os comportamentos relacionados à violência doméstica os atos de agressão física; o abuso psicológico, que compreende a intimidação, a constante desvalorização e a humilhação; as relações sexuais forçadas e outras formas de coação sexual; os comportamentos controladores, tais como isolar a pessoa de sua família e amigos, monitorar seus movimentos e restringir seu acesso às informações ou à assistência. A OMS considera violência sexual quando a vítima é forçada a ter relações sexuais por medo do que o parceiro poderia fazer e/ou ser forçada a alguma atividade sexual que considere humilhante ou degradante.

A violência presente nas relações de gênero é um sério problema de saúde para mulheres em todo mundo. Há relatos na literatura mundial, de que 4 a 75% das mulheres referem episódios de violência física e/ou sexual por um parceiro ao menos uma vez na vida. De modo geral, segundo a OMS (2013), 35,6% das mulheres em todo o mundo sofreram violência (física ou sexual) por parte do parceiro ou violência sexual por um não parceiro. Entretanto, estimativas regionais mostram que estas taxas de prevalência variam de 27,2% (Europa) a 45,6% (África), dependendo da região analisada. Nas Américas esta prevalência é de 36,1%. Globalmente, quase um terço (30%) de todas as mulheres que estiveram em um relacionamento sofreram violência física e/ou sexual pelo parceiro, e 7,2% das mulheres foram agredidas sexualmente por alguém que não era seu parceiro. Algumas mulheres sofreram violência em ambas as situações. Das mulheres que foram agredidas física e/ou sexualmente por seus parceiros, 42% apresentavam lesões como resultado dessa violência e até 38% de todos os assassinatos de mulheres são cometidos pelos parceiros.

Este estudo da OMS ainda evidencia que a prevalência da exposição à violência já é alta entre mulheres jovens (15-19 anos), sugerindo que a violência geralmente começa cedo nos relacionamentos afetivos. Esta prevalência, então, ascende progressivamente para atingir o seu pico na faixa etária de 40 a 44 anos. A prevalência relatada é menor entre mulheres com 50 anos ou mais, embora os intervalos de confiança em torno destas estimativas sejam amplos e que esses dados provêm principalmente de países com uma renda mais elevada. No entanto, como a maioria das pesquisas sobre violência contra a mulher é realizada com mulheres com idade variando de 15-18 anos aos 49 anos de idade, há menos dados disponíveis para o grupo acima dos 50 anos. Por essa razão, não se deve interpretar que as mulheres mais velhas experimentam níveis mais baixos de violência por parte de seus parceiros, mas que se conhece menos sobre os padrões de violência nesta faixa etária, especialmente em países de baixa e média renda.

Embora esse tipo de violência seja uma causa significativa de morbidade e mortalidade de mulheres, quase nunca é enfrentada como uma questão de saúde pública. Há estudos evidenciando que a violência sexual e aquela praticada pelo parceiro íntimo resultam em uma série de problemas físicos, mentais e de saúde sexual a curto e longo prazo. Estudos epidemiológicos publicados em revistas médicas têm demonstrado uma associação de inúmeras queixas e doenças com relatos de violência doméstica e/ou sexual, as quais vão muito além da lesão física. Da agressão física decorrem inúmeros quadros patológicos, tais como depressão, ansiedade, tentativa de suicídio, abuso de álcool e drogas, doenças sexualmente transmissíveis (DST), gravidez indesejada, queixas vagas como cefaleia, entre outros. Mulheres que foram abusadas física ou sexualmente por seus parceiros apresentam taxas mais altas de vários problemas de saúde importantes: 16% mais chances de terem recém-nascido com baixo peso, duas vezes mais chances de abortar, quase duas vezes mais probabilidade de sofrer depressão e, em algumas regiões, têm uma vez e meia mais chances de adquirir HIV e 1,6 vezes mais chances de terem sífilis. Existem menos dados disponíveis quanto aos efeitos sobre a saúde das mulheres que foram agredidas sexualmente por alguém que não era seu parceiro. No entanto, as evidências que existem revelam que estas mulheres são 2,3 vezes mais propensas a terem transtornos por uso de álcool e 2,6 vezes mais propensas a sofrerem de depressão ou ansiedade. Estudo realizado para calcular os anos potenciais de vida perdidos pelas mulheres residentes na cidade do Recife, em idade fértil, mortas por homicídio nos anos de 2003 a 2007, e tendo a causa básico na Declaração de Óbito relacionada com agressão (CID-10), evidenciou que foram perdidos 43,3 anos de vida por mulher.

Nos últimos trinta anos, a violência praticada contra a mulher tem despertado o interesse da sociedade, principalmente a partir dos movimentos feministas. Segundo dados do IBGE, (Censo 2010), dentre as mulheres agredidas, 25,9% (cerca de 280 mil) tiveram como agressor o cônjuge ou ex-cônjuge e elas foram mais agredidos por conhecidos (32,2%) do que por desconhecidos (29,1%). Relatório Mundial sobre Violência e Saúde da Organização Mundial de Saúde (OMS) destaca que a violência praticada por parceiros íntimos é responsável por 40 a 70% dos homicídios contra as mulheres, contrastando com o número de homens mortos por mulheres (8,6%). Segundo estatísticas da Organização das Nações Unidas (ONU), a cada 4 minutos uma mulher é agredida em seu próprio lar por pessoas com quem mantém uma relação de afeto, e somente 10% das agressões são denunciadas.

Dados do Sistema de Informação de Agravos de Notificação (SINAN), do Ministério da Saúde, que registra os atendimentos do Sistema Único de Saúde (SUS) no campo das violências doméstica, sexual e/ou outras violências, registra que a cada dia de 2014, 405 mulheres demandaram atendimento em uma unidade de saúde, por alguma violência sofrida. Embora os registros do SINAN ainda apresentem problemas de cobertura (nem todos os locais notificam) e de subnotificação (nem todos os casos são registrados no sistema), estes dados revelaram que em 2014:

a) Em todas as etapas da vida, preponderam os atendimentos femininos por violência no SUS (14,2 por 10 mil) sobre os masculinos (7,8 por 10 mil). Há um certo equilíbrio de atendimentos entre as crianças (54,1% são meninas), que aumenta até a idade adulta, quando 71,3% dos atendimentos são de mulheres e só 28,6% de homens.

b) Os atendimentos femininos superam os masculinos em todas as idades até os 59 anos. Deve-se destacar a elevada incidência de atendimentos até 1 ano de idade, em que tanto para meninos (29,5 por 10 mil) quanto para meninas (33,3 por 10 mil), apresentam as maiores taxas de atendimento da série, para ambos sexos.

c) Das agressões a crianças (<1 a 11 anos), do sexo feminino, atendidas pelo SUS, 82% foram praticadas pelos pais – principalmente a mãe

(42,4%). Para as adolescentes (12 a 17 anos), os principais agressores foram os pais (26,5%) e os parceiros ou ex-parceiros (23,2%). Para as mulheres, entre 18 a 59 anos, o principal agressor é o parceiro ou ex-parceiro, concentrando a metade do todos os casos registrados. Enquanto para as mulheres idosas, o principal agressor foi o filho (34,9%).
d) A violência praticada por conhecidos, para ambos os sexos, ocorre preferencialmente na residência das vítimas. A proporção entre as vítimas do sexo feminino (64,4%) é bem maior que entre as do sexo masculino (46,4%). Já na via pública e no trabalho, a proporção é maior entre os homens (42,4%) que entre as mulheres (27,0%).

O SINAN também registra o tipo de violência sofrida pela vítima. Os dados de 2014 evidenciaram que a violência física é o tipo de violência mais frequente sofrido pelas mulheres, responsável por 48,7% dos atendimentos, com especial incidência na faixa etária dos 18 aos 59 anos, quando chega a representar perto de 60% do total de atendimentos. Segue-se a violência psicológica, presente em 23,0% dos atendimentos em todas as faixas etárias. Em terceiro lugar, destaca-se a violência sexual, responsável por 11,9% dos atendimentos, com maior incidência entre as crianças até 11 anos de idade (29,0% dos atendimentos) e as adolescentes (24,3%). Entre as crianças, a negligência/abandono por parte dos pais ou responsáveis foi registrada em 28,3% dos atendimentos.

Quanto ao local da agressão, a residência é o local mais frequente da ocorrência da violência não letal, para ambos sexos, mas é significativamente superior para o sexo feminino (71,9%), em relação ao masculino (50,4%). Em segundo lugar, encontra-se a rua, respondendo por 15,9% das violências em mulheres atendidas, contra 30,6% dos atendimentos de homens.

No Brasil, bem como nos Estados Unidos, a violência doméstica é a causa mais comum de lesões não fatais em mulheres. O grupo de mulheres com maior risco de lesão, em decorrência de violência doméstica, inclui aquelas cujos parceiros abusam do álcool ou usam drogas, são desempregados ou não possuem um emprego fixo e têm escolaridade abaixo do ensino médio. Existe, também, o risco provocado por ex-maridos, ex-namorados ou parceiros separados.

13.1.1. Manifestações físicas e psíquicas

O laudo pericial para a maioria dos casos de violência doméstica contra a mulher será o Exame de Lesões Corporais, realizado pelo Departamento Médico-Legal. Assim já era quando a violência doméstica estava incluída entre os crimes penais de menor potencial ofensivo, baseado na Lei 9.099/95, muito embora, por esta lei, o exame pericial pudesse ser substituído pelo simples boletim de atendimento médico ou hospitalar.

Pela Lei 11.340/06, o Exame de Lesão Corporal continua sendo o mais indicado para a maioria dos casos de violência doméstica contra a mulher. No entanto, se houver violência sexual associada ou suspeita deve ser solicitado o Exame para Verificação de Violência Sexual a ser realizado pelo Departamento Médico-Legal. Esta lei também admite como meio de prova os laudos ou prontuários médicos dos hospitais ou postos de saúde onde a paciente tenha sido atendida.

Do ponto de vista da Medicina Legal, indubitavelmente, a maioria esmagadora dos dados aponta para a maior ocorrência e/ou visibilidade das violências físicas, tipificadas criminalmente por lesões corporais, seguidas pelas violências psicológicas, principalmente ameaça, difamação e injúria.

As lesões físicas mais frequentes nesse tipo de violência são as escoriações, lesões contusas e ferimentos superficiais na cabeça, no rosto, pescoço, pernas e abdômen. Entre as contusões, podemos incluir lesões muito características deste tipo de evento, como equimoses, hematomas e edemas traumáticos.

Um estudo envolvendo 9.000 mulheres, atendidas nos serviços de urgências de diferentes hospitais dos Estados Unidos, demonstrou que o quadro típico da lesão física é caracterizado por múltiplos e diferentes tipos de lesões, com combinação de lesões antigas e recentes, assim como referências vagas de moléstias. O espancamento (emprego da força física sem auxílio de objetos) foi a forma utilizada pelos agressores em 70,4% dos casos, seguido de agressão com objetos em 21,1%, o uso de arma branca em 4,3% dos casos, arma de fogo em 2,1% e atropelamento intencional em 2,1% dos casos. Segundo dados da OMS, entre as mulheres que relataram violência pelo parceiro, 42% (34% a 49,6%) apresentaram lesões físicas, demonstrando que a violência tem repercussão importante sobre a saúde dessas mulheres.

Casos de agressões verbais, ameaças, injúrias, calúnias, difamações poderão ocasionar, eventualmente, um dano psicológico ao indivíduo, sendo necessária, então, uma perícia específica, na área psiquiátrica.

A sintomatologia psíquica encontrada nas vítimas deve ser considerada como uma sequela dos ataques sofridos por agressões físicas. Essas lesões psíquicas podem ser agudas, quando decorrentes de uma agressão, ou crônicas, como consequência da situação mantida de maus-tratos.

A lesão psíquica aguda, numa primeira reação, consiste normalmente em uma autoproteção, uma tentativa em sobreviver ao acontecimento. Podem aparecer reações de choque, negação, confusão, abatimento, atordoamento e medo. Estas crises normalmente ocorrem quando a vítima não tem resistência para tratar ou minimizar essa possível lesão e nem consegue evitar que se produza a agressão.

As lesões psicológicas a longo prazo, nas mulheres que são agredidas física e psicologicamente, tendem a produzir temor, ansiedade, fadiga, alterações de sono e de apetite, preocupação e reações intensas de queixas físicas em relação a moléstias e dores inespecíficas.

13.1.2. Aspectos jurídicos: a Lei n° 11.340/06

A partir do dia 22 de agosto de 2006, entrou em vigor a Lei n° 11.340/2006, conhecida como "Lei Maria da Penha", com a finalidade de criar mecanismos para coibir a violência doméstica e familiar contra a mulher. Esta lei visa atender os termos do §8° do art. 226 da Constituição Federal e dos tratados internacionais ratificados pelo Brasil, que estabelecem medidas de prevenção, assistência e proteção às mulheres em situação de violência.

A violência doméstica contra a mulher era, anteriormente, abarcada pela Lei 9.099, publicada em 26 de setembro de 1995, que implantou os Juizados Especiais Criminais. Estes foram criados para julgar delitos de menor potencial ofensivo, e tinham como principal objetivo tentar reduzir a formalidade dos procedimentos, tornando a prestação jurisdicional mais célere nestes casos.

No entanto, a Organização Mundial da Saúde destaca que a violência contra a mulher tem consequências graves, uma vez que leva a uma repercussão enorme sobre o sistema de saúde, judiciário e sobre a economia. Seus estudos revelam que a violência tem grande repercussão econômica e gera gastos maiores com o sistema de saúde. Mulheres agredidas consultam mais do que as mulheres não agredidas; têm mais problemas físicos e mentais; faltam mais ao trabalho, ou abandonam o trabalho em virtude da violência; passam maior período de tempo desempregadas; têm maior rotatividade no emprego. Assim, os custos monetários da violência incluem gastos com médicos, polícia, sistema de justiça criminal, abrigo, serviços sociais, dentre outros.

As soluções previstas na Lei para os crimes de menor potencial ofensivo, como as penas restritivas de direito e a multa, em que a prestação de serviços à comunidade e o pagamento de cestas básicas apareciam como as penas mais aplicadas, não eram suficientes para evitar novas agressões e vinham recebendo críticas por parte das feministas e de outros setores da sociedade. Além disso, a Lei 9.099/95 estava em completa discordância com os instrumentos internacionais de proteção dos direitos humanos das mulheres, em especial com a Convenção de Belém do Pará, notadamente pela ausência de medidas que garantissem sua integridade física e emocional.

Com a Lei 11.340/06 criam-se os Juizados de Enfrentamento da Violência Doméstica e Familiar contra a Mulher, com competência cível e criminal, que podem responder às necessidades das mulheres, especialmente àquelas relativas ao acesso e à proteção de seus direitos civis no âmbito da família. Esta lei permite ao Brasil, por fim, entrar na rota internacional das ações de prevenção e diminuição da violência doméstica e de gênero.

Ela tem por objetivos prevenir as diversas formas de violência doméstica e familiar contra a mulher, a criar e ampliar serviços públicos, campanhas educativas e mecanismos ágeis de acesso à justiça para o atendimento à mulher em casos envolvendo este tipo de violência. Introduz, ainda, uma série de mecanismos recomendados pela Convenção de Belém do Pará, dentre eles a obrigação do Estado na criação desses serviços e a capacitação de seus agentes para que possam atender adequadamente as mulheres nessa situação. Além disso, cria medidas de proteção imediatas, tanto de caráter penal como de caráter civil, tais como o afastamento do agressor do lar, a separação de corpos, a regulamentação de guarda de filhos, a fixação de alimentos, dentre outras. E finalmente, deixa claro que nos crimes de violência doméstica e familiar contra a mulher não se aplica a Lei nº 9.099/05. Prevê ainda mudanças na aplicação de penas, pois ficarão vedadas, nos casos de violência doméstica familiar contra a mulher, as penas restritivas de direito de prestação pecuniária, cesta básica e multa.

13.1.3. Feminicídio

Em 2012, foi estimado que quase meio milhão de pessoas morreram no mundo por causa de homicídios intencionais, sendo que 79% das vítimas e 95% dos autores eram homens. No entanto, o homicídio associado à violência do parceiro intimo (PI) e à violência intrafamiliar afeta de forma desproporcional as mulheres. Especificamente, no ano de 2012, foram mortas 43.600 mulheres nesta situação, em comparação com 20.000 homens, representando 47% dos homicídios em mulheres, comparado a 6% de homicídios em homens.

No Brasil, em março de 2015, foi sancionada a Lei 13.104/2015, que alteou o art. 121 do Código Penal, e passou a prever o crime de feminicídio, classificando-o como crime hediondo e com agravantes quando acontece em situações específicas de vulnerabilidade.

É considerado crime de feminicídio quando o crime envolver violência doméstica e familiar e/ou menosprezo ou discriminação à condição de mulher. Os agravantes previstos, que resultam em aumento de pena, consideram se o crime foi praticado: a) durante a gestação ou nos 3 (três) meses posteriores ao parto; b) contra menor de 14 anos, maior de 60 anos ou com deficiência; c) na presença de descendente ou ascendente da vítima.

Os dados referentes aos homicídios em mulheres no Brasil são obtidos no Sistema de Informações de Mortalidade (SIM), da Secretaria de Vigilância em Saúde (SVS) do Ministério da Saúde (MS). Através destes dados, verificou-se que entre 2003 e 2013, houve um aumento de 21% no número de vítimas do sexo feminino (3.937 para 4.762). Esse número de mortes em 2013 representava 13 homicídios femininos/dia. A taxa nacional de homicídio, que em 2003 era de 4,4 por 100 mil mulheres, passou para 4,8 em 2013, crescimento de 8,8% em dez anos. Enquanto no Brasil, o aumento de homicídios de mulheres entre 2003 e 2013 foi de 21%, após a vigência da Lei Maria da Penha, de 2006 a 2016, esse aumento foi de 18%, indicando que, mesmo sob o efeito desta lei, não houve uma redução significativa e persistente no numero de mortes de mulheres.

No Rio Grande do Sul (RS), evidenciou-se um aumento no número de mortes de mulheres vítimas de homicídio após a promulgação desta Lei. Na década de 2003 a 2013, o número de vítimas aumentou em 18,6% e no período de vigência da Lei Maria da Penha (2006-2013) o aumento no número de mortes femininas foi de 29,3%. A taxa de homicídios no RS, que em 2003 era de 3,3 por 100 mil mulheres, passou para 3,8 em 2013, crescimento de 14,6% em dez anos. Em Porto Alegre, a taxa de homicídios em mulheres (4,2 por 100 mil) é superior à taxa do RS (3,8 por 100 mil). Se comparamos o aumento desta taxa apenas de 2006, quando passou a vigorar a Lei Maria da Penha, até 2013, verificamos que o aumento neste período atinge 30,6%. Este exemplo evidencia que as taxas nacionais não expressam a enorme diversidade de situações existente entre as regiões e Estados do país. Os dados disponíveis do Brasil, já sob o efeito da Lei Maria da Penha, evidenciaram que apenas cinco Estados registraram quedas nas taxas de homicídios em mulheres: Rondônia, Espírito Santo, Pernambuco, São Paulo e Rio de Janeiro. Nos demais Estados, no período de 2006 a 2013, as taxas de cresceram com ritmos extremamente variados: de 3,1% em Santa Catarina até 131,3% em Roraima.

Através dos dados do SINAN foi possível estimar o quantitativo de feminicídios perpetrados por um familiar ou um parceiro da vítima em 2013. Verificou-se que dos 4.762 homicídios de mulheres registrados em 2013 pelo SIM, 50,3% tinham como agressor um familiar da vítima, representando aproximadamente 7 feminicídios diários. As mulheres que foram mortas pelo parceiro ou ex-parceiro representaram 33,2% do total de homicídios femininos nesse ano, correspondendo a 4 mortes diárias.

O Brasil, com sua taxa de 4,8 homicídios por 100 mil mulheres, ocupa a 5ª posição entre um grupo de 83 países listados pela OMS, evidenciando que os índices locais excedem, em muito, os encontrados na maior parte dos países. Apenas El Salvador, Colômbia, Guatemala e a Federação da Rússia evidenciaram taxas superiores às do Brasil. As taxas do Brasil indicam 48 vezes mais homicídios femininos que o Reino Unido; 24 vezes mais que Irlanda ou Dinamarca; e 16 vezes mais que Japão ou Escócia.

Os fatores de risco individuais associados ao feminicídio incluem: ser imigrante, pertencer a uma minoria étnica, ter um parceiro ou ex--companheiro desempregado e o consumo de álcool ou drogas por um ou ambos os membros do casal. Entre os fatores de risco relativos ao relacionamento, destaca-se a ausência de uma união legal, a presença de filhos de relacionamentos anteriores, a decisão de romper o relacionamento por parte das mulheres, a existência de violência prévia entre o casal, a violência pelo parceiro íntimo durante a gravidez, ciúmes e a diferença de idade entre o casal. Entre os fatores de risco relacionados à sociedade, está a dificuldade ou impossibilidade de acesso e a falta de resposta dos recursos legais de apoio destinados às mulheres expostas a violência praticada por parceiro íntimo.

13.2. A violência sexual contra crianças

A violência sexual infantil consiste na situação em que uma criança é usada para gratificação sexual de um adulto, baseado em uma relação de poder que pode incluir desde carícias, manipulação nas genitálias, mamas, ânus, exploração sexual, voyeurismo, pornografia, até o ato sexual com ou sem penetração, com ou sem violência. Segundo a OMS, o abuso sexual infantil é definido como o envolvimento de uma criança em atividade sexual, que ela é incapaz de compreender completamente e, consequentemente de dar o seu consentimento, ou para qual a criança não tem desenvolvimento, e não está preparada, e não pode dar o consentimento, ou que viola a legislação em vigor ou as regras sociais.

É um fenômeno que apresenta altos índices estatísticos e atinge milhares de crianças a cada ano em todo o mundo. No entanto, mensurar a sua incidência é um desafio, pois o pequeno número de denúncias (seguramente menos de 20%), somado à falta de informações, impede que se possa contemplar a dimensão real do problema. É consenso que o segredo e a vergonha intimidam a vítima e por isso a maioria das ocorrências não chega ao conhecimento das autoridades.

Em 2014, segundo o *U.S. Department of Health & Human Services*, que é o Departamento de Serviço de Saúde Americano, 8,3% das crianças vítimas de maus-tratos infantis nos Estados Unidos sofreram abuso sexual. A porcentagem de crianças que são abusadas sexualmente foi sugerida como sendo maior do que a que é geralmente relatada, já que abusos sexuais que não incluem contato e outros tipos de abuso sexual são frequentemente menos relatados. Estudos prévios relataram que o Abuso Sexual Infantil, nos Estados Unidos, chega a 32% para meninas e 14% para meninos.

A *American Humane Association* estimou o abuso sexual de crianças e adolescentes nos Estados Unidos em 45 mil casos por ano. Projeta ainda que uma menina em quatro é vítima de incesto antes dos 18 anos, ou seja, 25% das mulheres. O *European Commite On Crime Problems* já relatou que pelo menos 2% das crianças europeias sofrem de maus-tratos, dos quais 60% são vítimas de violências sexuais intrafamiliares.

Não existe concordância universal a respeito das diversas formas de vitimização sexual infantil. É prudente que seja reconhecida como uma espécie de maus-tratos, exteriorizada ora pelo abuso, ora pela exploração ou também pelo crime de estupro previsto pelo Código Penal brasileiro. De acordo com o art. 2º do Estatuto da Criança e do Adolescente, Lei nº 8.069, de 13 julho de 1990, considera-se criança a pessoa até doze anos de idade incompletos.

13.2.1. Abuso sexual

O abuso sexual está inserido no campo dos maus-tratos e se refere àquelas situações em que a criança é utilizada para gratificação sexual por parte de um adulto, baseado em uma relação de poder. Este adulto pode ser alguém desconhecido ou até mesmo um familiar (incesto). A gratificação sexual por parte do adulto vai desde carícias até a agressão física, incluindo os atos sexuais com ou sem penetração.

Alguns autores já ampliaram este conceito, aceitando que o abuso sexual possa ocorrer entre duas crianças quando uma delas exerce poder sobre outra, ou até mesmo sem contato sexual, quando a criança é exposta a pornografia, voyeurismo ou ainda quando mantém conversas em tons sexuais pela internet.

Infelizmente as estatísticas confirmam que o abuso sexual em crianças é muito mais prevalente do que se imagina: 10% das crianças (meninos ou meninas) serão abusadas antes dos 18 anos. Este número aumenta quando se fala apenas de meninas, chegando a uma em sete. Dados mostram que 44% dos estupros com penetração ocorrem em crianças antes dos 18 anos. Em torno de 90% das crianças abusadas conhecem seus abusadores, e 30% são abusadas por familiares. Existem alguns fatores de risco para o abuso de crianças: meninas tem um risco cinco vezes maior de serem abusadas, e o baixo nível socioeconômico da criança triplica a chance de abuso sexual.

Os abusos podem ser divididos em: sensoriais, como, por exemplo, pornografia, exibicionismo, linguagem sexualizada; estimulação sexual, consistindo em carícias inapropriadas em partes consideradas íntimas, masturbação, contatos genitais incompletos; ato sexual propriamente dito, na qual há a realização ou tentativas de violação ou penetração oral, anal ou genital.

O abuso sexual infantil pode resultar em prejuízos e incapacidades físicas, comportamentais, sociais e emocionais devastadores e tem sido associado a efeitos negativos à saúde tanto a curto como a longo prazo, incluindo convulsões epilépticas, autolesão não suicida, transtornos alimentares, depressão, transtorno de ansiedade, transtorno de estresse pós-traumático, transtorno de conduta, transtorno de uso de substâncias, comportamentos suicidas, dor pélvica crônica e vitimização por parceiro íntimo (VPI) na idade adulta.

As consequências do abuso sexual na infância podem ser devastadoras em vários sentidos, tanto para a família quanto para a vítima.

Com relação às questões psiquiátricas, o abuso sexual é fator de risco para diversas doenças mentais. A severidade do abuso está diretamente relacionada com a gravidade dos sintomas ou doenças ao longa da vida do paciente. Algumas delas estão diretamente conectadas, como o transtorno de estresse pós-traumático e o transtorno de personalidade bordeline. Abuso de substância e tentativas de suicídio têm o risco aumentado pelo abuso sexual. Algumas pesquisas relacionam também os transtornos do humor. Estudos demonstram uma tendência à revitimização em mulheres maltratadas na infância e sugerem efeitos diferenciais a longo prazo de maus-tratos na infância sobre processos cognitivos e estilos de enfrentamento em homens e mulheres.

Uma meta-análise com 17 estudos caso-controles e 20 estudos de coorte concluiu que existe um risco aumentado de mais de duas vezes entre pacientes com história de abuso sexual na infância e o desenvolvimento de estresse pós-traumático e um risco aumentado em mais de quatro vezes em relação a tentativas de suicídio.

Entretanto, as questões psiquiátricas envolvendo os abusadores são muito mais controversas. Muito se discute sobre a questão de se os abusadores são ou não doentes mentais, por praticarem este tipo de crime. Nem todo abusador é um pedófilo. Os pedófilos têm como características o início da história de abusos quando jovem, e podem ter um número grande de vítimas, que raramente são familiares.

Os abusadores que não preenchem critérios para pedofilia podem ser observados pela ponto de vista do conceito de temperamento, que pode ser definido como versões leves de estados de humor, incluindo alterações no comportamento (incluindo o sexual), além da impulsividade, sendo os dois temperamentos mais envolvidos o hipertímico e ciclotímico. O primeiro envolve sintomas leves de mania como aumento da energia, diminuição da necessidade do sono e aumento da libido. O segundo envolve constantes alternâncias entre sintomas leves depressão e mania. Normalmente são extrovertidos e de boa socialização, são pessoas que as vezes têm comportamento de riscos que podem ser vistos como impulsivos.

Existe um mito que homossexuais abusariam mais de crianças, e isto não é real. Um estudo mostrou que 82% dos abusadores eram heterossexuais e/ou parentes próximos da vítima. Outra informação importante é que a maioria dos adolescentes abusadores não se torna pedófilo, e não mantém comportamento sexual predatório.

13.2.2. Incesto

É definido como qualquer contato abertamente sexual entre pessoas que tenham grau de parentesco ou acreditem tê-lo. Trata-se de um tipo de abuso sexual intrafamiliar, com ou sem violência explícita, que pode ocorrer com todas as pessoas próximas da rede familiar, que têm a responsabilidade de preservar a segurança da criança. As relações incestuosas são os casos mais comuns de violência sexual até o início da adolescência. A lei do silêncio é interiorizada pelas crianças desde cedo e representa um dos aspectos mais importantes para que a violência se perpetue no tempo.

13.2.3. Exploração sexual

A expressão *exploração sexual* é utilizada pela Organização Mundial da Saúde (OMS) para designar situações de abuso sexual intrafamiliar e extrafamiliar e também a prostituição. Na doutrina, entretanto, ela é utilizada para referir apenas à exploração sexual comercial. É definida como qualquer atividade comercial, que utiliza o corpo de uma criança para obter proveito de caráter sexual, implícito ou não, com base numa relação de poder ou coerção, física e psicológica.

É uma relação de sexualidade mercantilizada que se desenvolve de maneira triangular, entre intermediário, cliente e a vítima. É um tipo de violência que ocorre nas relações de produto e mercado por meio da venda dos serviços sexuais de crianças e adolescentes, tanto pelas redes de comercialização do sexo, como também por pais e familiares. O Instituto Interamericano *Del Niño* classificou a exploração sexual comercial em quatro modalidades: prostituição, tráfico para fins sexuais, turismo sexual e pornografia.

13.2.4. Manifestações físicas e psíquicas

Algumas formas de abuso (sensoriais e estimulação) podem não resultar em indicadores físicos no corpo da criança e por isso a sua ausência não exclui o diagnóstico de abuso sexual. Os atos sexuais, no entanto, quase sempre deixam vestígios no corpo da criança, manifestando-se através de lesões visíveis e facilmente identificadas até determinado tempo. Na área da saúde reconhece-se alguns outros sinais indicadores como: dificuldade em caminhar e dormir; dores ou inchaços nas áreas genitais ou anais; lesões e sangramentos sem outras causas aparentes; secreções vaginais ou penianas; dificuldade em controlar a bexiga e o intestino; infecção urinária; distúrbios hormonais e puberdade precoce. A gravidez e as doenças sexualmente transmissíveis (DST) são outras manifestações que podem aparecer.

As doenças sexualmente transmissíveis que são consideradas evidências definitivas de abuso sexual são a gonorreia e a sífilis. O significado de outras doenças sexualmente transmissíveis, como herpes genital e condiloma (HPV) são mais controversos.

Em relação ao HPV, devemos considerar que é difícil comprovar que este tipo de contaminação em crianças tenha sido consequência de abuso sexual, pois o período de incubação da doença é muito variável, de algumas semanas até meses ou anos, e há outras formas não sexuais da transmissão da doença. Na avaliação destes casos é importante, na história, investigar a suspeita de abuso, via de parto, pessoas próximas que tenham a doença, compartilhamento de roupas íntimas, toalhas, objetos. É possível afirmar que quanto maior a idade da criança, maior a probabilidade da transmissão sexual.

A perícia (exame para verificação de violência sexual) normalmente é requerida para atestar os atos sexuais característicos do crime de estupro (conjunção carnal e atos libidinosos). Os achados encontrados nas áreas genital e anal variam, incluindo eritema, escoriações, lacerações, fissuras, hematomas, sangramento, corrimentos, presença de sêmen, edema genital, evidências de DST, vaginite e gravidez. Lesões físicas em zonas não genitais também podem ocorrer simultaneamente ao abuso sexual. Quando há penetração vaginal, nota-se ruptura himenal e um aumento no tamanho do orifício vaginal previsto ou normal para a idade. Quando a penetração é anal, frequentemente há hiperpigmentação perianal, espessamento da pele perineal, perda das dobras normais do ânus e diminuição do tônus muscular. É importante efetuar levantamentos e coletas de materiais que poderão servir para identificar o agressor (sangue, esperma).

Os sintomas psicológicos também são frequentes e reveladores do trauma. Podem ocorrer mediante manifestações imediatas, como distúrbios alimentares: anorexia, vômitos, recusa da alimentação; distúrbios do sono: ansiedade ao deitar, pesadelos, despertares noturnos repetidos; distúrbios afetivos: apatia, confusão, desinteresse pelas brincadeiras, expressão triste, crise de choro, podendo chegar a um verdadeiro estado depressivo; distúrbios de adaptação e queda do rendimento escolar:

dificuldades escolares repentinas, isolamento, fuga, recusa de ficar em casa ou em outro lugar com um adulto.

Outras condutas também podem ser vistas como indicadores: masturbação prolongada e intempestiva (criança pequena); utilização de palavras com conotação sexual, frequentemente, utilizadas na linguagem de adultos; jogos de aparência sexual com bonecas ou com os pares. Estes sinais não atestam necessariamente o abuso sexual, mas sua presença, seu aparecimento repentino, sem que algum acontecimento as explique, pode ser indicativo dessa possibilidade.

A duração do abuso tem grande relevância. Quanto mais cedo a criança for exposta à violência, maior o risco de que as sequelas sejam irreversíveis. Como consequências da violência, a longo prazo, identificam-se quadros de depressão e tristeza, tentativas de suicídio, contatos sexuais desviantes, do tipo prostituição e homossexualidade, deterioração da autoestima e da apreciação de si, incapacidade de confiar nas pessoas, o uso de álcool ou drogas, incapacidade de formar vínculo sexual e marital satisfatório e sintomas psicossomáticos e o Transtorno de Estresse Pós-Traumático.

A maioria destas relações começa antes dos 10 anos de idade e adquire, com o passar do tempo, a finalidade de manter certo equilíbrio no meio doméstico. Temendo uma possível crise familiar, a criança aceita o autossacrifício até que a situação se torne intolerável, e ela tente o suicídio ou a fuga de casa.

É de extrema importância para o diagnóstico e para o tratamento do paciente, que os profissionais questionem sobre a possível existência do abuso sexual na infância. A informação é necessária tanto para o diagnóstico quanto para a proteção do paciente. Infelizmente, ainda existe uma grande barreira no meio médico em tornar essa avaliação mais comum, tanto na criança quanto no adulto. Muitas vezes cabe aos médicos abordar o assunto e oferecer um tratamento digno às vítimas desta violência, que gera consequências às vezes irreparáveis a uma criança, assim como fazer um bom diagnóstico dos pacientes que apresentam risco de abusar.

13.2.5. A Síndrome do Segredo

Síndrome do Segredo é o "acordo" entre abusador e abusado de que aquilo que ocorre entre eles deve permanecer oculto. Esse acordo é mantido através de benefícios para a criança ou com ameaças físicas e/ou

psicológicas à criança e à família. Os fatores externos mais frequentes que constituem o abuso sexual da criança como síndrome de segredo são:
- a) Inexistência de evidência médica – a falta de evidência médica do abuso, em determinados casos, leva a família a não revelá-lo, por falta de elementos para comprová-lo, principalmente quando a vítima é muito pequena;
- b) Ameaças contra a criança abusada e suborno – a vítima ameaçada, física ou psicologicamente, não revela o abuso porque teme por si, por sua família e pelo próprio abusador, que pode ser pessoa de quem ela gosta. Muitas vezes, a ameaça vem acompanhada de suborno, que consiste em um tratamento especial dado à criança;
- c) Falta de credibilidade da criança – a crença dos adultos de que as crianças mentem as leva a não relatar o abuso com medo de serem castigadas pela "mentira";
- d) Consequências da revelação – as crianças temem as consequências da revelação, pois ameaçadas e com sentimento de culpa e responsabilidade pelo abuso, que lhes é atribuído pelo abusador, concluem que o mal prometido irá se concretizar e, por isso, não revelam.

A síndrome de segredo, que leva à não revelação, às vezes, por longo período, ocorre por vários motivos, que vão desde a culpa que a criança carrega por ter participado da interação abusiva, até ao medo das consequências da revelação, como fator desintegrador do núcleo familiar. Muitas vezes, o abusador busca transferir para a criança a responsabilidade pelo ocorrido ou pelas consequências da revelação, convencendo a vítima de que será sua culpa se o pai for para a cadeia ou se a mãe ficar magoada com ela. Este sentimento de culpa partilhado pela criança e a responsabilidade que sente pela prática abusiva é considerado um dos principais fatores responsáveis pela existência da síndrome do segredo. E apenas por meio do rompimento da síndrome do segredo é que se poderá comprovar, de forma satisfatória, a existência desta prática sexual.

13.2.6. O Depoimento sem Dano

O chamado Depoimento sem Dano é um mecanismo alternativo de inquirição de crianças e adolescentes apontados como vítimas de delitos sexuais. Ele busca retirar as crianças vítimas de abuso sexual do ambiente formal da sala de audiências, e transferi-las para uma sala especialmente projetada, onde, então, poderá ser colhido o depoimento. Esta sala deverá estar conectada por vídeo e áudio ao local onde estarão o Magistrado, o Promotor de Justiça, o Advogado, o réu e os demais serventuários da justiça, para que estes possam, a qualquer momento, interagir. O depoimento é gravado, na íntegra, e após degravado para ser juntado aos autos.

Este modelo de inquirição alcança os três principais objetivos do projeto, quais sejam:

- Redução do dano durante a produção de provas em processos judiciais, nos quais a criança/adolescente é vítima ou testemunha;
- Garantia, proteção e prevenção dos direitos da criança/adolescente, quando, ao ser ouvida em Juízo, sua palavra é valorizada, bem como sua inquirição respeita sua condição de pessoa em desenvolvimento;
- Melhoria na produção da prova.

Ao redor do mundo predominam essencialmente dois modelos de depoimento especial: um que segue a linha do Direito inglês, utilizando massivamente o sistema *de Closed Circuit of Television* (CCTV), com depoimentos por meio de circuito fechado de TV e gravação de vídeo e imagem; e outro que segue o modelo americano, com a utilização da chamada Câmara Gesell.

O CCTV é o sistema mais utilizado e evita o contato de crianças e/ou adolescentes com o público, diminuindo a dificuldade que estes indivíduos têm de testemunhar. Fator importante é que nessa modalidade de tomada de depoimento, a criança, quer seja testemunha ou vítima, poderá se beneficiar da presença de uma pessoa para acompanhá-la enquanto presta seu testemunho.

A Câmara Gesell, por sua vez, é um dispositivo criado pelo psicólogo norte-americano Arnold Gesell (1880-1961) constituído por duas salas divididas por um espelho unidirecional que permite visualizar, a partir de um lado, o que acontece no outro, mas não vice-versa. O vidro espelhado, assim como a filmagem em vídeo ou áudio direto, permite que, no ato do mesmo exame, o tribunal e as partes – por seu intermédio – comuniquem ao especialista suas inquietudes, que serão satisfeitas na medida em que isso não afete o desenvolvimento normal do ato e não ponha em perigo a integridade da criança. Os membros do tribunal e as partes podem observar as entrevistas – de fora da sala – e comunicar suas dúvidas ao entrevistador.

Durante a tomada de depoimento, o trabalho direcionar-se-á à obtenção de um relato confiável, que possa ser aceito com credibilidade como prova testemunhal no processo. Muitos autores consideram a Câmara Gesell como sendo a solução ideal para a realização de uma oitiva não traumatizante para a vítima, garantindo, ainda, ao acusado, o seu direito constitucional ao devido processo legal.

13.3. Formas pouco comuns de suicídio

Segundo dados do Sistema de Informações de Mortalidade (SIM) do Ministério da Saúde, em 2008, 9.328 pessoas suicidaram-se no Brasil, o que corresponde a 25 mortes diárias. Em 2012 este número subiu para 10.321, uma média de 28 mortes diárias e, em 2015 para 11.178, média de 31 mortes por dia.

A falta de atenção ao assunto, somada a preconceitos e a ideias errôneas, tem agravado a situação, que já se apresenta como um problema de saúde pública. Para cada suicídio, estima-se que haja pelo menos 20 tentativas. E, para cada caso de tentativa atendida em hospital, outras cinco pessoas, na comunidade, estão planejando e 17 estão pensando seriamente em praticá-lo.

Em 97% dos casos, segundo vários levantamentos internacionais, o suicídio é um marcador de sofrimento psíquico ou de transtornos psiquiátricos. Gravidez na adolescência é um caso que exige maior atenção, uma vez que um estudo apontou que adolescentes grávidas têm três vezes mais chances de tentar suicídio. Outros estudos demonstraram que os riscos também são maiores em pacientes que sofrem de epilepsia e com dependência ao álcool.

Alguns suicídios são cometidos de forma tão inédita e incomum, que, muitas vezes, trazem grandes dificuldades no processo de avaliação das circunstâncias do fato. Nestas situações, o diagnóstico diferencial entre homicídio ou suicídio se torna ainda mais difícil, exigindo uma maior atenção no processo de avaliação dos aspectos técnicos, que envolvem o caso em estudo. Neste capítulo, são apresentadas algumas dessas formas atípicas de suicídio e os aspectos que devem ser valorizados no diagnóstico diferencial em relação ao homicídio.

13.3.1. Suicídio por Hara-Kiri

O *Hara-Kiri*, expressão derivada do japonês *hara* (abdômen) e *kiri* (cortar), constitui uma rara forma de praticar o suicídio, no qual a vítima inflige um ferimento no próprio abdômen, utilizando-se de um instrumento cortante. Classicamente no *hara-kiri*, a vítima introduz a lâmina de uma espada junto à parede abdominal, na sua porção inferior e à esquerda, cortando horizontalmente o abdômen até o lado direito. A lâmina é então energicamente empurrada para cima, formando um corte em forma de "L" na parede abdominal, normalmente sem afetar as vísceras. Além de muito doloroso, este método produz uma morte lenta e agônica. O primeiro caso deste tipo de morte foi descrito no Japão, no ano de 988 a.C. e historicamente foi utilizado pelos guerreiros samurais como forma de escapar à tortura após serem capturados pelos inimigos, ou como meio para atingir uma morte honrada. Atualmente, este método de suicídio é muito raro, sendo que, nos casos de morte por *hara-kiri* é importante estabelecer o diagnóstico diferencial entre suicídio e homicídio. Quatro casos de suicídio por *hara-kiri*, num período de 40 anos, foram descritos no Instituto Médico-Legal de Bari, na Itália.

Os casos de suicídio estão geralmente associados a intoxicações pelo álcool ou envolvem vítimas afetadas por estados depressivos ou desordens psiquiátricas. Podem estar presentes cortes ou marcas de hesitação produzidas antes da introdução do instrumento cortante na parede abdominal. Como o processo de morte é lento, outros ferimentos cortantes, subsequentes ao ferimento abdominal, podem estar presentes, principalmente no pescoço, nos pulsos ou no próprio intestino exposto, confirmando o fato de que, mesmo após a ação principal, o indivíduo preserva a consciência e a capacidade para realizar outros atos intencionais. Tentativas prévias e o fato de a vítima afastar as roupas, expondo a pele antes de produzir o corte na parede abdominal, são características neste tipo de suicídio.

Ao contrário, a presença de ferimentos incisos nas mãos e nos dedos fala a favor de lesões de defesa e devem ser consideradas como lesões não intencionais e secundárias a uma tentativa, por parte da vítima, de segurar o objeto cortante. Nestes casos, outros ferimentos contusos podem estar presentes, e a hipótese de homicídio deve ser analisada.

A análise médico-legal do cadáver, os elementos levantados no local do fato e o histórico psiquiátrico da vítima direcionam a linha de investigação nestes casos em favor do suicídio.

13.3.2. Suicídio por arma branca

Os instrumentos pérfuro-cortantes, como facas e punhais, têm sido apontados como uma das principais causas de homicídio em estudos realizados na Europa. Na França, 42% dos homicídios são praticados com arma de fogo, enquanto 31% são levados a efeito com armas brancas. Como acidentes fatais com arma branca são raros e usualmente não acarretam problemas de interpretação forense, a dificuldade maior está em diferenciar os casos de homicídio e suicídio. Poucos são os dados, no entanto, em relação aos casos de suicídio praticados desta forma.

Em um estudo retrospectivo, comparando 53 homicídios e 17 suicídios praticados com arma branca, realizado na região de Toulouse, na França, os autores procuraram identificar as variáveis mais importantes que poderiam ser utilizadas na diferenciação entre estes dois eventos.

Este trabalho confirmou o que preconiza a literatura internacional, ou seja, que o suicídio por arma branca é 3,5 vezes mais frequente em homens do que em mulheres.

O número total de ferimentos difere de forma significativa. Os dados estatísticos deste estudo demonstraram que nos casos de homicídio a média de ferimentos foi 11, variando de 1 a 57, enquanto nos casos de suicídio a média de ferimentos foi 2,5, variando de 1 a 9 ferimentos.

A localização dos ferimentos não apresentou diferença estatística entre os dois eventos, apesar do número maior de ferimentos no tórax, em casos de homicídio, e nos braços e pescoço, em casos de suicídio. A posição dos ferimentos no tórax, no entanto, mostrou-se estatisticamente importante. No grupo dos casos de suicídio, nenhum apresentou ferimento vertical nesta localização, enquanto a incidência de ferimentos verticais foi frequente nos casos de homicídio. Esta orientação dos ferimentos no tórax pode ser explicada pela forma como a faca é empunhada. Nós podemos imaginar que a pessoa que está decidida a suicidar-se com uma facada no tórax irá segurar a arma com o punho rotado externamente, executando um movimento de 90 graus com o cotovelo em direção ao tórax. Isto produzirá um ferimento horizontal no tórax ou abdômen.

Outro fator importante também é a inspeção das roupas e sua posição no corpo da vítima. Na maioria dos suicídios, a região das lesões está exposta ou sem as roupas. Por outro lado, vestimentas rasgadas ou perfuradas apoiam a ideia de homicídio.

13.3.3. Duplo suicídio

O duplo suicídio é uma situação não frequente, na qual ocorre a morte ativamente induzida de duas pessoas, aproximadamente ao mesmo tempo, por um consenso mútuo. Este evento apresenta uma psicopatologia diferente em relação ao suicídio simples, apesar dos fatores precipitantes serem similares. Depressão e distúrbios mentais limítrofes, em combinação com agentes produtores de estresse – como doença física, isolamento e perdas sociais – podem levar ao duplo suicídio.

A diferença deve ser estabelecida, do ponto de vista pericial, em relação ao duplo homicídio. Assim, o uso de arma de fogo, presença de brigas, sinais de luta no cenário dos fatos e quebras de relacionamento sugerem um ato de violência sem o consentimento dos participantes. Em contraste, idade avançada, doenças físicas graves, medo pela perda da independência e intoxicações ou envenenamentos são tipicamente encontrados no duplo suicídio.

Uma circunstância frequentemente observada nos casos de duplo suicídio é o elevado grau de isolamento social dos envolvidos, o que levou a criar-se a denominação "unidade encapsulada" para defini-los. Na cultura ocidental, considera-se que um casal vivendo isoladamente, com problemas de saúde e depressão constitui um alto risco para duplo suicídio. Vale salientar que, no duplo suicídio, apesar do consenso mútuo na execução dos atos, uma das partes geralmente induz a ação.

13.3.4. Suicídio por asfixia com saco plástico

Nos últimos 30 anos, a "asfixia com saco plástico", apesar de incomum, tem sido reconhecida numa variedade de situações, incluindo aventuras autoeróticas, acidentes com crianças, suicídios, homicídio e eventualmente em infanticídios. Nestes casos, sacos de polietileno envolvendo a cabeça levam a uma diminuição na concentração de oxigênio no ar inspirado e/ou a uma obstrução da boca e do nariz. Tem sido também postulado que o contato do plástico com a face desencadeia alguns estímulos no sistema nervoso levando a uma arritmia cardíaca. A confirmação do suicídio nestes casos surge como um problema, pois as causas acidentais e a possibilidade de homicídio devem ser consideradas.

Estudos demonstram que a grande maioria das mortes por este meio é suicídio. Um trabalho realizado pela *Forensic Medicine Unit of the University of Edinburgh*, analisando 14.560 necropsias realizadas num período de 15 anos, identificou 30 mortes por asfixia com saco plástico, das quais 27 foram por suicídio. Houve inclusive um aumento no número de suicídios por este método, principalmente nos Estados Unidos, a partir da publicação em 1991 do livro de Derek Humphry: *Final Exit: The Practicalities of Self-Deliverance and Assited Suicide for the Dying*. Este livro vendeu mais de um milhão de cópias no mundo e recomendava a asfixia com saco plástico, em combinação com o uso de um sedativo junto com álcool, como um efetivo método de suicídio. Este meio era indicado por ser não violento, de fácil execução e muito eficiente.

Evidências sugestivas de suicídio incluem a descoberta de uma nota/carta suicida, a verbalização recente de intenções suicidas, a presença de doença psiquiátrica, particularmente depressão, desemprego, isolamento social e situações de luto ou perdas afetivas. Álcool e drogas não parecem desempenhar um papel tão importante nestas mortes, assim como a presença de doenças físicas. As causas acidentais ocorrem mais em crianças e durante rituais autoeróticos.

13.4. A violência e maus-tratos contra crianças e adolescentes

A violência contra crianças e adolescentes constitui hoje a primeira causa de morte na faixa etária de 5 a 19 anos e a segunda causa de morte entre as crianças de 1 a 4 anos.

Considera-se "violência contra crianças e adolescentes" todo ato ou omissão cometidos pelos pais, parentes, outras pessoas e instituições capazes de causar dano físico, sexual e/ou psicológico à vítima. Inclui-se no conceito de violência toda a agressividade utilizada no intuito de dominar ou submeter outro.

Os atos violentos às crianças e adolescentes acontecem, em sua maioria, no âmbito familiar, dentro e fora de casa, por qualquer integrante da família que esteja em relação de poder com a pessoa agredida. Inclui também as pessoas que estão exercendo a função de pai ou mãe, mesmo sem laços de sangue.

Ao analisar o suspeito de agressão, existem alguns fatores de risco que devem ser considerados para ocorrência deste tipo de violência. Entre os principais, podemos incluir: gestação indesejada, hospitalização nos primeiros meses de vida, dificuldade de aprendizagem e baixa autoestima, alta exposição a situações de estresse, amizades com comportamentos antissociais, uso de álcool ou drogas, ter sido testemunha de violência ou abuso na família, ter sido vítima de abuso.

Na avaliação das vítimas, existem também alguns indicadores de maus-tratos que sinalizam a sua existência. No histórico e no exame físico da criança, podemos identificar a presença de lesões físicas (equimoses, hematomas, queimaduras, ferimentos cortantes, cicatrizes, fraturas e outras); doenças sexualmente transmissíveis; aparência suja e descuidada; desnutrição/distúrbios de alimentação; doenças que não são tratadas; atraso vacinal; distúrbios do sono; enurese noturna. Na avaliação comportamental, é possível perceber sinais de comportamento muito agressivo, apático ou isolado; comportamento tenso, "em estado de alerta"; regressão a comportamento infantilizado; tristeza, abatimento profundo, choro sem causa aparente; ideias e tentativa de suicídio; comportamento rebelde e autoflagelação; conhecimento sobre comportamento sexual inapropriado para a idade; masturbação visível e contínua; brincadeiras sexuais agressivas. Nas condutas diárias, é provável a ocorrência de hiperatividade, dificuldade de concentração, relutância em voltar para casa/fugas de casa, não frequentar a escola ou faltas frequentes, não participar de atividades escolares e ter poucos amigos, não confiar em adultos, relacionamento entre crianças e adultos com ares de confidencialidade e segredo com exclusão dos demais.

Este tipo de violência pode manifestar-se de diferentes formas:

13.4.1. Abuso ou maus-tratos

Ocorre quando um indivíduo em condições superiores (idade, força, posição social ou econômica, inteligência, autoridade) comete um dano físico, sexual e/ou psicológico, contrariamente à vontade da vítima ou por consentimento obtido a partir de indução ou sedução "enganosa".

Como visto anteriormente, o abuso sexual está inserido no campo dos maus-tratos e se refere àquelas situações em que a criança é utilizada para gratificação sexual por parte de um adulto, baseado em uma relação de poder. Além desta forma, os maus-tratos podem manifestar-se por:
- **Maus-tratos físicos**: uso da força física de forma intencional, não acidental, praticada por pais, responsáveis, familiares ou pessoas próximas da criança ou adolescente, com o objetivo de ferir a criança ou adolescente, deixando ou não marcas evidentes.
- **Maus-tratos psicológicos**: caracterizados por rejeição, depreciação, discriminação, desrespeito, cobrança ou punição exageradas, humilhação. Pela sutileza do ato e pela falta de evidências imediatas de lesões, este tipo de violência é dos mais difíceis de serem identificados, apesar de estar, muitas vezes, associado a outros tipos de violência.

- **Negligência**: é todo ato de omissão do responsável em prover as necessidades básicas para o seu desenvolvimento. Inclui abandono (forma extrema de negligência), omissão em termos de cuidados básicos de saúde (privação de medicamentos, falta de comparecimento a consultas, falta de adesão a tratamentos), falta de cuidados com higiene, omissão de cuidados relativos à proteção, falta de atenção relativos à educação formal (escola).

13.4.2. "Síndrome do Bebê Sacudido" (Shaken Baby)

É uma forma especial de maus tratos, consistindo de lesões com um padrão característico de ferimentos, que podem incluir hemorragias na retina, fraturas, principalmente nas costelas e nas extremidades distais de ossos longos, além de padrões reconhecidos de ferimentos cerebrais. Ocorre quando a criança, em geral menor de 6 meses de idade, é sacudida. As crianças que sofreram traumas cranianos em decorrência de acidentes são, em média, dez meses mais velhas.

O bebê nessa faixa etária é particularmente mais suscetível ao trauma craniano violento devido ao fato de sua cabeça ser relativamente maior e ao seu cérebro ser relativamente mais pesado do que o corpo. Além disso, os músculos do pescoço ainda não estão totalmente desenvolvidos e fortalecidos, já que a sustentação da cabeça acontece em torno dos dois aos quatro meses de vida. Quando além de sacudida, houver o choque da cabeça do bebê contra algum objeto, podem ocorrer ferimentos adicionais, tais como contusões, lacerações ou fraturas. Vale salientar que, mesmo no caso de impacto, os sinais das lesões podem não ser visíveis, uma vez que o choque pode ocorrer contra um objeto macio, como um travesseiro ou o colchão de uma cama ou berço.

13.4.3. Síndrome da Criança Espancada

A síndrome da criança espancada é reconhecida como aquela em que a criança é vítima de trauma físico não acidental, ou seja, deliberado, provocado por uma ou mais pessoas responsáveis por seu cuidado. Refere-se a crianças de baixa idade, que sofrem ferimentos, fraturas, queimaduras ou outras agressões, as quais se apresentam em fases evolutivas diferentes, e são sempre inadequadas ou inconsistentemente explicadas pelos pais. Estudos demonstram que 55% das vítimas apresentam idade inferior a 4 anos e os pais isoladamente ou em conjunto são responsáveis por 75% dos casos.

A incidência em nosso meio ainda não foi estabelecida, porém estudos mostram que, de cada 1.000 crianças, 10 são atingidas por esse tipo de evento e 2% a 3% morrem em consequência das lesões, sendo o traumatismo craniano a principal causa de mortalidade na criança espancada.

Em razão da atividade que exercem, alguns profissionais estão legalmente obrigados a denunciar tais casos, sob pena de serem responsabilizados. Têm essa obrigação o médico, o professor e o responsável por estabelecimento de atenção à saúde e de ensino fundamental, pré-escola ou creche. A omissão desses profissionais configura a infração administrativa prevista no art. 245 do Estatuto da Criança e do Adolescente. Nestes casos não há que se falar em violação do dever de sigilo decorrente do exercício da profissão (art. 154 do Código Penal), porquanto se trata de comunicação exigida por lei.

O diagnóstico é baseado em evidências clínicas e radiológicas das lesões, incluindo fraturas em crianças com menos de 4 anos, a associação com outras lesões de pele e tecido celular subcutâneo, criança subnutrida e, principalmente, a presença de fraturas em diferentes fases de consolidação. As fraturas de costelas, em diferentes fases de consolidação, praticamente confirmam a síndrome da criança espancada. Lesões de pele e subcutâneo, como equimoses (ocorrendo em 62% dos casos), escoriações, hematomas e ferimentos, provenientes de traumas, tais como socos, pontapés, beliscões são muito frequentes. Quando houver a suspeita, a busca pelo diagnóstico desta síndrome por parte do médico deve ser exaustiva. A ausência de diagnóstico implica na possibilidade de que essa criança volte a ser maltratada, com percentual considerável de risco de vida, ocorrendo por vezes a morte, principalmente por traumatismo crânio-encefálico.

13.4.4. Síndrome de Munchausen por procuração

É a situação na qual a criança é trazida para cuidados médicos devido a sintomas e/ou sinais inventados ou provocados pelos seus responsáveis. Podem ser caracterizadas como:
- Violência física: exames complementares desnecessários, uso de medicamentos, ingestão forçada de líquidos, etc.
- Violência psicológica: inúmeras consultas, internações, perícias.

Este tipo de diagnóstico é difícil de ser feito e algumas evidências devem chamar a atenção do observador para a sua existência. Entre os elementos mais relevantes destaca-se criança que é frequentemente hospitalizada com sintomas incomuns e inexplicáveis que parecem desaparecer quando o responsável não está presente; sintomas que não condizem com os resultados dos exames da criança; sintomas que pioram em casa, mas melhoram quando a criança está sob cuidados médicos; identificação de remédios ou substâncias químicas no sangue ou na urina da criança; existência de irmãos da criança que morreram sob circunstâncias estranhas; responsável que é preocupado demais com a criança e excessivamente disposto a obedecer os profissionais da saúde.

Quando há suspeita de violência e maus-tratos por parte dos pais, é fundamental uma avaliação do comportamento destes em relação à criança. Existem alguns indícios que podem levar a esta suspeita e que precisam ser adequadamente pesquisados e analisados, durante o processo de tomada de depoimentos.

- A história é incompatível com o tipo ou grau do ferimento;
- A história do ferimento é vaga ou os pais não tem ideia de como ele ocorreu;
- A história muda cada vez que é contada a um interlocutor diferente;
- Os pais quando entrevistados separadamente, dão histórias contraditórias;
- A história não é digna de crédito.

13.4.5. Suicídio em crianças e adolescentes

O suicídio é cada vez mais relacionado com problemas de saúde mental, sendo uma situação potencialmente evitável. A ocorrência de suicídio em crianças e adolescentes apresenta uma incidência variável em todo o mundo. A taxa de suicídios é maior no Reino Unido, onde a incidência de 2005 a 2014, na faixa etária de 10 a 29 anos, foi de 10 suicídios/100.000 habitantes para os homens e 3-4/100.000 para as mulheres.

A Sociedade Nacional para a Prevenção da Crueldade às Crianças (NSPCC) divulgou dados do Reino Unido, de 2012, com ocorrência de 164 suicídios de 15 a 19 anos de idade. O *Royal College of Paediatrics and Child Health* (RCPH) inclui suicídio e abuso de substâncias psicoativas entre as principais causas de morte em crianças no Reino Unido, e evidenciou que 13% dos óbitos na faixa etária de 15-19 anos de idade foram atribuídos a estas causas.

Devemos sempre considerar que possíveis suicídios em crianças são frequentemente classificados como causas indeterminadas ou acidentais.

Estudos recentes referentes a mortes por suicídio em crianças e adolescentes evidenciaram que a maioria das mortes por suicídio, nestas faixas etárias, ocorreram no sexo masculino, por enforcamento, na própria residência e, geralmente, agudamente precipitados por discussões ou conflitos com os pais. Um número significativo de vítimas era de uma família desfeita e vulnerável, que podia não ter sido capaz de proporcionar um ambiente de apoio às crianças e adolescentes expostos a estresses graves. Há estudos mostrando que a automutilação (ou autoagressão) e o suicídio em adolescentes são resultados de uma interação complexa entre fatores genéticos, biológicos, psiquiátricos, psicológicos, sociais e culturais. Os seguintes fatores de risco para automutilação (ou autoagressão) e suicídio em adolescentes são identificados: sexo (masculino para o suicídio), baixa condição socioeconômica, separação ou divórcio dos pais, morte parental, experiências infantis adversas, transtorno mental dos pais, história familiar de comportamento suicida, discórdia conjugal ou familiar, *bullying*, transtorno de *deficit* de atenção hiperativo, dificuldades interpessoais, transtorno mental (ansiedade, depressão), abuso de drogas e álcool, baixa autoestima. O uso de bebidas alcoólicas, especialmente em padrão de compulsão, pode promover atos impulsivos, incluindo ações que conduzem ao suicídio. As vítimas desta faixa etária deixam cartas de despedida em um terço dos casos, geralmente com declaração de amor ou dando explicações para o suicídio. O tema das cartas desta faixa etária tende a ser diferente das deixadas por suicidas adultos. A redação mostra-se coerente e não revela confusão, além de conter menos sinais de dor interna ou desespero, o que poderia indicar maior intenção de suicídio.

O método de escolha preferencial para o suicídio no Reino Unido é o enforcamento, tanto para crianças como para adolescentes. A maioria dos casos utiliza uma faixa de roupão ou cinto como laço, que são itens de acesso fácil dentro de casa ou mesmo no ambiente escolar. O envenenamento não é um método preferencial, pois é difícil para crianças e adolescentes obter remédios com receita médica, drogas ilícitas ou até mesmo comprar medicamentos sem receita médica e na ausência de uma justificativa para essa necessidade. Dos enforcamentos realizados no quarto, a maioria utilizava a cama tipo beliche como o ponto de suspensão, o que, por si só, pode representar riscos significativos para alguns grupos vulneráveis.

Os métodos suicidas verificados em estudos realizados no sul da Austrália e em San Diego incluíam: enforcamento (46% na Austrália e 30% em San Diego), ferimentos por arma de fogo (13% na Austrália e 59% em San Diego), "overdose" de drogas (8% na Austrália e 9% em San Diego) e mortes por queda de altura (8% na Austrália e 3% em San Diego). As mortes por trem (10%), autoimolação (6%), inalações de monóxido de carbono (6%) e por eletroplessão (2%) só foram utilizadas como método de suicídio no sul da Austrália.

A autoagressão foi detectada em um terço dos casos de estudo realizado no Reino Unido. A autoagressão deliberada geralmente está relaciona com dificuldades nos relacionamentos com membros da família e colegas, e é muitas vezes repetitiva. Tem sido associada a doenças psiquiátricas e risco aumentado de suicídio futuro, embora o método utilizado para produzir a autolesão possa ser diferente do método utilizado no suicídio consumado. A presença de lesões de autoagressão, na forma de cortes superficiais cicatrizados em locais típicos de crianças e adolescentes, merece atenção especial de pais, professores ou qualquer adulto responsável.

Crianças e adolescentes com depressão e doenças de comportamento têm uma maior tendência a cometer suicídio. Se eles estiverem expostos a fatores estressantes ou precipitantes agudos, a probabilidade de suicídio pode se elevar. Além dos fatores precipitantes, descritos anteriormente, incluem-se também a incapacidade de crianças e adolescentes em lidar com a dor da perda de membros da família devido à sua idade e nível de maturidade, bem como o sofrimento traumático após a exposição ao suicídio de um colega, amigo ou conhecido. Um número significativo de vítimas vulneráveis expressa de alguma forma a intenção suicida, deixam uma nota de suicídio e experimentam alguns dos fatores estressantes crônicos e de fatores precipitantes agudos antes da morte. A desarmonia na família é um dos fatores predominantes comum em jovens vítimas de suicídio.

Esse grupo de fatores e precipitantes fornece uma base sólida para monitorar o risco de suicídio entre crianças e adolescentes. É necessário um grande esforço para garantir que as crianças e adolescentes vulneráveis recebam cuidados e proteção adequados. As medidas preventivas sobre suicídio em crianças e adolescentes devem incluir programas de treinamento para professores, desenvolvimento de ferramentas de rastreamento para identificar aqueles que podem estar em risco, intervenção psicossocial para pessoas em risco, engajamento de mídias sociais em campanhas de prevenção e criação de linhas de ajuda e Internet, entre outras. As estratégias de prevenção devem se concentrar em crianças e adolescentes vulneráveis, com participação ativa das famílias e autoridades escolares, além de serem adaptadas para atender às tendências de cada local.

Anotações . . .

REFERÊNCIAS BIBLIOGRÁFICAS

Apresentamos a seguir as principais referências bibliográficas utilizadas durante a execução deste livro e que, portanto, estão sendo recomendadas para estudos complementares.

ACOSTA ML.; ACOSTA JAL.; ACOSTA MJL.; VILDA MEM.; CANADAS EV. Síndrome de Agresión a la Mujer. Síndrome de Maltrato a la Mujer. *Revista Electrónica de Ciencia Pena y Criminologia*. 2000; 02-07.
ALCÂNTARA HR. *Perícia Médica Judicial*, Rio de Janeiro: Guanabara Dois, 1982.
ALMEIDA JR.; COSTA JR. JB. *Lições de Medicina Legal*. 19ª ed. São Paulo: Nacional, 1987.
ANDERSO LJ.; FLYNN A.; PILGRIM JL. A global epidemiological perspective on the toxicology of drug facilitated sexual assault: A systematic review. *Journal of Forensic and Legal Medicine* 47 (2017) 46-54.
ARCHER M.; BASSED RB.; LYNCH MJ. Social isolation and delayed discovery of bodies in houses: The value of forensic pathology, anthropology, odontology and entomology in medico-legal investigation. *Forensic Sci Int* 2005;151:259-65.
BENFICA FS.; VAZ M. *Medicina Legal Aplicada ao Direito*. São Leopoldo: UNISINOS; 2003.
BEECH AR.; MINER MH.; THORNTON D. Paraphilias in the DSM-5. Annu. *Rev. Clin. Psychol.* 2016. 12:13.1–13.24.
——. *Roteiro Médico-legal para Atendimento de Vítimas Fatais em Acidentes de Massa*. 2008. Available at: <www.disaster-info.net/lideres/portugues/curso-brasil08/.../Roteiro.pdf>.
——; ROVINSKI M.; COSTA MSTB. *Manual Atualizado de Rotinas do Departamento Médico-Legal do Estado do Rio Grande do Sul*. 2ª ed. Porto Alegre: Livraria do Advogado; 2014.
BERNITZ H.; VAN STADEN PJ.; CRONJÉ CM.; SUTHERLAND R. Tongue protrusion as an indicator of vital burning. *Int J Legal Med*. 2013; 128:309–312
BEZERRA C. Metodologia de atuação pericial em desastre de massa. Relato do caso Paraguai. *Perícia Federal* 2005;20:6-10.
BIERENS JJLM., LUNETTA P., TIPTON M., WARNER, DS. Physiology of Drowning: A Review. *Physiology* 31: 147–166, 2016.
BRASIL. Ministério da Saúde. *A declaração de óbito*: documento necessário e importante – Ministério da Saúde, Conselho Federal de Medicina, Centro Brasileiro de Classificação de Doenças. 3. ed. Brasília: Ministério da Saúde, 2009. 38 p.
——. Ministério da Saúde. Portaria Interministerial nº 288, de 25 de março de 2015. Disponível em <http://portalarquivos.saude.gov.br/images/pdf/2015/julho/02/Portaria-Interministerial-n---288.pdf> (acesso agosto 2017).
——. Ministério da Saúde. Portaria nº 1.508, de 1º de setembro de 2005. Disponível em <http://bvsms.saude.gov.br/bvs/saudelegis/gm/2005/prt1508_01_09_2005.html> (acesso agosto 2017).
——. Presidência da República. Secretaria Nacional de Políticas sobre Drogas. I Levantamento Nacional sobre o Uso de Álcool, Tabaco e Outras Drogas entre Universitários das 27 Capitais Brasileiras / Secretaria Nacional de Políticas sobre Drogas; GREA/

IPQ-HC/FMUSP; Arthur Guerra de Andrade, Paulina do Carmo Arruda Vieira (org.). Brasil. Disponível em http://www.obid.senad.gov.br/portais/OBID/biblioteca/documentos/Publicacoes/Universitarios_2010/328160.pdf (acesso abril 2011)

———. Presidência da República. Casa Civil. Lei 12.845, de 1º de agosto de 2013. Disponível em <http://www.planalto.gov.br/ccivil_03/_ato2011-2014/2013/lei/l12845.htm> (acesso agosto 2017).

———. Presidência da República. Casa Civil. Decreto nº 7.958, de 13 de março de 2013. Disponível em <http://www.planalto.gov.br/ccivil_03/_ato2011-2014/2013/decreto/D7958.htm> (acesso agosto 2017).

BURKE M.; ODELL M.; BOUWER H.; MURDOCH A. *Electric fences and accidental death.* Forensic Sci Med Pathol DOI 10.1007/s12024-017-9851-z.

BYARD RW.; MARKOPOULOS D.; PRASAD D.; EITZEN D.; JAMES RA.; BLACKBOURNE B.; KROUS HF. Early adolescent suicide: a comparative study. J Clin Forensic Med. 2000;7:6-9.

CAMPOS CH.; CARVALHO S. Violência Doméstica e Juizados Especiais Criminais: Análise desde o Feminismo e o Garantismo. *Revista de Estudos Criminais* 2005 jul./set.; 19: 53-62.

CARVALHO HV. *Compêndio de Medicina Legal*, São Paulo: Saraiva, 1978.

CERQUEIRA D.; COELHO DSC. *Estupro no Brasil: uma radiografia segundo os dados da Saúde. Instituto de Pesquisa Econômica Aplicada (IPEA)* 2014; 11.

CEZAR JAD. *Depoimento sem Dano: Uma alternativa para inquirir crianças e adolescentes nos processos judiciais.* Porto Alegre: Livraria do Advogado, 2007.

CHAPENOIRE S.; SCHULIAR Y.; CORVISIER J. Rapid, efficient dental examination of 92% of train passengers carbonized during a collision with a petrol tanker. *Am J Forensic Med Pathol* 1998;19(4):352-5.

CONSELHO FEDERAL DE MEDICINA. *Resolução nº 1.638/2002* de 9 de agosto de 2002.

CONSELHO REGIONAL DE MEDICINA DO ESTADO DO RIO GRANDE DO SUL. *Resolução nº. 06/2010* de 07 de dezembro de 2013.

CONSELHO REGIONAL DE MEDICINA DO ESTADO DE SÃO PAULO. *Atestado Médico – Prática e Ética*, 2013.

CROCE D.; CROCE JR. D. *Manual de Medicina Legal*, 7ª ed. São Paulo: Saraiva, 2010.

DAHLBERG LL.; MERCY JÁ.; ZWI AB.; LOZANO R (editors). World report on violence and health. Geneva: World Health Organization; 2002.

DESLANDES SF.; GOMES R.; SILVA CMFP. Caracterização dos Casos de Violência Doméstica Contra a Mulher Atendidos em Dois Hospitais Públicos do Rio de Janeiro. *Caderno de Saúde Pública*. 2000; 16:129-137.

DE VALCK E. Major incident response: collecting ante-mortem data. *Forensic Sci Int* 2006;159:S15-S19.

DI MAIO D.; DI MAIO VJM. *Forensic Pathology*, Ann Arbor: CRC Press, 1993.

DINIZ D.; MEDEIROS M. Aborto no Brasil: Uma pesquisa domiciliar com técnica de urna. Ciência & Saúde Coletiva [online]. 2010, 15(1): 959-966.

FARINATTI F.; LEITE MB. A criança maltratada. In: SANTOS BC; SILVA JAS; MARTINS MRS.; ZANCHET O. Maus-Tratos e Abuso Sexual Contra Crianças e Adolescentes: Perfil da Situação no Estado do Rio Grande do Sul. *Série Cadernos. Centro de Defesa da Criança e do Adolescente Bertholdo Webwr*. São Leopoldo: Com-Texto, 1998.

FÁVERO F. *Medicina Legal*, 11ª ed. Belo Horizonte: Itatiaia, 1975.

FEREIRA J.; ORTEGA A.; AVILA A.; ESPINA A.; LEENDERTZ R.; BARRIOS F. Oral autopsy of unidentified burned human remains. A new procedure. *Am J Forensic Med Pathol* 1997; 18(3): 306-11.

FIERRO MF. Identification of human remains. In: Spitz W, ed. *Medicolegal investigation of death*. 3rd ed. Springfield, Illinois: Charles C Thomas; 1993. p. 71-117.
FRANÇA GV. Desastres de Massa – Sugestões para um Itinerário Correto de Auxílio. *Revista Bioética* 1994;2(2). Available at: http://www.pbnet.com.br/openline/gvfranca/artigo_12.htm.
FRANÇA GV. *Medicina Legal*. 9ª ed. Rio de Janeiro: Guanabara Koogan, 2011.
FRANCE DL. Observational ad metric analysis of sex in the skeleton. In: REICHS, K. J. (Ed.) Forensic Osteology: *Advances in the Identification of Human Remains*, 1998, Charles C Thomas Publisher Ltd., Springfield, Illinois, 2ª ed., p. 181.
FREITAS GVS.; CAIS CFS.; STEFANELLO S.; BOTEGA NJ. Psychosocial conditions and suicidal behavior in pregnant teenagers: a case-control study in Brazil. European Child & Adolescent Psychiatry, v. 17, p. 336-342, 2008.
FURNISS T. *Abuso sexual da criança: Uma abordagem multidisciplinar, manejo, terapia e intervenção legal integrados*. Traduzido por Maria Adriana Veríssimo Veronese. Porto Alegre: Artes Médicas, 1993.
GEE D.; OWEN P.; McLEAN I.; BRENTNALL K.; THUNDERCLOUD C. *Operation MATISSE: investigating drug facilitated sexual assault. London (UK)*: the Association of Chief Police Officers (ACPO) recognizable narratives. In: Powell A, Henry N, Flynn A, eds. Rape Justice: Beyond the Criminal Law. London: Palgrave Macmillan; 2006.
GENEST DR.; SINGER DB. *Estimating the time of death in stillborn fetuses*: III. External fetal examination; a study of 86 stillborns. Obstetrics & Gynecology. 1992; 80:593-600.
GOMES H. *Medicina Legal*, 24ª ed. Rio de Janeiro: Freitas Bastos, 1985.
HAENEL T.; ELSASSER P. N. *Double suicide and homicide-suicide in Switzerland*. Crisis: The Journal do Crisis Intervention and Suicide Prevention, 2000; 21(3): 122-125.
HEGER A.; TICSON L.; GUERRA L. et al. Appearance of the genitalia in girls selected for nonabuse: review of hymenal morphology and nonspecific findings. *J Pediatr Adolesc Gynecol*, 2002.
HEISE L.; ELLSBERG M.; GOTTEMOELLER M. *Ending Violence Against Women*. Population Reports. 1999; 27(4): 1-43.
HOME OFFICE. *Guidance on dealing with fatalities in emergencies*. 2004. Available at: <http://www.ukresilience.info/publications/fatalities.pdf>.
INTERPOL. *Disaster victim identification-Guide*. 2005. Available at: <http://www.interpol.int/Public/DisasterVictim/Guide/Default.asp>.
IHONGBE TO.; MASHO SW. *Child Sexual Abuse and Intimate Partner Violence Victimization in Adulthood*: Sex-Differences in the Mediating Influence of Age of Sexual Initiation, Journal of Child Sexual Abuse. 2017: DOI: 10.1080/10538712.2017.1361496.
JANÍK M.; UBLOVA M.; KUCEROVA S.; HEJNA P. Carbon monoxide-related fatalities: A 60-year single institution experience. *Journal of Forensic and Legal Medicine*, 2017; 48: 23-29.
JONES LS.; WYATT JPF.; BUSUTTIL AFR. *Plastic bag asphyxia in Southeast Scotland*. The American Journal of Forensic Medicine and Pathology, 2000; 21(4): 401-405
JUNGERMAN FS.; MENEZES PR.; PINSKY I.; ZALESKI M.; CAETANO R.; LARANJEIRA R. Prevalence of cannabis use in Brazil: Data from the I Brazilian National Alcohol Survey (BNAS). (2010)) Addictive Behaviors, 35 (3): 190-193.
KAHANA T.; HISS J. Identification of human remains: forensic radiology. *J Clin Forensic Med* 1997;4:7-15.
KAHANA TM.; RAVIOLLI JA.; URROZ CL.; HISS J. Radiographic Identification of Fragmentary Human Remains from a Mass Disaster. *Am J Forensic Med Pathol* 1997; 18(1): 40-4.

KAHANA T.; GOLDIN LMD.; HISS JMD. Personal identification based on radiographic vertebral features. *Am Journal Forensic Med Pathol* 2002; 23(1): 36-41.

KONRAD N.; WELKE J.; OPITZ-WELKE A. Paraphilias. *Curr Opin Psychiatry* 2015, 28:440–444.

KOSTANESKI NCM.; LERMEN C. *Dosagem de carboxihemoglobina plasmática em voluntários fumantes ativos, passivos e não fumantes no município de Realeza-Pr*. II Congresso Nacional de Pesquisa em Ciências Sociais Aplicadas – II CONAPE. Disponível em <http://cac-hp.unioeste.br/eventos/conape/anais/ii_conape/Arquivos/medicina/Artigo13_8.pdf>.

KRAHÉ B. *Violence against Women*. Current Opinion in Psychology 2018; 19: 6-10.

KYRIACOU DN.; ANGLIN D.; TALIAFERRO E.; STONE S.; TUBB T.; LINDEN JM.; MUELLEMAN R.; BATON E. *et al*. *Risk Factors For Injury To Women From Domestic Violence*. New England Journal of Medicine. 1999; 341 (25): 1892-1898.

LEITE MC.; ANDRADE AC. *et al*. Cocaína e crack: dos fundamentos ao tratamento. Artes Médicas Sul. Porto Alegre, 1999.

MARANHÃO OR. *Curso Básico de Medicina Legal*, 8ª ed. São Paulo: Revista dos Tribunais, 1997.

MARCELLI D. *Manual de Psicopatologia da Infância de Ajuriaguerra*. 5ª ed. Porto Alegre: Artmed, 1998.

MARTINS-MELO FR.; LIMA MS.; ALENCARCH *et al*. Temporal trends and spatial distribution of unsafe abortion in Brazil, 1996-2012. *Rev Saúde Pública* 2014;48(3):508-520.

MARTÍN-VEJA D. Skipping clues: Forensic importance of the family Piophilidae (Díptera*). Forensic Science International*, 2011; 212: 1-5.

McCOLL H.; BHUI K.; JONES E. *The role of doctors in investigation, prevention and treatment of torture*. J R Soc Med 2012: 105: 464–471. DOI 10.1258/jrsm.2012.120100.

McMAHON K. *et al*. J Psychiatr Res. 2015 October ; 69: 42–49. doi:10.1016/j.jpsychires.2015.07.026.

MEDDINGS D.; HYDER AA.; OZANNE-SMITH J.; RAHMAN A. *Global Report on Drowing*: Preventing a Leading Killer. New York: World Health Organization, 2014.

MORAES JM. *Manual de Medicina Legal*, Belo Horizonte: Health, 1998.

MORATO EG.; RESENDE MT.; TRIVELATO FP.; PIMENTA NG.; MALUF FB. *et al*. "Sinal de Lázaro": reflexo medular complexo na morte encefálica - relato de dois casos. *Rev Med Minas Gerais* 2009; 19(3): 253-257.

NUNES MR. *Os Direitos Humanos das Mulheres e das Meninas*: Enfoques Feministas. Porto Alegre: Assembleia Legislativa RS; 2002.

NUNNO ND.; COSTANTINIDES F.; BERNASCONI P.; NUNNO CD. Suicide by Hara-Kiri. *The American Journal of Forensic Medicine and Pathology*, 2001; 22 (1): 68-72.

OLIVEIRA EM; BARBOSA RM; MOURA AAVM; KOSSEL K *et al*. Atendimento às mulheres vítimas de violência sexual: um estudo qualitativo. *Revista de Saúde Pública* 2005; 39(3):376-82.

ORGANIZAÇÃO MUNDIAL DA SAÚDE. *Relatório Mundial sobre Violência e Saúde*. Genebra; 2002.

OSELKA G (coord.). *Atestado médico – prática e ética*. São Paulo: Conselho Regional de Medicina do Estado de São Paulo, 2013, 152 p.

OUSLEY SD.; JANTZ RL.; FORDISC 2.0 – Personal Computer Forensic Discriminant Functions. In: MOORE-JANSEN PH, OUSLEY SD & JANTZ RL. *Data Collection Procedures for Forensic Skeletal Material*. 3ª ed. Forensic Anthropology Center, Department of Anthropology, University of Tennessee, Knoxville, Tennessee, 1994.

PALANCO R. Muertes por sumersión. Revisión y actualización de un tema clásico de la medicina forense. *Cuad Med Forense*, 2007; 13: 48-49.

PARK CHK, YOO SH.; Lee J.; CHO SJ.; SHIN M.; KIM EY.; KIM SH.; HAM K.; AHN YM. *Impact of acute alcohol consumption on lethality of suicide methods*. Comprehensive Psychiatry 2017; 75:27-34.

PERPER JA. Time of Death and Changes after Death. In: SPITZ, W. U. (Ed.) *Spitz and Fisher´s Medicolegal Investigation of Death*. Guidelines for Application of Pathology to Crime Investigation, 1993, Charles C Thomas Publisher, Springfield, Illinois, USA 3ª ed., p. 38.

PFEIFFER L.; WASKSMAN RD. Violência na Infância e Adolescência. *Manual de Segurança da Criança e do Adolescente. Sociedade Brasileira de Pediatria*, 2004.

POISSON P.; CHAPENOIRE S.; SCHULIAR Y.; LAMANT M.; CORVISIER JM. Four major disasters in Aquitaine, France: use of odontologic techniques for identification. *Am J Forensic Med Pathol* 2003;24(2):160-3.

RABELO E. *Balística Forense*, 2ª ed. Porto Alegre: Sulina, 1982.

RAMAEKERS JG.; BERGHAUS G.; VAN LAAR M.; DRUMMER OH. *Dose related risk of motor vehicle crashes after cannabis use*. Drug Alcohol Dependence 73: 109-119, 2004.

RANDO JLP.; MEDINA VR.; GÓMEZ IP.; CALVO AL.; AMAYA IMS. *Autopsia médico-legal en casos de supuesta mala praxis médica*. Cuad Med Forense 2015;21(3-4):175-184.

REMPEL E.; DONELLE L.; HALL J.; SUSAN RODGER S. Intimate partner violence: a review of online interventions, *Informatics for Health and Social Care*, 2018. DOI:10.10 80/17538157.2018.1433675.

ROSENQUIST JN.; MURABITO J.; FOWLER JH.; CHRISTAKIS NA. The Spread of Alcohol Consumption Behavior in a Large Social Network. Annals of Internal Medicine, 2010, 152 (7): 426-433.

ROSSI D. Adolescentes Vítimas da Violência Sexual Doméstica e Gravidez. *Cadernos de Serviço Social*. Campinas: Pontifícia Universidade Católica de Campinas, 2005 nº 26/27.

SALLES JR. RA. *Lesões Corporais*, 3ª ed. São Paulo: Sugestões Literárias, 1985.

SANT'ANNA N. *Controvérsias em Medicina Legal*, Rio de Janeiro: Freitas Bastos, 1988.

SANZ-BARBERO B.; HERAS-MOSTERIO J.; OTERO-GARCÍA L.; VIVES-CASES C.; *Perfil sociodemográfico del feminicidio en España y su relación con las denuncias por violencia de pareja*. Gac Sanit. 2016;30(4):272–278. <http://dx.doi.org/10.1016/j.gaceta.2016.03.004>.

SCHRAIBER LB.; D'OLIVEIRA AFPL. *Violence against women and Brazilian health care policies: a proposal for integrated care in primary care services*. International Journal of Gynecology and Obstetrics. 2002; 78 (1): S21 –S25.

SCOLAN V.; TELMON N.; BLANC A.; ALLERY JP.; CHARLET D.; ROUGE D. *Homicide-suicide by stbbing study over 10 years in the Toulouse region*. The American Journal of Forensic Medicine and Pathology, 2004; 25 (1): 33-36.

SEABRA AS. Abuso Sexual na Infância. In: *Pediatria Atual*. Rio de Janeiro: Publicação Científica, 1997 v. 10. n. 6.

SETO MC.; KINGSTON DA.; BOURGET D. *Assessment of the Paraphilias*. Psychiatr Clin N Am 2014 Jun;37(2):149-61.

SILVA JAF. *Tratado de Direito Funerário*, São Paulo: Método, 2000.

SILVA LS.; MENEZES MLN.; LOPES CLA.; CORREA MSM. *Anos potenciais de vida perdidos por mulheres vítimas de homicídio na cidade do Recife, Pernambuco, Brasil*. Cad. Saúde Pública, Rio de Janeiro, 27(9):1721-1730, set, 2011.

SLEDZIK PS. Forensic Taphonomy: Postmortem Decomposition and Decay. In: REICHS KJ. (Ed.) Forensic Osteology: *Advances in the Identification of Human Remains*, 1998, Charles C Thomas Publisher, Springfield, Illinois, 2ª ed., p. 111-112

SOARES LE.; SOARES BM.; CARNEIRO LP. Violência Contra a Mulher: As DEAMs e os Pactos Domésticos. In: Soares LE. *Violência e Política no Rio de Janeiro*. Rio de Janeiro: Relume-Dumará; 1996. p. 65-106.

TABORDA JGV.; MICHALSKI-JAEGER CA. *Sexual disorders and crime*. Curr Opin Psychiatry 2012, 25:370–374.

STEFANELLO S.; MARÍN-LEÓN L.; FERNANDES PT.; MIN LL.; BOTEGA NJ. *Suicidal thoughts in epilepsy*: a community-based study in Brazil. Epilepsy & Behavior, v. 17, p. 483-488, 2010.

——; ——; ——; ——; ——. *Psychiatric comorbidity and suicidal behavior in epilepsy*: a communitu-based case-control study. Epilepsia (Copenhagen), v. 51, p. 1120-1125, 2010.

SPITZ WU. *Medicolegal Investigation of Death*, 3rd. Ed. Springfield: Thomas Books, 1993.

TECHNICAL WORKING GROUP FOR MASS FATALITY. *Mass fatality incidents: A guide for human forensic identification*. 2005. Available at: <http://www.ncjrs.org/pdffiles1/nij/199758.pdf>.

TRANSPORTATION RESEARCH BOARD – Drugs and Alcohol Committee - Drugs and traffic: A Symposium. Transportation Research Circular E-C096, 2006. Disponível em: <http://onlinepubs.trb.org/onlinepubs/circulars/ec096.pdf>.

UNITED Nations Office on Drugs and Crime. Global study on homicide 2013. *United Nations publication*, Sales N. 14.IV.1. (Consultado el 04/04/2018) Disponible <en: http://www.unodc.org/gsh/>.

VALENZELUA A.; MARTIN-DE LAS HERA S.; MARQUES T.; EXPOSITO N.; BOHOYO JM. The application of dental methods of identification to human burn victims in a mass disaster. *Int J Legal Med* 2000;113(4):236-9.

VANRELL JP. *Manual de Medicina Legal*, São Paulo: Editora de Direito, 1996.

VICIANO J.; D'ANASTASIO R.; D'OVIDIO C.; COSTANTINI S.; CARNEVALE A.; CAPASSO L. Estimation of date of death through wound healing of an extraction socket: a case report, Forensic Science International <http://dx.doi.org/10.1016/j.forsciint.2017.03.008>.

XAVIER FILHO EF. *Manual de Perícias Médico-Legais*, Porto Alegre: Síntese, 1980.

——. *Rotina Médico-Legal*, Porto Alegre: Sagra-DC Luzzatto, 1992.

WAISELFISZ JJ. *Mapa da violência 2015. Homicídio de mulheres no Brasil*. Disponível em <www.mapadaviolencia.org.br>, acesso em 03/04/2018.

WORLD HEALTH ORGANIZATION. Global status report on alcohol and health 2014. Library Cataloguing-in-Publication Data <http://www.who.int/substance_abuse/publications/global_alcohol_report/en/>, acesso em 28/02/2018.

——. Drug use and road safety: a policy brief. Geneva, Switzerland, 2016 <http://www.who.int/substance_abuse/drug_use_road_safety/en/>, acesso em 28/02/2018.

——. Global and regional estimates of violence against women: prevalence and health effects of intimate partner violence and nonpartner sexual violence. Geneva, World Health Organization, 2013 <http://www.who.int/reproductivehealth/publications/violence/9789241564625/en/>, acesso em 24/03/2018.

ZAINUM K.; COHEN MC. Suicide patterns in children and adolescents: a review from a pediatric institution in England. Forensic Sci Med Pathol 2017; DOI 10.1007/s12024-017-9860-y.

ZILKENS RR.; SMITH DA.; PHILLIPS MA.; MUKHTAR SA.; SEMMENS JB.; KELLY MC. *Genital and anal injuries*: a cross-sectional Australian study of 1266 women alleging recent sexual assault. Forensic Sci Int 2017; 275:195-202.

Impressão:
Evangraf
Rua Waldomiro Schapke, 77 - POA/RS
Fone: (51) 3336.2466 - (51) 3336.0422
E-mail: evangraf.adm@terra.com.br